21·世·纪·经·济·学·系·列·教·材

城市经济学

高洪深　编著

中国人民大学出版社

·北京·

21 世纪经济学系列教材

内容简介

全书共分十章。第一章介绍城市经济学的兴起和讨论城市经济学发展现状；明确阐述了城市经济学是一门区域经济学，在此基础上，系统、全面地论述城市经济学的研究对象和主要内容。第二章讨论城市经济学的基本概念：区位、区域、经济区域、城市和城市经济等概念并重点诠释城市经济学的基本内涵。第三、四章介绍和讨论了城市集聚经济与产业集群以及城市经济增长理论。第五、六、七、八、九章系统论述和全面阐释了城市经济学的最新理论和研究框架：可持续发展理论与循环经济、总部经济及其对城市经济发展的影响、创意城市与文化创意产业、辐射理论与增长极理论、梯度理论等，与第三、四章的内容集成在一起，架构了逻辑严密的现代城市经济学理论体系和主要研究内容。第十章研究和讨论了城市群的概念、功能和形成机制，然后重点介绍我国典型的城市群发展概况：长三角城市群、珠三角城市群、京津冀城市群、其他城市群等。

本书可以作为高等院校的有关经济学和城市发展、管理和规划等专业的本科生和研究生的教材，也可以作为城市经济研究与开发人员的研究参考书，还可以供不同层次的城市经济与行政管理和企事业单位的有关领导和管理人员使用。

作者简介

高洪深教授，吉林农安人。北方工业大学经济管理学院经济学教授，长期从事西方经济学、知识经济学和区域经济学的教学和研究工作。1981年，在北京科技大学（原北京钢铁学院）获得硕士学位之后，不久赴联邦德国在卡尔·杜易斯堡（Karl Duisburg）基金会进修中心专攻经济管理和计算机应用。回国后，在北方工业大学经济管理学院任教。1991年再赴德国卡塞尔大学作访问教授，和德方教授合作进行区域经济学和知识经济学的研究工作。

高洪深教授的主要研究兴趣是利用经济系统分析的理论、方法和有关经济学与区域经济学的经典理论相结合，综合、集成地研究区域经济学和知识经济学的前沿课题，取得一系列的科研成果，曾先后获部级一等奖一项、二等奖一项、三等奖三项，还有五项成果获其他奖；至今已在国内外正式发表学术论文200余篇，出版专著和教材20余部。1992年被国务院表彰为有突出贡献的中青年专家，享受政府特殊津贴。

前 言

研究对象的明确清晰，是任何一门学科成熟的重要标志。只有研究对象明确，才能使之与其他学科区别开来，才谈得上成为一门独立的学科或具有独立存在的价值，也才有可能建立起一个逻辑严密的理论体系。如果研究的对象还模糊不清，甚至包罗万象，或者游移不定，怎么能够真正明确城市经济学的研究对象。

顾名思义，城市经济学所研究的当然是城市经济活动，但并不是所有的城市经济活动都是城市经济学必须研究的，更不都是城市经济学的研究对象。因此，1997 年在国家教委主持的全国学科调整过程中将城市经济学由原来的二级学科降为三级学科，不允许大学开设城市经济学专业，招收本科生，原有的几所高校的城市经济学硕士点、博士点，转为区域经济学硕士点、博士点。这无疑是正确的、科学的，是完全符合实际的。

区域经济学的理论渊源可以追溯到 19 世纪初创立的区位理论，并借助了经济地理学的一些概念；到 20 世纪 50 年代，从经济学与生产布局学脱胎而发展起来现代区域经济学。以区域经济为研究对象的学说有多种名称，如“空间经济学”、“空间科学”、“区域科学”、“区域发展规划学”等。目前形成了三大流派：新经济地理学派、新制度学派和区域管理学派。区域经济研究领域被一些学者称为“经济学最后的前沿”。

新区域经济观把区域经济学的研究对象和内容分成五个层次，即国际区域经济、国家区域经济、城市区域经济、特区经济以及科技园区和工业园区的区域经济。这完全是国际经济一体化和知识经济到来引发出的理论观念的突破。显然，城市经济学是区域经济学的重要分支。我们认为，学界更应该关注城市经济学这个“经济学最后的前沿”。

本教材在上述理论观念的基础上，对城市经济学研究的对象作如下更加翔实、系统和具体的诠释：

1. 城市经济的本质特征就在于它的空间集聚性。因此，集聚经济（agglomeration

economies）是城市经济学中的一个中心概念，城市集聚经济是城市形成和发展的基本动力；产业集群是城市集聚经济产业层面的表现，它是集聚经济的重要支撑，二者之间的关系十分密切；城市群的形成与发展的集聚经济三维框架也是21世纪研究的热点课题；知识溢出是新增长理论和城市经济学近年来都十分关注的核心问题，知识溢出和集聚经济与产业集群联系紧密，互为映照。本教材将系统和全面地介绍、讨论上述问题。

2. 城市经济增长理论是城市经济学的重要研究对象，城市经济增长是一个相对独立的研究范畴。所谓城市经济增长是指城市经济的动态演化过程，是城市经济作为一个整体的规模扩张与质量提高。理解和把握城市经济的最佳切入点就是城市经济增长，例如，J. 雅各布斯（J. Jacobs）就明确地将城市定义为“从自身的经济系统内持续产生经济增长的聚居地”。

城市经济增长是城市经济学和城市发展政策制定者最为关心的重要议题之一。本书用一章的篇幅论述这部分内容。在阐述城市经济增长一般概念的基础上，介绍了一般城市经济的增长模型，并通过模型的分析阐述了城市经济增长的机制，最后分析了城市经济增长的目标和政策。

3. 建设资源节约型与环境友好型城市的基本要求是可持续发展，是指城市使用资源和利用环境的过程中，能够自我调节、自我平衡，使城市在空间上表现为稳定性、协调性，在时间上表现为持续发展性。循环经济以可持续发展为原则，既是一种关于社会经济与资源环境协调发展的新理念，又是一种新型的、具体的发展形态和实践模式。它要求按照生态规律组织整个生产、消费和废物处理过程，将传统的经济增长方式由“资源—产品—废物排放”的开环式模式，转化为“资源—产品—再生资源”的闭环式模式，其本质是生态经济。可持续发展和循环经济应是现代城市经济学的主要研究内容。

4. 总部经济的系统研究和实施是进入21世纪近10年的事情，很多学者和专家对此做了比较深入的研究和探讨，并做了比较精辟的描述和系统的表达。总部经济是城市经济学研究的范畴，它是城市经济发展的重大突破和战略转移，也是国际经济一体化和知识经济初露端倪的产物。“总部经济”作为一种新的经济形态，表现出若干知识经济和区域经济的特征。它在我国的兴起和发展已走过十几个年头，其实践发展和理论体系都已日趋成熟和规范。这是我国学者对城市经济学的发展做出的独特贡献。深入研究和发展总部经济，能极大地提升城市功能，加快和促进城市传统产业转型。

5. 20世纪80年代以来，伴随着伦敦、纽约等“创意城市”的兴起，世界各地的经济学家们纷纷将目光转向对“创意城市”的研究，已取得了显著的成就。大量研究表明，“创意城市”的出现不是偶然的，是建立在一定的动力机制基础之上的，具有自身发展的经济学基础。文化创意产业的兴起和发展是当代经济、文化、科技融合发展在产业层面的具体表现。它以其独特的形态演变和运行方式与其他产业发生广泛而复杂的联系，极大地影响一个城市、一个国家的经济运行和社会文化发展。文化创意产业是“创意城市”形成和发展的强大引擎。因此，“创意城市”和文化创意产业是现代城市经济学研究内容的另一大热点。

6. 当城市的产业集聚效应和经济发展达到极致时，它就形成了一个区域的增长极，这时它要将自己的经济发展和产业链向周围城市甚至更远的城市或区域扩散和辐射，而扩散和辐射应该按着什么样的梯度方向和采用什么样的路径来进行，这就应该由辐射理论、梯度理论和增长极理论来回答。因此，辐射理论、梯度理论和增长极理论应是城市经济学的研究对象。

7. 城市群是一个人口相对集中、基础设施齐全、交通四通八达、经济基础较好、市场消费潜力巨大，并拥有科学技术先进、商业贸易发达、金融投资大、信息传递灵敏及社会生活丰富等有利条件，从而使城市成为现代生产和消费的高集聚区域，成为商品流通的集散地和枢纽点，成为经济发展的“增长极”。许多大城市都是一些多功能的经济中心，比中小城市有较高的集聚经济效益，能够更好地实现规模经济和社会分工与协作，促进人才、资金、信息和物质的快速流动和科学技术的传播；能够以更经济的方式为社会生产提供必不可少的金融、贸易和其他配套服务，也能够为其周围的中小城市及辐射区域提供多功能的服务，并提高中小城市及相应区域的经济效益。因此，以大城市为中心的城市群是一种高集聚经济。通过大力发展城市群，能够推进一个地区的社会分工和规模经济，实现更高的总体经济效益，并通过城市群的辐射而带动整个地区经济的发展，从而推动整个国家，乃至世界经济的不断发展。所以，城市群形成机制和发展条件应展开大规模的研究，为各级政府的政策制定提供理论支撑和实证案例研究成果。因此，城市群发展及其案例研究是城市经济学又一核心研究内容。

从全球视野的战略定位出发，我们认为，21 世纪国际经济竞争的基本单位不是企业，也不是国家，而是城市群。城市群之间的分工、合作和竞争将决定未来世界经济、政治的格局。建设一个强大的城市群，将成为赢得经济全球化新形势下激烈国际竞争的有利地位和关键所在。

进入 21 世纪后，笔者集中精力对《城市经济学》进行了系统的研究，尤其是近几年对《城市经济学》的学科发展和教材建设寄予了极大的关注和潜心研究，于 2011 年，在中国人民大学出版社的大力支持与积极策划下，受《21 世纪经济学系列教材》之约，在中国人民大学出版社正式出版了《城市经济学》这本教材。

本教材参考了国内外有关学者的最新论著和研究成果，吸收了他们的学术观点和研究精华，并将他们一一列在了参考文献中。为了突出他们在某个方面的成果，在教材中将他们的名字列在其中，借此机会，我向他们致以崇高的敬意和良好的祝愿。

在本书的出版过程中，白丽华、周晓明、崔旭等三位同志在资料收集、文献检索、计算机录入、各种图表的制作以及编辑等方面做了大量的工作，付出了艰辛的劳动。在此，对他们表示衷心的感谢。

中国人民大学出版社对本书的出版给予大力支持与帮助，出版社的马学亮先生和高晓斐同志积极参与策划，为本教材的出版提供了很大的帮助和指导，对此，致以真诚的谢意。

高洪深

2011 年 10 月 1 日

写于北京市永定河畔含晖苑

目 录

第一章

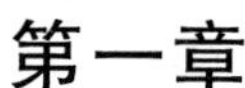

导 论

重点问题

- 城市经济学的兴起
- 我国城市经济学发展现状
- 城市经济学属于区域经济学
- 城市经济学的研究对象

第一节 城市经济学的兴起

一、城市经济学产生的历史渊源

城市经济学这一术语最早出现在1965年威尔·汤普森的《城市经济学导论》一书中，学界普遍认为，这本书的出版是城市经济学产生的主要标志。然而，城市地区的经济学研究早就引起了人们的关注。早在1776年的《国富论》中就有对城镇功能、劳动分工是以何种方式促进经济发展的，以及现在我们称之为外部经济或集聚经济的相关评论。同时，在《国富论》中也包含着亚当·斯密关于城市经济是如何发挥功能的许多观点。

我们都知道马歇尔在其1920年出版的《经济学原理》一书中探讨了“工业区”外部经济的影响，即企业为了节约成本而相互就近选址布局，这种集聚行为提高了他们所在地区或城镇共同的生产效率。

海格（Haig）在1926年《经济学季刊》上发表的两篇文章也许可以被视为城市经济

学产生的最早出版力作，这两篇论文讨论了纽约大都市区的经济问题，其重要之处在于，作者认识到：市中心的高地价和市区内存在的地价差异将会使经济主体对靠近市中心的选址布局变得谨慎，因为如果企业选址不当将会导致自身破产。但是，在海格之后有关城市经济学的研究进展缓慢。接下来的一篇能够被视为城市经济学开山之作的是美国经济学家蒂埃伯特（Tiebout）于1956年发表的有关地方公共产品经济学的一篇文章。实际上，蒂埃伯特的这篇文章是对萨缪尔森（Samuelson）在那篇有关公共物品的经典文献中所陈述论点的理论回应。1954年萨缪尔森提出至少在理论上可以证明人们并不愿意显露他们对公共物品的偏好。蒂埃伯特辩解到当公共产品是地方公共产品，并且这些地方公共产品仅仅被提供给一个地方政府辖区内的居民时，至少在理论上可以证明，如果居民可以在不同公共产品供给区内部迁移，他们就会显露其对地方公共产品的偏好。这篇论文却已经生成了一份相当有分量的文献，因为它已经被用来分析地方政府的经济情况。当然我们也不能忽视早期在住房经济学和交通经济学研究领域里涌现出来的大量研究成果。

城市经济学的确立最初要归功于20世纪50年代后期美国的两组研究人员。第一组继承了海格的思想，并继续从事30年前海格对纽约都市区的经济研究，这些研究成果在雷蒙德·弗农的《大都市1985》（Vernon，1960）一书中得到了概括。1959年胡弗和弗农合作完成了《大都市区剖析》一书，该书关注了一定区域内经济主体选址行为。此外，《国家的十分之一》（Lichtenberg，1960）一书研究了纽约工业的发展，《金融大都市》（Robbins and Terlecky，1960）一书则着重研究了纽约金融工业的状况。以上这些著作和其他一些相关主要著作一起，共同描述了城市经济主体运行方式的概貌。

与此同时，第二组人员就是纽约研究小组，开始了对城市经济问题的实证研究，阿隆索（Alonso）和温戈（Wingo）一直努力构建一个描述城市内部土地价值和交通费用——特别是人们去市中心的通勤费用和土地价值关系的理论模型，利用这一模型来解释居民选址模式是什么因素决定的。阿隆索从1960年开始创作这方面的研究论文，并于1961年发表了第一篇论文，他的《布局与土地利用》一书出版于1964年（Alonso，1960，1961，1964），同时，温戈的《交通与城市土地》一书也早已于1961年出版发行（Wingo，1961）。在我们看来，这是具有分水岭意义的时刻，自此，与城市经济学相关的研究计划开始出现，这标志着城市经济学的诞生。

之所以把阿隆索和温戈的研究成果描述为标志着城市经济学的诞生的代表作，其原因在于：这一理论将对交通（人们从住址到工作单位的通勤）、住房和居民区布局（为什么人们会选择与自己工作相关的地方居住）的研究整合到了一起。

二、城市经济学在西方的兴起

城市经济学在西方的产生并发展城市经济问题的研究，最早是从19世纪20年代，西方一些经济学家对城市土地经济和土地区位经济的研究开始的。这一时期有关城市经济学的研究主要有：城市区位的研究、城市土地市场的价值分带理论研究和关于“楔形理论”的研究。

20世纪40年代，城市经济问题的研究已进入系统化的阶段，内容涉及城市房地产市场、级差地租、土地价格、土地合理利用、工业布局、空间距离、运输成本等等。

城市经济学从广义的经济学中分离出来，并于20世纪60年代成为一门独立的学科。1965年，美国学者威尔帕·汤普森（Wilbur Thompson）编写的城市经济专著《城市经济学导论》问世，标志着城市经济学的诞生。

城市经济学虽然起步很晚，但各国城市经济学家颇有见解和价值的观点，对于今后城市经济学的发展起到了很好的推动和引导作用。其中，比较有代表性的学者有：英国的K. J. 巴顿（Button）、日本的山田浩之和美国的沃纳·赫希（Werner Z. Hirsch）等等。

巴顿强调，现代的城市经济学不能仅仅涉及"效率"问题，而且与"公平"有关；城市经济学具有"多学科性"。巴顿还提出了"宏观城市经济学"和"微观城市经济学"的概念。

山田浩之十分重视城市经济关系的研究，他首先提出了"城市系统"的概念，同时提出了"城市内"和"城市间"经济关系研究的任务。

三、城市经济学在中国的引进与创立

20世纪80年代，城市经济学在我国兴起和传播，经过20多个年头的风雨历程，城市经济学在我国已经得到长足发展，不论在理论上还是在实践上都取得了突破性进展，并已在经济学领域扮演了重要的角色，发挥出越来越令人瞩目的作用。在我国，城市经济学尚属发展中的新兴学科，随着中国城市化进程的加快，城市经济学将变得越来越重要。

30年的探索，中国进入城市经济研究繁荣昌盛的新时代，城市经济问题研究论文发表量每年达数百篇，城市经济问题专著如雨后春笋般相继出版，丰富了中国经济问题的研究成果，有力地推动了中国城市经济学的研究。

作为经济学的一个分支，城市经济学的研究则开启了创立与发展的历史阶段，30年来至少已出版了近30部的专著和教材。从这些著作中可以看出，中国学者研究城市经济学的轨迹大体上可以分为引进与创立两个阶段。这就是城市经济学在中国的兴起与发端。

大体上是20世纪80年代与90年代中期的著作。我国进入改革开放新的历史阶段之后，国人对商品、市场经济的认识逐步深化，城市的作用日益显著，城市化的进程开始加速，适应这一形势要求，西方的城市经济学著作开始被引进。进而，中国学者在借鉴西方教材的基础上开始编写大学教材和普及读物。这批早期的著作，有以下几个特点：

第一，作为创立阶段的产物，这些著作一开始就借鉴巴顿阐述的"城市经济学的研究任务，就是系统地运用经济学的原理去解决城市的各种重大问题"这一观点，紧密结合中国改革开放后的城市化发展、城市内部发展的主要问题展开研究。

第二，这些早期著作普遍把城市经济学研究的对象或任务界定为城市经济运动的规律性，有几本著作明确提出要研究社会主义城市经济活动的规律。

第三，由于研究对象界定得比较笼统（城市经济发展的规律性），在学科范围和内容上大相径庭。有的强调研究城市经济的内部关系和外部关系，范围较广泛，除城市产生与城市化、城市内部诸问题之外，还包括了城市经济结构、城市经济效益、城市经济管理、城市发展战略和城市经济改革，等等。有的著作强调城市经济学是研究生产力方面的，而且是从空间经济角度进行研究的一门科学，研究内容主要侧重于城市化运行和城市作为空间经济载体而产生的问题诸如土地问题、住宅问题、交通问题、环境问题以及在此基础上的城市政府行为。

第二节　城市经济学发展现状

一、国外城市经济学研究现状

国外的城市经济研究以解决城市问题作为出发点和己任，在不断理论探索的基础上更加注重城市实际问题的解决。近年来，随着经济全球化和世界经济一体化的加速，生产要素流动的速度和规模达到空前的程度，一国的经济发展不仅取决于该国的资源禀赋，还取决于如何更好地利用外部资源。因此，原本研究一国内部城市问题的城市经济学研究，其内容也逐渐发生了变化：如要素资源的空间布局与区位选择研究从传统的本国空间研究，扩展到全球（特别是对跨国企业而言）范围内的比较竞争；资源配置研究从如何发挥一国静态比较优势转向如何利用国际资源的城市竞争力研究；城市密集区域经济的协调发展研究从单纯的城市群经济协调转向城市群域之间的竞争、合作和国家间的竞争与协调，这些研究无疑均扩大了城市经济研究的视野和范围，加大了研究的难度和深度。

在这些现实经济问题的影响下，近年来，国外城市经济研究的内容可集中归结为四个主要的领域：

- 区位分析与城市内部空间结构演化；
- 城市化与城市体系的一般均衡模型设计；
- 特定城市市场与城市经济模型的建立；
- 城市经济问题、城市政府行为和城市经济政策分析。

二、国内城市经济学研究现状

国内的城市经济学研究在改革开放后才起步，但是呈现出迅猛发展的势头。20 世纪 80 年代，城市经济学集中研究我国城市经济在区域经济发展中的地位和作用、中国的城市化道路等问题。20 世纪 90 年代中期开始，国内全方位展开了城市化道路和城市化理论的研究，并对城市经济学的基础理论、学科体系以及具体的城市问题和城市经济政策进行了系统的理论研究和实证分析。探讨了城市经济运行规律和一些发展中国家特殊的城市问题及城市经济政策；探讨了城市内部的土地利用与区位选择、城市经营、城市治理、城市交通、城市人居环境建设与可持续发展问题；对城市化问题及日渐发展的城市群经济给予了密切关注；并实证研究了我国珠三角、长三角和环渤海等都市圈的经济发展与协调问题，提出城市群是以大城市为核心，不同层次、不同结构和不同功能的大中小城市有机结合，通过各种网络紧密联系而形成的一体化发展、相互分工互补、交流和竞争的网络体系，都市圈发展模式是实现城乡一体化、区域一体化的空间整合模式和组织形态。在经济全球化与区域化发展的新背景下，城市密集区域的经济发展尤其引人注目。国内城市经济学的研究为适应经济发展新形势的要求，对城市与区域经济社会发展现实中出现的一些新问题进行了大量的研究。提出城市经济学是研究城市经济系统，而城市经济系统是宏观经济和微观经济的中间环节和各部门经济在空间上的纽结，城市经济学是“中观层次”、“空间范畴”和“应用性”的综合边缘学科等一系列新的理论观点。

概括而言，近年来国内城市经济学研究主要集中在下述五个方面：

- 城市化与新型工业化的关系研究；
- 都市圈发展与城市之间经济合作及协调分析；
- 区位选择与城市内部空间结构演进研究；
- 产业集群与城市经济发展分析；
- 城市政府职能与城市治理模式研究等。

三、我国城市经济学发展存在的问题

1. 城市经济学理论体系的不完整

应当说，这一问题不论在国外还是在国内都由来已久，一直没有得到很好的解决，对城市经济学的性质、对象、范畴、结构等问题，至今仁者见仁、智者见智，没有形成统一的看法。关于城市经济学的性质，据《经济科学学术观点大全》介绍，有四种不同的观点：一种观点认为城市经济学属于应用学科；第二种观点认为城市经济学属于综合学科；第三种观点认为城市经济学属于边缘学科；第四种观点认为城市经济学属于理论学科。对城市经济学研究对象的争论也始终在进行中，《经济学新科学概览》将许多不同观点归纳为五种意见：第一种意见认为城市经济学就是研究城市经济的科学，城市所有的经济问题都应该作为研究的对象；第二种意见认为城市经济学只研究城市本身所特有的一些经济问题；第三种意见认为，城市经济学主要是研究城市发展的生产关系，即研究城市中各个企业、各个部门以及各地区之间、城乡之间，在生产、流通、分配、消费各个领域中彼此所发生的联系；第四种意见认为，城市经济学研究城市化和城市现代化；第五种意见认为，城市经济学研究城市经济及城市经济关系发展的规律。对城市经济学研究对象的不同认识，使得城市经济学的范畴体系各不相同。有的以发展、土地、环境、交通、住房、规划为城市经济学研究的范畴，有的以发展、土地、交通、环境、犯罪、文化、贫穷为城市经济学研究范畴，有的以发展、结构、环境、区域、效益管理作为城市经济学的研究范畴，有的以发展、结构、交通、土地、住宅、环境、财政、管理为城市经济学的研究范畴等等，凡此种种，对城市经济学研究范畴的分歧，对城市经济学性质、对象、范畴的不同认识直接导致了城市经济学体系结构的不同，使得城市经济学常给人以“雾里看花”的感觉。

2. 城市经济理论基本观点表述的不规范

城市经济学理论观点表述的不规范直接影响了整个理论体系的发展。城市化是城市经济学理论研究的第一范畴，是城市经济学的核心内容，但长期以来却始终未能形成统一的观点和认识。如城镇化概念的提出，自以为是标新立异，殊不知却画蛇添足，造成了城市经济学基本概念的混乱。又如对大城市化规律的争议。大城市化是所有国家都出现过的在城市化中前期不可避免的现象，具体表现为大城市人口和数量以更高速度增长的趋势，大城市化不是西方国家所特有的现象，而是城市化过程中的必然，中国当然也不例外。再如城市现代化，它所反映的是城市化的质量要求，包括深刻的经济、建设、环境、人文、管理等方面的内涵，集中体现为“城市建设先进化”、“城市经济高效化”、“城市社会文明化”、“城市环境优质化”、“城市管理科学化”。然而，理论界对这个概念的模糊认识和片面理解，使得实际工作者无所适从，有的城市以基础设施水平的提高为城市现代化标准，有的城市从 GDP 指标的角度追求现代化，有的城市认为园林化、生态化就是城市现代化。如此等等，都肢解了城市现代化的科学含义。

3. 城市经济理论研究与实践的部分分离

城市经济理论研究的薄弱性，使得绝大多数行政管理人员在处理城市经济问题时，将宏观、微观经济理论的方法照搬到城市经济领域，导致理论与实践的严重分离。最典型的莫过于城市经营。除根本否定城市经营的观点外，即使认为城市可经营的人中又有不同的城市经营观：有人将城市视为超企业的经济实体，认为必须“有与管理相结合的经营，包括直接为城市产业发展服务的经营，以及直接为城市建设发展服务的经营”。还有观点认为，“城市经营就是经营城市者通过创造、提供有价值的‘城市产品’，以满足‘城市消费者’的需要和欲望的一种社会活动和管理过程，并由此发展城市经济和城市文明”。这些观点无疑都是微观经济学理论在城市经济领域的翻版。

第三节　城市经济学是一门区域经济学

一、新区域经济观

区域经济学的理论渊源可以追溯到 19 世纪初创立的区位理论，并借助了经济地理学的一些概念；到 20 世纪 50 年代，从经济学与生产布局学脱胎而发展起来现代区域经济学。以区域经济为研究对象的学说有多种名称，如“空间经济学”、“空间科学”、“区域科学”、“区域发展规划学”等。目前形成了三大流派：新经济地理学派、新制度学派和区域管理学派。区域经济研究领域被一些学者称为“经济学最后的前沿”。

在全球化和高新技术产业不断升温、我国区域经济快速发展的背景下，从宏观和微观角度对区域经济的发展进行深入分析，总结、提炼区域经济学的新的理论，极为必要。由于知识经济的兴起和国际经济呈现一体化趋势，为区域经济的实践、区域经济学的理论与方法注入了大量的新内容，对此我们做了大量的研究和探讨工作，取得了一系列重要的研究成果。我们将这些研究成果概括为新区域经济观。从区域经济学研究内容和层次与范围的拓展，区域经济理论的创新、新区域经济观的案例分析以及新区域经济观如何支撑五个“统筹”与区域协调发展等方面系统论述新区域经济观。

人类进入 21 世纪，区域经济的发展和研究成为新的经济学热点问题，尤其是国际区划与区域经济的发展不断出现新概念、新特点和新观念，出现许多不同特点、不同规模的带有地区性质或国际性质的区域经济组织；另外，在一个国家或地区的特区经济和科技工业园区的区域经济发展也在迅速地兴起。究其原因，主要在国际经济领域里显现出两个最大的特点：一是知识经济初露端倪，二是国际经济一体化的大潮不可阻挡。这两大特点为区域经济学实践、理论与方法注入了大量、丰富的新内容。对此，我们进行了深入的研究与论证，突破了传统的区域经济学的理论观念。我们将传统的国家区域经济和城市区域经济扩展到国际区域经济、特区经济以及科技园区和工业园区的区域经济，这样就把区域经济由两个层次扩展到五个层次，这五个层次是：国际区域经济、国家区域经济、城市区域经济、特区经济以及科技园区和工业园区的区域经济，我们认为这完全是国际经济一体化和知识经济到来引发出的理论观念的突破。下面就分别论证一下新的区域经济学扩大了的研究范围和层次。

（一）国际区域经济

当代世界经济的一个重要特征是国际经济一体化。在国际经济一体化的进程中，区域经济一体化趋势日益加强。作为生产力高度发展的产物，区域经济一体化以区域经济集团化的形式在世界经济生活中扮演着重要角色。

所谓区域经济一体化，是指地理上邻近的国家或地区，为了维护共同的经济利益和加强经济联系与合作，相互间通过契约和协定，在区域内逐步消除成员国间的贸易与非贸易壁垒，进而协调成员国间的社会经济政策，形成一个跨越国界的商品、资本、人员和劳务等自由流通的统一的经济区域的过程。其目的是为了通过区域经济组织，在成员国之间进行分工协作，更有效地利用成员国的资源，获取国际分工的利益，促进成员国经济的共同发展和繁荣。

经济一体化涉及使用资源的效率问题，为了得到效率，最基本的条件应该得到满足，即生产产品和要素的自由流动以及消除歧视；此外，要素是通过市场进行配置的，有必要采取措施以保证市场运作正常，并且也需要必要的制度以对市场的联合力量产生作用，因此，经济一体化过程会产生积极和消极作用。消极一体化，指在贸易自由化过程中所带来的歧视性做法；积极一体化，指为使市场有效率而对现存的措施和制度进行修正，以及在同盟内实现更为广泛的政策目标所带来的效果。

国际经济一体化包括两个层次上的经济联合的过程：①国际经济一体化，指在若干国家之间的经济一体化，亦即区域一体化；②全球经济一体化，指全球范围内的一体化现象。在每一层次上还可能有一特定部门的一体化，例如农业、工业和能源等部门。通常意义上的经济一体化研究指国际经济一体化，而非国家内部的、全球或低层次的部门一体化。

从国际区域经济一体化组织的情况看，有这样几个特点；第一，具有较大影响力并在世界经济中占有相当份额的区域经济一体化组织并不多。根据1990年的统计资料显示，在当时世界上已建立的区域经济一体化组织中，只有欧洲共同体（欧盟的前身），美加自由贸易区（北美自由贸易区的前身）、欧洲自由贸易联盟、东南亚国家联盟和拉丁美洲一体化协会，在世界商品贸易中分别占有41%、17.14%、6.65%、4.44%和3.03%的份额，其他区域经济一体化组织所占份额都在3%以下，而且绝大部分都不足1%。第二，区域经济一体化组织的覆盖面趋于重叠，规模较大的组织与规模较小的组织齐头并进，而且是大组织中包括小组织的越来越多。例如，于1983年10月建立的“中非国家经济共同体”（ECCAS）中就包括了1964年12月建立的“中非关税与经济联盟”（UDEAC）；而目前世界上最大的区域经济一体化组织——“亚太经合组织”中则包括了“北美自由贸易区”和“东盟”这样的区域化组织。第三，发达国家区域经济一体化组织的数目虽不多，但建立的时间往往比较早，发展得比较成熟，尤其是发达国家经济实力雄厚，其区域经济一体化组织的影响力也就大，这就使经济落后的发展中国家感受到某种压力，使它们感受到排挤的威胁。区域经济一体化组织越是增多，越是发展，那些尚未加入区域化组织的被排除在外的国家和地区的压力就越大，也就更加促使它们纷纷加入，或纷纷建立自己的区域经济组织。这是进入20世纪90年代以后，区域经济一体化组织数量迅速增加的一个重要原因。

（二）国家区域经济

国家区域经济亦称国内区域经济，它的划分是指从国情出发，根据社会劳动地域分工的规律，依据一定的区域划分原则，按客观存在的不同水平、各具特色的地域经济体系或地区生产综合体，本着发挥区域比较优势、扩大区域市场和加强跨地区经济联系的思路，对全国进行战略性的区域划分。经济区域划分是国民经济在地域空间上进行总体部署的基本框架，是有计划地建立与加强区际与区内经济联系，因地制宜地发挥区域优势，提高社会生产地域分工水平和宏观经济效益的有效途径。因此，关于经济区域划分的研究具有重大现实意义。

第二次世界大战之后出现了众多发展中国家，这些国家除了经济上落后、政治上不稳定以外，有一个共同的问题，即区域发展上的不平衡，呈现典型的区域发展的“二元性”。20世纪60年代兴起的发展经济学，只是寻求从经济上解决经济增长和发展的不对称，平衡二元经济的利益冲突，但是在调节区域间发展不平衡问题上却没有进一步的突破。而且，随着经济的发展，区域经济发展不平衡已经成为世界范围内的普遍现象。因此，研究区域发展的理论问题，显得尤为重要和迫切。

自20世纪80年代末90年代初以来，区域经济发展差距问题已成为我国经济研究中讨论得最热烈的话题之一。

我国是一个幅员辽阔的大国，各地自然条件、社会发展程度、历史背景和社会人文条件的差异很大，区域经济发展存在一定程度的差距是正常的，也是必然的。我国区域经济发展的差异主要是发展水平和发展速度上的差异，具体表现在，一是东部和中西部的产业结构及工业化、城市化进程处于不同的发展阶段；二是这两大区域的市场发育程度和对外开放程度不同，经济体制的转换速度和程度也不同；三是东部和中西部之间存在两个相反又互补的梯度差，即东部地区的经济技术远远高于中西部，而中西部地区的自然资源又要比东部地区丰富得多；四是由于经济发展速度不同造成的人均产出和人均生活水平的差距日益扩大，并呈上升趋势。

区域之间适度的经济发展差距能保证经济发展的效率，但目前我国这种地区之间不断扩大的经济发展差距不利于我国国民经济的整体水平，也不利于国民经济的协调发展。江泽民曾多次提出实施西部大开发战略，并明确指出：实施西部地区大开发是全国发展的一个大战略、大思想；加快中西部发展的条件已经基本具备，时机已经成熟；从现在起，这要作为党和国家一项重大的战略任务，摆到更加突出的位置。

历史的与国际的经验都清楚地表明，必须妥善地解决一个国家内部的区域发展问题，区域问题解决得好坏将直接影响我国迈入世界性经济增长的进程和国家的实力。

综上所述，对区域经济发展差异进行系统的分析，并对其指标体系加以研究，这无论是在理论上还是在现实问题的对策研究上都具有重大意义。

（三）城市区域经济

城市是区域的中心地带，在区域经济发展过程中起着举足轻重的作用；现代城市，不仅是区域经济的核心，又是国民经济和区域经济活动的空间依托，是区域经济组织的结点和载体，对区域经济的研究必然涉及对城市经济的研究。实际上，专门研究城市经济的城市经济学的产生也得益于区域经济学对城市经济的关注。随着现代市场经济的发展，城市在区域经济中的中心作用也日益增强。

关于城市经济学的研究对象和详细内容，本教材将作系统和全面的介绍和阐释，这里不再赘述。

（四）特区区域经济

我国改革开放以来，国民经济迅速发展，在很大程度上得益于经济特区的设立。但是，经济特区的设立并不是我们的发明，早在 1547 年，意大利热那亚湾的里窝那自由港就建起了世界第一个经济特区。17 世纪以后，欧洲各国相继建立起自己的经济特区。进入 20 世纪以后，经济特区有了一些新的发展；第二次世界大战以后，经济特区的发展进入了一个新的阶段，不仅量的方面而且质的方面都有了很大的变化。历史证明，经济特区的设立大大促进了各国的经济发展，为此，我们把特区经济作为一个重要方面，将它纳入到区域经济学的研究对象，系统地介绍经济特区的发展历程和今后的发展趋势，全面研究设立经济特区的目的、条件以及经济特区的类型、模式及其运作机制。

经济特区是指一个国家或地区通过法令划出一定范围，在对外经济贸易活动中采取较其他地区更开放、更灵活、更优惠政策的地区。通常用减免关税、降低土地使用费以及提供良好的投资环境等优惠政策和条件，吸引外商前来投资和从事各种经营或生产等业务活动。以达到提高土地使用效益、促进对外经济贸易活动开展和加快本身经济发展的目的。设立经济特区的目的和作用主要是：

第一，扩大本国的对外贸易。一个国家可以通过土地有偿定期出让和建立各种形式的经济特区等方式来推动本国对外贸易的发展。原来以出口贸易和转口贸易为主发展本国经济的国家，通过设立经济特区，提供特殊的管理办法和优惠条件，吸引更多的外商前来从事各种业务活动，以进一步促进出口贸易和转口贸易的发展。许多发展中国家为了改变原来实行的不太成功的进口替代工业化战略，转而实行面向出口的工业化战略，便纷纷设立以国际市场为导向的出口加工区和自由贸易区，借助于引进国外的资金和先进技术，发展出口加工工业，扩大本国的出口规模。20 世纪 60 年代中后期亚洲地区的出口加工区热，70 年代拉美和加勒比岛国出口自由区的不断涌现，80 年代以来综合型经济特区、保税区、出口工业区和开发区在中国与其他一些国家的大量出现，正是这一工业化战略转型的客观结果。

第二，引进更多的国外资金、技术和管理经验。创立土地要素特殊国际移动的各种形式，特别是经济特区这种形式，都不同程度地包含有引进更多的国外资金、技术和管理经验的目的。这一点对发展中国家适用，对发达国家也适用。国外的资金被优惠政策和良好的投资环境吸引进来以后，还会相应地带来先进的技术和企业管理经验。近年来发展较快的科技型经济特区的设立，对于引进国外的先进科学技术、促进科技交流和开发、提高生产技术水平起到了尤为突出的作用。

第三，增加就业机会，扩大社会就业。许多发展中国家由于人口增长过快，就业机会少，导致劳动力过剩，出现显性和隐性失业。在发达国家，由于经济增长缓慢和经济结构调整等原因，也存在着大量的失业人员。解决失业问题，就需要增加就业机会。土地要素国际移动的各种形式都能在一定程度上促进输出国经济的发展，创造出新的就业机会，从而缓解失业问题。从发展中国家和发达国家的实际情况来看，通过设立经济特区等形式实现土地要素的国际移动，确实起到了扩大社会就业的效果。

第四，加快特定地区经济发展与经济开发的速度，形成新的产业结构和社会经济结构，对全国（地区）经济发展形成吸纳和辐射作用。不论是发达国家还是发展中国家，其自身经济发展都存在着地区之间不平衡问题。在落后地区或国家鼓励发展的地区设立各种类型的经济特区，向外商有偿定期出让土地使用权或与外商进行土地合作开发等，都能够加快特定地区经济发展的速度，缩小与其他地区经济发展水平上的差距。同时，通过设立经济特区等，还能够带动附近地区乃至全国经济和社会的发展。日本在琉球群岛开辟的自由贸易区，巴西在马瑞斯设立的自由贸易区，俄罗斯在远东的纳霍德卡、伯力和东方港开辟的经济特区，以及我国设立的海南经济特区和浦东开发区都是为了加快落后地区经济开发的速度。

第五，获得更多的土地出售、出让与出租收益。土地是一种要素商品，其价格也受供求等因素的影响而有高有低。当能以较高的价格把土地出售、出让或出租给外国的自然人或法人时，土地所有者或其使用权所有者自然愿意成交。在发展中国家，把土地出售、出让或出租给外国的自然人或法人，还能获得本国比较短缺的外汇收入，所以土地所有者自身的积极性是很高的。例如，1989 年，我国天津经济技术开发区土地管理局一次向美国 MGM 公司出让 5.36 平方公里的开发区土地使用权，出让期限 70 年，共获得 1 742 万美元的出让费。

（五）科技工业园区区域经济

1. 建立科技工业园区的意义

21 世纪在科技产业化方面人类最重要的创举是创办科技工业园区，这种产业发展和科技活动的结合，彻底解决了科技与经济相脱离的世界难题，为人类的发明或发现迅速转化为生产提供了一个极好的模式。这些科技园区以它们所创造的增长奇迹，向世人证实了在科技智力高度密集的地区蕴藏了多么大的发展潜力。它们所实现的突发式、跨越式、阶跃式的发展模式，使区域经济的能量早已超出了常规的界限，而远播于世界的四面八方。美国的硅谷，日本的筑波，中国台湾的新竹等，成为具有世界意义的区域经济的代表，它们被称为国家创新核和世界增长极。

科技园区由于其对地区经济、国家经济甚至世界经济强烈的拉动作用，它的发展必然受到各级政府和社会各界的密切关注。中国已经建立了 53 个“高新区”，它们各具特色地存在着，构成了世纪之交中国一道特殊亮丽的风景线。现在理论界盛传一种说法，即中国的发展“80 年代看深圳，90 年代看浦东，21 世纪看中关村”。我们且不去深究这种说法的源头，但这句话至少给我们以两点启示，一是对中国高新技术及其产业而言，中关村的发展具有里程碑的意义；二是这种说法隐含了一种精神，即中关村如日初升，前程无限，它将把高科技的精神发扬光大。

科技工业园区具有人才、科技、知识优势，随着国家“211 工程”和“国家知识创新系统工程”试点的实施，特别是国家创新系统建设的启动，国家的战略资源与创新资源又一次在中关村集聚，为科技工业园区的建设与开发奠定了坚实的基础。

国外有许多成功的科技园区，例如，美国的硅谷，日本的筑波，中国台湾的新竹等，但是这些科技园区的成功模式都是建立在工业经济社会的基础上的。而我国科技工业园区的建设与发展却是在知识经济时代形成和确立的21世纪，因此，科技工业园区产业结构的发展模式不能照搬外国的。因为知识经济形态出现之后对工业经济时代所形成的产业结构与组织、政府政策、企业行为及其管理模式以及人们的价值观念、生活方式等一系列“游戏规则”提出了挑战，甚至要重构一套全新的“游戏规则”，所以对科技工业园区产业结构的发展研究不能采用传统的思维方式，也不能完全依靠工业经济社会中所产生的理论与方法。因而对科技工业园区产业结构发展的研究要采用系统科学的观点，利用系统工程的理论与方法，对科技工业园区的产业结构发展进行系统的研究，同时要突破西方经济学的传统理论，从产业角度出发测度出知识产业对经济增长的模型，以此为根据，对科技工业园区的支柱产业进行定位。

2. 科技工业园区运作机制

我们认为科技工业园区发展的政策目标，应当是通过各种政策措施的实施，在科技工业园区内真正建立起人才激励、要素流动、市场选择和“政、产、学、研”互动四种机制，形成具有市场化、网络化、国际化、信息化和制度化五个特征的区域创新体系。通过科技工业园区发展的政策研究、政策制定与实施，一方面满足科技工业园区建设与发展的需要，满足科技工业园区创新企业的需要，另一方面还要为我国整体的科技、教育、经济体制改革提供示范经验，最终促进我国整体创新能力大幅度提高。我们认为必须建立以下四种机制：

（1）人才激励机制。

在科技工业园区树立“依靠知识，依靠人才”的观念，创造一种收益与所承担的风险相匹配的政策环境，建立健全的产权制度和所有权代理人职业资格认定与管理制度，承认人力资源、技术和成果是重要的生产力要素，并直接参与分配，最终形成有效的人才激励机制，包括多元化的精神激励。

（2）要素流动机制。

配合国家人事制度改革和投融资体制的改革，进一步打破创新要素的部门所有，大力发展要素市场，确立要素市场规则和秩序，通过网络信息建设，提高要素供求信息的透明度和通过市场配置资源的效率，率先完成养老、医疗、住房制度和户籍制度的改革，建立完善的社会保障体系；建立新的投融资体制，形成人才、资金、信息、技术等创新要素的多元化投入、优化配置、高效使用和退出机制，为要素的合理流动打下坚实的基础。

（3）市场选择机制。

配合科技、教育体制改革和政府机构、事业单位管理体制改革，推动高新技术企业实行现代企业制度改革，使企业真正成为自主决策的行为主体，成为科技投入、研究开发和技术创新的主体。在科技园区内形成公平竞争、优胜劣汰的市场环境，建立人才、信息、资金、技术和产权等各种要素市场，依靠市场机制配置创新资源。

（4）“政、产、学、研”互动机制。

雄厚的科技资源，不断壮大的创新企业群体和政府的有效协调管理是保证科技工业园区健康、稳定、高速发展的三大要素。各级政府管理部门、各类高新技术企业、各类高等学校和科研院所以及金融、法律、信息、技术、商贸、管理等各类中介机构之间建立起来的密切联系与互动关系，构成了国家创新科技园区网络化区域创新体系及其基本的运行机制，是实现国家创新科技园区战略目标的保证。

二、城市经济学的学科性质属于区域经济学（亦称空间经济学）

这里说的学科性质，不是有些出版物所说的“城市经济学的性质有属于应用科学、理论科学、综合科学、边缘科学等不同分类的所谓性质”。这种界定和分类，严格地说不够确切也不到位。因为任何经济学都有其理论研究部分和应用研究部分，如财政学、货币银行学、国际贸易学等，一般都看作是应用经济学科，但它们都有各自的理论研究。就是作为研究经济学最基本的原理的理论经济学，同样也包括不少的应用研究案例和政策结论。所有理论经济学与应用经济学之分是指各有侧重罢了。

郭鸿懋对城市经济学的学科性质有经典的见解，他认为，学科性质是指在进行经济理论研究时，以什么样的存在形式和思维逻辑来看待和分析经济发展而界定的。世界是由空间和时间构成的，空间与时间统一是世界万物的存在形式，或者说是存在的本质。我们说经济发展从来都是指一定空间区域主体的一定时点上的发展，为某年、某历史阶段世界的、中国的、美国的……经济发展。所谓效率，就是用最少的时间和最小的空间所达到的一定目的（如经济增长等）的研究。从学科上分，到目前不外就是两种，一种是时间经济学，一种是空间经济学。过去的主流经济学就是前者，它的竞争性均衡分析是把两个主要的空间经济因素即规模报酬和运输成本排除在外的，只是一种时间分析。而空间经济学则不同，它认为经济运行是时空的结合，是以此为前提的侧重于空间的研究，是一门“关于资源在空间的配置及其经济活动的区位问题的学科”。只把时间作为存在的形式而把空间排除在外的主流微观经济学完全是为了便于应用阿罗・德布勒的一般均衡模型，因为这种竞争性均衡点是与规模经济不相容的。而事实上是不存在这种无规模经济的竞争均衡的，正因为这一点，张伯伦提出了垄断竞争，罗宾逊夫人也几乎同时提出了不完全竞争，从而抛弃了以完全竞争为基础的均衡分析，实现了对新古典经济学的突破。然而，尽管如此，作为主流经济学仍然拒绝规模经济与运输成本的引入，从而依然不能反映经济现实。空间经济学突破了这种局限，指出经济发展不仅表现为一定时点的一般均衡，而且表现为空间上的区位均衡，这种均衡恰恰表现为运输成本递减与可变的递增的规模收益之间的互换。空间经济学，从最初的德国古典区位论研究，其中包括杜能的农业区位论、韦伯的工业区位论、勒施的市场区位论和克里斯塔勒的中心地区位论，到阿隆索的城市中心商业区位研究等理论，特别是克鲁格曼的新经济地理学，即把空间经济学研究纳入到主流经济学范围的研究，都说明了空间经济学是对西方主流经济学的重大推进，是一种重要的理论经济学研究。

城市经济学的学科性质就是空间经济学。这种学科性质定位的思想，在早期的城市经济学家的著作中就已经提出，如赫希说：“经济活动的空间特征是城市经济学存在的理由。”他认为“城市经济学（还有区域经济学）区别于经济学其他分支学科的一个特征，就是它着重研究经济学选择的空间因素”。山田浩之指出：“城市经济学就是抱着解决城市问题的愿望，从经济学的角度对城市的空间结构进行分析。”他认为城市空间结构的理论分析，已经“接近城市经济学基础理论的核心”。巴顿在说明新古典主义经济分析不能解决城市经济的现实之后指出，要“发展空间经济理论，为现代城市经济的研究奠定基础”。就连美国城市经济学权威埃德温·S·米尔斯也认为“空间分析是城市经济学的核心”。他指出城市经济学“是由空间经济学家建立起来的一个公认的经济学分支。消费者行为、厂商、市场均衡和动态分析被加入到空间分析的框架之中，以提供有关城市空间结构的理解”。20世纪克鲁格曼建立了新经济地理学说，更明确提出城市经济、区域经济和国际贸易都是空间经济学。他认为“城市与经济增长本质上是相同的，只不过一个是空间上的，一个是时间上的”，在他与藤田昌久和维纳布尔斯合著的《空间经济学——城市、区域和国际贸易》中就是把城市体系作为空间经济学之一来研究的。确定城市经济学的学科性质极为重要，它可使这门年轻的经济学分支在林林总总的经济科学当中打出自己的旗帜：即研究城市资源空间配置的空间经济学，从而成为这门学科的理论研究基点。有了这个基点，不仅可以利用主流经济学丰富的研究成果，而且还能推进主流经济学的发展。不仅是像奥莎利文那样明确提出城市经济学的五个公理，更重要的是像克鲁格曼那样建立空间经济学特有的理论和模型。有了这个基点才能将这门学科与其他的专业经济学和应用经济学区别开来，展示它作为经济学一个重要分支存在的理由。

作为一个发展中国家，我国城市经济学的研究大体晚于发达国家20年，新中国成立60年后的今天，又进入了城市化高速发展的历史时期，今后的30年还将处于高速发展阶段，城市将成为区域和全国发展的巨大引擎，有相当多的问题将与城市发展直接相关，因此城市经济学的研究具有极为重要的现实意义。借鉴西方城市经济学研究成果，结合中国发展的现实，建立城市经济学科理论任重而道远。如果我们对这门学科的性质取得共识，把它作为推动学科理论研究的一个基点，至少对下面的问题可以继续进行深入探索。

(1) 对学科研究对象再做深入讨论。目前，国内出版的《城市经济学》当中，对这门学科研究对象的表述还是多样的。有的提出应把以城市空间要素利用为核心的城市资源配置和城市经济福利最大化作为研究对象（王雅莉），有的把城市经济运作、经济关系及其规律作为研究对象（饶会林），还有不少的著作是把城市经济现象或城市问题作为研究对象，提出城市经济学是一门研究城市范围内各种经济现象的学科，强调从空间的角度来理解经济现象（周伟林、严冀等），等等。上述多样的研究对象表述说明对城市经济学是否是一门空间经济学还持有不完全相同的看法，或者是虽然强调空间经济学的性质，但表述上又有不同。这种分歧可能出于几种原因：一是把城市经济发展的所有问题都视为这门学科的任务，尽管也承认城市经济学的研究以城市各主体空间区位为中心，但又认为只此一点不足以解决城市发展的全部经济问题，因此，确定研究对象时比较宽泛。二是主张以新古典主义、新古典综合派等主流经济学为主导研究城市经济问题，强调沿用新古典主义关于集聚经济、规模经济、外部性和供求均衡等理论分析经济问题，特别要注意新经济地理学对城市经济的发展和对主流经济学的推进。认为空间经济虽然是这门学科研究的视角，但研究方法还应借助新古典主义的方法，因而，在研究对象的表述上并未直接概括为从空间要素方面对城市资源配置的研究。三是认为城市经济研究发展趋势是城市经济学与各种应用的城市经济学的界限越来越模糊。“一个可以肯定的趋势是，城市经济学与住宅经济学、交通经济学和公共选择理论的界限将被打破”，认为“新经济地理学家正在把城市经济学拓展为一个具有更为广阔前景的经济学内部的交叉学科”，这也可能是在界定研究对象时的一种思考。

郭鸿懋倾向于以空间经济学（本教材将空间经济学视为区域经济学）作为城市经济学的性质这一点来界定这门学科的研究对象，应当明确地指出城市经济学就是研究城市资源最优空间配置的科学。这样界定有利于表现城市经济学的学科性质和它的特色，这也就是它存在的理由。城市经济学不能变成城市经济问题的百科全书，它应是城市经济特别是应用经济和部门经济学科的一个重要的理论基础。至于谈到城市经济学与城市应用经济学的界限日渐模糊，这虽然是近来研究的一种趋势，作为一种现象是存在的，但这并不意味着这是符合科学发展规律的一种状况。随着人类认识客观世界能力的迅速提升，人类认识世界的手段也在日新月异，人类对世界研究越来越深入、科学，无论自然科学还是社会科学，研究日益细化。相关运行规律的探索不断深化，新学科层出不穷，正是人类认知的规律。有了科学的细分，才有了当代的新技术革命。

当然一门学科的出现和研究离不开其他科学的借鉴，改造世界每一项重大问题的解决也都是多学科严密配合协作的结果，这也是人们的常识。问题是没有科学研究的深化，日益众多的专门新学科协作完成重大工程也是不可能的。因此，本书认为城市经济学的研究与其他学科界限的模糊，恰恰说明城市经济学的研究尚未完成自己的使命，正是需要今后在研究中解决的中心问题。说到对主流经济学的借鉴，与空间经济学研究的关系，我理解这是一个继承与发展的问题，空间经济学，特别是新经济地理学说正是弥补传统主流经济学之不足而建立的，把空间经济引入新古典主义的研究，使经济学更贴近现实，提高了理论对现实的解释能力，以时空结合城市的视角研究城市资源的空间配置，不正凸显了这门科学的活力吗？

（2）如何依据学科性质确定城市经济学这门学科研究的范围、内容和理论体系，更是需要学界深入讨论的问题。不同的研究对象自然有不同的研究内容。目前已出版的城市经济学论著除饶会林的《城市经济学》之外，大体上都是由城市与城市体系、城市内部问题和城市政府作用与行为三部分组成，只不过各个部分中研究的范围因研究对象不同而宽窄不同罢了，这个体系也是来自西方城市经济学的各种版本。

第四节　城市经济学的研究对象

郭鸿懋在《城市经济应是一门空间经济学——中国城市经济学研究30年的梳理与思考》中阐述了他对城市经济学研究对象的看法：既然“经济活动的空间特征是城市经济学存在的理由”，这门学科研究的范围就应是城市经济活动的空间因素，具体地说就是一定市场结构和经济制度下城市各主体（家庭、企业和政府）经济活动的区位、空间结构及这一结构变动的效用分析。由竞租、运输成本等因素所决定的城市各主体经济活动的区位是城市空间结构的微观基础，因此，区位是城市经济学研究的主体和起点。在非完全竞争和多种经济运行机制作用于规模报酬递增的条件下，各种经济活动必然出现经济集聚。正是这种经济集聚力与离心力才产生了城市体系和城市内部与外部不同的集聚经济，即城市的空间结构。城市空间结构的变化也就是城市经济最主要特征或者核心特征及集聚的正负外部性互相制衡的结果，所以，以集聚作为导向研究城市经济是符合城市经济本质特征要求的。山田浩之说的城市系统包括两个方面，一是指由城市内诸要素间相互关系平衡而形成的城市内系统，另一个是由大中小城市相互关系平衡而形成的城市间系统。我们理解这两个系统实际上也就是城市内部的空间结构和城市外部的空间结构，这当然都是城市经济学研究的范围。

如果上面研究范围的理解是可取的，研究的内容可由以下 4 个部分组成：

第一，城市经济学的学科性质、研究对象、空间经济学原理（空间区位原理）和城市结构特有原理（集聚经济原理）。

第二，城市内部资源的空间配置。这个部分主要包括：竞租条件下的土地利用均衡；经济主体的区位分析：住宅区位与社区布局、企业区位与产业空间分布、公共物品（交通、医院、学校）的区位分析；作为集聚负外部性的城市问题（住宅问题、交通问题、就业与贫困问题、城市生态环境问题、城市犯罪问题）的经济分析。

第三，城市外部资源的空间配置。这部分包括：城市的空间形态，城市规模优化与城市体系，区域内城市群（城市群）的定位与均衡。

第四，城市空间结构优化中的政府行为。这部分研究的不是城市发展战略、城市公共管理和城市宏观经济运行，这是相关学科的任务，而是现有行政管理体制下城市资源空间配置中的政府行为，主要是城市规划和城市财政。前者是城市规划的经济分析，后者是城市财政的收支研究。

这四部分内容构成了这门学科的理论体系。作为这门学科的主要经济范畴应当是区位、集聚经济、经济外部性、规模经济和运输成本。

我们在上述观点的基础上，对城市经济学研究的对象和主要内容做更加翔实、系统和具体的诠释。

（1）城市经济的本质特征就在于它的空间集聚性，因此，集聚经济（agglomeration economies）是城市经济学中的一个中心概念，城市集聚经济是城市形成和发展的基本动力；产业集群是城市集聚经济产业层面的表现，它是集聚经济的重要支撑，二者之间的关系十分密切；城市群的形成与发展的集聚经济三维框架也是 21 世纪研究的热点课题；知识溢出是新增长理论和城市经济学近年来都十分关注的核心问题，知识溢出和集聚经济与产业集群联系紧密，互为映照。本教材将系统和全面地介绍讨论上述问题。

（2）城市经济增长理论是城市经济学的重要研究对象，城市经济增长是一个相对独立的研究范畴。所谓城市经济增长是指城市经济的动态演化过程，是城市经济作为一个整体的规模扩张与质量提高。理解和把握城市经济的最佳切入点就是城市经济增长，例如 J. 雅各布斯（J. Jacobs）就明确地将城市定义为“从自身的经济系统内持续产生经济增长的聚居地”。

城市经济增长是城市经济学和城市发展政策制定者最为关心的重要议题之一。本书用一章的篇幅论述这部分内容。在阐述城市经济增长一般概念的基础上，介绍了一般城市经济的增长模型，并通过模型的分析阐述了城市经济增长的机制，最后分析了城市经济增长的目标和政策。

(3) 建设资源节约型与环境友好型城市的基本要求是可持续发展，是指城市使用资源和利用环境的过程中，能够自我调节、自我平衡，使城市在空间上表现为稳定性、协调性，在时间上表现为持续发展性。循环经济以可持续发展为原则，既是一种关于社会经济与资源环境协调发展的新理念，又是一种新型的、具体的发展形态和实践模式。它要求按照生态规律组织整个生产、消费和废物处理过程，将传统的经济增长方式由“资源—产品—废物排放”的开环式模式，转化为“资源—产品—再生资源”的闭环式模式，其本质是生态经济。可持续发展和循环经济应是现代城市经济学的主要研究内容。

(4) 总部经济的系统研究和实施是进入21世纪近10年的事情，很多学者和专家对此做了比较深入的研究和探讨，并做了比较精辟的描述和系统的表达。总部经济是城市经济学研究的范畴，它是城市经济发展的重大突破和战略转移，也是国际经济一体化和知识经济初露端倪的产物。“总部经济”作为一种新的经济形态，表现出若干知识经济和区域经济的特征。它在我国的兴起和发展已走过十几个年头，其实践发展和理论体系都已日趋成熟和规范。这是我国学者对城市经济学的发展做出的独特贡献。深入研究和发展总部经济，能极大地提升城市功能，加快和促进城市传统产业转型。

(5) 20世纪80年代以来，伴随着伦敦、纽约等“创意城市”的兴起，世界各地的经济学家们纷纷将目光转向对“创意城市”的研究，已取得了显著的成就。大量研究表明，“创意城市”的出现不是偶然的，是建立在一定的动力机制基础之上的，具有自身发展的经济学基础。文化创意产业的兴起和发展是当代经济、文化、科技融合发展在产业层面的具体表现。它以其独特的形态演变和运行方式与其他产业发生广泛而复杂的联系，极大地影响一个城市、一个国家的经济运行和社会文化发展。文化创意产业是“创意城市”形成和发展的强大引擎。因此，“创意城市”和文化创意产业是现代城市经济学研究内容的另一大热点。

(6) 当城市的产业集聚效应和经济发展达到极致时，它就形成了一个区域的增长极，这时它要将自己的经济发展和产业链向周围城市甚至更远的城市或区域扩散和辐射，而扩散和辐射应该按什么样的梯度方向和采用什么样的路径来进行，这就应该由辐射理论、梯度理论和增长极理论来回答。因此，辐射理论、梯度理论和增长极理论应是城市经济学的研究对象。

(7) 城市群是一个人口相对集中、基础设施齐全、交通四通八达、经济基础较好、市场消费潜力巨大，并拥有科学技术先进、商业贸易发达、金融投资大、信息传递灵敏及社会生活丰富等有利条件，从而使城市成为现代生产和消费的高集聚区域，成为商品流通的集散地和枢纽点，成为经济发展的“增长极”。许多大城市都是一些多功能的经济中心，比中小城市有较高的集聚经济效益，能够更好地实现规模经济和社会分工与协作，促进人才、资金、信息和物质的快速流动和科学技术的传播；能够以更经济的方式为社会生产提供必不可少的金融、贸易和其他配套服务，也能够为其周围的中小城市及辐射区域提供多功能的服务，并提高中小城市及相应区域的经济效益。因此，以大城市为中心的城市群是一种高集聚经济。通过大力发展城市群，能够推进一个地区的社会分工和规模经济，实现更高的总体经济效益，并通过城市群的辐射而带动整个地区经济的发展，从而推动整个国家，乃至世界经济的不断发展。所以，对城市群形成机制和发展条件应展开大规模的研究，为各级政府的政策制定提供理论支持和实证案例研究成果。因此，城市群发展及其案例研究是城市经济学又一核心研究内容。

从全球视野的战略定位出发，经济学家们断言，21 世纪国际经济竞争的基本单位不是企业，也不是国家，而是城市群。城市群之间的分工、合作和竞争将决定未来世界经济、政治的格局。建设一个强大的城市群，将成为赢得经济全球化新形势下激烈国际竞争的关键所在。

关键术语

城市经济学　　区域经济学　　发展现状　　研究对象

思考题

1. 了解城市经济学的兴起，反思我国城市经济学的发展现状。
2. 我国城市经济学的发展存在哪些问题?
3. 论述城市经济学应是一门区域经济学。
4. 深刻理解本书所提到的城市经济学的研究对象。

主要参考文献

[1] 高洪深. 区域经济学（第三版）. 北京：中国人民大学出版社，2010

[2] 郭鸿懋. 城市经济应是一门空间经济学——中国城市经济学研究 30 年的梳理与思考. 城市，2009（12）

[3] 龚唯平. 关于城市经济学研究对象的探讨. 城市话题，2003（9）

[4] 雷仲敏. 城市经济学发展现状及未来展望. 青岛科技大学学报（社会科学版），2005（5）

[5] 周伟林等. 城市经济学：概念、流派及其理论演进. 西南民族大学学报（人文社科版），2009（12）

[6] Alan W. Evans 著，李培译. 城市经济学在 20 世纪的发展. 经济资料译丛，2006（3）

[7] 王明浩等. 城市经济学的理论与发展. 城市，2003（1）

第二章

基本概念

重点问题

- 区位概念
- 区域与经济区域的内涵
- 城市的功能与城市经济
- 城市经济学

第一节　区位概念

一、区位的基本含义

区位一词来源于德语“standort”，英文于 1886 年译为“location”，即定位置、场所之意，我国译成区位，日本译成“立地”，有些意译为位置或布局，在某些情况下也可用。“区位”一词在现代汉语词典中没有收入，那么“区位”是什么意思呢？这里的解释是：“某事物的区位包括两层含义：一方面指该事物的位置，另一方面指该事物与其他事物的空间的联系。”对区位一词的理解，严格地说还应包括以下两个方面：①它不仅表示一个位置，还表示放置某事物或为特定目标而标定的一个地区、范围；②它还包括人类对某事物占据位置的设计、规划。区位活动是人类活动的最基本行为，是人们生活、工作最初步和最低的要求，可以说，人类在地理空间上的每一个行为都可以视为是一次区位选择活动。例如，农业生产中农作物种子的选择与农业用地的选择，工厂的区位选择，公路、铁路、航道等路线的选线与规划，城市功能区（商业区、工业区、生活区、文化区等）的设置与划分，城市绿化位置的规划以及绿化树种的选择，房地产开发的位置选择，国家各项设施的选址等。

"区位"一方面指该事物的位置，另一方面指该事物与其他事物的空间的联系。农业工业生产活动，城市的形成和发展必须有一个确定的空间位置，也离不开与其他事物的联系，这种联系可以分为两大类：一是与自然环境的联系，二是与社会经济环境的联系。因此生产活动和城市的形成和发展实际是综合了自然和社会经济两大要素的结果。要分析生产活动和城市的形成和发展的规律，就要从作用于生产活动和城市的自然和社会经济要素着手。

基于区位的理论主要有：

（1）杜能的农业区位论；

（2）韦伯的工业区位论；

（3）廖什的市场区位论和克里斯塔勒的中心地理论。

二、区位选择应遵循的原则

如何合理地选择区位，这是人类在进行生产活动时首先要解决的问题。国内外（主要是国外）的许多区位理论都从多个角度对各种情形下的区位活动进行了探索。从哲学的角度，对区位选择提出一些应遵循的原则，以有利于读者对区位活动的理解。

（一）因地制宜原则

区位理论发展至今，依然存在着许多明显的不足之处。例如假设条件过于理想化，一些理论注重理论推导，与实际相距甚远等。因此，我们在选择区位时，不应死搬硬套区位理论，而应根据具体的经济活动和具体的地点，仔细考虑当地影响区位活动的各种因素，如气候、地形、土壤、水源等自然因素，市场、交通、劳动力的素质和数量、政策等社会经济因素，以使我们的区位活动能充分而合理的利用当地的各种资源，从而降低生产成本，获得经济效益。唯物辩证法认为，从实际出发，主观符合客观，是我们正确认识世界和改造世界的立足点，也就是要实事求是。总之，我们在进行区位选择时，我们所运用的理论必须与实际相结合，因地制宜。例如北京的城市绿化，为了把首都绿化成国际大都市，而盲目引进洋树种、草种，大面积的铺草坪，致使原来每年每平方米 0.6 立方米的绿化用水定额提高到每平方米 1 立方米，不仅提高了绿化成本，而且使本来就处于中等生态脆弱的半干旱的北京更加缺水。而国际大都市伦敦的绿化，选用的却是本地的野生植物，不用浇水。

（二）动态平衡原则

影响区位选择的因素有很多，如果从运动变化的角度，影响区位选择的因素可以划分为静态因素和动态因素。静态因素如土壤、地形、气候、矿产资源等，主要为自然因素；动态因素如市场、交通、政策、技术等，主要为社会经济因素。在各因素中，由于动态因素在不断地发展变化，因而我们应更多地考虑其对区位选择所产生的影响。辩证地、以运动的观点来看待影响区位选择的各因素，有助于我们从纷繁复杂中准确地找到影响区位科学研究的最主要因素，从而抓住主要矛盾，进行合理的区位选择。教材在很多方面都提到了这一点。

例如，交通运输条件的改善和农产品冷藏保鲜技术的发展，使市场对农业区位的影响在地域上大为扩展；由于工业所有原料的范围越来越广、可替代原料越来越多，加上交通运输条件的改善，原料对工业区位的影响逐渐减弱，与此同时，市场对工业区位的影响正在逐渐增强；影响城市的区位因素中，有些因素如军事、宗教等对现代城市区位的影响已很弱；有些因素如交通、自然资源等自古到今一直对城市区位产生巨大影响，在现代社会中，有些新的因素如旅游、科技等成为影响一些城市区位的主要因素；由于科学技术的发展，在现代铁路（也可以推广到绝大部分的交通运输线）建设中，经济、社会因素对铁路区位的影响，已经超过自然因素而成为决定性因素。从中我们可以看出各区位因素在不同时空的发展和变化。正如马克思主义哲学所认为的，事物之间的联系是普遍的、客观的，我们应用矛盾的观点认识和改造世界，应坚持用联系的、发展的、全面的观点看问题，这也就是我们在区位选择中用动态的观点思考，并平衡考虑各因素的影响这一动态平衡原则的基本出发点。

钱学森曾指出，地理科学所研究的内容是一个“地理系统”，是一个“开放的复杂巨系统”，区位无疑是这一复杂巨系统中的一个子系统，它具有开放性、复杂性、动态性等特点。因此，从系统论的角度，我们在区位选择时，也应遵循动态平衡的原则，对影响区位选择的各因素进行动态的分析，并对各因素的变化及其可能会产生的影响做出充分的预测，从而在一定的时空范围内做出最合理的区位选择。

（三）统一性原则

马克思主义哲学认为，作为整体的事物，都是由它的各个部分、关系、属性有机组成的统一体，都是由它的若干变化、发展阶段、内在联系而构成的过程。因此，我们认识事物时既要对事物及其过程的有关要素进行分析，还要对事物发展与影响从整体上进行统一把握。区位论产生与产业革命后的资本主义时期，并随着社会分工的发展而不断深化，它是经济发展和经济分工的产物。产业革命后，生产社会化程度提高，现代工业迅速发展，新的交通工具被广泛使用，社会分工普遍得到加强，企业间竞争趋于激烈，迫使工厂企业寻求最佳区位，以减少生产成本，获得最大利润，区位论就是在这种社会大背景下产生的。这就使得从区位论诞生开始，经济效益便成为它最关注的对象。环境作为一个整体、一个系统，它的良性发展来自于内部各组成要素（各子系统）的相互协调与统一。区位作为一个开放的、复杂的、动态的环境子系统，它要求我们在区位选择（也就是建立区位系统）时，不仅要保持系统内各部门的协调统一，同时也要保持系统（区位系统与地理系统）之间的协调与统一；在区位活动中不仅关注经济效益，同时要保持经济效益、社会效益和环境效益的统一。这一点在大部分的区位论中几乎没有提及，而这一点对我们社会的可持续发展却至关重要。

区位论从点、线、面等区位几何要素进行归纳演绎，从地理空间角度提示了人类社会经济活动的空间分布规律，揭示了各区位因子（因素）在地理空间形成发展中的作用机制，对人文地理学的理论的建树和应用领域的拓展起了非常重要的作用。但当我们在运用具体的区位理论来指导具体的区位选择时，应当坚持理论与实际的统一，坚持人类活动与环境的协调与统一，用发展的眼光来看待区位选择这一问题。如果能认识到这一点，将使我们能更清醒地去思考我们的一些短期行为、一些经济活动和行政命令给环境和我们自身可能带来的影响、危害甚至是灾难。

三、经济区位

（一）基本含义

所谓区位（location），即为某一主体或事物所占据的场所，具体可标志为一定的空间坐标。而经济区位则是某一经济体为其社会经济活动所占有的场所。从这一角度讲，工业生产所占有的场所即为工业区位；而居住活动所占据的场所则为居住区位；各城市经济活动所占据的场所则为城市区位。

在经济空间系统中，区位概念具有更为丰富的内涵。在一定的经济系统中，由于社会经济活动的相互依存性、资源空间布局的非均匀性和分工与交易的地域性等特征，各空间位置具有不同的市场约束、成本约束、资源约束、技术约束，从而具有不同的经济利益。在这一意义上，经济区位更多地强调由地理坐标（空间位置）所标志的经济利益差别。

在区域经济学中，为了具体说明经济活动的空间布局问题，经济区位往往被描述为距离某一个或几个特殊地点的不同位置所反映的市场、供求、（运输）成本等方面的差异问题，如距离城市中心的远近、离自然资源供给源的距离、各空间位置上的市场供求状况等所形成的经济利益差异。

（二）区位单位

所谓区位单位，是指布局于某一区位上的某一社会经济统一体内的各个组成部分。它是经济区位的布局主体。根据研究的层次不同，区位单位的具体内涵也不相同。例如，在研究工业区时，某一工业整体即可视为一个区位单位；而在更微观的研究层次上，区位单位则可能是指一个工厂、大楼、公司的业务部门等。可见，区位单位是经济区位的主体因素，是社会经济活动区位布局的物质实体。我们知道，区域经济学的一个重要任务就是研究区位单位的空间配置问题，这也是区位理论的核心内容之一。

（三）区位因素

如果说区位单位是经济区位的布局主体，那么区位因素则是指区位单位进行空间配置的外部约束因素。在不同的区位上，人口分布、市场供求、资源分布等状况不同，从而其区位利益就具有很大差异，区位单位的布局状况也就不同。正是各区位上区位因素的差异，才决定了各区位的优劣，从而才有区位差异。如果各区位上的区位因素相同，则各区位的经济利益是无差异的，此时，区位差异是不存在的，因而区位研究也就毫无意义。

根据埃德加·M·胡佛的总结，一个区位的相对优劣，主要取决于四类区位因素：

（1）地区性投入：该区位上不易转移的投入的供应情况。它具体是指存在于某一区位、难以从他处移入的原料供应品或服务等。

（2）地区性需求：该区位上对不易转移的产出的需求状况。

（3）输入的投入：从外部供给源输入该区位的可转移投入的供应情况。

（4）外部需求：从向外部市场销售可转移产出中得到的净收入情况。

在不同的区位上，上述四类区位因素不同，其区位利益具有很大的差别，从而也就决定了各个区位的相对优劣。

(四) 区位决策

区位决策亦即决策主体（又称区位决策单位）的区位选择过程。如前所述，在一定的经济空间中，各区位所处的地位不同，其区位因素各异，从而其市场、成本、技术、资源约束不同。为追逐最大化的经济利益，各决策主体将根据自身的需要和相应的约束条件选择最佳的区位，这就是区位决策。

必须指出的是，区位决策单位与前面所说的区位单位并不相同。尽管有的区位单位，如居民个人、组织机构、管理机构等，可以自主地选择区位，因而是自己的区位决策单位，但在多数情况下，区位单位与其决策单位并不一致，例如，在工商界，公司是制定区位决策的单位（即区位决策单位），而具体的企业（如工厂、商店、银行分行等）则是由外部决策确定区位（即区位单位）。换言之，只有当决策主体与区位单位一致时，区位单位的区位选择是自主的；否则，则是由外部决策决定的。

第二节　区域与经济区域

经济学是从时间、空间和部门（产业）三维视角探讨人类经济活动一般规律的科学。人类经济活动离不开一定的地域空间载体，把经济活动置于空间维的视角考察，是区域经济学区别于其他经济学科的根本所在。每一门学科都有一系列具有自身学科特色的基本范畴，这是演绎本学科的理论和方法基础。区域经济学中的“经济区域”（简称“区域”）范畴是其最基本的核心概念之一。

一、区域

“区域”（region）概念最早为地理学所使用，自17世纪以来一直是地理学研究的核心概念之一。20世纪以来，社会学家、政治学家和经济学家对“区域”问题的研究日渐重视，“区域”一词已成为众多学科广泛使用的空间范畴。尽管如此，要给“区域”下一个能被普遍接受的定义却极其困难。区域经济学家理查森（H. Richardson，1978）曾深有感触地指出：“精确地定义‘区域’是如此可怕的一个梦境，以至于大多数区域经济学家宁可回避这项工作。”

“区域”一般是指根据一定的目的和原则划分的地球表面上一定的空间范围。但不同学科对“区域”概念理解的侧重点不同。地理学把“区域”理解为地球表面的地域单元；政治学把“区域”理解为国家实施行政管理的行政单元；社会学把“区域”理解为具有共同语言、共同信仰和民族特征的人类社会聚落；经济学则把“区域”理解为经济上相对完整的经济单元。

从一般意义上而言，广义的“区域”一般可分为“自然区域”、“行政区域”和“经济区域”三种基本类型。区域经济学所研究的“区域”为狭义的“区域”概念，专指“经济区域”。

1950年，佩鲁在其著名的论文《经济空间：理论和应用》中吸收现代数学理论成果，采用拓扑空间的概念来探讨经济空间的理论和应用。他把经济空间相应地定义为经济变量的结构关系，并分为三类：（1）统计学上同一或均质的经济空间；（2）作为势力场的空间；（3）计划经济空间或政策运用的经济空间。

20世纪60年代中期，法国著名经济学家布德维尔（Boudeville）指出佩鲁在经济研究中系统引进的空间方法，本质上只是一种数学空间。他吸收佩鲁空间方法的框架，吸收地理学的区域思想，将区域方法分为三类：

（1）均质区域（homogeneous region），即某一区域，其区内各变量一致性最大，而区际分异也最大。

（2）极化区域（polarizable region），是指地理空间中地方化的异质连续地域，其不同部分通过围绕区域增长极（在经济发展中起决定作用的带动单位）的相互关联而相互依存。

（3）计划区域（planning region），是指实际存在的管理区域，它为一定的管理目的而创造，是政府计划、政策的实施地区。

上述三种区域方法已成为经济学家普遍遵循的规范方法。概括来说，区域是按一定标准划分的连续的有限空间范围，是具有自然、经济或社会特征的某一方面或几个方面的同质性的地域单位。

二、经济区域

经济区域是人的经济活动所造就的、围绕经济中心而客观存在的、具有特定地域构成要素并且不可无限分割的经济社会综合体。经济区域是劳动地域分工的必然结果。与地理学中的区域相比，经济区域具有如下特点：

（1）经济区域是人的经济活动的产物；

（2）经济区域不能无限划分；

（3）经济区域不是固定不变的；

（4）经济区域是开放的，其界限是模糊的。

经济区域系统是一个非平衡、非线性的开放系统。非平衡性是指组成经济区域系统的子系统及其单元的功能、作用不是同等的、均匀的，这就导致经济单元之间及各子系统之间互补、重组的协作及势差的动态作用。非线性是指经济区域系统中各子系统的增长不成比例、系统的整体功能不可加性和与之相关的放大作用。开放性一方面是指经济区域系统从外部环境获得物质、能量和信息，同时又向外界耗散物质、能量，并传递信息；另一方面是指各子系统是相互联系的，而不是孤立、封闭的。

关于“经济区域”的概念界定众说纷纭，对区域经济学所研究的“经济区域”做一个比较确切且为人们普通接受的界定较为困难。综合中外学者的研究成果，区域经济学所研究的“经济区域”（一般简称“区域”）概念包含以下基本内涵：

（1）经济区域是在一个主权国家范围内基于分析、研究、规划、管理的需要而划分的经济空间。经济学视阈中的“经济区域”一般可分为三个层面：一国范围内的经济区域，如中国的东部、中部、西部及东北地区四大板块，珠三角地区、长三角地区、环渤海湾地区等；跨越国家边界、由若干国家疆土或部分疆土构成的世界经济区域，如欧盟经济区、东盟自由贸易区、北美自由贸易区等；由若干国家部分疆土共同构成的经济区域，如湄公河流域经济区等。按照新区域经济观理论，区域经济学所研究的“经济区域”泛指上述三个层面的经济区域。在一个主权国家内，国家区域经济是指中央政府对各经济区域拥有政治、经济方面的控制权，为各经济区域发展提供各种公共产品，并通过宏观调控支持各经济区域形成各具特色的区域经济。区域经济是一国国民经济总链条中的重要环节，是一国空间经济系统的子系统。各具特色的区域经济在地域上相互依存、相互促进，构成一国国民经济整体。

(2) 经济区域是由在经济上具有同质性、内聚性的地域单元所构成的经济空间。同质性和内聚性是界定和划分经济区域的两大基准。在某些重要因素特征上具有一致性或相似性特点的多个不同空间经济单元所组成的经济区域为“均质区域”(homogeneous region)。如西方国家常常根据人均收入和就业率指标，划分出贫困区、萧条区和发达区等类型。又如中国基于资源环境的承载力、发展基础及潜力等因素的一致性，将全国国土空间划分为优先开发区域、重点开发区域、限制开发区域、禁止开发区域四类主体功能区。由若干异质空间经济单元所组成的在功能上联系紧密的经济区域为“极化区域”(polarizable region)，又称“集聚区域”、“功能区域”、“结点区域”。如长江三角洲城市群区域、珠江三角洲城市群区域、武汉城市群区域等。尽管“规划区域”(planning region) 是基于政府规划或政策取向而划定的经济区域，但其划分方法实质上仍是以同质性或内聚性为基本原则。

(3) 经济区域是由在经济上具有共同利益、在地缘上彼此邻接的地域单元所构成的经济空间。内聚力是构成经济区域的基本要素之一。胡佛 (E. M. Hoovef，1975) 强调“一个区域，它之所以成为一个区域，就在于区内有一种认识到某种共同区域利益的一般意识”。张可云将“共同利益”引入经济区域概念的内涵之中，提出了“区域是一个空间利益共同体”的命题，认为没有任何共同利益的多个空间单元不能构成一个经济区域，匀质区域的共同利益来源于其同质性，结点区域的共同利益来源于彼此功能的相互依存，规划区域的共同利益在于区域内统一的政策与规划。若没有一个共同利益维系，多个地域单元将缺乏凝聚力，既不可能有共同发展的基础与动力，也不可能产生区域经济冲突与合作行为。

(4) 经济区域是一个在全国专业化分工中承担一定职能、经济结构较为完整的社会经济综合体。经济区域既不是以自然特征（如地质、地貌、气候、植物等）为标准划分的自然地理区域，也不纯粹是一国的行政区域，而是在考量行政区划的基础上，按照经济活动的内在联系而划定的经济空间。研究经济区域离不开行政区划，因为两者在相当程度上有着叠合一致性，行政区划应考虑经济活动的内在联系，而经济区域的形成又大多受到政府规划和政策导向的影响；行政区划便于政府规划和政策的实施以及中央与地方之间、地区与地区之间权益的协调，同时也便于研究人员获取统计资料和数据，开展区域分析。正是基于这一点，胡佛 (1984) 提出了“最实用的区域划分应当符合行政区划的疆界”这一论断。经济区域不是单一生产结构，而往往是以专业化部门为主导，与专业化部门相关的生产、交换、流通和消费诸环节都比较完整的经济结构，并且是包容社会文化、政治诸因素在内的综合性的统一体。经济区域应具有组织和协调内部经济活动和区际经济联系的能力。经济区域一般都具有各自的专业化特点，区域内的同质性与区际的差异性表现为区际分工与专业化。不同经济区域之间基于分工与专业化所结成的密切经济联系构成一国的国民经济体系。

基于以上分析，区域经济学所研究的"经济区域"概念可进一步界定为在一国范围内在经济上具有同质性或内聚性、具有一定的共同利益、经济结构较为完整且在全国专业化分工中承担一定职能的地域空间。

三、经济区域的划分标准

尽管目前国内外尚无一个公认的、将一国国土空间划分为不同类型经济区域的通用标准，但西方许多地理学家、区域经济学家所提出的一些划分标准，仍具有理论价值与实践意义。

（1）差异性标准或同质性标准。美国地理学家 R. Hartshore 提出："一个'区域'是一个具有具体位置的地区，在某种方式上与其他地区有差别，并限于这个差别所延伸的范围之内。"这一概念倡导"差异性标准"（又称"同质性标准"）。对区际而言，不同区域具有一定差异；对区域内而言，区域组成部分在某些方面是同质的。

（2）内聚性标准或集聚性标准。英国地理学家 R. Deckinson 提出："区域概念是用来研究各种现象（物质的、生物的和人文的）在地表特定地区结合成复合体的趋同的。这种结合在某种意义上说，将给予这类地区以区别于其周围地区的特点……这些复合体有一个场所、一个核心和它在它们边缘地区的、明确程度不同的变化梯度。"这一概念倡导"内聚性标准"（又称"集聚性标准"），强调每个区域均由核心区及对其有同心倾向的边缘区所组成。

（3）毗邻性标准。美国区域经济学家 H. S. Perloff 等提出："区域，这一术语一般用来描述一组在地理上毗邻的地区，它们具有某些共同的或互补的特征，或为广泛的地区间活动场所紧密结合在一起。"这一概念在强调同质性、内聚性标准的同时，又倡导"毗邻性标准"，即构成一个区域的若干地区在地理上必须相互连接，不能出现飞地。

（4）兼顾行政区划标准。胡佛指出，运用同质性标准、内聚性标准可将区域划分为均质区域和结点区域两类；基于管理以及制订、实施各种国家政策的需要，英国区域经济学家阿姆斯特朗和泰勒也强调，数据的可用性经常迫使研究者采取一种不那么严密的定义而采取一种非常务实的方法。通常被模糊而又简单对待的"区域"实为国民经济的一个次级地理单元，"区域"与"国家"之间存有明显差异。

第三节　城市与城市经济

一、城市的起源

城市的起源、发育和发展，是人类社会的一个巨大进步。它可以从历史学、社会学、政治学、地理学和建筑学等各个方面进行解释。然而，对经济效益的追求和经济制度的演变，是人类社会一切进步和文明的基础原因。

我们这里从经济学的角度进行分析，认为城市的起源有以下几个原因：城市则是降低保护财产安全成本、节约交易费用、获取规模收益、分享外部经济等制度的空间形式。

（一）降低保护财产安全的成本

生产力的发展是财富剩余和积累的前提；而产业和职业的分工，是产生私有制和阶级的基础。生产和消费资料向有世袭地位和竞争能力的阶层、职业和产业集中，于是财产的安全成了寻找一种有效制度保护的需求，带有城墙的城的出现就是很自然的，同时出现了相应的制度作保证。历史上许多制度的形成是为了节约交易费用，比如统一的语言、道路、货币、文字、统一的度量衡等等，就大大节省了人们交换和交往中的时间和费用，提高了社会和经济运行的效率。

（二）协作费用、规模收益和外部经济

古代民居、手工业作坊、店铺等等在空间上集聚在一起，形成最初的城中的人口和工商业来源。那么，它们为什么会在地理上集聚在一起呢？从经济学原因看，有以下几点：

第一，从城与乡的关系来看，城是工商业和农业分工的地理形式。就城内部来看，民居、统治阶层、手工业者、商人等集中在一起，城也是便于他们分工和协作的地理集聚形式；而城则是大大降低分工和协作费用的地理形式，这是城特有空间集聚经济的内容之一。而工商业则是用地较少的产业，从空间上看，为了节约土地和便于协作，是一种需要集中的经济。分工必须要有协作，没有协作，也不可能产生分工。但是，协作是有成本的，有协作的信息、交通运输、谈判等成本。在交通通讯不发达的古代，只有分工者在地理上集中，才能大大降低这些成本。

第二，只有人口、作坊和店铺的集中，一些需求才能规模化，进而使生产和服务规模化，而生产和服务的规模化使提供产品和服务者的固定和分摊成本大大降低，生产和服务量高于最低盈亏点规模，并且规模越来越大，使生产和服务者获得规模扩大带来的收益。这是城市集聚经济的第二个内容，也是城起源的重要原因之一。

第三，人口、作坊、店铺等等在地理上的集中，形成外部经济效应，而居民、作坊和店铺追求这种外部经济，又不断地使其在地理上集中，在空间上形成城，并使其不断地扩大。从供排水、道路、信息、购物等等活动来看，居民、作坊和店铺在城中，更容易获得这方面的服务和供给；然而，城中的所有居民和其他工商业者虽然没有投资和支付成本，却都分享了这些基础设施和服务，这就是集中给他们带来的外部经济。一些手工业者、作坊主、店铺老板等等，发现在城中比在农村更容易和更多地得到这种不需要自己支付成本的外部经济，使得他们在地理上集中，形成城，并使其规模逐步扩大。

（三）市的起源：降低互相交易的费用

上面我们从经济学的原因上分析了作为城的要件的城墙的起源，作为城的内容的人口、作坊和店铺在城中的集中，但是，一些城市起先并没有城墙，也没有定居的人口和固定的作坊及店铺，而可能是一个小村子，或者连村子也没有，只是日起而聚，日中而市，日落而散，后来以市而兴，逐步有了居民定居，有了固定的店铺，再有了前店后作坊等等，成为一定规模的城市。因此，上面关于降低保护财产安全成本和获得集聚经济之原因，这不能完全说明为什么人们要到一个固定的地点来集中交易，从而形成集市。不说明这点，不能完全从另一个方面解释清楚许多城市最初的起源。

二、城市的功能

城市功能也称为城市职能，是指一个城市在国家或地区的政治、经济、文化生活中所担负的任务和作用，以及由于这些作用的发挥而产生的效能。也有人把在城市中进行的各种生产、生活和服务活动加在一起，归结为城市功能。一般来说，城市的功能综合体现了一个城市在一定时期内的建设总方针，对一个城市的生产、人民生活，对城市的建设和发展，都具有深远影响，科学地拟定城市功能结构，是建设好城市的前提。

城市功能具有客观性，一个城市具有什么样的功能，是由它自身及周围地区的客观条件决定的，不是由人们的主观随意性决定的。政治中心城市还是经济中心城市，综合性城市还是专业性城市等等；这些不同性质的城市在功能上的区别，归根到底是由城市及其周围的自然地理的、社会经济的和历史的诸多方面条件决定的。

现代城市，特别是一些大城市和特大城市，一般表现为多种功能。这是由于科学技术日益进步，生产力水平不断提高，引起社会分工越来越细，城市社会生活内容趋于复杂化，使得城市功能也由简单向多样化转化。在当今世界上，大城市一般具有行政管理、工业、交通运输、银行金融、商业、外贸、科技、文教、信息等功能。我国的城市，由新中国成立前功能较单一的消费性城市，变成了具有多种功能的城市。目前，只有一两项功能的城市很少了，即便在一些专业性城市，也都建立了生产和生活的多种功能。

（一）城市的基本功能与特殊功能

城市的基本功能是指任何城市都具有的功能。无论城市的规模大小、历史的长短，以及地理位置如何，无一例外。它包括城市的载体功能、经济功能和社会功能。

● 城市的载体功能。城市是一个巨大的载体，它为人类在城市进行各种活动提供了最基本的物质条件。城市之所以成为人类活动的最佳场所；完全依赖于城市的载体功能。如果没有城市的载体功能，人类在城市的各种活动都是无法进行的。城市是个巨大的载体，包括自然物质和人口物质两个方面。前者的内容主要有土地、水源、山林、河源水面、矿藏、自然环境等；后者主要包括住宅、道路、桥梁、供水、排水、供热、供气、交通、通讯、人工环境以及各种文化、娱乐、教育、卫生、体育设施等，这两部分的有机结合构成了城市存在和发展的物质基础。城市的载体功能的实质是服务：即为城市自身存在和发展服务，为人类在城市的政治、经济、文化活动服务。正确发挥城市的载体功能，可以为人们创造一个优美、干净、安全的生存条件，为城市的物质生产、精神生产的正常进行和发展创造必要的基础条件；为城市居民创造良好的生产、生活和休息条件。一个城市的载体功能不是无限的。任何一个城市的人口以及人们的政治、经济、文化、社会活动如果超出了它的承受能力，城市就会出现紊乱。载体的服务效能就会遭到破坏。对于这种状况，我们称为超载状态或超负荷状态。

● 城市的经济功能。城市的经济功能是当代的任何城市都有的，它是城市的核心内容。城市的经济功能主要包括生产功能、交通功能、分配功能、消费功能，以及与其密切相关的信息功能、金融功能、科技功能、商业功能、运输功能等。经济功能是城市的基本功能中最重要的功能。

● 城市的社会功能。城市的社会功能也是一切城市所共有的。人是社会的成员，是城市的主体，人们的政治活动、文化活动、宗教活动都是社会活动。当今世界，城市是人们从事社会活动最集中的场所，社会的多种实体，特别是机关、团体、企业等都在城市。这些实体以城市为依托，将其本身的巨大能量传到广大地区甚至全国。城市的社会功能是城市的基本功能之一，任何城市都不能没有这个功能。

● 城市的特殊功能不是所有城市都具有的，它是某一城市所特有的。它与城市的地理位置、自然资源和历史条件有重要关系，例如，海滨城市、边防城市，主要是由地理位置决定的，只有位于海岸的城市，位于大的江河入海口的城市，才能成为海滨城市。只有位于一个国家边境的城市，才能成为边防城市；如果没有这样的地理条件，就不可能有这样的城市存在。又如石油城市、煤炭城市、钢铁城市、林业城市等，主要是由城市及其附近的自然资源决定的。如果没有相适应的自然资源，就不可能有这样的城市。再如旅游城市、历史名城等，主要是由自然环境、历史条件决定的，像旅游城市杭州、桂林，历史名城北京、西安等都是如此。如果离开特定条件，也就不可能有上述列举的城市。

（二）城市的主要功能和辅助功能

城市的主要功能是指城市多种功能中对城市发展起决定作用，能够反映城市个性和特征的并使之能够区别于其他城市的功能。

（1）城市的主要功能。对一个城市来说，哪种功能是主要功能，不是人们主观臆断的，而是客观存在的。诚然，一个城市的主要功能需要人为的加以确定，但是这里有个主观认识必须符合客观实际的问题。自近代产业革命以来，城市的功能发生了划时代的变化，城市的经济功能大大加强。人们在城市大力发展经济，同时为了发展经济而大力发展城市，其中包括新建大批城市，并且城市的分工也越来越明显。这样一来，城市经济功能中的某种功能常常上升为某一城市的主要功能，这就是当今世界人们多以某种经济功能作为城市的主要功能，并以这一主要功能确定城市性质的根本原因所在。正因为如此，城市的主要功能常常用该城市某一生产专业化部门的名称表示。当然这是就大多数而言，而不是指全部城市。城市的主要功能反映城市的性质，表明城市在一定历史时期的发展方向，是城市核心竞争力的体现。

企业有核心竞争力，企业的核心竞争力，是自己特有、别人难以模仿的技术和产品；城市也有核心竞争力，但城市与企业不同，城市核心竞争力，是对所拥有的稀缺的、不可模仿的要素和资源进行配置和利用的能力，具体包括集聚能力、辐射能力、流通能力和增长能力。一个城市的竞争力取决于多种因素，它们既表现在科技水平、生产效率和服务质量上，还表现在政治、人文、环境、气候、交通等方面。城市个性和城市特色是城市经济发育、文化积淀等的外在体现，没有个性和特色的城市也就不可能有品牌效应和城市竞争力。

（2）辅助功能是指在城市的多种功能中，除去主要功能以外的其他功能，这里从略。

三、逆城市化

城市化水平在各国表现有所不同，发达国家包括美国、英国、法国、德国、俄罗斯和日本等在 20 世纪后 10 年已经进入后城市化时期。这些国家，从城市化的中后期开始都有“逆城市化”现象产生，“逆城市化”是指在城市发展演变过程中，由于城市中心地带生存空间日益狭小、交通条件日益拥挤以及地价日益上涨等原因，中心城区居民迁出城市中心，不断向城市边缘及郊区、乡村地带迁移的趋势，主要表现在人口空心化和产业空心化，各国“逆城市化”的特点不尽相同。

1. 美国

城市郊区化发生在20世纪50—70年代，主要表现是城市人口向郊区转移，大城市外围分散布局卫星城镇，根本原因在于城市人口、服务业及相关产业向郊区迁移的一种离心分散化。美国从18世纪末城市化的初始阶段始到20世纪末“逆城市化”出现经历了两个多世纪的时间。19世纪后期，在霍华德田园城市思想的影响下，首先一批富有阶层搬入郊区，在随后的半个世纪里，家庭汽车的大量使用和公共交通设施快速发展，极大地加速了城市郊区化进程。城市内的大量中产阶级开始涌向新的郊外开发区居住，城市空间结构形态随之发生变化，城市发展在空间上表现为卫星放射状。第二次世界大战后市区地价趋高，但是市区土地的供给已经高度无弹性。这时美国政府为了合理地规划城市发展，对在郊区选择住宅给予鼓励，使得更多中产阶级包括部分低收入阶层能够支付郊区住宅，郊区化得到普遍发展。20世纪末，美国的“城市空心化”发展迅速，郊区已由城市边缘扩展的松散形态，演变成为具有各种城市功能的就业中心。

2. 德国

城市化进程中非常鲜明的特点是，中小城镇是城市化的主体，城乡一体化程度高。德国百万人口以上城市只有柏林、汉堡和慕尼黑，小城市（人口在2万～20万）在所有城市中占了76%。在城乡一体化中法兰克福经济区非常能够说明问题，它是德国的交通枢纽，对整个欧洲的作用也是非常重要，进入20世纪90年代以来尽管法兰克福的经济地位在增强，但市区人口呈现负增长趋势。这说明大城市的人口在逐步向郊区和中小城市流动。全德每年有20万人向郊区和小城市流动，城市空心化、城乡一体化进一步加强。

3. 日本

到20世纪20年代逐渐形成了日本的四大工业地带，这奠定了日本临海城市群格局的基础。20世纪70年代时日本的城市化率已经达到75.2%。在经济高速发展中，也曾经出现了劳动力大批进入东京、大阪等大城市的现象，一时造成大城市人口拥挤和地区间差距拉大。1975年以后，由于工业增长速度减缓，大城市开始趋向扩散发展，人口向东京、名古屋等大城市集中的状况趋于消失。90年代后，由于地价上涨，出现了与美国城市发展史上相同的状况，市区居民和企业离开市中心向周围城郊迁移，城市郊区化发展明显，新城市不断出现，形成了城市群，市中心区人口减少。

4. 英国

主要中心城市的土地开发活动从城市中心地区向城市边缘地带转移，主要原因在于：(1) 市中心地区和城市边缘地带地价悬殊。英国地价特点是南部高于北部，城市中心区高于边缘区，不同类型的城市用地之间存在非常高的地价差。(2) 住宅建设对土地需求不断增加。(3) 工业结构改变冲击了传统工业，许多不适于在城市中心区发展的企业开始外迁。(4) 城市中心购物功能衰退，消费者的兴趣逐渐由市中心转向郊区，城市郊区的购物中心的规模也随之不断扩大。

5. 俄罗斯

城市化水平速度很快，十月革命以后的70年间其城市人口从0.291亿人增加到1.775

亿，是原来的6倍。以莫斯科为例莫斯科市区面积994平方公里，在一个多世纪中发展到了原来的17.75倍，主要是沿交通线呈放射状、走廊式发展。苏联长期实行低房租政策，经济发展的成本长时期以来过多地由政府负担。为了更好地发展经济，城市建设的成本开始转移给市场，地价开始上扬，市区地价攀高使得居民点布局呈现新特点，过多的土地需求只能在郊区得到满足。土地的需求者主要是城市居民，目的是为了寻找第二住所和辅助消遣，土地的用途主要分为四类：乡间别墅、果园、菜地或村舍等，从一定意义上讲，莫斯科市郊的土地利用类型反映了莫斯科市民拥有财富的空间分布格局。

四、世界城市

关于世界城市或者国际城市，在国内外并没有一个权威的统一概念和衡量标准，综合各方面研究，一般认为，世界城市的标准主要体现在城市现代化和国际化职能效应两个方面。根据国内外专家的研究，目前国际上公认的世界城市只有四个，即纽约、伦敦、巴黎、东京，它们在世界金融体系及世界经济事务中发挥着核心作用。

按照马克思主义的观点，一切理论来源于实践。那么一些概念的形成和界定也都是从实践中抽象和概括出来的。世界城市内涵的诠释就应该从这些人们公认的世界城市即纽约、伦敦、巴黎、东京的实践中来。所以我们认为对于世界城市内涵的界定下面的表述比较准确和全面。

世界城市是指具有特定的人口数量、空间规模、经济强度、社会成熟度、人居适宜度、环境缓冲能力、生态自净能力和文明推进能力的城市，少了哪一条都不能成为“世界城市”。“世界城市”具有创新、促进、引导世界维持城市财富递增、生态平衡、追寻人与自然和谐，以及促进城市可持续发展的号召力地位。如果没有这种号召力，也不可能成为“世界城市”。同时，“世界城市”还要具有国际优势、制度优势、社会优势、生态优势、文化优势的领袖气质。因为，世界城市不是用评比更不是用投票来确定的，而是它在发展中，以各种优势在世界人们的心目中自然形成的。

世界城市是国际城市的高端形态，这里又提到一个国际城市的概念。而国际城市是指那些具有较大规模且城市现代化和国际化职能效应都达到“极强”或“较强”程度，在全球经济中具有重要地位作用的国际性城市。依据城市国际化职能的“强度”，一般可将国际城市分为三个层级：第一为全球性国际城市或世界城市，第二为区域性国际城市或国际化大都市，第三为地区性国际城市。就是说，世界城市是国际城市的最高端，是指在全球政治、经济、文化、社会等方面具有最高影响力的城市。

五、城市经济

城市作为一个国家和地区的经济和文化中心，随着生产力水平的提高和社会经济的发展，一些重要产业和大量人口就会向城市集中，这已经成为一种必然趋势。正是由于城市的这种特性，使得城市经济在国民经济和城市发展中占有重要地位，起着决定性作用。

现代城市经济是整个国民经济和地区经济发展的火车头。在国民经济和地区经济发展中居中心地位，起主导作用。

城市经济对其腹地的发展有着重要的扶持、引导和推动作用。经济本身具有辐射、带动作用，而这种作用又必须依靠城市这样一个载体来实现。

城市经济是各部门经济在空间上的集合和重要纽带。这种集合和纽带在一定程度上形成了部门经济协调发展的外部条件。城市经济除了以上多个方面的作用外，它还在推动城市化进程、改善城市环境、提高居民生活质量等方面发挥着重要作用。

城市经济结构直接影响着城市经济的发展，制约着整个城市的发展，甚至也直接关系着国民经济的健康、快速发展。首先，城市经济结构决定着城市的功能性质。不同的城市，城市经济结构也不尽相同，有的城市以发展重工业为主，有的城市以发展轻工业为主，有的城市以发展信息业、商业、运输业为主，有的城市则具有综合性的城市经济结构，从中也可以反映出城市功能性质的不同。城市的功能性质与城市的经济结构之间有着密切的关系。因为城市功能性质的实现是以城市的经济结构为基础的，是以城市的经济结构来做保障的。其次，城市经济结构决定着城市总体经济效益的高低。城市经济效益是城市经济系统各要素相互之间关系的一种综合反映，若这种关系通畅合理，城市经济的总体效益就会提高；反之，则会下降。可以说，城市经济结构的合理与否与城市总体经济效益的高低有着十分密切的关系。如一个以发展技术密集型企业为主的城市，其经济效益要明显高于一个以发展劳动密集型企业为主的城市；一个商业、信息业等第三产业发达的城市，其经济效益也要高于第三产业不太发达的城市。最后，城市经济结构决定着城市空间结构布局和城市产业结构。自从城市出现三次产业的概念以来，西方和一些社会主义国家开始普遍接受三次产业的分类方法，并成为国际上广泛流行的城市产业结构划分方式。联合国于 1971 年颁布的标准产业分类，把全部经济活动分为 10 个大类，分属三次产业。中国于 1985 年对三次产业的划分作了明确规定，即第一产业为农业（包括林业、牧业、渔业等）；第二产业为工业（包括采掘业、制造业、自来水、电力、蒸汽、热水、煤气业和建筑业）；第三产业为除上述各业以外的其他产业，它又包括 4 个层次：第一层次为流通部门；第二层次为生产和生活服务部门；第三层次为提高科学文化水平和居民素质服务的部门；第四层次为社会公共需要服务的部门。城市产业结构与城市经济发展之间是一种相互关联和相互制约的关系。一方面，一个国家、一个地区和一个城市经济发展水平的高低决定着其城市产业结构的总体状况，而反过来，城市产业结构的合理配置也有利于城市经济的快速增长以及经济效益的提高。对于一个城市而言，根据第一、二、三次产业在国民生产总值中所占的比重，就可以从产业结构的角度来衡量该城市经济发展的阶段以及经济发展的水平。一般而言，发达国家第三产业占有较高比重，一般在 70%以上；而发展中国家则相反，往往是第二产业比重较高，第三产业比重较低。在中国，除了一些矿产和资源比较丰富的矿产型和资源型城市外，第一、二产业应该是淡化的，所占比重要逐步降低，应重点发展城市第三产业。然而，第二产业和第三产业的比例关系也应该根据城市的功能性质和城市的特色而有所侧重。当前，一提到城市现代化就着重发展第三产业，甚至第三产业的发展要超过第二产业，这种看法是片面的，因为如果过分强调第三产业，国民经济的发展就会失去基础。只有对于一些流通职能较强的城市，如深圳、广州等，第三产业才应该在国民生产总值中占有较高比重。

所谓城市空间结构，是城市范围内经济的和社会的物质实体在空间形成的普遍联系的体系，是城市经济结构、社会结构的空间投影，是城市经济、社会存在和发展的空间形式。城市空间结构的重要表现形式之一是城市功能分区。在城市空间结构中，要讲求城市功能分区，但也不可过分强调城市功能分区。在一个城市中，城市功能分区的形成是城市一定历史和经济发展阶段的产物，在城市功能分区形成的过程中，土地的级差地租具有十分重要的影响。一般而言，城市土地价格随着离市中心距离的延长而呈下降趋势。实践证明，能够在市中心区生存下去的一般是商业，因为市中心区流动人口多，销售额大，商业可以获得高额的利润来补偿昂贵的土地价格。而一般的工业企业和居民却因经济实力的影响而迁出市中心，向外迁移。久而久之，就自然形成不同历史时期不同的城市功能分区。城市功能分区是受城市规划、城市土地价格、城市社会结构和城市人文环境等诸多因素的影响而形成的不同社会经济发展阶段、不同特征的城市空间结构存在形式之一。

第四节　城市经济学

一、城市经济学的概念与内涵

城市经济学是区域经济学最重要的分支和组成部分，也是当今经济学研究的最活跃领域之一。随着21世纪的到来，国际经济一体化，知识经济已露端倪，为城市经济学的研究范围、实践基础、理论方法注入了崭新的内容。

任何一门独立的学科，都有其排他性的研究对象和研究领域。每个学科的发展都是源远流长的，不能割断历史。我们还是从城市经济学先驱们的研究入手，逐步揭开城市经济学的概念与内涵。

从城市经济学发展的历史来看，它不仅起源于而且不断得益于对城市经济问题的专门研究。从19世纪20年代直至20世纪前半期，先驱者们所进行的都是城市问题的专门研究，没有谁去创建一个城市经济学体系，甚至没有人提出城市经济学这一概念。然而正是他们的研究，推动了城市经济学的形成和发展，城市经济学就是在对各种城市经济问题进行了大量的、系统的经济学研究的基础上产生的。一般认为，1965年美国威尔伯·汤普森的《城市经济学导言》一书的问世，是城市经济学作为一门独立学科出现的标志。顺便指出，中国的情况刚好相反，是先忙于搭建城市经济学体系而后开展城市问题专门研究的。由于自己没有专门的研究作基础，只能是照搬西方的理论加进中国的资料，弄出来的还是一个不伦不类的、不能被人接受的一堆资料。

与体系的创建者相比，城市专题研究对城市经济学的理论贡献更大。如果仔细清点，不难发现，城市经济学中具有创新性的理论，几乎都是专题研究者做出来的。诸如早期德国学者罗舍和韦伯的区位理论和工业区位理论、美国学者帕克和伯吉斯的“城市功能分区理论”、美国土地学家赫德提出的楔型理论，等等。早期出现的这些经济区位理论、城市空间结构理论和城市土地经济理论，至今仍是城市经济学体系中的主要理论。

也许正因如此，西方学者基本上主张城市经济学以城市经济问题为研究对象。英国学者巴顿认为，“把任何系统地运用经济学原理去解决城市问题的企图都当作城市经济学”。美国学者赫希则认为：“城市经济学就是运用经济学原理和分析方法去研究城市问题以及城市地区所特有的经济活动。”日本学者山田浩之也持相同看法，他指出，“城市经济学就是抱着解决城市问题的愿望，从经济学的角度对城市的空间结构进行分析，探讨理想的公共政策的方案。”诸如此类的说法表明，城市经济学的研究对象就是城市经济问题。本教材就是在研究城市的专门经济问题，例如，总部经济、文化创意产业和循环经济等现代化城市的经济活动所取得的成果，并将可持续发展理论、增长极理论、辐射理论和梯度理论等纳入到城市经济学的研究范畴，构筑城市经济学的概念与内涵。

综上所述，我们认为城市经济学的概念应该这样表述：城市经济学就是对城市出现的主要经济问题（经济现象、经济行为或经济过程），利用经济学理论与分析方法进行系统的研究与解读，为制定政策和制度安排提供理论支撑和实证分析。

二、国内有关学者的见解

我们这里将介绍两位学者对城市经济学的内涵、本质与研究对象所具有的独到见解。

（一）周伟林在《城市经济学：概念、流派及其理论演进》一文中的观点

城市经济学就是一门研究城市范围内的各种经济现象的学科。这里，我们把城市范围定义为具有较高人口密度和较大人口规模的地带（以某个最小人口规模为参照系）。实际上，很多有关城市中心地带的研究都是假设在某个城市内部的中心人口密度达到最大的峰值，距离这个城市越远人口的密度下降的数量就越多。可见，城市经济是建立在城市人口频繁的交往以及在城市内部大量经济活动的基础之上的。城市经济学和它的姊妹学科——区域经济学有着密切的联系。直观地说，后者的研究重点是那些规模在城市之上同时又在一国内部的经济地带，比如一国的东部、中部或者西部。但是，无论是城市经济学还是区域经济学，都强调从空间（而不是工业门类、经济主体的职业或是其他划分经济体的方法）的角度来理解经济现象，因此这两个领域采用的很多研究方法和模型都是非常类似的。

一般而言，研究城市经济学的路径主要有两个：第一类是城市内部的各种区位分析，或者说侧重微观经济理论的研究，其核心问题是城市内部的厂商和居民的区位选择问题。比如，有关城市内的人口空间密度的研究是城市经济学家们一直很感兴趣的命题之一。最近的研究表明，厂商和居民的区位选址往往受到多重因素的影响，其中包括公共服务、地方的税收、当地交通状况等等。第二类则是从宏观层面来探讨城市的经济问题，在此，城市内的空间结构被忽略了，经济学家们关注的焦点变成了城市作为一个整体来说的经济繁荣和萧条的过程。大量的宏观城市经济增长模型都假设城市是一个开放的体系，它们之间存在着商品的交换。特别在有关城市体系的研究中，体系中的每一个城市都负责一组特定的产品和服务的生产过程，因此城市体系总体上的某个变动都会对该体系内的每个城市产生显著的影响，而且很多情况下这些城市的职能也会发生改变。当然，需要说明的是，这两种讨论城市经济的方法只是一个过于粗略和简单的划分，它们在实际的研究中经常不是相互独立的。

很显然，城市类型和职能的显著改变肯定会对城市内部的经济结构产生明显的影响，同时，城市内部的经济结构变化同样对城市经济的长期增长具有深刻的意义。例如，城市的快速增长可能会吸引更多的有能力的劳动力进入该城市，而反过来城市劳动力市场的供给结构变化会直接影响到这个城市内的工业未来持续发展的潜力。

（二）陈东强在《关于城市经济学学科建设的几点看法》一文中的观点

建立一门学科首先是要把握好学科概念，明确学科研究的内容，这样才能使之与其他

学科区别开来，具有独立存在的价值。目前，人们对城市经济学的概念认识仍然相当模糊。例如，很多城市经济学教科书都认为该学科是研究“城市经济产生、发展及其运行规律”的，但这些教科书在提出以经济规律为研究对象以后，一般就没有了下文，全书内容几乎与城市经济运行规律不相干，全是一些相关理论介绍和各种城市经济现象的分析，而缺乏实际的对城市经济运行规律形成和演变的论述。有的教材则直接认为城市经济学是研究城市经济现象的学科，并把产业经济学、房地产经济学、交通经济学、劳动经济学、环境经济学等都搬进来，结果使城市经济学成了一锅“大杂烩”，丢掉了城市经济学自身的学科特色，造成各经济学科之间重复混乱，城市经济学与其他学科的界限也不清晰。又如，在城市经济学的教材中，有些内容虽然标有“城市”一词，但是如果把“城市”换成“农村”，似乎也未为不可，这表明教材对城市特点的研究和反映还不够，城市经济学的“城市”特征还不强。

造成这种情况的原因主要是：(1) 大部分学者受以巴顿《城市经济学》为代表的学科体系的影响，对城市经济学学科定性不甚准确。巴顿认为，城市经济学就是用经济学原理去解决城市问题。因此，城市经济学体系可以按照专题的形式研究城市问题。国内著作基本仿照此形式，只是涉及面不同而已，有的涉及发展、土地、环境、交通、住房、规划；有的涉及发展、土地、交通、环境、犯罪、文化、贫穷或管理，等等。涉及面的不同使城市经济学常给人以“雾里看花”的感觉。但巴顿给城市经济学所下定义只是在这门学科当时所处的发展阶段的一种最现实选择而已，巴顿和赫希等人同时都承认，城市问题研究是很难搞出一个完整的理论体系的。(2) 对城市特别是本国城市的区域特征把握和研究不足，导致城市经济学中的有关经济学知识显得空泛，基本是一些放之四海而皆准的原理和方法，这些原理和方法不仅不为城市所独享，而且是套在泛层面的城市上，因为从教科书中人们难以看到不同城市的特点以及针对这些不同特点的经济学解决办法。实际上，城市经济学本身也是一门区域经济学（城市是区域的一种类型），只是城市经济学主要是针对城市而不是农村或者国家、国际等区域。因此，城市经济学首先是要有城市特色。当前城市经济学中城市特色不足的原因可能与研究者大都来自经济学领域有关。长期以来，经济学与空间概念的联系不足，经济学原理大都悬在空中，是“放之四海而皆准的”。与经济学家不同的是，地理学家更注重野外考察，他们重视区域现象、区域特色，注意具体问题具体分析。

那么，如何界定城市经济学呢？陈东强认为，可以从两个方向对城市经济学进行界定。一是从解决城市问题的角度进行界定，将城市经济学看作是根据经济学原理寻求解决城市问题的途径和方法，或是关于城市问题的经济学思维和方法。这基本上和以巴顿为代表的西方城市经济学家的提法是一致的。所不同的是，在这个定义中，重心在经济学思维和方法而不在城市问题。把重心放在城市问题（城市专题）是国内外比较普遍的做法，但这种做法不仅会导致不同城市经济学著作所涉及的专题范围之差异。由于各人对城市问题的观察角度和视野范围不同，而且容易使城市经济学与其他学科相互混杂。

此外，城市经济学著作的内容还可能会过度膨胀，因为城市是一个复杂的巨系统，存在的问题是层出不穷的，可以说无论如何都难以穷尽，这就是为什么有的作者总感到“意犹未尽”或有的著作篇幅过长的原因，而对读者来说，却可能既吃力又得不到多少有用的知识。把重心放在经济学的思维和方法上则使我们的研究工作简单得多、明确得多，我们的任务只在于针对可能出现的种种城市问题去探索、发现或应用可行的经济学思路和方法，而对其他城市问题只需点到为止，一般不需进行专题的深入分析。对各城市问题进行专题分析应该留给其他学科，例如城市社会学、城市管理学、城市生态环境学等，这样不但不会使城市经济学变成各学科知识的大杂烩，而且可以突显城市经济学的经济学特色。

那么，什么是经济学的特色呢？按照西方关于经济学的定义，经济学是研究如何利用稀缺资源以最大限度满足人们需要的科学，是研究稀缺资源在各种可供选择的用途中间进行合理配置的科学。从某种程度上说，“经济学基本上是一门关于选择的科学”，因此，对于城市问题，我们可以加强研究和比较旨在解决这些问题的各种方案，以选择那些成本小、效益大的方案。突显经济学特色并不意味着忽视城市问题，相反，各种城市问题都可以从经济学的角度加以思考。按照加里·贝克尔的观点，经济学只是一种方法，即三位一体的效用最大化、市场均衡和偏好稳定的分析方法，因此，在研究中只要采用这些方法，即使研究对象不是经济行为，例如，研究的是犯罪、婚姻等社会现象，这样的研究也是可以成为经济学研究成果的。按照加里·贝克尔的观点，那些虽然研究的是地地道道的经济问题但没有使用经济学分析方法而仅停留在描述主义的研究很难归于经济学的研究范畴。

界定城市经济学的第二个方向是从城市经济活动的角度出发，将城市经济学看作是研究城市经济如何发展的理论和方法。它针对的是城市经济问题而不是所有的城市问题，研究的是城市的产业形态及其产业的空间组织形式，探讨的是城市经济如何才能充满生机和活力。坚持这一划分方向将使城市经济学鲜明地与其他学科区别开来。虽然经济发展不仅包含经济增长，而且还涉及政治、文化、法律、社会观念、习俗、价值观等诸多方面的变革，但城市经济学研究的核心是人们的经济行为。对城市经济学是研究城市经济发展规律的学科这一提法，陈东强认为应持谨慎态度。虽然将城市经济学定义为研究城市经济的发展及其规律没有错，但城市是一个复杂的巨系统，城市经济现象又与自然现象不同，随机影响多，缺乏线性发展特征，加之当前我们缺乏对城市的长期跟踪研究，因此，试图寻找规律性的东西尚存在一定的困难；即使是找到所谓的规律，我们的最终目的也是解决城市中的现实问题而非其他。

根据上述分析，城市经济学的基本特征可概括为：第一，城市特色，主要针对城市所独有的诸要素；第二，经济学的分析方法，这是城市经济学学科的灵魂；第三，城市区域的空间经济学特色，它可以反映城市诸产业的相互依存关系及其空间组织；第四，城市经济学既不是微观经济学，也不是宏观经济学，而是从总体上把握和协调城市诸产业、诸阶层的各种关系的理论和方法。

关键术语

区位　　经济区域　　城市　　城市经济　　经济区域　　城市经济学

思考题

1. 经济区位与经济区域的概念是什么?
2. 如何理解城市的功能?
3. 城市经济学的概念如何表述又如何解读?
4. 城市经济与城市经济学的区别与联系是什么?

主要参考文献

[1] 高洪深. 区域经济学(第三版). 北京:中国人民大学出版社,2010

[2] 冯云廷. 城市经济学(第二版). 大连:东北财经大学出版社,2008

[3] 王明浩等. 城市经济学理论与发展. 城市(探讨与研究),2003(1)

[4] 周伟林等. 城市经济学:概念、流派及其理论演进. 西南民族大学学报(人文社科版),2009(12)

[5] 陈东强. 关于城市经济学学科建设的几点看法. 城市科学,2007(6)

[6] 孟祥林等. 城市发展进程中的“逆城市化”趋势及其经济学分析. 经济经纬,2004(1)

[7] 周天永. 城市及其体系起源和演进的经济学描述. 财经问题研究,2003(7)

[8] http://zhidao.baidu.com/question/1368615.html

第三章

城市集聚经济与产业集群

重点问题

- 集聚经济内涵、类型及经济效应
- 产业集群概念、形成机制
- 产业集群与创新体系的关联
- 基于集聚经济三维框架的城市群发展
- 知识溢出与产业集群和地方市场结构的关系

城市经济的本质特征就在于它的空间集聚性，因此，集聚经济是城市经济学中的一个中心概念，城市集聚经济是城市形成和发展的基本动力；产业集群是城市集聚经济产业层面的表现，它是集聚经济的重要支撑，二者之间的关系十分密切；城市群的形成与发展的集聚经济三维框架也是21世纪研究的热点课题；知识溢出是新增长理论和城市经济学近年来都十分关注的核心问题，知识溢出和集聚经济与产业集群联系紧密，互为映照。本章比较系统和全面地介绍、讨论上述问题。

第一节　城市集聚经济

一、集聚经济的内涵

历史上，德国学者韦伯最早提出要加强对经济集聚作用的分析研究。他在1909年出版的经典著作《工业区位论》中，系统地阐述了他的集聚经济理论。在韦伯看来，集聚实质上是工业企业在空间集中分布的一种生产力布局形式。韦伯认为，集聚能够使企业获得成本节约的集聚经济，但集聚经济并不是无条件的，只有把存在着种种内外联系的工业按一定规模集中布局在特定地点，才能获得最大限度的成本节约；而那种无任何联系的，过渡性的偶然性集结，只会给地区经济发展造成不良后果。他对集聚经济下的定义是：集聚经济是由于把生产按某种规模集聚在同一地点进行，因而给生产或销售方面带来的利益或产生的节约。可见，韦伯的集聚经济与规模经济有关，他强调工业企业在空间上的规模化。根据他的理论，集聚分为两个阶段：低层次阶段与高层次阶段。在低层次阶段，单纯是由企业经营规模扩大而带来的生产集聚，即“所有具有自足完整组织的大规模经营”。韦伯将几种经营的局部性集结定义为高次集聚。他认为，高次集聚主要就是扩充大规模经营的利益。也就是在一定地区范围内同类或不同类企业的集中构成的总生产规模的扩大。显然，韦伯的集聚经济是与厂商规模和集中相联系的内部和外部经济。

将集聚经济视为一种规模经济利益，揭示了集聚经济的一个重要性质，那就是集聚能够享受专业化分工的好处。换言之，这种专业化分工，使得同类或不同类企业在相互接触或接近时产生的“溢出效应”，给对方带来了利益。然而，分工意味着专业化与多样化的同时发展，专业化经济和多样化经济是分工经济的两个侧面。因此，厂商或企业空间接近的影响和利益，还可以透过企业活动或产业多样化的方式来实现。经济学常用“范围经济”（economy of scope）的概念来解释这种多样化现象。由于多样化和竞争加剧等原因，企业为减少交易费用而集聚起来，以获得范围经济。对外部范围经济的追求，是企业地理空间集聚的重要诱因。美国经济学家艾伦·斯科特（Scott. A. J，1983，1986）在这个领域进行的开创性研究，为我们深入认识集聚经济本质提供了一个新的视角。斯科特给新制度经济学提出并发展起来时交易成本赋予“空间”意义，并引入城市化的理论研究中。他认为，交易成本在生产过程中空间纵向分解或纵向一体化中起着决定性作用。生产过程在空间上的纵向分解，导致交易活动的费用增加，每单位交易活动的费用越大，卷入其中的厂商或企业越有可能通过空间集聚而减少交易费用，以便从相互集聚中享受范围经济利益。

由此可见，从更广泛的意义上说，与专业化经济相联系的规模经济利益又与多样化经济相关联的范围经济利益是集聚经济内涵中缺一不可的两个方面。确切地讲，集聚经济就是一种通过规模经济和范围经济的获得来提高效率和降低成本的系统力量。

二、集聚经济的性质

如上所述，集聚经济与规模经济、范围经济和外部经济的概念密切相关。弄清它们之间的关系，对集聚经济性质的认识是至关重要的。我们首先分析集聚经济与规模经济之间的关系。

（一）集聚经济与规模经济

集聚经济与规模经济是一组可相互替代的概念。但这里集聚经济总是针对外部规模经济而言的，至于内部规模经济与集聚经济之间的关系，一直存在争议。

规模经济一般指随生产能力的扩大，单位成本下降的趋势。内部和外部两种不同的规模经济的区别在于观察规模经济的出发点不同。内部规模经济，主要来自于企业内部生产规模的扩大，采用先进技术和设备，提高生产效率、降低能源和原材料的消耗及其各种费用，从而引起的产品成本下降和收益的增加。早期的内部规模经济可以说主要是工厂的规模经济。在企业等同于工厂的时代，企业被看作一个以生产为中心的工厂组织，随着工厂的技术容许的生产规模扩大而产生的平均生产费用的递减现象，被称作工厂的规模经济、工厂的规模经济最终受生产技术水平的制约。后期的内部规模经济则主要是关于公司的。企业和工厂的分离，突破了工厂规模经济所提倡的理论模型。出现了多工厂的企业。这样的企业可以是经营多个同样产品的工厂群，也可以是经营多个相关产品的工厂群。在每种场合，企业规模的扩大，都不仅可以发生原材料、燃料和设备费用的递减，还可能引起管理的专业化，企业竞争力的提高和市场支配力的强化，从而获得规模经济。公司的规模经济固然可以摆脱生产技术的制约，但摆脱不了来自市场的制约。因此，企业规模的扩张也同样不是无限的，超越市场需要而扩张的企业规模会引起经营费用的上升，外部规模经济则指来自企业外部的成本节约优势，使企业获得更多方便条件，例如，将五组在生产上联系密切的钢铁厂、焦化厂、矿渣水泥厂、重型机械厂、大型金属构件厂按一定规模比例配置在同一区域，就可以使每个企业都因此而受益。这种效益是无论按何种方式将上述企业分散配置都不可能获取的，在这里，整个系统的总体功能大于其各个部分功能之和。超过部分来源于因素集聚而造成的特定环境，因此被称作集聚规模经济。

据此，可区分出三个层次的规模经济。就任何一种产业来说，都有：

- 单个工厂（或商店等）的规模决定的经济；
- 单个公司的规模决定的经济；
- 该产业在某个区位的集聚规模决定的经济。

在规模经济的三个层次上，集聚利益都可以称为规模利益。这种规模利益，或是通过企业规模扩大及专业化带来的经济活动中的成本节约，或是通过企业经营领域的延伸所带来的成本节约，而生产要素集聚只不过是实现规模经济利益的空间手段。

（二）集聚经济与范围经济

范围经济是一个与多样化经济相联系的概念，通常是指企业在同时经营多种事业时所产生的一种效果。与规模经济一样，范围经济也有内部范围经济与外部范围经济的区别。前者指同一企业内部生产或经营多样化产品而带来的成本节约，它意味着垂直一体化的企业内部分工深化；后者则指企业因事业领域或经营区域的广泛而获得的经济利益。在这种情况下，产业组织是垂直分离或纵向分化的，专业化的企业之间通过外部交易网络，共同完成生产经营活动。

范围经济与规模经济既相互联系，又相互区别。两者的相互联系，主要表现为：(1) 共存性。在一个企业追求范围经济利益过程中，并不排斥规模的作用，反之亦然。(2) 相容性。在一些场合，这两种概念是相互包容的。比如，产出规模的扩张过程包容着经营领域的拓展，同样，扩大事业范围也同时浸透着规模经济。共存性和包容性使企业有了同时享受两种经济利益的可能。区别规模经济与范围经济有时很困难，然而，范围经济与产业规模扩大的结果所带来的规模经济毕竟是完全不同的两个概念。一般来说，“规模”是指经济系统或集聚体的大小；“范围”是指经济系统或集聚体的集合分离程度。相应地，规模经济反映的是产出规模与长期平均成本之间存在的经济性；范围经济反映了多样化程度与长期平均成本之间存在的经济性。

从集聚经济与范围经济之间的关系上看，集聚经济是一种外部范围经济。与集聚规模经济的概念相对应，我们称这类集聚经济为“集聚范围经济”。集聚范围经济不同于集聚规模经济，它主要来源于企业的由市场交易活动联结起来的产业之间的相乘效果，以及因经营区域广泛而带来的外部经济性。正是这种集聚范围经济，使区域内或区域之间的产业相互强调和促进，带来了各自的发展、革新和效率化。诸如消费与生产的补充效应的产生、新思想新技术的传播、规模经济的实现等都与城市经济的多样性密切相关。产业结构单一的城市，城市化集聚经济不够明显，从而在一定程度上制约着城市发展的规模，相反，产业多样化的城市则往往具有相对较大的规模。事实上也正是如此，规模较小的城镇产业结构比较单一，而大型城市产业多样化程度则相对较高。西方学者的一些实证研究，也证明产业“多样化的程度确实随着城市规模的扩大化而加深”。

集聚范围经济概念的提出，弥补了溯源于规模经济理论基础上的集聚经济概念在解释力方面存在的局限性。自斯密以来，经济学家把专业化程度的提高等同于效率提高、资源节省，而专业化必须在与大规模化相结合的前提下，才会产生经济效果。因此，传统上的集聚经济概念是建立在这种“专业化大生产”理论基础之上的，它强调规模扩大和专业化给企业带来的生产成本的“外在节省”。按照这个理论，企业发展的基本方面应该是逐渐走向空间上的规模化和专业化。但实际上，现代企业发展却走向了分工经济频谱的另一端——多样化。这里所说的多样化，是指企业经营活动涉及多个事业领域或区域广泛性而形成的多样性增加的过程。其基本特征是，随着社会分工深化，市场交易日益频繁，企业间被越来越精确的交易关系而组织起来，相互联系变得更加错综复杂。与专业化大生产体制不同，因产品结构和市场变化多端，企业的产品是非标准化的，而且不能充分地相互替代，垂直分离已成为一种普遍现象。面对这种现实，传统集聚经济理论的解释力就显得过于牵强。这使得经济学家们往往在经济理论和经济现实之间的冲突面前大伤脑筋。经济现实告诉人们，企业追求成本节约的方式是多样的；而经济理论却告诉人们，所有的集聚利益都应该归纳到规模经济中去。有了集聚范围经济概念之后，我们很容易回答产业多样化与成本节约之间的经济性，而这一点，恰好是集聚规模经济所忽视的。

综上所述，集聚经济本质上是一种外部经济。从集聚经济性质上看，它不仅是一种外部规模经济，而且还是一种外部范围经济。因此，确切地说，集聚经济是由集聚规模经济（外部规模经济）和集聚范围经济（外部范围经济）共同作用而形成的一种复合经济。

三、城市集聚经济的类型

（一）地区化经济

地区化经济（localization economics），主要是指同一行业的企业或一组密切相关的产业，由于集聚在一个特定地区，通过产业功能联系所获得的外部经济。正如马歇尔所说：“这种经济往往能因许多性质相似的小型企业集中在特定的地方即通常所说的工业地区分布而获得。”不过，这种集聚不仅包括工业区位，也包括商业，因此，地方化经济又可细分为两种类型。一种是工业群集型经济。对于某一特定工业部门来说，一种生产活动一旦定位于一个有利的区位或地区后，如果这个工业部门的产品的需求充分的话，就可能或是吸引其他相关部门集聚到这里来，或是原有部门的生产规模进一步扩大。比如，汽车工业在选址于条件有利的场所之后，它所在的地方就成为汽车零件制造工业的市场。结果，汽车零件制造工业自动来到这些地方。日本的丰田市就是一个很好的例子，在它周围集中了许多零件生产工厂。其他如钢铁工业，它所在的场所一般就会成为以钢铁为原料的工业的原料地，以钢铁为原料的工业部门自动向这些区位汇集，在这种情况下，都会因产业的功能联系带来平均成本节约。另一种是购物外部经济（shopping economics）。这种集聚经济引起交易公司的集聚，从而导致以市场为基础的集聚体的形成。如果一家商店的销售要受其他商店位置的影响，它们之间就产生了购物外部经济。每家商店都吸引消费者到零售区域内，就会给其他商店带来好处。这种外部经济会促使企业销售相关产品来形成零售群。一般有两种类型的产品能够产生购物外部经济性，即不完全替代品和互补品。如果两种商品相似，但又不完全一样，则称不完全替代品。由于产品的细微差别，消费者需要去选购去比较。销售类似产品的企业集聚在一起，将会降低消费者的搜寻成本，从而吸引潜在购买者。当企业销售互补产品时，一方也会因销售具有互补性产品的另一方的存在而受益。显然，这个层次的集聚经济对于单个企业而言是一种外部经济，是企业之间相互影响的结果，而不是企业内部的力量决定的。

（二）城市化经济

城市化经济（urbanization economics），主要是由于产业之间存在外部经济，一个产业的发展通过其前向和后向联系，可能对多个产业降低成本做出贡献。它既可以是上面所说的一个行业的地区集中化，进而带动其他行业发展（即不平衡发展的形式）来实现，也可以通过多个相互关联的产业同时平衡发展的方式实现。另外，有些产业彼此同时可能不一定有直接的功能联系，但却存在着非功能的空间联系，它们仍然可以从相互的集聚中获得经济利益。

城市化经济与地区化经济有两点区别。首先，城市化经济是由整个城市而不仅仅由某一产业部门引起的。其次，城市化经济将给城市所有企业带来好处，而不仅仅是某一产业部门中的企业。对于微观集聚主体企业而言，这一层次的集聚经济也是一种外部经济，是由产业之间的相互影响决定的，在一些中心城市表现得更为突出。比如，大城市常常是一些从事商务服务的公共服务中心，如金融、保险、会计、咨询、医疗、环境保护等，这些服务可以同时为多个行业所用，并且企业内部经济性也比较明显。只有当城市的规模达到一定程度后，对服务的需求才会上升，这些服务的质量才能更高或价格才能更低，从而有益于该城市的多个行业。这是城市化经济的突出表现。

四、城市集聚经济效应

城市的“集聚效应”是指社会经济活动因空间集聚所产生的各种影响或经济效果。从本质上看，外部经济是城市经济系统的“集聚效应”的一种典型表现形式或实现方式。但是，我们看到城市集聚所产生的集聚效应是一种全方位的外部经济效应，是现代城市释放出的巨大能量，又是现代城市发展和城市化发展的重要动力。因此，有必要对城市集聚经济产生的外部效应展开系统的分析。

（一）近邻效应

城市集聚的最直接而明显的外部效应是近邻效应。它是在城市经济活动中，企业之间、部门之间的空间关系对其发展所产生的影响，是经济活动集中于城市地区时所带来的经济性。就城市集聚来说，英国城市经济学家 K.J. 巴顿把城市集聚经济利益分为本地市场规模、生产费用节省、人口限度标准、熟练劳动力汇集、交通运输经济、企业家集中、融资的便利性、自古交流思想、刺激革新、集中提供设施等十大类。总结这些论述，大致可以分为三个方面：

第一，共享经济利益。共享经济利益是指集聚在一定区位上的企业，由于共同利用公共产品和公共服务获得的外部经济利益。

第二，劳动力市场经济利益。城市集聚提高了劳动力市场的效率。企业区位上相互靠近，可以形成共同劳动力市场。

第三，信息经济利益。集聚的另一个益处是这种集聚为系统中各企业的发展提供更加有利的外部经济条件的同时，也促进了信息交流及技术的推广和扩散。人口集结可以使企业和人员更富有进取精神和竞争心理，提高工作效率。企业在地理位置上的集中，有利于企业的创新和发展。

（二）分工效应

城市集聚过程中的分工效应是指几乎任何区位单位集聚在一起都能够享受专业化分工的好处，如服务上的社会化，生产分工上的协作等，这就是分工效应。经济发展被看作是生产方式变革的结果，而分工和专业化的发展是这种变革的主要特征。自斯密以来，经济学家对于分工和专业化的好处或它们的经济性做了不少论述，归结起来，大致可以表述为，专业化程度的提高可以较采用专业化生产方式以前能够带来生产效率的提高或生产资源的节约。

首先，生产的专业化与工业集中有关。在生产过程中，对专业化利益追求的结果，往往就是对规模经济性的追求。

就全社会范围来说，分工和专业化水平的提高，还意味着劳动力和其他生产要素从分工程度较低的产业向分工程度较高的产业转移。

分工与专业化发展的一个副产品，是地区专业化。因此，城市产业的专业化，也意味着地区专业化的发展。总之，专业化与空间集聚是相通的。

（三）结构效应

结构效应，是指集聚要素的集聚方式及要素间的聚合程度对城市集聚的作用。它具体可以分为结构关联效应、结构成长效应和结构开放效应三个方面。

第一，结构关联效应，是城市产业联系方式及产业部门间相互联系状况对城市集聚质量的影响。

第二，结构成长效应，实质上是资源流向生产率更高部门的再配置效应。

第三，结构开放效应，是指城市时刻处于与外界进行物质、能量、信息的交换和流动之中。

（四）规模效应

规模经济是城市集聚经济的一个主要源泉。它既包括生产力方面的利益即生产规模经济，也包括消费方面的利益即消费规模经济。前者主要表现为企业或城市各产业部门随着产出规模扩大所带来的长期平均成本下降的收益；后者则表现为消费者单位消费品的平均支出随着城市集聚规模的扩大而下降。城市以经济系统的方式而进行的经济活动产生的“规模效应”应该符合系统经济学的三大基本公理要求，具体内容包括：

第一，经济活动的广义代价趋于最小可能值（最优经济原理）；

第二，经济系统的社会福利水平趋于最大可能值（社会福利原理）；

第三，经济系统的持续发展指标和耦合度指标不减（持续发展原理）。

（五）洼地效应

城市，作为区域的中心地，由于城市区域间的互相依存关系在地理空间上客观存在着“洼地效应”，也称为“城市场效应”。从统计学的观点看，中心城市对周围地区的作用力呈现距离衰减规律，即距离城市愈近，场效应愈强；反之亦然。

城市集聚过程中洼地效应的存在首先源于城市的市场功能。从历史上看，城市的产生要么是因“市”而“城”，要么是因“城”而“市”，并通过两者的结合而产生的。这就是为什么“城”与“市”总是联系在一起的理由所在。所以，城市往往就是市场，或者说，城市里的市场因素远大于农村。

从历史上还可以观察到，资本主义市场经济中产生的诸多新制度，它们的起源和背景在很大程度上都在城市。贸易制度的发展也是城市制度的发展。因此，贸易和城市化之间的紧密联系在这一发展过程中反复地表现出来。随着市场经济的形成和发展，各类要素市场逐渐出现，可见，城市的市场功能是最基本的。城市市场功能的存在，必然对商品和经济资源形成引力。城市集聚力或吸引力从根本上来说是市场利益的吸引作用。城市对商品、要素的吸引与集聚同时也就是市场对商品、要素所有者及其交易行为的吸引与集聚。“市”这种市场引力是由市场的基本属性决定的，即市场不但是一种能够节省交易费用的交换制度，而且是一种对市场活动主体的市场利益提供保障的交换方式。正如道格拉斯·诺斯指出：“市场的发展会减少交易费用，这符合规模经济。随着贸易量的增长，单位贸易费用就下降。”正是由于这一深层次上的优越性，城市具有了对交易者、商品和要素的引力和内聚力。

以上主要是从历史观察的角度来论述城市引力场或空间场的市场功能，以及基于其上的引力与集聚效应。从现实角度来观察，城市作为空间场其引力和扩散能力的产生还存在着客观现实依据。依据之一，城市场或空间场自身具有高度密集的能量，由此能够形成强大的引力与集聚力，这种密集性突出表现在：人口密集、产业密集、信息密集。人口密集使城市存在着集中的需求；产业密集（主要是非农产业）使城市成为物质和资本的集聚地和财富的主要创造者；信息密集使城市具有更多的市场机会和组织效率。依据之二，城市一般来说拥有发达的基础设施。城市对周边地区资源与商品、要素吸引、集聚的广度和深度，还取决于基础设施如交通、通讯、文化、信用的发达程度。在既定条件下，城市所处的地理位置以及运输条件，往往构成城市空间场效应大小的重要条件。这是因为，“商业对运输费用历来很敏感”。因此，从历史上看，城市最先出现在运输条件优越的海岸、河岸。而始终能保持强大引力的城市，往往是具有优越地理条件者，如广州改革开放以来一直保持巨大的吸引力与辐射力，时至今日，经广交会出口的成交额占全国出口总额的比重在20%左右。其中重要原因在于，广州具有三大特殊优势，即优良的港口和航道、广阔的经济腹地和便利的交通条件。当然，随着经济发展，地理因素在城市发展中的作用在日益下降，但城市基础设施对于城市引力场的重要性却不会因此而改变。城市与乡村相比，具有更高的运转效率和效益。由于有完善的市政设施、便捷的通讯手段、发达的交通工具和高智力的管理阶层，因此城市有着很高的运转效率。在现代化、信息化的社会里，城市的高效率和效益更具有无可比拟的优势，它是推动城市集聚与发展的强大“引擎”。

第二节　城市产业集群

一、产业集群的内涵与特征

（一）产业集群的定义

截至目前，没有大家广泛认同的产业集群的定义，国内外学者对产业集群有代表性的定义主要有以下几种。

马歇尔在其经典著作《经济学原理》中，把专业化产业集聚的特定地区称作“产业区”(industry district)。迈克尔·波特（1998）指出，产业集群在某特定领域中，一群在地理上邻近、有交互关联性的企业和相关法人机构，并以彼此的共通性和互补性相联结。产业集群的规模，可以从单一城市、整个省、一个国家，甚至到一些邻国联系成的网络。产业集群具有许多不同的形式，要视其纵深程度和复杂性而定。不过，绝大部分产业集群包含最终产品或服务厂商，专业元件、零部件、机器设备以及服务供应商、金融机构，及其相关产业的厂商；产业集群也包含下游产业的成员（如销售渠道、顾客），互补性产品制造商，专业化基础设施的供应商，政府与其他提供专业化训练；教育、信息、研究和技术支援的机构（如大学、思想库、职业培训机构），以及制定标准的机构。对产业集群有重大影响力的政府机关，也可视为它的一部分。最后，产业集群还包括同业公会和其他支持产业集群的民间团体。

意大利一位社会学家巴卡提尼（G. Becattini）在系统地考察了意大利佛罗伦萨附近的图斯堪的一些产业集群，特别是对普拉托的毛纺织产业集群进行研究之后，发现“第三意大利”的这些专业化区域与马歇尔定义的“新产业区”有相似之处，因此他定义产业集群为：具有共同背景的人们和企业在一定自然地域上形成的社会地域生产综合体。他认为，新产业区的发展，得益于本地劳动分工基础上实现的经济外部性，以及当地社会文化背景支持下企业之间的相互协同作用。

美国学者斯科特在研究洛杉矶的妇女服装工业时，开始从理论上把劳动分工、交易费用和集聚联系起来，并将新产业区定义为基于合理劳动分工基础上的生产商在地域上集结成网（生产商和客户、供应商以及竞争对手等的合作），并与本地的劳动力市场密切相连的产业组织在地域空间上的表现形式。

韩国学者朴杉沃（S. O. Park）认为，在实际发展过程中，新产业区内的柔性生产系统与大宗生产系统并存，所以不能将柔性生产系统看作是判别新产业区形成发展的唯一标准。他将新产业区定义为：贸易取向性的新生产活动以一定的规模在一定空间范围内集聚，具有明显劳动分散、生产网络和根植性。从而，指出了新产业区的另一个特征——网络及其根植性。

中国台湾学者吴思华指出，产业集群是由一群独立自主又彼此依赖的成员组合，成员间常具有专业化分工，资源互补现象，彼此间维持着长期非特定和约关系，并认为凭借此种关系可维持长久的交易，这些交易不一定以契约维持，而通过承诺进行，使集聚内的企业获得集群外企业所没有的竞争优势。

王缉慈认为，集群揭示了一些地方的相关企业集结成群，从而获得竞争优势的现象和机制。之所以认作"产业群"，有其特定的产业内涵；之所以认作"企业群"，有其企业"扎堆"的特征。实际上，无论是企业集群还是产业集群其实都是指具有专业化特征的企业和有关机构在地理空间集结成群的现象。

国内学者比较推崇迈克尔·波特的定义，基于以上学者的定义，冯云廷等人认为产业集群（industrial cluster）是在某特定领域中，一群在地理上邻近、有交互关联性的企业和相关法人机构所组成的区域内的一种创新协作网络。

（二）产业集群的特点

1. 空间特征

产业集群的最重要特点之一，就是它的地理集中性，即大量的相关产业相互集中在特定的地域范围内。由于地理位置接近，产业集群内部的竞争强化机制将在集群内形成。"优胜劣汰"的自然选择机制，刺激企业创新和企业衍生。在产业集群内，大量企业相互集中在一起，既展开激烈的市场竞争，又进行多种形式的合作。如联合开发新产品，开拓新市场，建立生产供应链，由此形成一种既有竞争又有合作的合作竞争机制。这种合作机制的根本特征是互动互助、集体行动。在产业集群内部的许多单个的与大企业相比毫无竞争力的小企业一旦用发达的区域网络联系起来，其表现出来的竞争能力就不再是单个企业的竞争力，而是一种比所有单个企业竞争力简单叠加起来更加具有优势的全新的集群竞争力。

2. 产业特征

适合集群化发展的产业的首要特征是技术可分性，即产业的产品和服务应在生长技术上具有垂直分离的特征，并能形成较长的价值链，产业内企业间的专业化分工能够高度深化，能形成大量的工序型企业和中间产品的交易市场。其次，产业是垄断竞争型市场结构，产品差异化的潜力大。产品的差异化包括水平方向和垂直方向的差异化。水平方向差异化是指同种产品在品种、规格、款式、造型、色彩、所用原料、等级、品牌等方面的不同；垂直方向的差异化是指同种产品的内在质量不同，Intel 和 AMD 所生产的电脑芯片便属于这种差异。只有这样，集群内企业才不会陷入价格竞争的恶性循环。最后，产业竞争环境的动态多变性和速度经济性。企业所处的产业竞争环境，对时间和空间的控制特征将决定产业组织和生产组织的形式（Schoenberger，1990）。如果竞争环境是相对稳定的，企业可以通过控制开发和生产组织的时间来换取在空间上扩张的灵活性。只有在动态多变、对速度经济性要求很高的产业环境下，出于协调、沟通和信息跟踪反馈的需要，企业才必须在空间上形成集聚以获得竞争优势。

3. 组织特征

首先，产业集群是生产系统。产业集群从整体上来说是一个有地区界限的产业生产系统，这个系统处在由集群企业构成的网络治理之下，企业网络结点间的连接主要发生在有上下游生产联系的供应商和客户间。其次，产业集群是社会系统。从实质上看，这种基于生产联系的企业网络的特征是生产关系必须适应生产力发展这一规律的必然结果，是在信息量巨大、市场变化迅速、产品生命周期大大缩短的知识经济时代，生产社会化不断扩大的产物。因此，结构完整的产业集群包括供应商、专业化基础设施的提供者、销售渠道和客户，并从侧面扩展到辅助性产品的制造商提供专业化培训、教育、信息研究和技术支持的政府和其他机构如大学、标准的制定机构、智囊团、职业培训提供者和贸易联盟等。最后，集群组织最根本的联系纽带是竞争与合作联系。竞争与合作联系是产业集群得以保持活力的源泉，互补性的合作关系使得相关企业形成一个体系（生产链、价值链、生产体系、生产综合体等），从而强化生产者在空间集聚的倾向。

4. 经济特征

企业及其支撑机构在空间上集聚，从而形成集聚经济。集聚经济源于各种相关的经济活动的集中而带来的效益。集聚经济主要表现为产业集群内的企业所独享的规模经济、范围经济和外部经济。规模经济是指产业集群规模扩大、产量增加使群内个别企业降低平均生产成本而获得的经济好处；范围经济是指区域内企业的多种产品和多样化的经营，以及若干企业横向、纵向联合生产给企业带来的成本节约，它的重要前提是区域内多元化经营的企业实现资源共享；外部经济表现为三个方面：促进专业化投入和服务的发展，为有专业化技能的工人提供了共享的市场，使公司从技术溢出中获益。

5. 发展特征

累积因果性和路径依赖性是产业集群的发展特征，当某些成功的发展因素（企业家才能、资本供应、劳动力供应、土地供应和当地生产的中间产品等），在区域中不同行为主体间存在较紧密的联系时，一种产业的扩张会增加其他公司的利益，依赖于成功因素所产生的“极化效应”将促进进一步的扩张和累积因果作用。然而，曾经成功的发展因素，随时间推移会成为制约因素限制集群专业化的进一步发展，从而阻碍集群进入新的发展阶段，出现“集群锁定现象”，从而导致集群的衰退。因而，在“分歧点”（Scott，1995）打破历史传统的禁闭，通过替代或补偿过时的资源、技术、基础设施和思维方式，可以促进产业集群的进一步发展。

6. 环境特征

产业集群环境特征一方面表现为“灵敏的经济基础”，但更为重要的另一方面是集群的创新环境。在产业集群中由于地理接近、企业间的密切合作、经常的面对面的交流有利于各种新思想、新观点、新技术和新知识的传播；由此形成的知识溢出效应将增强企业的研究和创新能力、两类知识对集群内的企业至关重要：一是当地供给方面的知识溢出，主要来自于供应商、合作者、委托者、同业竞争者、教育和研究机构；二是需求方面的国家和国际知识转移，主要来自客户、消费者，以及国际分销商等。

（三）产业集聚的竞争优势

（1）产业集聚节约了搜索信息的成本，有助于集聚区内企业获得更多的有价值的技术和市场信息，以保持在生产和经营处于信息优势的状态。在产业集聚区，各种市场信息比较充分，诸如价格行情、供需变化、产品流行样式等，都是容易获得的信息。相对于集聚区外的企业而言，集聚区内的企业可以以较低的成本获得有用的信息，从而有利于增强竞争优势。

(2) 产业集聚的地方一般存在明显的经济外部性，使得企业可以共享行业内的公共用品，而且容易接近客户。对于集聚区内的企业而言，经常有客户找上门来的机会，这就是产业集聚带来的外部性的好处。产业集聚的结果实际上为集聚区内所有的企业增加了一笔无形资产，更加有利于它们接近客户。

(3) 创新促进集聚区内的企业更具有生产效率，始终追踪先进的技术；一般情况下，集聚区内企业经过近距离的竞争和兼并，只有那些采取先进生产技术和企业制度的企业才能生存下来。同时，集聚区的企业又极具模仿性，这种趋向于先进和效率的模仿性能够促进好的技术和产品及好的制度得到尽快的传播与扩散。在产业集聚的地方，创新成了产业发展乃至区域内的一个内生变量，致使产业始终能保持一个较强的竞争力。

(4) 产业集聚有利于内部的专业化分工，提升区内的产业竞争力。当产业集聚发展到一定规模，企业内的某道生产工序就会逐步分离出去，并逐渐发展成为一个独立的生产行业，参与集聚的网络之中。专业化分工是保证规模收益递增的重要条件，也是创新的前提。产业集聚力的来源更多地体现在内部有比集聚区外企业更加精细的专业化分工。

概括而言，产业集聚本身就具有一种集聚的优势，这种集聚的优势能够转化成区域的产业竞争力。所以，凡是产业高度集聚的地区，一般都要具有较强的竞争力，国际国内皆是如此。

二、产业集群的生成机理

产业集群的形成包括多方面因素，其中最主要的是市场因素、制度因素和历史文化因素。市场因素主要是指产业集群的自组织形成，即因某些因素诱导而自组织形成。市场因素归结起来不外乎两类：一是特定供给因素的存在，如马歇尔所说的存在适合某种产品生产的、独特的自然因素或人为因素而形成产业集群，或是波特所说的特定历史背景、良好的相关产业状态、一两个创新性的企业；二是由于某种特定的本地需求导致生产要素的集聚而形成产业集群，自组织因素主要是指有关企业与机构自发地在某地集聚成群，政府与有关单位只是被动地发挥作用。自组织形成的产业集群主要是通过关键性企业的衍生、裂变、被模仿与凝聚，逐渐产生与吸引一系列相同、相近与相关企业，在该地集聚而成群。制度因素是指“自上而下”的方式形成的，即政府与有关单位根据自身的目标，制定出清晰的产业集群发展战略规划，并加以有效地实施，从而培育出产业集群；也包括“自下而上”地培育与发展形成的，即政府与有关单位在产业集群的雏形出现，能够主动积极地运用产业集群发展方式加以培育，从而发展成为高效的产业集群。历史文化因素是指历史传统工业及社会文化环境氛围对产业集群形成的作用。

(一) 市场因素

产业集群一般都是自组织形成的，产业集群形成的关键是大企业的成长，以及大企业和众多小企业市场功能的重新定位。产业集群形成初期，某地因某种原因出现了关键性企业，这些企业都直接生产成品。随着经济发展，部分规模企业为了专注市场和技术开发，逐步把一些生产工序实行外包，一些中小企业主动为大企业作配套，转向生产中间产品。

随着分工的深化，一些龙头企业通过并购、参股等手段将一些质量和资信较好的生产型、经销型中小企业纳入旗下，并把生产产品各种可分割的功能不断从企业内部剥离出去，一些如包装、印刷、运输、中介等服务企业就开始兴起，集群内形成成品生产、中间品生产（含外包户）和服务企业三个层次的分工协作体系。这样“大而全”的国有特大型企业通过分拆形成一系列“专而精”企业群，一旦一个区域内形成以少数龙头企业为主导、以产业链为基础、大量中小企业协作配套的分工协作体系，一个具有较强竞争力的产业集群便基本形成。最经典的是硅谷 IT 产业集群中的肖克利半导体公司衍生出仙童公司，后者又衍生出英特尔公司、阿内尔科公司等一系列公司，从而形成了早期的产业集群。产业集群的雏形一经形成，产业集群的效应开始产生并不断扩大，产业集群进入了内部自强化的良性循环过程，即产业集群效应吸引更多的相关企业与单位向该集群集聚，而新增的企业与单位又增大了集群效应，此时，该产业集群处于成长阶段。当产业集群成长到一定的程度，并且同类或相关企业的数量达到一定的规模，产业集群既有一定的深度又有一定的广度，产业集群的效应得到充分释放，此时，产业集群处于成熟期。据波特的研究，一个产业集群通常需要 10 年甚至更长的时间，才能达到成熟期，此时的产业集群才能获得实质性的竞争优势。

企业协作网络的形成，有助于强化区域产业竞争优势。以少数大企业为主导，以大量中小企业为基础，大企业和中小企业细密分工的企业协作网络是一种“有效率的产业组织”。大企业能按照价值链把增值部分最大、最核心的环节保留下来。把其他环节外包给中小企业生产，既能使企业生产成本最低化和经济效益最大化，又能控制大批中小企业生产和供应商，通过获取群聚效益形成最优竞争优势；众多中小企业为大企业协作配套，专注于某一生产环节的生产，能使某项生产技艺专门化，提高了资产专用性，同样能够实现企业内部规模经济，也能强化其竞争优势；而且，以大企业为主导的协作分工体系，对中小企业而言，将自身有限的资源最大限度地集中于某一特定细分市场或产品，为大企业提供零部件或专门从事某种工艺加工，能不断强化资产专用能力，有助于培植核心竞争力；而大企业通过与中心企业转包合作，把具有专有技术的中小企业吸收为配套企业，也有助于提高产业整体技术层次和行业产品质量整体水平。

产业集群形成的市场因素除了由关键性企业衍生出相同或相关产品的企业外，还有中小企业自组织形成的集群，如“第三意大利”地区。所谓的“第三意大利”地区，主要位于意大利的东北部和中北部，在那里集聚了数目众多的中小企业，形成了多个中小企业互相联系在一起、垂直分工合作的生产模式。中心企业在地理上高度集中、部门专业化程度很高，区域增长迅速，实现了专业化生产和弹性化生产的统一，创造了与“大量生产”方式完全不同的生产模式，这种生产方式更适应变化的社会，从而获得了地区经济发展的成功。在这种生产方式下，市场的变化和风险被分散给了众多的企业，大量灵活的中小企业共同面对各种各样的变化尤其是市场需求千变万化，使得这种生产方式对外部的变化具有极强的适应能力。产业区内企业组织间的关系是建立在合作、互相依赖和信誉基础上的。这些企业间的关系刺激了创新，而企业家间的血族关系、地缘关系往往促进了信息在企业间的扩散。简而言之，产业区建立的基石是行为主体间的社会联系及其网络。同时，由于众多的企业集聚在一起，产生了众多的外部效应（包括获得市场、技术、劳动力以及资金支持等方面），从而大大地增强了这个企业集群的竞争优势。这一方式是我国一些农村地区产业集群形成与发展的主要方式。

（二）制度因素

虽然产业集群一般都是自组织形成的，但地方政府在产业集群的形成中依然可以发挥较大作用。政府通过提出发展规划，培育地方优势产业，建立中小企业服务体系，鼓励企业家创业，引导专业化分工等非直接干预措施，培育产业集群形成的环境与利益机制，则产业集群有可能形成。

政府主要职能之一，就是因地制宜，立足自身比较优势和特点，提出有地方特色的产业发展战略规划。各级政府在培育产业集群时，首先选择和培育产业，然后选择和培育企业及相应机构，最后将它们放在一起（例如建造工业园等）。由于在产业集群发展的过程中，龙头企业的作用非常重大，十个产业集群的形成往往是由于一个或几个龙头企业的带动，所以发现和培养关键性的龙头企业也常常是各地政府在实施产业集群规划中的重中之重。

政府可以直接或间接创造有利于集群形成的环境与利益机制，从而使得产业中的大多数企业在新环境与利益机制中，按照集群发展的要求自我调整。具有发展集群潜力的产业，可以通过人为选择催生关键性企业，从而进行强制性培育；对已经形成集聚雏形的产业，也可以通过直接扶持予以培育，政府可以通过知识与理念的传递，营造培育产业集群的氛围。当产业内的企业经营者都了解了产业集群的经济功效，了解了产业集群形成对单个企业发展的促进作用，渴望通过培育产业集群并从中获得更多的企业利润时，利益动机将促使企业经营者支持政府培育产业集群的努力。

政府也可以通过利用本地的优势条件和特色资源吸引外地关键性企业落户本地而逐步培育与发展。有效的做法是，把产业集群发展规划与招商引资结合起来，按照产业集群的发展规划，有选择性地吸引关键性企业在本地落户。关键性企业不在于规模的大小，而在于其示范性与凝聚力，只是规模较大企业的凝聚力更强。

企业家是推动企业组织创新和技术创新的主体力量，必然也是推动产业集群成长的主体力量。提高产业集群竞争力，必须加强企业家队伍建设，努力培植一批善于寻找创新源泉、注重提高经济效益、敢于大胆学习模仿、精于捕捉市场机会的企业家队伍。企业家实际上是无法造就和培养的，政府只能培育和完善造就企业家的环境，建立吸纳和使用职业企业家队伍的制度和机制，努力创造使优秀职业企业家人尽其能的优良环境。其中的首要一条是形成清晰的产权制度以及对私有财产的普遍尊重。只有在这样的环境下，企业间的合作才有可能迅速扩大加深，创业者的利益才能得到保障，才会有足够的动力促使他们进一步地奋斗。

产业集群是一个综合体，它的发展涉及诸多的经济政策，如土地、税收、产业导向、外贸、科技、中小企业发展、项目审批和投融资体制等。因此，在制定产业集群发展政策时，必须对相关经济政策进行系统的调整，仅仅调整其中的一两个政策往往无助于产业集群的发展。目前，最重要的是对一些制约着产业集群发展的经济政策进行调整或撤销。对既有工业园区进行产业调整，明确主导产业，并制定一些针对性措施，尤其结合招商引资而制定出一些优惠政策，吸引更多的同类与相关企业进驻，并补偿性地迁移出一些非相关企业，可以较快地形成产业集群。在具有一定的企业基础但企业比较分散的地区，可以围绕几个核心企业建立工业园，通过一些措施促使分散的企业逐步“移植”而培育出产业集群。

政府可以通过政策鼓励引导专业化分工，进而通过专业化分工的利益机制与理念传导促使企业逐步向专业化分工的方向调整自身经营。如政策鼓励专门的采购机构出现，由于大规模采购的成本优势以及政策优惠，该采购企业能以较低的价格向各企业供货，利益机制将促使各生产企业将采购外包。政策鼓励专门的销售与包装公司成立，同样将由于专业化与规模的优势促使各生产企业将销售功能从企业剥离。政府对关键专业技术进行扶持、促进中间品市场的形成等措施对引导专业化分工也具有明显的作用。专业化分工的理念传递与现实的利益将促使各企业自主寻求更大的专业化利润空间，产业专业化可望形成，从而有利于产业集群的形成。

（三）文化因素

区域的社会文化环境按照美国人类学家林顿（Linton）的论述：社会文化是“某特定社会成员共享并相互传递的知识、态度、习惯行为模式等的总和”。区域的社会文化环境主要包括区域内居民的风俗习惯、文化水平、心理素质、主流的价值观念、社会风气以及社会关系网络等内容。它直接影响着人们是否有追求创新的热情，人与人之间能否建立起相互信任、相互合作的关系。其具体内容包括：(1) 行为主体的创新精神。它包括人们对创新的接纳、认可程度，敢于冒险的热情和勇气等，是人们创新的原动力。(2) 彼此信任的协作关系。彼此信任的协作关系是集群创新的关键。(3) 开放的思想交流氛围。平等、自由、宽松的工作环境和开放的信息交流环境有利于新思想、新技术在区域内的传播、学习。相互信任和开放的心态，使得人们之间交流和互动频繁，加快了新思想、信息和创新扩散的速度。

产业集群化的形成及区域内产业发展的根本动力在于区域创新网络的构建，而区域创新网络构建的核心是营造一种有利于区域行为主体（企业、大学、政府机构）相互之间进行交流与协作的良好的区域产业文化（如图 3—1、图 3—2 所示）。

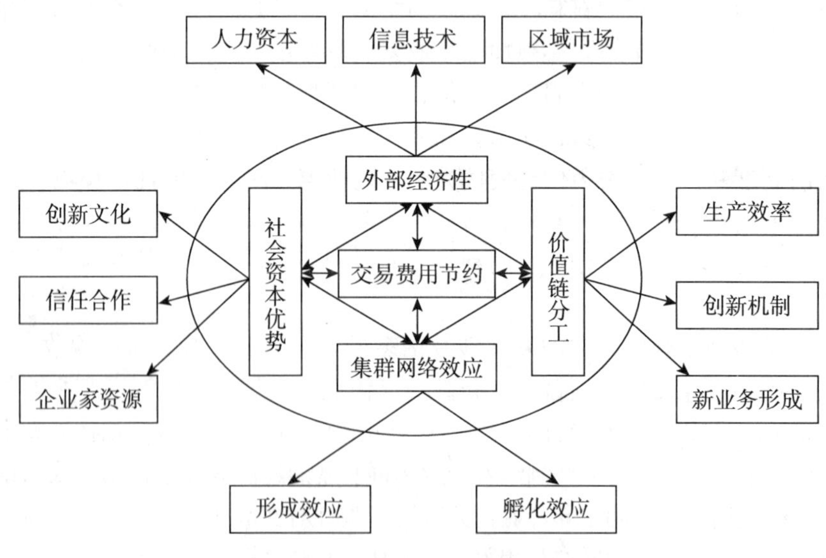

图 3—1　产业集群的动力结构图

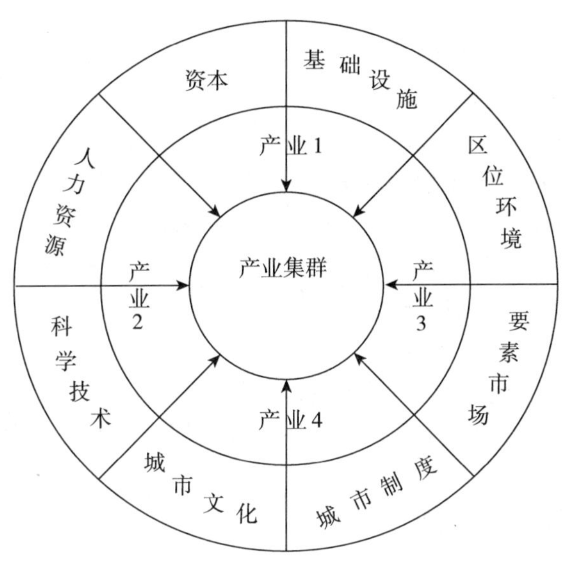

图 3—2　产业集群的引力结构图

这种产业文化维持产业集群的运行，并使其在面对外来竞争者时拥有独特的竞争优势。国外产业集群的成功，其中很重要的一个原因就在于地区内存在以诚实和信赖为精髓的产业文化。由于创新过程的进化特征，一个国家和地区的企业行为受到所在区域的历史、社会文化、价值规范等因素的影响，创新行为深深地根植在社会环境中。在一个国家或地区有效的创新政策在另一个国家或地区不一定能够发挥相应的作用。不同地区由于不同的地理环境、历史经历，积淀了各具特色的地域文化。我国地域辽阔，各地区文化特色明显，地方政府在制定区域创新政策时，要充分考虑本地区的文化特色，选择好制定创新政策的文化切入点，鼓励文化创新，营造一个有利于区域创新的文化氛围，在全社会形成崇尚知识、尊重人才、鼓励创新、敢于创新的新风尚。产业集群具有根植性，集群的形成与发展是建立在该区域的制度文化基础上的。判断产业集群的重要标准是，区域内经济关系和社会关系间具有高度的内在联系，即企业在一个区域内相邻而结网，产生信任和合作的愿望。但是，长期以来我国存在条块分割、市场机制不健全、社会资本缺乏、低信任度、交易成本高以及有关企业产业各类法规的不完善等制度文化缺陷，使得我国部分地区和企业只注重使用内部资源，只注重提高企业内的适应性和灵活性，而不注重寻求企业外部资源，从而导致产业集群政策难以制定与实施，产业集群很难有效发展。因此，对于那些还没有形成地方优势的产业集群的区域，重要的是培育区域内的企业家和有利于创新的制度文化氛围，对于已经形成地方优势的产业集群区域，也要重视制度文化的创新，以发挥产业集群的竞争优势。以创新环境和制度的建设为切入点，引导区域内的科技资源和特定要素市场为集群发展服务，支持产业集群不断注入创新因子，提高产业集群的创新能力，帮助企业从低成本竞争的陷阱中走出来，进入以创新、质量和市场应变能力等“高级优势”为基础的高端竞争轨道。同时，积极促成企业、大学、科研院所和政府及中介机构等创新主体之间的合作网络的形成，形成有效的学习机制，促进知识传播扩散，实现集群创新要素和创新网络的协同互动。

三、区域创新体系与产业集群

（一）区域创新体系的构架

区域创新体系（reginal innovation system，RIS）是在特定的经济区域内和特定的社会经济文化背景下，各种与创新相关联的主体要素（实施创新的机构和组织）、非主体要素（创新所需要的物质条件）以及协调各要素之间关系的制度和政策所构成的网络。该体系通常是由创新主体、创新环境和行为主体之间的联系与运行机制这三个部分构成，其目的是推动区域内新技术或新知识的产生、流动、更新和转化。区域创新体系包括的基本构成要素有：

● 主体要素。这是指创新活动的行为主体，包括企业、大学、科研机构、各类中介组织和地方政府。其中，企业是技术创新的主体，也是创新投入、产出以及收益的主体，是创新体系的核心（如图3—3所示）。

● 功能要素。这是指行为主体之间的联系与运行机制，包括制度创新、技术创新、管理创新的机制和能力。

● 环境要素。这是指创新环境，包括体制、基础设施、社会文化心理和保障条件等。市场环境是企业创新活动的基本背景，创新环境是维系和促进创新的保障因素。

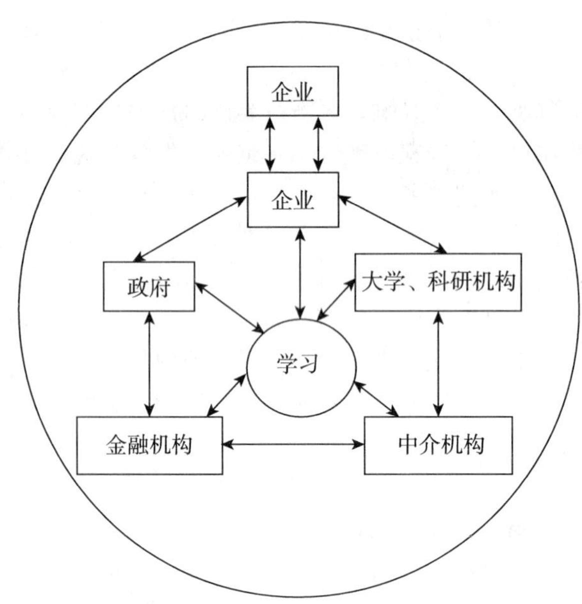

图3—3 区域创新网络架构

区域创新体系是开放系统，是国家创新体系中的子系统，其重点是培育技术开发、转移、应用、扩散能力和相应的区域社会支撑体系。区域创新体系的高效运转需要面向市场经济的科技资源、不断衍生和壮大的经营机制、灵活的新型企业、新的经济政策与政府管理办法。区域创新体系作为一个网络系统，其直接目的是提高区域科技创新能力，最终增强区域竞争力，加快区域经济的发展。

第一，区域创新体系可以优化、整合区域的创新资源，提高区域的创新能力，形成区域的创新合力，从而保证区域内的市场创新，保证区域内经济增长的质量。

第二，区域创新体系的建设必然促进区域内高科技企业和高科技园区的发展，而高科技企业和园区的发展则导致区域内新兴产业和新经济增长点的形成。

第三，区域创新体系不仅可以提高企业自身对先进技术的消化、吸收能力，还有利于逐步提高企业自主创新能力，其结果是区域内的新产品和高新技术含量高的产品不断增加，还可以为区域内的大量中小企业提供新技术和各种技术服务，进行技术扩散，形成更大规模的经济增长效应。

（二）产业集群与区域创新体系的关联性

区域创新强调一个区域的制度和文化环境如何与影响创新过程的公司活动相互作用。它强调区域的创新过程的相互作用、社会性和学习性，强调区域的制度性结构。一般来讲，集群对创新的影响主要集中在三个方面：

（1）集群能够为企业提供一种良好的创新氛围。集群是培育企业学习与创新能力的温床。企业彼此接近，会受到竞争的隐形压力，迫使企业不断进行技术创新和组织管理创新。在产业集群中，由于地理接近，企业间密切合作，可以面对面打交道，这样将有利于各种新思想、新观念、新技术和新知识的传播，由此形成知识的溢出效应，获取“学习经济”(learning economics)，增强企业的研究和创新能力。

（2）集群有利于促进知识和技术的转移扩散。产业集群与知识和技术扩散之间存在着相互促进的自增强关系。集群内由于空间接近性和共同的产业文化背景，不仅可以加强显性知识的传播与扩散，而且更重要的是可以加强隐性知识的传播与扩散，并通过隐性知识的快速流动，进一步促进显性知识的流动与扩散。

（3）集群可以降低企业创新的成本。由于地理位置接近，相互之间进行频繁的交流就成为可能，为企业进行创新提供了较多的学习机会。尤其是隐性知识的交流，更能激发新思维、新方法的产生。由于存在着“学习曲线”(learning curve)，使集群内专业化小企业学习新技术变得容易。同时，建立在相互信任基础上的竞争合作机制，也有助于加强企业间进行技术创新的合作，从而降低新产品开发和技术创新的成本。

根据已有的研究成果和实证资料可以看出，产业集群的一个最主要的优势便是其创新的效应，产业集群实际上就是一个特殊的创新系统。由于产业集群内的企业和其他机构集聚在某一特定区域内，而且存在创新的条件和环境，如果各行为主体间的创新活动能够以网络或系统的联系方式出现，产业集群和区域创新体系就构成必然的联系。产业集群实际上是把产业发展与区域经济，通过分工专业化与交易的便利性，有效地结合起来，从而形成一种有效的生产组织方式。纵观国际上的经验，产业集群对国家和区域发展具有多方面积极影响，已经得到社会各个层面的人们的广泛认同。因此，产业集群是区域创新体系的重要载体，从某种意义上又构成次一级的区域创新体系，成为规模变小的区域创新体系。产业集群已成为区域创新体系建设的基础和活力所在，区域创新体系如果没有本地化的产业体系为依托，就失去了根本的发展动力。按照区域创新体系的理论，产业与区域创新环境的整合度越高，越有利于产业和区域的发展。因此，建设区域创新体系的关键是促成产业集群形成和发展的制度条件。

四、基于全球价值链的地方产业集群的升级

在经济全球化进程中，新的世界经济被看作地方产业集群之间的竞争或全球价值链之间的竞争。地方行为主体只有两个选择，要么主动利用现有资源积极地应对全球经济提出的新需求，从而建立特有的竞争优势，促进区域经济的繁荣；要么消极地对全球经济做出反应，从而在全球化进程中被边缘化，最终失去利用自身潜力和获取竞争优势的机会。这些问题都需要从全球价值链的视角进行探讨。

全球化背景下形成和发展起来的地方产业集群，是联系区域经济和全球经济的载体。而由集群带动的地方经济也不同程度地潜入全球产业网络。集群升级表现为：区域内的产业集群利用各自区域特有的内生优势，发展和完善地方产业网络，并积极回应全球产业网络的变化，嵌入全球价值链某个或某几个“战略性环节”，利用一种价值活动与另一种价值活动之间的关系以创造、保持和捕捉价值。同时，它们通过改变自身在价值链中的嵌入位置和组织方式，改变价值活动之间的关系，从而提升产品、改变效率，或嵌入新的价值链，进而提升产业集群的等级，增强区域经济的竞争优势。

全球价值链有着不同的动力来源，而处于不同驱动力的价值链中某个价值环节的地方产业集群，只有遵循该驱动模式下的市场竞争规则，才能获得正面竞争效应。这就说明了全球价值链下产业升级，既然是建立在不同的产业链之上的，占据不同价值环节的地方产业集群的升级也就应该遵循各自所在链条的驱动力规则。

（一）购买者驱动型价值链中集群升级轨迹

购买者驱动型全球价值链下地方产业集群的升级轨迹或升级方式演化，一般会依据工艺流程—产品—功能链条转换的升级轨迹。在以上升级序列变化过程中，升级难度会越来越大。一般来说，工艺流程和产品升级过程会相对顺利，耗费的时间也不会太长，升级呈现出不断加速的特征。不过，从产品升级到功能升级的转换就变得十分困难了，大多数地方产业集群的升级之路都会受堵于此，升级呈现出渐次减速的特征。地方产业集群只有完成该类升级转换，才能最终在该产业链条中形成核心竞争能力。换句话，发展中国家能否发展成为发达国家，从该链条下地方产业集群升级路径来看，就在于能否跨过这一升级鸿沟，即最终能否完成产业的功能升级。

由于链条转换情况比较复杂，而且从目前研究来看，还不好划分其具体是进入了流通领域还是生产领域，所以途中并没有确切地标出其升级后所在领域。

（二）生产者驱动型价值链中集群升级轨迹

生产者驱动型全球价值链下地方产业集群的升级轨迹一般会依据工艺流程—产品—功能—链条转换的升级轨迹。在以上升级序列变化过程中，升级难度会不断上升。一般来说，功能升级过程会比较顺利，耗费的时间也不会太长，升级过程呈现出不断加速的发展特征。不过，该驱动模式下产品升级和工艺流程的升级难度绝不亚于购买者驱动型中的功能升级，大多数地方产业集群的升级之路也都会再次不断徘徊，该段升级呈现出不断减速的发展特征。同样，发展中国家能否发展成为发达国家，从该链条下地方产业集群升级路径来看，就在于能否跨过这一升级鸿沟，即最终能否完成产业的产品和工艺流程升级。

至于链条升级，与购买者驱动型一样，也不好确切地标出其升级后所在领域。

（三）中间型价值链中集群升级轨迹

中间型价值链下地方产业集群的升级轨迹一般来说，首先要区分出地方产业集群所在链条动力是生产者还是购买者；其次根据其所属的具体的驱动模式来确定升级轨迹，最后由于该模式下升级一般会比较复杂，因此一般会需要根据具体情况对其升级轨迹作具体修正。

第三节　基于集聚经济三维框架的城市群发展

信息技术高度发达，产业组织变革，产业价值链片断化分解与空间重组，全球生产网络逐步形成，城市群形成与发展面临新的经济环境，以及交通通讯和信息业的高度发达使区域间联系的空间尺度尽可能扩大，世界经济全球化、区域经济一体化趋势日益增强，城市群已成为参与国际分工的基本单位和区域竞争力的核心。本节从集聚经济的视角作为切入点，提出一个包含空间集聚、产业集聚与全球生产网络区域空间镶嵌的价值区段集聚的集聚经济三维框架，分析基于集聚经济三维框架的推动城市群形成与发展的战略。这是邬丽萍等人的研究成果，我们认为城市群形成与发展的集聚经济三维框架的提出完全是在世界经济全球化、区域经济一体化、人类在走向知识经济时代所引发出的理论观念的突破。基于集聚经济三维框架的提出对于推动城市群形成与发展具有理论意义和现实意义。

一、国内外相关研究现状

在新的世界经济环境背景下，城市群的空间结构呈现出空间拓展广域化、空间结构多核化、空间联系国际化、空间扩散垂直化等发展趋势，城市群形成与发展的相关研究也体现一些新的特点。

（一）关于城市群的多视角动态研究

西方学者对城市群的相关研究呈现多视角研究的特点：

1. 从全球化的视角研究城市群

经济全球化进程加速背景下，西方学者开始对城市群进行新国际劳动分工的研究（Cohen，1981），对城市群研究的空间尺度由地区、国家城市体系拓展为跨国城市体系、全球城市体系（J. Friedmann & G. Wolf，1982）。高度发达的信息技术使异地管理方便快捷，发达国家巨型企业进入“跨国公司”时代，企业组织空间分离重组，学者们开始从跨国企业网络与城市体系网络同构关系来研究城市群空间结构及经济等级扩散与联系，Camagni（1993）通过跨国企业空间组织把传统的城市等级联系重整为包括世界城市、专门化国家城市、专门化区域城市三个层次网络组织结构。

2. 从产业中观和企业微观的视角研究城市群

关注跨国企业职能部门空间分离与全球性布局，产业价值链的片断化分解与空间集聚，产业集聚的空间模式（产业带、产业集群、公司活动综合体、高技术园区等）等。Ian R. Cordon 和 Philip Mccann（2000）认为，不同集团和不同活动主体的各种混合行为趋向于在不同的地方集结成带状或束状，经济联系发展到某种程度，伴随着产业专业化的空间分异，主要表现为三种带状模式：纯集聚模式、产业综合体模式、社会网络模式。Jungyul Sohn（2004）运用经济联系空间相关模型研究制造业活动的空间联合，发现相关模型、空间相关系数能较好地表现出制造企业的集中性分布特征。

3. 从区域协调与可持续发展的视角研究城市群

Gottmann（1990）开始重视城市群的社会、文化、生态的发展。Wackernagel（1992）提出了"生态足迹"的概念。欧盟基于区域经济一体化发展的需要，自1993年开展跨境的"欧洲空间发展展望"（European Spatial Development Perspective）规划。日本力图建设一个21世纪自然—空间—人类融合的城市群体系。发达国家正着手建立各种形式的区域发展协调管理机制，城市群协调发展规划已成为参与全球竞争的战略手段。

4. 从信息空间视角研究城市空间演变

1990年以来，对信息技术高速发展影响下的城市空间演变的研究文献提出了信息城市、有线城市、技术城市、数字城市、虚拟城市等新的信息空间现象。Barney Warf（1995）指出，这些新的空间现象反映了不同信息模式的"新信息空间"，其空间尺度表现为全球城市、办公功能的全球化。

5. 充分运用高度发达的信息技术并结合数学模型对城市群进行定量研究

20世纪70年代城市群模拟模型多为经验性模型；80年代以来，借助计算机与卫星图片等进行的模型模拟与定量研究进入实用性阶段；90年代信息网络技术（3S技术、信息集成技术、网络技术等）的高度发达与普及，促使智能模型模拟研究迅速发展。主要研究成果有：运用CA模型模拟城市增长与演变过程的动态研究；城市体系空间相互作用的引力模型研究；城市群运输网络模型研究；信息网络技术定量研究等。

国内学者对城市群的相关研究主要有：城市群是跨国企业全球化发展战略在区域层面上空间网络化的体现，跨国企业的服务企业的组织创新及其价值链重构（胡彬，2003）、全球范围内的资本转移（周牧之，2004；林先扬，陈忠暖，2004）等有力地促进了城市群的快速发展；新技术革命导致的主导产业转换（葛岳静，1993），以及产业结构变迁中所产生的关联效应、转移效应和集聚效应，决定了城市群经济的自主增长和自我发展能力（张祥建等，2003）。其中，工业化是城市群的形成和发展的根本动力（徐永健，许学强，阎小培，2000）；城市群的本质特征在于城市间的联系网络，其形成与演化实际上是区域城市（镇）间频繁的人流、物流、信息流、资金流、技术流交互作用的结果（苗长虹，王海江，2006），是区域集聚和扩散效应不断矛盾运动的体现，城市群形成的根本动力在于中心城市和周边地区两种异质空间在相邻条件下的相互作用，这种作用力以"流"的形式表现为各种要素和经济活动在空间上集聚和扩散。

（二）关于集聚与城市群产业分工

新古典经济学认为，城市的形成与发展是城市向心力与离心力长期均衡运动的结果；而向心力来源于产业专业化或多样性造成的地方化经济和城市化经济。新兴古典经济学认为分工经济与交易费用的冲突是城市产生的根本原因。新增长理论认为，产业多样化比专业化更有利于城市的发展，因产业多样化能促进知识的扩散与运用，即"知识的外部性"。多样化对于新的、创新的部门的确重要，但具有相似专业的历史对成熟产业显得更为重要。投资组合理论认为，区域多样性作为一种战略可能减小经济衰退的风险。城市群内产业分工的一个重要方面是产业同构问题，国内在此方面的研究非常多，但研究对象多为长三角城市群，从劳动空间分工的角度详细分析了大都市区的空间组织机理，认为城市群的形成在于分工所导致的“集聚效应”与“分散效应”叠加而成的正的“溢出效应”。我国关于产业分工对城市群发展影响的实证研究，主要集中在长三角城市群上，认为长三角发展的关键是中心城市与周边城市的合理分工。李国平（2004）、李学鑫和苗长虹（2006）等分别对京津冀、珠三角和中原等城市群的分工也进行了研究。

（三）关于全球生产网络与城市群产业网络

关于全球生产网络本身的分析及其在各种尺度空间条件下与地方社会经济发展的关系成为目前全球生产网络的主要研究内容。自 Borru（1997）提出了“生产网络”概念之后，以 Henderson 等（2002）、Dicken（2003）、Coe 等（2004）为代表的曼彻斯特大学学派及夏威夷大学的 Ernst 等（2002）相继提出了全球生产网络新的研究框架。曼彻斯特学派全球生产网络研究以企业、制度、关系/流、空间/地方为主要考察维度，并以技术、时间为外在影响要素，主要围绕价值、权力与镶嵌等几个要素进行一些关键问题的探讨，注重不同环节在价值生产方面的差异并赋予其空间概念，从而将地方发展与全球化相联系。国内对这方面的研究是一个新的领域。童昕、王缉慈（1999）分析了信息技术产业全球网络与地方产业网络的关系，着重阐述全球—本地网络中的知识流动、积累和创新；宁越敏、李健（2006）关注到由于模块化的生产，发达国家和地区企业不仅把高科技产品生产链中劳动力密集部分转移到了发展中国家进行生产，也出现了 R & D 中心和区域总部向中国转移的趋势；刘德学等（2006）以全球生产网络为分析框架，研究了我国加工贸易升级问题。

二、纵观已有的相关研究，邬丽萍等学者认为存在着如下方面的缺憾

（1）国内对城市群形成与发展的研究多忽略了经济全球化的背景，没有考虑产业组织片段化分离与空间重组、企业职能部门的空间分离与全球化布局，以及全球生产网络作用下的区域空间重构、区域空间镶嵌、价值区段集聚、等级扩散与联系，以及全球化与地方化作用进程中不同行动者多重力量的影响。

（2）多数研究缺乏对微观主体的研究，对于全球化及产业组织变革背景下，企业组织空间分离重组与全球化布局，以及全球生产网络主导的城市群产业网络分工、布局与发展较少涉及。

（3）对城市群产业的研究较多关注于城市产业发展、产业结构调整，对产业分工与布局如何与城市空间组织相结合的研究还较薄弱。

（4）传统的集聚经济由于历史的局限性，在分析城市群形成与发展时，存在着较大的局限性，一是主要考察了单一城市内经济行为主体所获得的规模经济、范围经济等外部性，而相对忽略了与外部城市之间的交易与协作，以及城市群分工中的交易经济和学习经济；二是强调企业总体数量的增加对区位中某一企业带来的正外部性，相对忽略了企业之间因产业选择的异同、社会分工的深化而导致的正外部性，即强调量而忽视了质。

（5）理论研究与实证研究均有待于拓展。理论研究多局限于新古典经济学范式；实证

研究则多集中于发育较成熟的城市群，对欠发达地区城市群的研究很少。从研究方法上看，实证性归纳式研究较多，规范性理论抽象研究较少；定性描述的较多，定量的分析较少。从研究的空间尺度上看，常常局限于城市群地域层面，较少从全球和国家层面以及城市、（新）产业区的地方层面进行研究。可见，已有的研究还没有联系空间组织、产业分工与交易以及世界经济全球化对城市群产业分工、布局与发展进行综合系统的研究。

三、城市群形成与发展的集聚经济三维框架

综合已有研究的基础，结合实践背景与发展趋势，拓展研究的空间尺度，以及集聚经济的内涵和外延，提出一个包含空间集聚、产业集聚和全球生产网络区域空间镶嵌的价值区段集聚及其等级扩散与联系的城市群形成与发展的集聚经济三维研究框架。

（一）空间集聚

研究各物质要素（物质空间各要素的位置关系）和活动要素（经济社会文化等活动的空间分布）在城市群体地域空间上的空间布局和运动过程，研究城市群内各城市职能分工、功能分区、空间布局与空间结构优化。

（二）产业集聚

研究产业集聚与分工交易视角下的城市群内各城市间产业分工交易及其动态发展、产业关联与产业分工的整体效应、城市产业专业性与多样化。分析影响城市群产业分工与交易、产业关联的因素，专业性城市和多样化城市的形成机理与共存的条件，以及地方化经济、城市化经济和学习经济在城市群中心城市形成中的作用等。

（三）全球生产网络区域空间镶嵌的价值区段集聚

全球生产网络下的区域空间重组一方面表现为全球生产网络的价值环节片断化后在全球范围内的空间重组，以充分发挥不同空间范围各自的比较优势；另一方面表现为某些价值环节在特定空间区域的产业集聚。在经济全球化日益强化背景下，研究全球生产网络及分工体系的演变、区域产业在全球生产网络中的空间镶嵌，其价值区段集聚及等级扩散与联系，全球生产网络下的区域空间重组，应成为城市群研究的重要内容。

（四）三个维度的整合

综合上述城市群形成与发展的集聚经济三个维度，整合研究空间集聚与产业集聚的耦合互动，全球生产网络与区域空间组织的嫁接，全球化与地方化的互动，探讨城市间合作协调机制以及城市群整体发展战略。

四、基于集聚经济三维框架的城市群形成与发展战略

经济全球化与信息化，产业组织变革，产业价值链片断化分解与全球性空间重构，企业组织空间分离与全球性布局等背景下，城市群的形成与发展战略必须有全球化的视野，多尺度的空间，以及多维度、多视角的全面考虑，在以上提出的集聚经济三维框架下，推动城市群形成与发展的战略主要有以下考虑。

（一）城市群区域内公共基础设施一体化

1. 基础设施一体化

由于许多大型基础设施的服务半径可能大大超出城市范围，且其建设和运营具有一定

的规模门槛约束，因而大型公共基础设施建设应在城市群区域内进行整体规划，各城市范围内自行规划建设的设施之间也应合理有效衔接，以提高公共设施体系的整体运行效率，形成功能互补、共建共享的公共设施体系。重点推进交通、能源、信息等基础设施体系建设，统一规划、合理布局。建立若干个以中心城市为主枢纽的辐射状和圈层交通体系，建设完善城际快速交通系统，实现1小时通勤圈或3小时交通圈。完善城市间公共平台和信息网络，加快城市信息港建设，尽快建成电子政府、数字化城市，建立完善的中心城市现代化通讯与信息网络，强化信息资源的互通共享。此外，基础设施的规划和布局应与城市群体系和产业空间布局相衔接，提高城市群、产业群之间的聚合功能和运行效能。

2. 共同市场建设与要素市场一体化

打破行政和地区分割，推动区域内商品、劳务、技术和资本等资源和要素的流动和高效配置，促进商品和要素市场一体化。城市间相邻土地资源应统一规划，形成合理的土地级差；劳动力市场相互开放，共享人才资源；促进金融服务、中介服务、科技研发、生态环保、政策法规等的一体化；统一市场准入、规范市场秩序；加强行业协会等机构的联合，促进合作、减少摩擦、降低交易成本。

（二）城市群内功能互补、有效竞争与合作的产业分工网络体系

1. 产业分工网络体系

城市群的演化过程是城市之间的产业分工由产业间水平分工到垂直分工再到网络分工而不断深化的过程。就特定区域范围内的单个城市而言，以纯粹的垂直分工形式或纯粹的水平分工形式与其他城市进行经济联系几乎是不存在的，每个城市或多或少地既参与垂直分工，又参与水平分工，形成相互交错的网络分工。各城市应根据自身的资源禀赋优势参与专业化分工，优化产业结构和布局，找准各自的定位，加强产业联系，以及城市间企业的联合重组与产业整合，处理好集聚和辐射、龙头和配套、自赢和共赢的关系，避免产业同构和恶性竞争，形成有效竞合的产业分工体系。推动产业群与城市群的高度耦合，生产力空间布局与城市空间布局的协调，营造产业与城市融合发展的经济生态。

2. 城市功能分工与城市群功能一体化

城市群中心城市由于具有信息、技术、人才、基础设施等优势，享有信息与技术的溢出效应、人力资源池效应、较完善的生产型服务等集聚效应，适宜发展生产性服务业，承担城市群内信息中心、服务中心、管理中心、研发中心的功能。外围城市则可充分发挥生产成本比较优势，承担制造功能，发展为具有较强集聚效应的专业性城市。各城市功能分工明确，实现功能一体化。

（三）全球生产网络区域空间镶嵌的价值区段集聚及等级扩散与联系

在经济全球化和区域一体化日益强化的背景下，城市群的形成与发展战略必须纳入全球化的视野，城市群的产业分工和布局必须参与国际分工，合理有效地镶嵌于全球生产网络，并进行城市群内价值环节的等级扩散和空间重组。

1. 全球生产网络空间镶嵌程度是地区经济增长差距的重要原因

地区差距的本质是经济增长、劳动生产率和资源配置效率的差距。在经济全球化，全球生产网络作用下价值链区段空间分离与重组的背景下，资源在全球范围内配置使提高配置效率成为可能。但由于资本、技术尤其是劳动力要素难以完全自由流动，不同地区的要素禀赋存在巨大差异，难以在嵌入全球生产网络的进程中均等地获取收益，发挥比较优势，从而导致不同地区间资源配置效率、劳动生产率、经济增长率的差异。由于区域内相近的文化和较低的贸易壁垒等导致区域内交易成本通常低于区域间交易成本，而区域内市场化程度高于区际市场化程度，在很大程度上导致了区域内差距趋于收敛，区域间差距出现黏性乃至扩大，这也为城市群的形成与发展，以及全球生产网络空间镶嵌的价值区段集聚与等级扩散联系提供了依据和条件。

2. 发达地区城市群在全球生产网络中的空间镶嵌战略

发达地区城市群在全球生产网络中空间镶嵌的关键是及时进行产业升级。已嵌入全球生产网络价值链的发达地区，目前已面临当地人力资源成本、土地成本、商务成本等要素成本上升的困境，其比较优势已发生变化，土地、劳动力、环境、能源等对其发展的瓶颈作用日益强化，旧有产业结构的竞争力已下降。其全球生产网络镶嵌战略主要有：

● 应依据已经发生变化的要素禀赋及时进行产业升级，将自身失去比较优势的生产环节转移出去，向全球生产网络中高附加值的生产环节进行产业升级，以保持和提升竞争力。

● 产业升级要求以资本和技术的一定积累和改变城市群的要素禀赋为前提。随着要素禀赋发生变化，在资本替代劳动的资本深化过程中，产业由劳动密集型价值环节向资本和技术密集型价值环节升级，产业升级通常遵循由流程升级、产品升级、功能升级到部门升级的循序渐进过程。在技术出现重大突破或技术领先企业的加盟合作使得企业的比较优势发生跳跃性变化时，产业升级也可能发生跳跃性前进。

● 在与国际领先水平技术差距较大的行业中，引进和模仿是发挥后发优势，实现工艺和产品升级的重要途径；在与国际领先水平技术差距较小的行业中，学习效应下降，应主要通过自主创新实现产业升级。

● 为应对发达国家跨国公司千方百计迫使嵌入全球生产网络的我国企业锁定在低附加值的生产环节，应利用国内需求的快速增长以及消费层次的多元化，构建城市群区域性的价值链，试图建立自己的核心技术研发能力、品牌和营销渠道，实现功能升级和链条升级。

● 主动走出去，整合全球生产网络。在成功构建基于国内市场的城市群区域价值链基础上，处于区域价值链中具有战略价值的企业在国内广阔市场支持下快速发展并积累一定的资本和技术后，具备走出去的能力，可以与发达国家企业同时在国内和国际两个市场上进行竞争，实现功能升级并整合全球生产网络，与发达国家企业在全球生产网络中共享战略价值环节的垄断势力和利益。

3. 欠发达地区在全球生产网络中的空间镶嵌战略

欠发达地区，比较优势主要在于劳动力、土地等要素成本低廉，从劳动密集型价值环节嵌入全球生产网络的中低端是欠发达地区较快实现工业化的有效途径。其全球生产网络镶嵌战略主要有：(1) 抓住发达地区产业转移和升级的机会，积极吸引和承接需要重组的生产环节；(2) 提高 FDI 和贸易依存度，主动嵌入全球生产网络中符合自身比较优势的中低端价值环节，提高资源配置效率；(3) 提高劳动力素质，促进人力资源的流动性；(4) 促进技术进步，提升资本深化程度，为进一步向价值链高附加值环节进行产业升级创造条件。

有两点需要强调：一是当要素禀赋不具备产业升级条件时，人为的盲目升级往往导致产业升级上的“赶超”行为，非但不能促进经济增长，反而因偏离了比较优势而不可持续甚至降低资源配置效率；二是欠发达地区在积极进行全球生产网络的空间镶嵌时，应有所选择，尽量限制和避免高能耗、高污染产业的发展。

第四节　知识溢出与产业集群和地方市场结构的关系

近年来，在国际区域研究和新增长理论中，知识溢出与内生增长、报酬递增和集聚概念紧密相关，受到广泛注意和讨论，有利于知识溢出的空间集聚所产生的外部性成为报酬递增的重要来源。在知识溢出与集聚和地方产业特征的关系上，近年来学者们集中探讨了至少三方面：一是知识溢出在产业上的类型，二是知识溢出与集聚的关系，三是知识溢出与地方市场结构的关系。这三方面的问题是紧密联系、互为映照的。李青在这方面进行了认真的梳理和分析，这里作简单介绍。

一、知识溢出及其产业类型

知识溢出是新增长理论、新经济地理学和区域经济学近年来都十分关注的核心问题之一。关于知识溢出有多种大致相同的定义，比较有代表性的是：

● 哈佛大学已故经济学者 Zvi Griliches（1992）的定义，“做相似的工作并从彼此研究中受惠”，但此处知识溢出的概念偏于同类产业之间的知识溢出。

● Effie Ksidou（2004）的定义，知识溢出是正技术外部性，即企业 A 不能从创新活动中获取经济收益，结果企业 B 就会直接无偿利用 A 企业的新产品或新知识。

● George Norman，Lynne Pepall（www. tufts. edu. cn）的定义，知识溢出一般被认为是产业中没有任何纸面痕迹的生产率或产品的改进。知识溢出是技术改进，如产品设计或性能方面的改变，或生产系统的升级，或开发新客户的结果。这些改进并不能成为专利，由此通过溢出得以便利地被其他企业或产业应用，有关这些改进的知识通过不同渠道在企业间传播，如人员流动、投入品（中间产品）、客户或非正式会谈等。

在许多文献中，知识溢出（spillovers)、知识转移（transfer)、知识扩散（transmission）常交叉使用，对此 2004 年 M. Hoscin Fallah 和 Sherwat Ibrahim 区分了“溢出”和“转移”的含义，他们认为“知识溢出”是知识无意识的传播，而“知识转移”则是人际或组织中发生的有意识的知识流动，对得来知识的“无意识利用”被称为“知识外部性”。这可能是一种相对狭义的理解，不论怎样，可以理解为知识溢出是人际、企业间和不同层次地域间的知识流动，它是由知识的半公共产品性质和半竞争性质所决定的，其社会回报率明显高于私人回报率。知识溢出具有知识发送者、接受者和媒介三个因素，其中知识发送者一般是产生新知识的企业或个人，在知识溢出中，他们倾向于通过不同方式如专利等保护这些新知识；而知识接受者则倾向于尽可能地低成本吸收、模仿这些新知识并使自我拥有新的优势，通常知识溢出是以赋存新知识的产品、发明新知识的人员和专利等为媒介的。这里所使用的知识溢出也包括知识扩散和知识转移的含义。

就产业来说，知识溢出具有产业内溢出和产业间溢出两种类型。

（一）产业内知识溢出

1. MAR溢出

产业内知识溢出首先由马歇尔（Marshall）在研究英国产业区时发现，经由阿罗（Arrow）和罗默（Romer）延续，故称为MAR溢出或MAR外部性，即认为同类产业的集中布局与技术溢出相互促进。阿罗假设技术进步不是外生的，而是由资本积累所决定的，他认为知识存量是经验的函数，提出“干中学”的思想。阿罗认为将知识分为一般知识和专业化知识，其中一般知识具有公共产品性质，可以产生技术外部性，存在溢出效应，这使得知识资本的平均产品不再递减，从而克服了资本的报酬递减趋势，使全社会都能获得规模经济，因而知识溢出效应是内生增长的源泉。罗默关于经济内生增长机制的观点受阿罗的影响，认为技术进步是资本积累的副产品，因此新投资具有外部性，不仅进行投资的厂商可以通过积累生产经验而提高生产率，而且其他厂商亦可通过学习而提高其生产率。罗默对阿罗模型进行了扩展，建立了知识溢出的增长模型，他仍将知识视为公共产品并假设其具有溢出效用，是厂商进行投资决策的产物，以此消除报酬递减的趋势。

马歇尔在其《经济学原理》中论述地方性工业的好处时，曾将其概括为“祖传的技能；辅助行业的发展；高度专门机械的使用；专门技能在本地有市场”。事实上，马歇尔并非一定认为专业化外部性比多元化外部性更好，他说“在我们的某些工业城市，职业多样化的利益与地方性工业的利益兼而有之，这是它们不断发展的一个主要原因”，“主要是依靠一种工业的区域，如果对这种工业的生产品的需要减少，或是它所用的原料的供应减少，则它就易于遭到极度的萧条。有几种不同工业高度发展的大城市或大工业区，在很大程度上就可避免这种害处。如果其中有一种工业一时失败了，其他的工业就能间接地支持它；并使本地的店主能对这个工业中的工人继续予以帮助”，而近年来的许多研究都是从克鲁格曼对外部性来源的归纳出发和延伸的。

2. 溢价外部性与技术外部性

在克鲁格曼所说的区位外部性即劳动力供给、多种类低成本的中间投入、技术知识的溢出中，前两者称为溢价外部性（pecuniary externality），即可以用价格度量，而知识技术溢出为技术外部性（technical externality）。克鲁格曼认为在这三个外部性来源中，技术溢出是相对最不重要的，因为技术溢出留不下任何字面痕迹，难以度量且多出现在高技术集群内。他提出的理由是：第一，现在或过去美国许多高度地方化的行业根本不是高技术部门，这是一个经验事实。第二，我认为应该先研究可以被模型化的那种外部经济。尽管对此还存在争论，但后来的许多学者都通过间接方式证明了技术溢出是有字面痕迹的，其中最有影响的是以Jaffe开始的用专利数据进行的研究。

（二）产业间知识溢出——雅各布斯溢出

产业间知识溢出最有代表性的论述来自J. 雅各布斯20世纪60年代对美国城市的研究，因而也称为雅各布斯溢出。雅各布斯（1960）在《城市经济学》中认为，重要的溢出来自核心产业的外部而非内部，即知识产生于产业多样化而非来自于同类产业的集中。她认为溢出来自于产业间各种观念的相互适应，或产业的特定需求促使发展新的地方产业以满足这些需要，由于产业多元化的城市环境能包容不同背景和利益的人们，因此它有利于创新并能促进人际交流，产生新的创意和技术进步。雅各布斯（1969）在研究美国城市时继续强调产业间溢出、产业多元化的作用，认为多元化的产业结构更有利于地方竞争力和创新。

与此相对应，MAR溢出与地方性集聚、雅各布斯溢出和城市化集聚一脉相承，成为解释空间集聚和城市发展动力的重要概念。

在城市与区域经济学中，这两种溢出都有对应的经济现象和术语。集聚、溢出与外部性既是相互递推和承接的关系，也是相互作用和自我强化的关系，其中集聚经济（动态规模经济）包括地方化集聚经济（同类产业的集聚）和城市化集聚经济（不同产业的集聚），并形成地方化外部性、专业化外部性、城市化外部性和多元化外部性，现有的文献常将地方化外部性和城市化外部性称作地方化溢出和城市化溢出，也将MAR溢出和雅各布斯溢出称为MAR外部性和雅各布斯外部性。

这样，可以明显地发现集聚与溢出的关系，即地方化集聚经济形成MAR外部性溢出，城市化集聚经济形成雅各布斯外部性溢出。

二、知识溢出与集聚和集群

集聚与集群是相互联系的两个不同概念。集聚指企业的空间集中，而集群则指相互关联的企业的空间集中，它更强调相邻布局企业间的网络关系。概括地说，知识溢出与集聚和集群具有相互促进的关系，首先是知识溢出在集聚企业的环境中发生，许多研究业已表明，知识溢出特别是隐性知识的溢出首先且易于在相邻企业间发生，即知识溢出具有明显的地理范围和地方性特征，即集聚有利于知识溢出；其次，知识溢出所产生的区位外部性，能促使报酬递增，增强集聚效益和集群优势，从而增进集聚的规模和质量。已有研究表明，那些与产业集群相关的地方性知识溢出对于创新经济增长具有关键意义。

（一）溢出与集聚

马歇尔最早认识到集群对知识扩散和熟练劳动力流动具有促进作用，如他众所周知的名言所说——在产业区内“贸易的秘密不再是秘密，它们被广为传播”。1954年西多夫斯基（Scitovsky）再次使用知识溢出的概念，他用实际的或技术的外部性表达知识溢出的含义，认为实际的外部经济是不同企业决策和行为之间相互依存的产物，在企业间的相互依存关系中，一个企业的生产会被其他企业的行为和产出而不是被市场所直接改变。他还认为实际外部性和一般外部经济对应于两个不同的背景，即静态均衡理论和欠发达国家的工业化理论。他的观点与1943年罗森斯坦-罗丹的平衡增长理论一起为工业化的进口替代政策提供了理论支持，并在20世纪60年代被一些发展中国家所应用。

到20世纪90年代，知识溢出问题再度受到关注，除了因为经济学以企业为观察单元分析经济增长所产生的明显局限性，即其不能很好地理解外部性和报酬递增，同时也由于在国际贸易研究中发现了区位和集聚的意义，使得集聚这一传统的区位因素被赋予了新的含义。沿着马歇尔的思路，克鲁格曼将技术知识溢出作为区位外部性的三个来源之一，认为集聚、外部性与报酬递增相互作用。2001年丹麦学者Peter MaSkell提出以知识为基础的集群理论，从纵横两方面论证了集群有利于知识创造，他认为横的方面即同类企业集聚可减少知识源扩散的成本，并能克服企业生产与竞争中的信息不对称，集聚便于不断观察、比较及追踪本地竞争企业的行为，促进企业创新，而纵的方面即具有上下游关联的企业通过互动可获得信息和知识。对集聚、集群与知识溢出和创新的研究也引发和涉及对集聚与地方性学习、集聚与地方社会网络、静态与动态集聚经济、集聚与区域创新等诸多问题的研究，不仅经济学者参与到集聚问题的研究中，以往擅长分析集聚问题的城市与区域经济学者们也对集聚问题进行了更加深入的探讨。

（二）以往对知识溢出和集聚经济的研究

近年来关于企业集聚与知识溢出关系的文献可大体分为两派：一派认为知识溢出不是产生地方性集聚或地方化的一般原因，如克鲁格曼等；另一派则认为知识溢出有利于集群特别是高技术集群的形成与成长，如 Ansenlin 等。

在第一派的观点中，高技术产业的集中与产业集聚的一般原因相同。根据克鲁格曼的观点，所有制造业企业都希望布局在有大量需求的地区，以获得规模经济并减少运输成本，而这些地区则依赖于现有制造业的分布状况。空间集中受收益递增、运输成本和需求的影响，但他并不认为知识溢出对集聚具有更加重要的作用，他更关注可以建模的溢价外部性。第二派则认为在知识溢出和集群具有确定且显著的关联，可以通过多种途径加以证明。他们认为：

- 集聚和集群与知识溢出具有相互促进的关系，且集群内高质量的社会网络更有利于知识溢出，因此重视地方性的集体学习和互动。
- 知识溢出具有明显的地理范围，更容易在相对集中的小环境中发生，集群提供了适宜的土壤，因此知识溢出具有地方性特征。
- 人们在大城市或专业化区域内的集中，能促进知识更稳定地流动，并产生提高创新和生产率的外部性，而它是一个自我强化的循环，能保持创新活动集群的持久性。确实，这些外部性很可能对高技术产业的集中具有决定作用。

第二派研究者多以地理学者为主，研究成果很多，其中通过专利、科学家、技术人才与企业的分布及关联等研究集聚与知识溢出的成果更多，这里介绍其中比较有代表性的两个。

一是 Jaffe 的专利研究。在利用专利分析地方性知识产生和溢出的研究方面，作了开创性的工作，他的研究表明，美国各州的专利数增长与当地公共和私人 R&D 投入正相关，且产业 R&D 活动产生的专利数比大学研究活动更多。知识生产函数模型表明 R&D 投入最多的区域，知识溢出现象也最广泛，而各种创新活动就会在这些地区集中。1993 年 Jaffe 分析了专利的空间分布和专利的引用情况，认为相邻地区间专利数引用数量更多，说明知识引用具有明显地方性，知识溢出有空间界限。

利用专利的集中度和被引用情况来分析知识溢出和集聚的文献还层出不穷。他们的结论是，知识溢出在国内和国际都有地方性的特征，即在一定区域范围内，集聚环境最有利于此，但国内知识溢出的地方性随时间推移而减弱，这是由于知识的隐性性质所决定的，这些知识伴随着人员的流动而在美国国内流动，但却很少跨国流动。

不过，近来这一分析线索也受到了批评，将专利分布和地方性知识溢出联系起来只是提供了一个地方知识溢出的间接证据，专利和专利引用的地方性分布特征只表明知识在地方企业间的流动更加频繁，但并没有说明企业间的知识流动是无偿的。

二是 Audretsch 和 Feldman 的创新空间分布研究。他们认为创新具有空间集中的特征，这是因为知识特别是隐性知识的溢出高度依赖于人际直接交流和区域环境，其他一些学者也对隐性知识与区域创新的关联进行了研究。1996 年 Audretsch 和 Feldman 利用美国市场的新产品数据，考察了创新的空间分布情况，认为创新产出具有明显的地区差异，往往在技术企业和技术资源集中的地区较高。

（三）对集群内知识溢出的研究

对集群内特别是高技术集群内知识溢出和创新的研究，大致归纳有两类：一是对集群创新业绩及溢出的作用，二是通过研究创新产出近似考察溢出效应。

三、知识溢出与地方市场结构和产业特征的关系

与 MAR 和雅各布斯两类溢出密切相关的是市场结构或地方产业特征问题，即另两组关系：垄断与竞争、专业化与多元化。学者们以往的研究和论争主要集中于垄断或竞争、专业化或多元化谁更能促进创新与增长上，其核心是什么样的市场结构更有利于知识溢出并保护知识创造者的收益。一般来说，MAR 溢出支持垄断的市场结构和专业化的产业结构，而雅各布斯溢出支持竞争的市场结构和多元化的产业结构。前者的重要理由之一是垄断的市场结构更能保护企业（特别是大企业）的发明创造，使其能从其 R&D 活动中获得全部收益，从而保有其竞争力；而后者的主要理由则认为，竞争和多元化的产业结构有利于促进企业获得、占有、应用不同来源的知识成果，利用知识溢出效益，从而使企业具有更大的学习能力和创新能力。

（一）倾向竞争和多元化的论点

1961 年，美国学者认为像纽约那样多元化而非匹兹堡那样专业化的城市更有利于城市增长。20 世纪 60 年代雅各布斯在对美国城市的研究中认为有竞争性市场结构的大城市创新率更高。1990 年波特通过分析意大利大量陶瓷业、金饰业企业的集聚及其在新创意方面激烈竞争的情况，也认为如果地区经济是竞争性的，当地企业的创新就会迅速被相邻企业所接受和改进，产业内的竞争压力能激发创新活动。

1999 年 Feldman 等人利用美国小企业管理局的创新数据库，对大都市统计区（MSAs）的创新活动进行了研究，发现大都市区的创新并不限于某一产业，多元化比专业化更有利于创新，地方竞争比地方垄断更有利于创新，因而支持雅各布斯的观点。他们发现产业多元化的地区比专业化的地区增长更快，并认为雅各布斯外部性是美国城市增长最重要的外部性。

（二）倾向于垄断和专业化的论点

倾向于垄断的观点认为，由于相邻企业会搭便车无偿模仿创新企业的发明创造，因此创新企业不能最大限度地获得创新收益，在竞争环境下创新企业会减少对 R&D 的投入，进而减少创新活动，降低企业竞争力，而地方垄断则能促进创新并防止相邻企业的模仿。如罗默就认为，由于知识具有公共产品性质，因此新知识创造者一般通过申请专利对之加以保护，在一定程度上限制他人无偿使用，这种垄断乃是产生内生增长的关键。

地方化经济的突出表现即产业区，这些产业区专业化色彩明显，因此对知识溢出、集

群和地方市场结构相关研究的简要回顾，对产业区特别是对欧洲产业区的讨论都有一定的MAR外部性的性质。美国“技术城”也有明显的MAR外部性的特征，如硅谷的半导体和微电子业、麻省的微型计算机业等。

以知识为基础的集聚理论将知识创造、占有与共享作为集群创新能力的核心，集聚有利于企业网络的建立和地方化集体学习，从而促进企业在地方创新网络中获得知识与创新能力，学习过程和知识溢出发生在“关系中”、“网络中”、“区域中”，集聚企业的互动是知识溢出的必要条件。同时，地方性知识溢出能促使企业家发现机会，企业家会选择邻近创新型企业布局以享有知识溢出的收益。地方性知识溢出也是一种创新投入，这种创新投入能服务于集群企业的创新活动并提高集群生产率。

总之，集聚与知识溢出是知识经济时代区域发展与创新的核心问题之一，在此框架下已延伸出不同的研究主题，具有较丰富的研究成果，值得进行广泛深入的理论回溯与观点评介。

关键术语

集聚经济　　产业集群　　三维框架　　知识溢出

思考题

1. 城市集聚经济有哪几种类型，其经济效应如何？
2. 分别阐述产业集群概念和它的生成机制。
3. 论述产业集群与创新体系的关联性。
4. 基于集聚经济三维框架的城市群形成与发展战略如何？
5. 知识溢出、集群和地方市场结构的关系如何？

主要参考文献

[1] 冯云廷主编. 城市经济学. 大连：东北财经大学出版社，2008

[2] 邬丽萍等. 基于集聚经济三维框架的城市群形成与发展战略. 经济问题探索，2010 (12)

[3] 李青. 知识溢出、集群和地方市场结构：对相关研究的简要回顾. 见：白永秀主编. 区域经济论丛（五）. 北京：中国经济出版社，2007

第四章

城市经济增长理论

重点问题

- 城市经济增长概念
- 城市经济增长机制
- 城市经济增长方式
- 城市经济增长政策

现代城市是区域经济的核心，又是国民经济和区域经济活动的空间依托，是区域经济组织的结点和载体，对区域经济的研究必然涉及对城市经济的研究。实际上，专门研究城市经济的城市经济学的产生也得益于区域经济学对城市经济的关注。随着现代市场经济的发展，城市在区域经济中的中心作用也日益增强。

理解和把握城市经济的最佳切入点就是城市经济增长，例如J. 雅各布斯就明确地将城市定义为“从自身的经济系统内持续产生经济增长的聚居地”。

城市经济增长是指城市经济的动态演化过程，是城市经济作为一个整体的规模扩张与质量提高。城市经济增长是一个相对独立的研究范畴。

城市经济增长是城市经济学和城市发展政策制定者最为关心的重要议题之一。本章在阐述城市经济增长一般概念的基础上，介绍了一般城市经济的增长模型，并通过模型的分析阐述了城市经济增长的机制，最后分析了城市经济增长的目标和政策。

第一节　城市经济增长一般概念

一、城市经济增长概念

城市经济增长（urban economic growth）指城市经济的动态演化过程，是城市经济作为一个整体的规模扩张与水平和质量的提高。一个国家（国民经济范畴）的经济增长从数量上看，往往指社会总产品及其生产能力的增加。社会产品的增加通常用国内生产总值（或国民收入）与人均国内生产总值（或人均国民生产总值）的增加来表现，而生产能力的增加往往由一个国家投入生产中的人力资源、自然资源和资本积累的数量与质量以及技术水平的高低来表现，因为生产能力增长的内涵就是指这些生产要素的增长。对一个城市来说，经济增长的社会产品增长内涵习惯上仍然是指城市生产的产品或城市 GDP 数量的增多，这与国民经济范畴的经济增长是类同的；而对于经济增长的生产能力增长的内涵，由于决定城市生产能力的诸要素比国民经济复杂得多，不仅包括一个城市的人力资源、自然资源和资本积累的数量与质量，以及技术水平的高低，还包括空间状态的土地经济和自然资源利用上的规模经济、集聚经济、地方化经济、城市化经济等内容，因而经济增长既包括这些决定生产能力的直接生产要素的规模扩大和质量的改进，也包括反映生产能力的生产要素间接影响的程度与水平。

经济增长的思想渊源可以追溯到亚当·斯密在 1776 年出版的《国民财富的性质和原因的研究》，他认为，只要有合适的市场规模和一定量的资本积累，通过劳动分工提高劳动生产率和利润率，增加资本积累，经济增长就可以自行持续下去。随着运输和通讯技术的改进，又可以开辟新的生产和扩大对外贸易来加强经济增长的势头，直到自然资源的匮乏而告停止。进入到 20 世纪，人们在以马歇尔为代表的剑桥学派的经济理论基础上，形成了新古典经济学的经济增长模型，比较著名的例如哈罗德-多马模型、索洛模型、新剑桥模型以及凯恩斯的经济乘数理论等。与此同时，还先后出现了熊彼得的“技术创新”学说，缪尔达尔（Myrdal）的“累积因果效应”理论、罗默的“内生增长”理论，杨小凯的“分工专业化均衡”理论等，它们都是不同于新古典经济学对经济增长现象的全新解释，这些理论对解释城市经济增长现象都有重大的影响作用。

无论是从上述历史文献来看，还是从当代城市化进程的实践来看，城市经济增长都是一个相对独立的研究范畴，它与整个国民经济的经济增长在范畴内涵上有明显的区别。

（1）城市经济增长的特殊属性可以归因于规模报酬递增，而研究国民经济范围内经济增长的新古典模型往往限制递增规模经济，对于由规模经济原因引起的经济增长研究甚少。城市经济能够增长，城市能够长大的本质原因是集聚经济，它是由行业规模经济和城市规模经济两个方面的外部经济现象所决定的。因而，探讨城市规模报酬递增的发展机制和过程是研究城市经济增长理论的一个研究特色，这是研究国民经济增长理论所忽略的。

（2）国民经济增长理论往往是抽掉空间因素后的动态分析，而对城市经济增长的讨论必须考虑空间因素，即考虑城市土地资源的利用和基础设施的建设，这些公共产品和城市一般产品（主要是竞争性的私人产品）的生产规模和人口规模要相适应。具体来说，研究城市经济增长考虑空间因素，一要考虑城市土地资源的有效利用，这是个空间经济分析问题；二要考虑城市在国民经济体系中，作为经济增长极的空间、区位因素及其增长的扩散及对整个城市体系影响的多种空间经济问题。

（3）城市层面上的经济增长分析与国民经济增长分析相比，更重视制度和政府政策的作用。后者在经济增长分析中，往往把制度性、政治性因素作为既定前提，同时在市场经济条件下，往往忽略作为供给政策的经济增长方面的政府干预、公共政策的研究，因而经济增长理论更多的是一种技术经济分析，这在城市层面是很不够的。在城市经济增长的分析中，制度、政治、政府、政策是无法回避的重要决定因素，其中最重要的是国家的城市政策和城市政府的公共政策的影响。

（4）城市经济增长的动态规律与国民经济范畴的经济增长规律不同，后者遵循经济周期的一般规律，而城市经济增长虽然受国民经济一般运行周期的影响，但是其增长状态不完全决定于此，城市往往有自己的增长动态和规律，这是由城市的基础部门以及起支撑作用的地理位置、资源条件、历史传统、居民文化等因素决定的。这样，即使在国民经济高涨时期，也会有衰退城市；即使在国民经济衰退时期，也会有居于“增长极”地位的繁荣城市。

综上所述，城市经济增长是一个复杂的系统，它有着丰富的内涵。究竟采用什么样的指标来反映城市经济增长，要根据所研究问题的目标而定。

二、城市经济增长的测度

城市经济增长的测度，是指采用什么样的指标来反映城市经济增长的问题。在城市经济学中，这种测度既是城市经济增长理论的一个组成部分，又是一个相对独立的研究工具。这种工具的发展并不全都与理论研究同步。考察城市经济增长，最主要的测度指标有国民收入指标和就业量指标。

（一）测度指标

在城市经济学中就业量（employment）是一个重要的测度指标，它甚至比国民收入指标更常用，也更有意义。在采用就业量作为测度指标时，是用一个城市经济系统中的就业量来代表该城市的经济规模，用就业量的变动来表示城市经济的运动。在现实应用中，就业量指标实际上是一个系列指标，总就业量是各部门就业量的总和。总就业量一般被分解为两个部分：向城市域外提供产品和劳务的部门的就业量以及向城市域内市场提供产品和劳务的部门的就业量。

国民收入指标在一般经济增长中是最基本的测度指标。但城市经济增长考察的不是一国的国民收入，而是某一特定城市的国民收入。与国民收入总额（total income）相比，人均国民收入（per capital income）是一个更有意义的指标，要对城市经济增长做更全面深入的考察，需要利用人均国民收入这一重要指标。

1. 国民收入指标

（1）运用国民收入总额的测度。

国民收入总额（Y）代表城市经济的总量，实际测算中往往用城市的国内生产总值。根据研究问题的需要，分析城市经济增长状态可以分别采用定基速度、环比速度和平均速度。三者又各分为发展速度和增长速度。

（2）运用人均国民收入的测度。

以人均指标计算的城市经济增长速度更能反映人民生活水平或市民福利的提高幅度。

应当注意的是，国民收入指标本质上是以货币度量的物质财富，但是考察经济增长，不只是物质财富的增加，而是福利的增长。因此要注意国民收入指标相对于市民福利的内涵的全面性，例如国民收入指标没有包括环境污染对增长的副作用，实际使用时要注意这些问题；测度经济增长使用的是实际城市经济产出，而不是名义产出，即在应用国民收入指标时要以价格指数对名义指标进行修正，从而能够正确反映发展或增长的动态。

2. 就业量指标

就业量（emploment）对城市经济来说是一个重要的测度指标，它甚至比国民收入指标更常用，也更有用。在采用就业量作为测度指标时，是用一个城市经济系统中的就业量来代表该城市的经济规模；用就业量的变动来表示城市经济的波动。

（二）城市经济增长测度指标的提出

将国民收入及人均国民收入测度指标从一般经济增长领域移植到城市经济增长领域是理所当然的。事实上，在国民收入核算体系发明之前，经济增长的讨论是无法落实的。就业量指标的提出则有更多的背景。就业量之所以被作为测度城市经济增长的指标源于两点：一是城市就业量与人口之间存在着稳定的对应关系，而人口规模是测度城市规模最适宜的工具，在城市增长与城市经济增长大部分同步的情况下，就业量自然被用来作为一种测度工具；二是就业量在外部条件不变的前提下，与城市的经济规模存在着稳定的对应关系。如果我们采用如下的生产函数：

$$Y=f(L,K,T) \tag{4—1}$$

式中，Y 为总收入（总产量）；L 为就业量（劳动力）；K 为资本；T 为技术。

在外部条件特别是技术水平不变的前提下，T 为常数，若资本有机构成不变则 K 为 L 的函数，设 $K=g(L)$，于是 $Y=F[L,\ g(L)]$，可见总收入（经济规模）即为就业量的函数。

此外，就业量指标提出的一个重要背景是城市经济模型中的经济基础模型（economic base model），这一模型将城市经济分为向域外提供产品、劳务的基础部门和只向城市内部提供产品和劳务的非基础部门。城市经济增长速度取决于二者之比，而衡量两者之比的最容易的方法即是衡量其就业量之比。由于这一模型在城市经济增长中的重要地位，就业量指标也就相应地成了最主要的测度工具。

第二节　城市经济增长机制

城市经济增长机制，是指引起城市经济增长的城市经济各组成部分之间的相互关系和相互影响的共同作用方式。为了阐释这种增长机制，我们将首先介绍几种城市经济的模型，分析城市经济运行的内在结构及关系，从宏观的角度来描述城市经济增长。

从本质上看，模型分析就是对复杂现实的抽象化和简单化，经济模型的优点和缺点都体现在这种抽象和简化上。城市经济增长的模型分析最大的困难在于城市经济本身的复杂性和多变性，以及多种非经济力量对它的影响与作用。由于存在这些困难，分析城市经济只能采用一些简单的、与现实有相当距离的模型，但是这种模型往往是分析问题的最有力工具。因为它使复杂的、难以捉摸的城市经济简化为几个部门、几种力量的相互作用，从而可以更清晰地体现出我们所希望找到的内在机制。

一、城市基础模型

城市基础模型（city base model）的核心思想是，将城市的产业部门按照是否向城市域外出口产品和劳务而分成基础部门和非基础部门，基础部门向非基础部门提供需求，城市经济的增长取决于基础部门和非基础部门的比例，如果其他条件不变，则这一比例越高，城市经济增长率越高。城市基础模型也称为需求指向的经济增长模型。

1. 基础部门和非基础部门的二分法

城市基础模型是城市经济增长各种模型中最古老、最常见、最简单的模型，它在很大程度上类似于凯恩斯宏观经济学中的乘数模型，但实际上它的形成早于凯恩斯的发明。这一模型的精髓在于基础部门和非基础部门的二分法。基础部门是指那些向城市域外“出口”产品和劳务从而为城市群获得收入的部门；而非基础部门则是指那些只为城市域内的市场而生产的部门。作为城市体系中一员的城市不可能是完全自给自足的，因此，这种“出口”是必然的，基础部门的“出口”带来的收入被用于支付城市的“进口”，因而基础部门决定了城市经济的规模。例如，一个向域外“出口”产品的企业的关闭必然导致城市经济规模的减小；而一个只向域内销售的商店的关闭则不意味着城市经济的萎缩，或者另一个新店会开张，或者其他类似商店会扩大它们的营业以填补此空缺，整个城市域内的交换总量并不变化（这个交换总量由域外“出口”所得的收入决定）。因此，是基础部门决定了非基础部门的经济活动，换言之，基础部门是自变量，非基础部门是因变量。

应当指出，这种二分法在现实中不是绝对的，例如，下个服装加工行业可能只为本地居民提供产品，也可能同时向域外出口一部分产品。随着技术的日益进步，专业化的日益加深，完全的“出口”部门和完全的非基础部门都十分少见。

2. 乘数（multiplier）

乘数是城市基础模型的又一核心概念。它是指基础部门规模增长所带来的城市经济整体规模增长的倍数，在数量上等于城市整体部门（基础部门与非基础部门之和）与城市基础部门之比。如果以就业量指标测度，则乘数计算如下式：

$$M=\frac{T}{B} \tag{4—2}$$

式中，M 为乘数；T 为城市总就业量；B 为基础（出口）部门就业量。乘数作用的过程如下：假定在二分法的城市经济中没有税收、储蓄等漏出，当基础部门得到的出口收入增加 100 元时，如果进口支出占收入的 20%，则这 100 元出口收入中将有 80 元用于购买非基础部门的产品和劳务，20 元用于购买进口品；购买本地产品和劳务的 80 元又成为本地居民的收入，其中又将有 64 元用于购买非基础部门的产品和劳务，16 元用于购买进口品。

如此往复，循环不止。将这一循环过程中各期收入相加，则有

$$100+100\times0.8+100\times0.8\times0.8+\cdots+100\times0.8^{n-1}$$
$$=\lim_{n\to\infty}(100\times\frac{1-0.8^n}{1-0.8})=100\times\frac{1}{0.2}=500$$

可见，乘数等于 5，等于城市经济整体 1 与基础部门 0.2 之比。于是，城市经济的增长可以描述如下：

$$dT=\frac{T}{B}\times dB=\text{Multiplier}\times dB$$

式中，dT 为总就业量的增长额；dB 为基础部门就业量的增长额。采用就业量指标，是因为现实中两类部门之间的收入流是难以测定的。当然，在更复杂的分析中可以分析两类部门间的收入流动，并用收入指标更全面、更深入地测度城市经济增长。另一种解决方法，是直接使用凯恩斯的乘数模型分析城市经济的增长，此时，乘数等于边际储蓄倾向（MPS）的倒数。这种收入流分析可以从图 4—1 的城市收入循环开始。

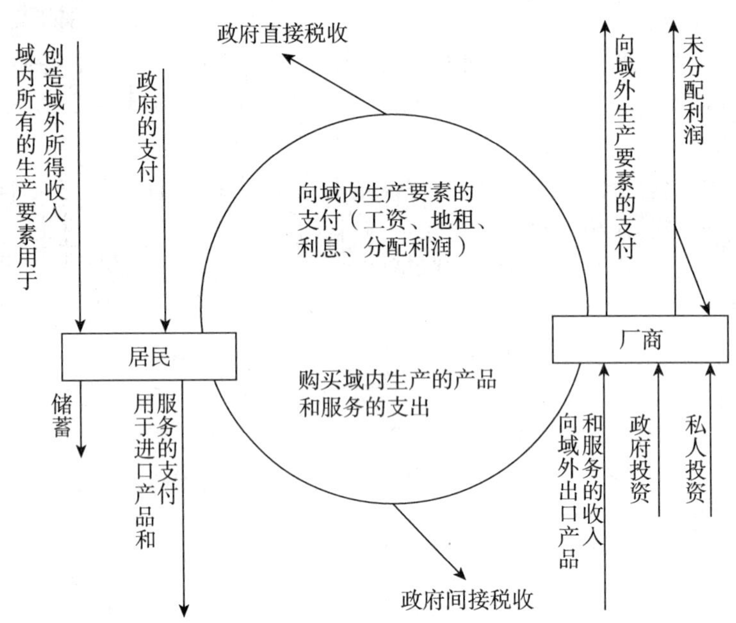

图 4—1　城市收入循环图

资料来源：Paul N. Balchin and Jeffery L. Kieve, *Urban Land Economics*, p. 64, Macmillan Publishers Ltd, 1985.

3. 乘数与城市规模

以上对乘数作用的分析还不是真正的动态分析，而是一种比较静态分析。$\Delta A=\frac{T}{B}\times\Delta B$ 中的乘数 T/B 是一个常数，但在实际的增长过程中乘数是变动的。乘数与城市经济的规模相关。随着城市经济的增长，城市经济规模的扩大将导致城市地方市场的扩大，以前需进口的产品和劳务改由城市内部的非基础部门生产。因此，随着城市经济的增长，乘数会变大。这和世界经济中经济大国自给自足程度更高的原理是一致的，出口扩张到一定程

度将会引致进口替代。

4. 乘数的计算

前面已经提到，采用收入指标测算乘数是困难的，而采用就业量指标测算乘数也面临同样的困难。城市经济中，没有多少行业是完全的基础部门或非基础部门。例如纺织行业，它既为本地市场提供产品，同时又向域外出口产品。这时我们如何确定它的就业量中多少人属于基础部门，多少人属于非基础部门呢？解决的方法是计算区位商（locationquotient，LQ）。区位商，是城市经济中某一行业的产出中用于向城市域外出口部分所占的比例。按照定义，如果使用收入（产出）指标，则：

$$LQ=\frac{\text{城市中某一行业产出总量}}{\text{行业产出中用于城市内部消费的量}} \tag{4—3}$$

由于统计上的困难，这种直接计算事实上是不可能的，实际中 LQ 的计算是使用就业量指标间接计算得出的：

$$LQ=\frac{\dfrac{\text{城市中某一行业就业量}}{\text{城市总就业量}}}{\dfrac{\text{全国该行业就业量}}{\text{全国就业总量}}} \tag{4—4}$$

式中，分母实际上代表了城市中该行业用于满足城市域内需求所需劳动力在全国总劳动力中的比例。例如，如果全国范围内从事服装行业生产的就业量占全国就业量的 1%，说明一城市中应有 1%的就业量用于满足本城市内部对服装的需求，若实际该城市从事服装生产的就业量占全城市就业总量的 4%，则这些就业量中有 1/4 是属于非基础部门、3/4 属于出口的基础部门。采用此方法则乘数可以计算如下：

$$\frac{T_i}{B_i}=\frac{LQ_i}{LQ_I-1} \tag{4—5}$$

式中，T_i 为 i 行业总就业量；B_i 为 i 行业中用于出口生产的就业量；LQ_i 为 i 行业的区位商［根据式（4—5）］。LQ 指标的有效性是有条件的。采用 LQ 计算乘数隐含着一些严格的假定。首先，它假定全国范围内居民的消费行为是一致的，即各城市的居民对 i 行业产品的需求是相同的，只有如此，才能以全国范围内 i 行业就业量占总就业量的比例来代表城市域内对 i 行业的需求比例。这一假定是有问题的，因为我们不能肯定全国各城市的居民有统一的消费倾向、收入水平和偏好。其次，它假定国家对 i 行业产品的需求完全由国内的产品生产来满足，即一国的经济是自给自足的。最后，它假定行业只生产同质的单一产品，但事实上各城市同一行业的产品不是完全同质的，而是系列的异质产品。例如一个城市完全可能只生产并出口童装系列而进口各类成人服装，但是如果此时 LQ 恰好为 1，则表示该城市服装行业没有出口，这肯定是与事实相违背的。现实经济生活打破了上述假定，从而降低了 LQ 指标的有效性。例如，一城市的居民如果对 i 行业产品的消费需求高于全国水平，则 LQ 计算会高估 i 行业中用于出口的就业量比例。又比如，若该国 i 行业产品自给有余，还出口他国，则 LQ 计算将低估一城市中 i 行业用于出口的就业量比例。然而在总体上，经验表明，LQ 指标的计算在多数情况下低估了城市经济中用于出口的基础部门的就业量比例。美国 1962 年曾有人做过这方面的比较，结果如表 4—1 所示。

表 4—1　　美国部分城市用于出口的就业量对比表

城市 制造业	迪凯特		韦恩堡		印第安纳波利斯	
	直接调查（%）	*LQ* 法（%）	直接调查（%）	*LQ* 法（%）	直接调查（%）	*LQ* 法（%）
食品业	87	71	67	26	63	24
化学工业	98	44	—	—	100	50
初级冶金业	97	20	99	20	99	0
非电子机器业	97	74	91	40	98	38
运输设备业	100	45	100	68	100	68

资料来源：Charles M. Tiebout，*The Communify Economic Base Study*，p. 49，New York，Committee for Economic Development，1962.

5. 对城市基础模型的评价

城市基础模型在城市经济学中是历史最久的一个经济模型，类似形式的模型早在 20 世纪 20 年代就已经出现了。在 80 多年的历史中，这一模型虽然受到各方面的批评，但它始终是城市经济学中分析城市经济增长的主要模型。它简单、易于理解和便于实际运用，特别是它与 20 世纪 30 年代产生的凯恩斯宏观经济乘数模型十分契合，更奠定了它在这一领域内的主流地位。但对这个模型的批评和修正也从未停止，特别是从 20 世纪 60 年代开始，由于凯恩斯式的需求管理经济学日益受到批判，对这种同样是需求指向（demand orientation）的城市基础模型的批判也日益尖锐且被广泛接受。

对城市基础模型的批判主要在两个方面：较为次要方面的批评集中于这个模型中的一些细节，其内容包括对乘数是否稳定及其局限性的批评（见前述乘数计算及乘数与城市规模关系部分），对城市出口收入外其他收入的作用的批评等。这类批评导致对该模型在实际应用中的一些修正，但并未直接动摇对该模型的信心。主要方面的批评则更为尖锐并颇具颠覆性，这类批评认为，需求指向模型对城市经济实质的理解是根本错误的，模型中对基础部门（出口部门）和非基础部门相互决定关系的结论是本末倒置的。例如，有的批评者认为，（城市域内的）商业活动和服务业是稳定的和持续的，它们才是城市经济中基础的、第一位的组成部分；同时不断变动的出口产业只是城市经济中附属性的、第二位的组成部分。二者的关系（与城市基础模型中假定的）刚好相反。特别是在理论经济学界对需求管理的批评不断深入。

具体而言，城市基础模型是一种需求拉动的模型（demand pull model）。它认为城市经济的增长源于需求的变动，而这种变动完全是由域外对城市基础部门出口产品的需求变动所引起的。换句话说，只有当域外对城市出口产品的需求增长时城市经济的增长才可能发生，而这种域外需求的增长通过乘数作用而最终决定了城市的经济增长幅度。在供给决定论的批评者眼中，这种城市经济的命运完全掌握在城市域外手中的决定论，至少在两个方面是错误的，第一，城市政府完全可以通过政策调整来降低基础部门和非基础部门的生产成本，从而刺激并引致城市经济的增长。从直接的角度看，这种供给方面的政策包括提高教育水平、促进人力资本积累，从而提高劳动生产率，降低生产成本；改善基础设施从而降低企业的运输成本、公用事业成本和最终的生产成本。从间接的角度看，政府还可以通过改善城市环境、提高城市福利水平来吸引更多的移民移入城市，从而降低工资水平和劳动力成本。第二，城市经济的增长并不一定单纯依赖出口的增长。从本质上看，经济的增长源于技术进步导致的劳动生产率提高和人均收入增加。城市经济增长与出口增长的对应关系不能成立，因为推而广之，世界经济中并不曾有哪些产品出口到其他星球去，但世界经济仍然会不断增长。

伴随着这类批评，很多供给主义者也提出了他们自己对城市经济增长的解释。这类解释形成了另一类城市经济的供给方面的模型。但应该看到，这类供给模型在数量化和抽象化上还远不能达到城市基础模型的水平，这使得它们的理论意义和实际应用价值都大打折扣。

6. 城市基础模型的应用

城市基础模型的实际应用，主要集中于规划城市人口的增长以及规划城市公共服务设施的规模。要进行这类规划和预测，除了需要计算乘数的大小外，还需要预测基础部门的增长，即预测公式 $\mathrm{d}T=\frac{T}{B}\times \mathrm{d}B$ 中 $\mathrm{d}B$ 的大小。实际工作中这类预测是比较困难的。预测的结果取决于对两个方面状况的评价：一方面是预测全国范围内对城市基础部门出口产品需求的变动趋势（这时暗含着这类产品不存在从国外进口或向国外出口。如果考察一个开放经济的情况时将更加复杂）。另一方面是评价该城市对生产这种产品的行业有多少吸引力。如果考察认定城市对该行业的吸引力保持不变，在一个封闭经济中，可以预测城市基础部门中该行业的产品将以与全国对该产品同样的需求增长率增长；如果城市对该行业的吸引力增强，则会有更多的该行业的企业移入该城市进行生产，则该行业将以高于全国需求增长率的水平增长。

在进行了 $\mathrm{d}B$ 的预测之后，就可以实际应用城市基础模型进行预测了。如，城市政府可以用该模型预测城市人口的非自然增长，并预测城市公共服务部门应以多高比例扩大规模以适应人口和经济的增长。例如，如果 $\mathrm{d}B=5\ 000$，$M=2$，则未来该城市将增加就业人口 $5\ 000\times 2=10\ 000$ 人；如果人口中就业人口所占比例为 40%，则可以预计，未来城市人口将增加$\frac{10\ 000}{40\%}=25\ 000$ 人；同时，城市的非基础部门又可以运用上述预测结果确定对非基础部门产品和劳务需求的增长。

二、供给基础的城市经济增长模型

供给基础模型（supply-base model）认为，城市经济增长取决于城市内部的供给情况。城市区位资源和生产能力条件好，就能获得城市经济增长的动力。供给基础决定的城市经济增长模型，就是根据城市资源和要素的生产能力，分析城市经济增长的内在机制，主要包括新古典城市经济增长模型、累积因果效应经济增长模型。

（一）新古典城市经济增长模型

新古典经济增长模型是从供给角度，即生产要素对经济增长的贡献角度来分析经济增长机制的经典模型。它最初是由经济学家索洛（Solow，1957）在柯布-道格拉斯生产函数基础上建立的新古典经济增长模型。1978 年，盖里（Chali）等根据城市经济的特点，建立了一个简单的柯布-道格拉斯式城市经济生产函数：

$$Y_{ut}=Ae^{rt}K_{ut}^{\alpha}L_{ut}^{1-\alpha} \tag{4—6}$$

式中，Y 为城市产出，u 和 t 分别为某个城市和某个时期，A 为技术水平，e 为自然对数，r 为一个反映技术进步速度的数值，K 和 L 为投入的资本和劳动，最后 α 和 $1-\alpha$ 分别为产出对资本及劳动的弹性。对上式全微分，可以得到：

$$\frac{\Delta Y_{ut}}{Y_{ut}}=\frac{\Delta A_t}{A_t}+\alpha\frac{\Delta K_{ut}}{K_{ut}}+(1-\alpha)\frac{\Delta L_{ut}}{L_{ut}} \tag{4—7}$$

（4—7）式中的 α（资本产出弹性）和 $1-\alpha$（劳动产出弹性）两者之和等于 1，表示假定城市生产的规模收益不变。运用这一公式，可以对城市经济增长作如下的政策分析：

1. 测算各生产要素对城市经济增长的贡献

各种要素对城市经济增长的贡献分为绝对贡献和相对贡献两种。绝对贡献由 $\Delta A/A$、$\Delta K/K$、$\Delta L/L$ 的数值给出，相对贡献由$\frac{\Delta A/A}{\Delta Y/Y}$，$\frac{\Delta K/K}{\Delta Y/Y}$和$\frac{\Delta L/L}{\Delta Y/Y}$的数值给出。

2. 测算技术进步的成效

在新古典经济增长模型中，$\Delta K/K$、$\Delta L/L$、$\Delta Y/Y$ 的数值可以通过统计数字的搜集计算得出，但 $\Delta A/A$ 无法由统计数字得出，因而采取剩余法计算。即由

$$\frac{\Delta A_t}{A_t}=\frac{\Delta Y_{ut}}{Y_{ut}}-\alpha\frac{\Delta K_{ut}}{K_{ut}}-(1-\alpha)\frac{\Delta L_{ut}}{L_{ut}} \tag{4—8}$$

计算得出。

3. 制定城市生产要素组合的调控政策

根据新古典城市经济增长模型，可以分析资本与劳动两种要素的内在依存性，从而分析采取何种要素投入政策更有效。如果暂不考虑技术进步，假定城市经济增长只由资本和劳动决定，城市经济增长的新古典模型可以变为：

$$\frac{\Delta Y_{ut}}{Y_{ut}}=\alpha\frac{\Delta K_{ut}}{K_{ut}}+(1-\alpha)\frac{\Delta L_{ut}}{L_{ut}} \tag{4—9}$$

两端分别减去 $\Delta L/L$，可得：

$$\frac{\Delta Y_{ut}}{Y_{ut}}-\frac{\Delta L_{ut}}{L_{ut}}=\alpha\left(\frac{\Delta K_{ut}}{K_{ut}}-\frac{\Delta L_{ut}}{L_{ut}}\right) \tag{4—10}$$

（4—10）式左端是城市劳动者创造的人均收入的增长率，右端是城市劳动者人均技术装备的增长率，两者之间的关系用 α 系数权衡；而劳动者人均创造的收入是否有增长，决定于城市的资本增长率与城市劳动增长率之间的关系。资本增长率大于劳动增长率时，城市人均收入会增长；两者相等时，城市人均收入就没有增长；资本增长率小于劳动增长率时，城市人均收入就会有负增长。可见人均收入增长依存于劳动者人均的技术装备，这是现代城市生产的突出特点。因此，适当使资本略高于劳动的要素组合方案是促进城市现代经济增长的基本经济政策。

不同城市投入要素的不同比率是影响城市经济不同增长水平的一个原因。为了分析城市间要素流动对城市经济增长的影响，盖里等人假定每个城市的产出弹性和技术进步的速度是完全相同的，但是城市间的资本和劳动力的边际产出存在着差异，并且这些边际产出是由城市的资本和劳动力的比率所决定的。这样，盖里等人采用美国城市的数据，估计了下述模型。他们从城市要素市场的完全竞争性假定出发，说明了在均衡状态，城市工资水平将会等于劳动的边际产出，而资本的租金即利率水平将等于资本的边际产出的模型，即，

$$W_{ut}=P_t\left(\frac{\partial Y}{\partial L}\right)_{ut} \qquad (4\text{—}11)$$

$$R_{ut}=P_t\left(\frac{\partial Y}{\partial K}\right)_{ut} \qquad (4\text{—}12)$$

（4—11）式和（4—12）式分别是城市劳动要素和资本要素的报酬表达式，其中，P 是产品的价格。可见，如果假定产品价格 P 在每个城市都是相同的数值，那么，资本和劳动的比率将会决定城市间的要素报酬的差异。这样，城市的各不相同的资本和劳动力的比率，就会影响到劳动者和资本的投资者根据城市间要素报酬的差异而选择在不同的城市进行工作或者投资，从而发生要素在城市间的流动。这意味着每个城市劳动力的增长应该包括本地劳动力的自然增长量和由于要素价格差异而从外部地区吸引过来的劳动力数量。对于城市资本的积累也存在着类似的情况。

城市间的要素流动，是以劳动力和资本对于要素价格差异的调整不是“瞬间”完成的假定为前提的，即要素市场的调整机制具有一定的时间滞后性，但是在长期中，要素的流动肯定能够消除城市间要素报酬的差异。那些劳动资本比例比较高的城市工资水平比较低而资本利息比较高。所以，这些地区会出现劳动力外流与资本流入并存的现象。同样有些城市会有相反的情况是因为它们的劳动资本比例比较低，所以相应的工资水平比较高而使用资本的费用比较低。如果假定资本对要素市场的价格变动是敏感的，那么低工资的城市将会因为具有较慢的劳动力流出速度和较快的资本流入速度而获得更多的生产投入要素，而其经济增长速度也会高于那些高工资水平城市。最终所有地区的工资水平会趋向一稳定的均值。也有证据表明现实情况更为复杂，例如有些城市的工资率高于其他城市，而且增长速度更快，这种现象不能由假定要素是替代关系的新古典经济增长模型解释，必须开辟新的研究途径。

（二）累积因果效应城市经济增长模型

在城市经济中，供给的基础包括城市产业的物质与技术基础、专业化协作程度和投资环境。这些方面相互影响，会使城市在不增加要素投入的情况下获得经济增长。这里的原因除了技术进步外，最主要的就是城市集聚经济的影响。城市集聚经济会使城市经济产生一种极其奇特的现象——规模报酬递增现象（Richardson，1985）。这种规模报酬递增的客观存在意味着城市间经济增长的差距可能会长期存在，甚至可能不断扩大，这是一种“累积因果效应”。这一思想的系统阐述最早是由发展经济学家缪尔达尔（1957）完成的。他认为，不发达国家经济中存在着种地理上的“二元经济”，即经济发达地区和不发达地区并存的现象。这种状况的根本原因是地区间人均收入水平存在着差距，它使得经济系统

中比较发达的地区获得更快的发展速度，而落后地区发展会更慢。如果规模经济的假设条件能够在城市范围内成立，那么资本和劳动力就不一定存在着替代关系，它们可以同时流入城市，而不像前面所描述的这两类要素呈现反方向的流动趋势。就是这种规模报酬递增现象，将会使发达地区经济的快速增长长期地持续存在。为了明确这一理论中所阐述的城市经济增长机制，我们以城市间的劳动力要素的转移为例，用与新古典均衡理论比较的方法说明城市经济增长的累积因果效应。

假设有两个城市 A 和 B，它们的初始经济状态完全相同。在图 4—2 中，城市 A 的初始劳动力供给和需求曲线是 S_a 和 D_a，相应的均衡工资水平是 W_{a0}；而城市 B 的初始劳动力供给和需求曲线是 S_b 和 D_b，这个地区的工资水平和城市 A 是相等的，为 W_{b0}。现在，假如城市 A 由于某种外生的原因，经济得到快速增长，对劳动力的需求增大，使劳动力的需求曲线向右上方向移动，达到 D_{a1}，均衡劳动力数量由 L_{a0} 增加到 L_{a1}。而在短期内由于地区的劳动力供给的变化比较小，从而造成了城市 A 的工资水平高于城市 B 的工资水平，达到了 W_{a1}。所以，城市 B 的工人有动力向城市 A 迁移。随着这种迁移，城市 B 的劳动供给下降，劳动供给曲线向左移动，从 S_b 降低到 S_{b1}，均衡劳动力数量由 L_{b0} 降低到 L_{b1}，均衡工资水平由 W_{b0} 上升到 W_{b1}；而城市 A 的劳动供给，由于吸收了来自城市 B 的迁移劳动力，劳动供给曲线向右移动，由 S_a 增加到 S_{a1}，均衡劳动力数量由 L_{a1} 继续增加到 L_{a2}，均衡工资水平则下降到 W_{a2}。这样一直到城市 A 的工资水平与城市 B 的工资水平相等，即当 $W_{a2}=W_{b1}$ 时，城市间的劳动力转移才会停止。这就是新古典理论解释在经济增长中城市间劳动力迁移的基本原理。

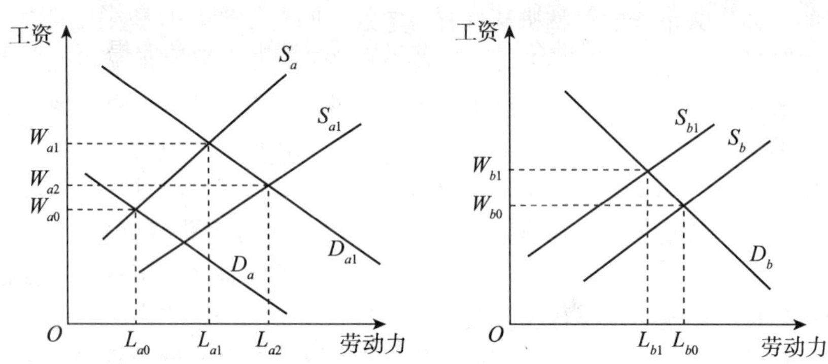

图 4—2　新古典理论在城市经济增长中的劳动力转移

但是，在现实经济中，至少在发展中国家，城市的经济增长并不完全像新古典模型所描述的那样进行。缪尔达尔强调，在快速经济增长过程中，发展速度比较快的城市和地区（城市 A）的确会因为具有比较高的工资水平而对落后地区（城市 B）的劳动力产生吸引力，但是城市 A 由于具有比较多的资本和技术积累，所以在生产领域很可能具备规模报酬递增的特点，这样它就会倾向于从城市 B 吸收高技术水平的劳动力，从而获得更快的发展速度。因此，可以认为城市 A 的工资水平不会稳定在 W_{a2}，高技术劳动力的大量流入所带来的快速经济增长，会使城市 A 对劳动力的需求进一步增大（即需求曲线从 D_{a1} 右移至 D_{a2}），从而再次提高工资水平，达到 W_{a3}，并进而继续对地区 B 的劳动力产生吸引力；另一方面，人力资本的持续外流将会使得B地区的经济增长速度降低，从而进一步减少对劳动力和其他要素的需求，这样新的需求曲线 D_{b1} 和供给曲线 S_{b1} 的交点决定了新的工资水平 W_{b2}，这个值仍低于城市A的新均衡工资水平，从而继续推动该地区的劳动力流向城市A。所以，他认为，这两方面的作用会产生“累积性因果循环”，发达城市借助规模报酬递增的优势可以从落后地区持续地获得劳动力供给，从而实现持续的增长并越来越发达，而落后城市则越来越落后。这样，地区间的工资差别、人均收入差别和经济发展水平差距将会越来越大。这一过程可参见图4—3。

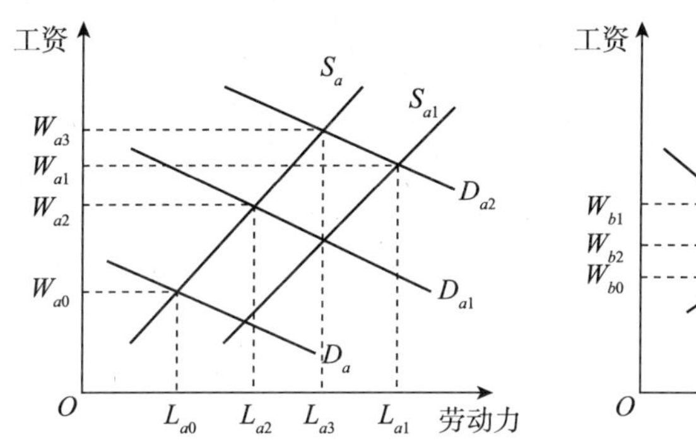

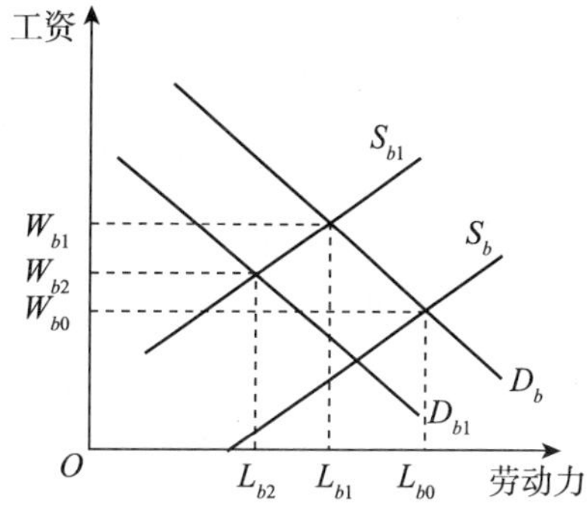

图4—3 累计因果模型在城市经济增长中的劳动力转移

缪尔达尔的累积因果模型发表以后，得到了很多学者的应用。普里德（Pred，1966）利用累积因果模型分析了美国制造业在1860—1900年间的发展过程。他认为，拥有开发某种新产品技术的企业家，一般都会把企业设立在那些能够为该产业提供各类服务的城市中。而新的企业又会为本行业的发展创造出更多的需求，并为其他相关企业带来产业城市化经济的好处。另外，从供给的角度分析，产业内具有创新能力的企业不断增加，也会反过来进一步推动这个行业的技术进步能力。而这两方面的合力将会推动制造业在大城市群不断集聚。很明显，这个过程具有很强的积累因果的特性，其内在机制或其重要原因就是制造业本身存在着广泛的规模报酬递增现象，特别是在产业成长时期，这种状态更加明显。布拉德福德和凯莱基安（Bradford and Kelejian，1973）也对城市经济增长的循环因果模型进行了深入的实证研究，发现累积因果模型的确可以用来解释很多城市中心的衰退过程。他们发现，一旦政府出台一些不利于城市中等收入家庭的公共税收政策或低收入家庭在城市中心过度集聚的话，中等收入家庭就会从城市中心迁向郊区。而这样的结果会使市中心的税收进一步下降。低收入家庭占城市中心比例继续增大，就更不利于中产家庭在城市中心的生活条件和生活环境，从而进一步推动中产家庭加速迁离市中心。这项研究对众多城市管理者的启示是：在制定城市经济政策时，需要研究该计划（特别是一些管制措施）是否在长期具有累积因果的特性，是否会对城市经济的持续增长带来不利影响。从这些成果的分析中，可以深刻体会到，累积因果模型同一般新古典城市经济增长模型的最大区别，是它强调城市经济中普遍存在着的规模报酬递增现象。这一理论对新古典理论的线性增长模式与思想提出了巨大的挑战。如何运用这一理论深入研究和解释现代经济增长中的区域差距和城市经济增长的集聚机制，是经济理论界的重要任务。

第三节 城市经济增长模式

城市经济增长模式是指城市经济实现长期增长所依赖的基本源泉、机制与路径以及由此表现出来的总体特征，一般说来，按照资源和要素利用程度划分，城市增长有两种模式，即粗放型增长模式和集约型增长模式，城市增长模式虽然与我国目前所讨论的增长方式的“粗放型”和“集约型”有联系，但并不完全等同。就其联系的主要方面来说，二者都指的是两种性质不同的要素利用方式，即“要素投入增加”和“要素生产率提高”。不同点主要在于，经济增长方式理论基本上是考察国民经济整体的动态演化过程，而城市增长则是将一特定的城市系统作为研究的对象。更为重要的是，经济增长方式理论是抽掉空间因素之后的动态分析，在城市增长模式的讨论中必须考虑空间因素，这是由城市经济自身特性所决定的，比如，集聚规模经济是城市增长中的重要变量，而这在一般增长理论中是得不到反映的。

一、粗放（外延）型增长模式

城市粗放型增长模式就是以资源趋于充分供给为假定条件，通过不断增加要素资源投入，并以外延性扩张的形式放大城市经济规模总量为特征，以达到城市增长的目的。这一增长模式的主要缺陷有两个：一是忽略了城市发展过程中资源有限性这一逻辑前提和经验事实；二是忽视了资源重新配置包括规模经济因素对城市增长的贡献。

（1）粗放型发展模式是不可持续的，因而也是低效的。粗放型增长模式表现为高投入、高消耗、低产出、低质量，是一种以产值、数量、速度为经济突进目标，以物质资源投入为主的经济增长方式。实践证明，这种模式具有“非持续性”（unsustainbility）。因为它的核心是追求经济增长，并以增长为唯一目标，而忽略了资源和环境的保护。换句话说，经济增长使社会生产力得到极大提高，在物质财富大大增加的同时，却造成了大量的外溢性影响，使社会承受着各种片面发展所带来的代价和社会外部性成本。以我国城市发展为例，多年来，我国城市发展从总体上看，仍未摆脱传统的重数量轻质量、重速度轻效益、粗放型、高消耗的城市发展模式。而且由于自身如下的这些特点，给我国的资源和生态基础造成了特有的压力。

这种模式的特点之一是物质生产的内部不经济性。在这种模式中，环境的高耗行为与资源利用的低效行为相联系，无视生态效益与忽略经济效益相伴生，外部不经济性导致的短期行为与内部不经济产生的短期行为共生，这种状况从两方面损害着中国的生态基础：一方面，企业单位物耗过高，资源浪费惊人。我国工业企业普遍存在着原料消耗高，加工深度不够，利用率低的现象，从而造成“三废”排放量大、资源浪费、污染严重的后果。据统计，我国城市发展中所排放的废水、废气、固体废弃物的比重占全国排放量的80%，环境污染造成的损失每年近千亿元。另一方面，效益低下又造成环境补偿能力的严重滞后。由于大量的资源投入和环境损耗未能形成相应的有效产出和相应的经济、技术能力，因此缺少用于治理环境的资金。如果不解决内部经济性的问题，便无法降低单位物耗量和单位污染量，无法为大规模治理环境积聚技术和资金。

这种模式的特点之二是物质生产的外部不经济性。市场主体对权属范围之外的带有公共性质的资源缺乏效益追求，环境成本被排除在企业的成本—收益核算之外，缺乏对环境损耗的自我约束能力，必然导致对公共环境的大规模损害。环境是一种与外部效应（externalites）相联系的公共物品，环境污染是一种公害或坏的公共物品（public bads）。我国的城市环境问题主要就是环境污染。以城市为中心的环境污染仍在加剧，并蔓延到农村，一些经济发达、人口稠密地区的环境污染问题尤为严重。生态环境破坏的范围在扩大，程度在加剧，环境污染和生态破坏已成为制约经济发展、影响改革开放的一个重要因素。造成这种状况的原因，主要是我国在推进工业化的过程中，企业在大量支取自然环境成本时，并没有建立起最佳利用环境成本的激励—约束机制。城市环境问题在很大程度上是由于市场主体缺少有效的环境成本约束而产生的外延扩张和短期行为所致。显然，这与粗放型增长模式密切相关。

这种模式的特点之三是政府目标结构中的增长偏好。地方城市政府兼有多重身份，它既是地方资产和资源的所有者（代表国家行使所有者职能），又是地方经济社会活动的管理者。地方城市政府身份的多重性实际上就构成了它的多元目标结构：

- 经济增长，不断扩大地方财政收入和人民收入，壮大地方经济实力；
- 社会保障和稳定，扩大就业、稳定物价、保障社会公平；
- 社会进步，城市建设，改善教育医疗等等。

这些目标之间并非完全协调一致，往往会有不同程度的冲突和矛盾。地方政府目标的实现，无一不对地方城市财政构成强大的压力。由于强大的财政支出压力和拮据的财政现状，在地方政府几乎不存在任何确实能够自由处置的投资资源的情况下，实现经济增长、扩大财政收入往往就成了一些地方城市政府的目标结构中最突出的目标。在各项目标难以兼顾的时候，经济增长就可能成为压倒一切的目标。其他目标如环境质量可能因为与增长目标的冲突而被延迟或部分地放弃了。尤其是，当地方城市政府扩张经济的动机占据主导地位时，更容易出现这种情况。比如，某项工业项目，可能给当地环境造成污染危害，但预计该项目有良好的经济效益，地方政府则倾向于上马，甚至还经常以上级身份出面说服对这一选择持反对态度的部门或人士。同时，如果地方一些污染密集型产业属于城市基础产业范围，对地方增长贡献比较大，城市政府对这些产业或部门也常常采取保护的态度，以保证整个地区的经济发展。

粗放型增长模式甘于不考虑经济社会的长期发展和效益，在资源配置方面片面强调产出，导致了资源短缺、环境污染和生态破坏，加剧了效率与公平、速度与效益、质量与数量、城市与农村的矛盾，加剧了人类与自然、今天与未来之间的矛盾。因此，这样的城市增长是不可持续的。

（2）粗放型增长模式往往伴随着规模效益的损失。粗放型增长模式在资源的空间配置上还表现为外延式、分散化的特征，而这种分散化又总是与分散化的投资决策体系及投资规模小型化相联系的。分散化投资行为的直接后果是资源的分散配置，造成生产力分散化的空间布局。在要素不能自由流动的条件下，资产存量不能进行空间再配置，其结果必然是产业发展的分散化和同构化。对于工业来说，分散化割裂了企业之间的经济联系，难以展开分工协作，使企业的规模难以扩大，其损失的是规模经济利益。同时，现代工业发展与城市发展具有相互依存、相互促进的关系，现代企业要以城市为依托，因此，分散化还使企业不能充分获得城市规模经济效益和外部经济效益，从而对城市化的推进形成阻力。

二、集约型增长模式

集约型增长模式是以资源供给有限为前提条件，通过不断提高要素利用效率和重新配置资源而提高城市增长质量的一种增长模式，它强调城市功能的协调发展，注重城市整体效益的提高和技术进步的作用，着眼于城市的可持续发展。

城市增长是许多因素变化的结果，毫无疑问，投入更多的资源比资源投入不足的城市将有更快的增长速度，然而，城市的集约型增长不会与城市的粗放型增长采取相同的增长模式。有几个重要的方面值得注意，这就是城市增长大大受益于集约发展，增长的主要来源是要素组合质量、知识程度的提高、技术发展与所掌握资源的重新配置（包括规模经济）。现对这些因素作简要分析。

第一个因素是要素组合质量。城市是由诸生产要素组合形态整合而成的，集约型增长可视为构成城市发展的各种要素的组合优化。从资源配置的角度来看，要素组合的目标，就是要确定怎样的组合结构，才能把诸要素结合成合理的关联链，以获得最大的产出和效益。因此，这种组合质量的实践形态实际上就是结构经济。具体体现在要素组合的比例关系上，也表现在要素因集聚程度而形成的规模和空间结构上。W. 罗斯托指出，一个社会要维持较高的增长速度，就必须克服最初的增长高潮可能带来的结构性危机，它要求这个社会不断地引进新的技术，不断地创新，用新的主导产业来代替已经陈旧的主导产业。而这需要从根本上改变体制结构、社会传统、技术构成以及人们的心理。显然，这一转变是整个城市结构模式的转换与变革。对于城市集约增长来说，关键在于，在调整产业结构的同时，也要求产业在空间上进行置换和调整。如果要素组合结构处于非优化状态，势必难以形成优化的城市整体功能。

第二个因素是知识程度的提高。这是城市集约型增长的最根本的基础条件。因为决定集约增长的诸要素，如制度、技术、物质资本和人力资本等都不过是知识载体而已。广义的知识可分成四类：(1) 物化于资本品中的知识，随着资本品的折旧而消失，随新的资本品的出现而更新。(2) 蕴涵于劳动者的知识，随着劳动者的死亡而消失，并通过教育与模仿部分地转移到下一代身上，其特征是可以随个人的流动而流动。(3) 蕴涵于制度的知识，随制度的延续而积累，随制度的更迭而改变。(4) 可以见诸文字的知识，这包括所有前三类知识的“溢出”。前三类知识属于专门知识，大部分无法交流，而第四类通常表现为一般性知识，是可以广泛交流的。这几类知识总是互相依存、互相促进，并在历史发展中逐步积累的。对于城市增长来说，这四类知识都十分重要，缺一不可。例如，我们看到，一旦城市发展出现对人才的巨大需求，人力资本投资就有利可图，从而促进人力资本投资的增加。人力资本的积累反过来加速知识的获取和积累，知识程度的提高又推动技术进步，使得知识对城市经济增长的贡献，通过新技术运用和新产品开发越来越明显。当然，仅仅增加知识是不够的，知识还应传播，还得应用于实践。知识积累及传播与应用是城市长期增长的最终支撑点，也是集约型增长模式得以实现的基础。

第三个因素来自资源的重新配置。城市增长基本上是由两种因素决定的：第一，要素投入增加的程度；第二，资源重新配置的规模。如果要素投入和资源重新配置能够结合起来，就成为城市增长的主要动力，资源重新配置理论是现代经济学 20 世纪 60 年代以来的一个重要发展。这一理论强调国家经济增长与资源再配置密切相关。对于城市增长来说，它对于揭示城市发展过程中劳动力和资金的重新配置作为城市增长的决定因素是非常重要的。在集约型增长模式中，资源重新配置对城市发展影响的一个重要方面，就是资源配置在空间上相对集中，这一点会突出地体现为城市经济在国民经济中起着主导的作用。各国的经验表明，资源的形成和使用都要以城市经济为背景。近代科学技术进步发源于城市，资本市场存在于城市，企业的资本运营依赖于城市的市场，所有这一切都会支配资源进一步地向城市集中，因此，可以说，城市集约型增长过程实际上就是资源的重新配置的过程。

第四个因素是集聚规模经济。集聚规模经济意味着由于城市规模的适度扩大使投入系数减少，在此提出的观点是，在自然资源和资金既定状态下，城市投入产出效益的更高水平是可以通过城市规模经济来达到的。人们普遍认为，大城市人均产出远远超过小城市，表明城市规模与劳动生产率之间实际上存在着某种关系。丹尼逊的研究证明了下述观点：从规模经济获得的收益是劳动生产率的一个重要来源。他通过对 1950—1962 年经济发展的分析，估计与美国经济增长相联系的规模经济对美国经济增长率的贡献较大，超过了所有其他生产要素贡献的 10%。应该说，丹尼逊所指的规模经济大概主要还是企业规模经济，如果考虑到地区化和城市化经济带来的集聚规模利益，那么，这个贡献率肯定要高得多。

三、城市经济集约化增长：质的规定性

与工业和农业对比，城市发展中的“集约化”强调“密集、深化、内涵”，其关键问题仍然是“要素生产率的提高”，也就是，提高构成城市系统诸要素的投入产出效益。所不同的是，这种投入产出效益更主要的是体现在生产力的集约化布局与资源的集约化使用的有机结合上。这一点是由城市经济的本质所决定的。“一般公认所谓城市经济是以地理上的接近、生产专业化以及财富与技术的集中为特征”（赫希，1973）。因此，城市经济实质上是一种空间经济。从这个意义上说，城市经济增长的“集约化”就意味着城市功能要素在空间上和规模上的集约利用。当然，城市集约化增长是一个更综合的概念，它是城市质量的反映，包括经济发展水平、城市运转效率、用地结构、生活质量、环境质量、基础设施状况等许多方面。城市的高质量必须是城市系统的全面优化，即城市各种资源要素的时空优化配置和利用。

从上述认识出发，我们对城市集约化增长的基本特征，做以下几点规定：

1. 要素集聚是城市集约化增长的基础

生产要素具有向最大效益区位推移、集聚的客观趋势，这种寻优推移实质上是资源丰裕度、比较利益、生产边际效益、规模效益等多元化的选择与比较的结果，集聚利益是城市发展的重要推动力。城市，特别是中心城市的功能大小必须以能量的一定程度的集聚为基础。它可分为量的集聚和质的集聚。量的集聚表现为经济门类的增多和经济活动规模的

扩大，它以规模经济为基本特征；质的集聚表现为经济门类之间协作、组合程度的提高和经济效益的改善，它以集约经济为基本特征。一个城市如果不以能量的集聚为基础，要发挥经济中心的辐射、传导作用，是根本不可能的。要素集聚不仅使区域经济由分散走向集中，由粗放走向集约，实现了规模经济，展开了经济门类之间的专业化协作，极大地提高了劳动生产率和经济效益，而且还通过要素集聚后所产生的能量的外向释放功能，带动城市和区域产业结构的调整和转移，使资源配置合理化，在新一轮优化的产业结构基础上形成更强大的经济能量。因此可以说，要素的集聚是城市走向协同和集约的基础。

2. 结构优化是城市集约化增长的本质

研究结构主义分析理论的 H. 钱纳里教授指出，不同发展水平和发展阶段的经济具有不同的经济结构。这说明无论是一个国家还是一个地区或城市，经济发展过程中的不同历史转折时期总要经历一个经济结构转换和主导产业部门置换的过程，这就是结构转换规律。结构转换可以分成空间结构和时间结构来考察。空间结构是相互作用的各种经济关系在空间上形成的一种共时态的结合方式；时间结构主要表现为各种经济或产业转换之间的历史逻辑关系。城市集约化发展是一个过程，即由粗放向集约转变的过程，这个过程也是城市经济结构调整和城市空间结构不断优化的过程。集约化在很大程度上依赖于城市经济结构和空间结构所构成的城市整体结构的优化水平。城市经济结构与空间结构之间是一个共生体，是相互作用的，二者之间存在着内在的逻辑联系。其中，一种结构的转换势必会带动其他分体结构的变化。一种结构的优化或经济，必然会引起其他分体结构的优化或经济，并使总体结构发生变化，朝着优化或经济方向转换。从我国城市发展的现状出发，生产要素的空间结构优化在城市整体结构优化中具有极其重要的作用，它主宰着城市整体结构，其他分体结构依附于此而生存和发展。同时，它的合理化要素和资源配置的规模、结构、方向的合理化，自始至终起着一种催化剂、助动器的作用。因为资源要素的空间配置是一个资源存量调整与重新配置的过程，它的意义绝不仅仅是空间布局合理化，更深远的意义还在于利用要素结构间的关系。促成城市整体结构，包括产业结构、投资结构、规模结构、技术结构等的根本转换，一个富有效率和效益的城市整体结构与集约型增长模式相适应，才能保证城市持续稳步地向前发展。

3. 配置效率是城市集约化增长的核心

集约化强调城市运行的质量和效益，其中，集中体现在城市经济运行中的资源配置效率上。传统的经济理论最初将经济资源分为土地、劳动和资本三种类型，并认为上述三种资源的总量和相对比例关系决定一国的实际经济规模和在国际分工中的比较优势。然而，随着现代科学技术的进步，20 世纪 60 年代以来经济学理论对经济资源的认识开始出现了重大的变化，其中最突出的一点是制度、知识、信息和科学技术作为一种重要的生产资源或投入要素得到了广泛的承认。对于这些可供利用的资源，我们认为可以从另一种角度来进行划分，传统上被高度关注和开发利用的主要是实物形态的经济资源，它们能看得见摸得着，可简称为有形资源。而现代经济生活中，人们更多地重视的是本身没有独立形态的，不容易直观地把握的资源，即无形资源。无形资源是社会经济运行过程中发挥作用的除有形资源之外的各种经济要素。如果从资源配置即无形资源和有形资源相对作用来分析，城市集约型增长同粗放型增长的差异主要就在于，粗放增长以实物性资源的数量扩张作为城市产出总量增长的基本推动因素，在整个城市经济运行中，有形资源发挥着支配性作用，无形资源总体上只是起着补充作用；而集约增长则将无形资源的有效利用作为提高城市产出总量的关键所在。因此，在城市发展过程中，有形资源向第二、第三产业相对集中，总是需要有密集的无形资源来发挥作用，并且依赖于对无形资源的开发来提高产出的质量和效率。从资源的空间配置上看，当无形资源在经济运行中发挥着主导作用的时候，它会支配着有形资源进一步地向城市集中。

由此可见，无形资源对城市资源配置有激活效应，使资源配置效率得到改善。城市增长和发展的关键是效益，这个效益通过效率的途径才能达到，而资源配置效率尤其是城市无形资源配置效率是集约型经济增长的核心，这是最关键的。

4. 持续发展是城市集约化增长的目标

城市持续发展是指在一定的时空尺度上以长期持续的城市增长及结构进化为目标，实现城市社会、经济、生态系统协调有序、良性循环的目的。就宏观而言，城市持续发展是指一个地区的城市在数量上的持续增长和规模结构上的协调发展，最终实现城乡一体化；就微观而言，城市持续发展是指城市在规模（人口、用地、生产）、结构、功能等方面的持续变化与扩大，以实现城市结构的持续性转换，总而言之，城市持续发展是城市数量、规模和结构由小到大、由低级到高级、由不协调到协调、由非可持续到可持续的变化过程，对城市系统发展来说，城市持续发展表示城市系统的发展过程受到某种干扰时具备的一种通过自身改造，不断保持其组织机能的优化能力，是以稳定性和协调性为必要条件的动态变化过程。

城市持续发展与集约化增长的关系，表现在以下两个方面：第一，集约化增长是城市可持续发展的基础和内在要求。如前所述，粗放型城市发展过分依赖资源的粗放利用，即资源的投入单纯地以量的扩张为特征。粗放型城市发展潜藏着危机，因为城市的物质容量有限，资源有限，这种城市增长方式必然阻碍城市的持续、健康发展。而集约增长表现在资源配置状况的效率改善、规模节约和知识进展（包括技术进步）等方面，它是以资源的有效利用和提高城市质量为特征的。因此，集约增长本质上与城市持续发展是一致的，而且它构成了城市持续发展的基础和内在要求。第二，持续发展是城市集约化增长的关键和最终目标。我们说集约化，当然不是为集约而集约，其目的是为了城市持续、稳定、健康地增长和发展，城市持续发展是建立在集约增长之上的。城市持续发展作为一种发展观和行为准则，是集约增长的一个总的努力方向。

四、城市经济集约化增长：量的规定性

究竟什么样的城市经济增长才可称得上“集约化”？显然，回答这个问题，必须有一整套评价和测定城市集约增长的指标体系。然而，现实中，存在着两方面的困难使得这种指标设计显得非常复杂，一是城市集约化增长的动态性，即集约增长是一个动态的转变过程，在不同的发展阶段城市集约增长面临的问题和目标可能不同，因而也会产生不同的数量特征和质量特征，测定指标应该用统一的标准反映城市发展不同时期的不同特征；二是城市集约化增长内涵的广泛性，即集约增长的内容既包括量态变化，也包括质态变化，由于集约增长内容过于广泛，决定了其目标的多元性及度量指标的复杂性。

城市集约化增长的综合评价，应该较好地反映它的质的规定性，并便于将集约化概念实际应用到政策制定和政策评价中去。因此我们认为，指标设计应该遵循全面性、相关性、动态性和可比较性的原则。全面性是指测定指标体系应全面涵盖城市集约化增长目标的内涵，集约发展的量态特征和质态特征、时间特征和空间特征都应在指标体系中得到反映，这就要求必须形成一个多目标、多层次的指标体系，来包容集约增长的主要方面。相关性是指各项指标要有内在联系，而不应该是单项指标的简单相加。为避免指标堆砌、交叉重复，要对一般指标进行取舍，尽可能地选择最能突出地表现集约增长特征的指标。动态性是指测定指标体系不应该是一个固定的模式，要以能够正确反映不同阶段城市发展规律和具体特征为出发点，来进行适当的调整，以适应客观环境的动态变化。可比较性是指所选取的指标应能易于进行地区间和国家间的比较，易于在一定时间跨度上进行自身的发展对比。

现行用于测度的指标种类繁多，要想从中选择出评价城市集约增长的几项指标，并使它们符合上述四项原则，是一件极难的工作。其中，一个可行的办法是从城市集约增长的内涵和本质出发，即从集约增长的质的规定性出发，因为这些特征也是决定集约增长的主要因素。已如前述，我们将城市集约增长的基本因素或特征规定为空间因素、结构因素、效率因素和生态因素等几个方面。我们认为，应该将反映这些因素变化的指标综合起来构造一个体系，以反映城市发展的集约程度，即集约度。

集约度就是用来衡量城市集约增长水平的综合指标。集约度是对城市系统结构、功能及运行效率的总体认识。测定集约度，需要选择描述性指标和评估性指标，使其在时间尺度上反映城市系统的发展速度和变化趋势，在空间尺度上反映整体布局和结构特征，在数量上反映其总体发展规模，在质量上反映城市质量和功能及现代化水平。本节无力给出集约度与指标体系的具体结构，只能示例性地探讨以下指标的构成。并对部分指标作出大致的描述和分析。目的是想把若干个相互联系，从不同角度、不同侧面反映城市增长集约程度的指标连接在一起，以对城市集约化的数量关系及质态变化进行评价和判断。

（一）集聚规模节约

要素集聚规模的经济性或带来的节约，是综合要素生产率提高的途径之一，也是影响集约发展的重要因素。只有首先衡量城市经济总量的规模，才能谈及城市增长的优劣程度。

反映集聚规模节约的一个总量指标，是集聚经济贡献率。对集聚规模经济贡献率的测量，经济学家们曾做过有益的探索。一种方法，就是在生产函数分析框架内测量集聚规模的经济性。城市集聚与经济增长公式是：

$$Q=g(A)f(K,L)t^h \tag{4—13}$$

式中，Q，K 和 L 分别表示产出、资本和劳动力；A 表示城市间或产业间劳动生产率的差异。如果采用时间序列数据，t 为时间，h 为递增规模报酬。当 $h=1$ 时，生产函数在城市间是相同的。$g(A)$ 表示集聚经济在城市或产业之间的差异。

这种方法引起了对城市制造业规模经济的一些有意义的研究，但是，没有显示出城市化经济的性质，而 Henderson 和 Segal 等人的研究更进了一步。Henderson（1988）用计量经济模型来预测地区化及城市化经济，他考察了在劳动生产率一定的条件下，集聚经济与工业及城市规模变化的关系。假设关系式如下：

$$Q=(k,e,q,N) \tag{4—14}$$

式中，Q 表示某一产业部门中的职工的人均产出，k 表示职工人均资本设备量；e 表示职工的受教育程度（劳动技巧与生产率的度量）；q 表示这一产业部门的总产出；N 表示城市或城市地区的总人口数。人均产出会随着人均资本量及职工受教育程度的提高而提高，如果存在地区化经济，那么人均产出会随着资本量的提高而提高；如果存在城市化经济，人均产出会随着受教育程度的提高而提高。统计分析可用于衡量统计的变化对人均产出的独立影响，i 也可衡量 W 的变化对人均产出的独立影响，即城市规模变化对劳动生产率的影响。Segal（1976）的研究证明，大城市超过 200 万人口的生产率要比小的城市高 8%。可以认为，这就是由集聚规模带来的经济收益。

（二）结构优化水平

结构优化水平首先体现在结构效益上。一个能够综合考虑结构经济效益的指标是综合结构效益指数。它的特点是将技术进步与产业结构分析相结合，不仅反映出各产业的技术进步状况，而且反映出在技术进步方面，产业结构的状况是否良好。通过这项指标，可以一目了然地看出整个城市经济结构的效益是好还是坏，是逐年上升还是下降，因而是评价集约增长的重要指标之一。该项指标的计算公式为：

$$Z=\sum_{i=1}^{n}W_iT_i-T \tag{4—15}$$

式中，Z 为结构综合效益指数；W 为权数；i 为产业部门编号；n 为产业部门总数。另外，T_i 和 T 是某项反映技术进步的综合指标，如劳动资金产出率、科技进步贡献率等。其中，使用劳动资金产出率尤为方便，其公式为：

$$Ti=\frac{Y_i^2}{K_iL_i} \tag{4—16}$$

式中，Y、K 和 L 分别代表第 i 个部门的总产值、资金总额和劳动力人数。把它们用于分析城市产业结构指标的公式中，能把技术进步的因素融合到产业结构的分析中。当然，还可以用整个城市系统的经济总量计算出 T。在正常情况下，指标 Z 的值应该是大于零的。在一段历史时期的分析中，如果该值趋于上升，说明产业结构趋于合理化，结构的调整对于经济效益的提高起了好的作用；反之，则反映出结构调整中可能存在一些问题。

（三）资源利用效率

对城市系统效率高低的评判应以资源的系统最优利用为标准。资源的系统最优利用，是城市系统综合考虑时代科技进步所带来的效率潜力后，而采取的有形资源利用和无形资源利用的最优组合。

如果用投入转化为产出的效率来描述城市系统的资源利用水平，借用生产力水平的定义，则有：

$$L=\frac{O}{I}\times 100\% \tag{4—17}$$

式中，城市/产业系统正常运行中单位时段的投入为 I，产出为 O。因为集约发展，关键的问题是“要素生产率”的提高，提高产出量对投入量之比，即提高投入产出效益。那么，在此基础上，我们可以得到城市/产业系统的资源利用效率的几个重要评估指标。其中，反映投资集约化程度的一个重要指标是资本投入产出率。该指标在西方经济学中，常用“资本投入—产出比率”来表示，如以 K 表示资本投入量，G 表示产出量，则资本投入—产出比率为 K/G。K/G 的倒数为 G/K，即每单位资本投入的产出量，可称“资本投入效率”，提高资本投入产出率，就是提高资本投入效率。

与资本投入产出率密切联系的是劳动投入产出率。劳动投入产出率是每单位劳动的产出量，即“劳动投入—产出率”，或通常所说的劳动生产率，它是从活劳动的角度来考察集约发展程度的。

需要指出的是，在传统增长理论中，投入产出效益是以资本或劳动投入量和技术进步相分离为假设的。它将影响经济增长率的因素分解为劳动、资本和技术进步三个主要方面，并分析各自对经济增长的贡献。实际上，在集约增长条件下，资本或劳动投入量的增加往往是与无形资源的开发利用（包括技术进步）相结合的。而城市集约增长更强调对无形资源的开发利用，因此无形资源利用效率自然也应该包括在资源利用效率指标之中。

另一个衡量资源利用效率的重要指标是能源有效利用率。这一指标是国内生产总值与能源消耗的比率，其中能源消耗是指城市用于各种消费的一次能源。该指标的数值高低，反映了能源有效利用的程度，比值越大，表明能源产出率高，能源得到有效利用，经济效益越好。这一指标也可表述成每万元国内生产总值消耗的能源，其数值越小，反映产出效益的水平越高。

土地是城市中最稀缺的资源之一，城市土地利用效率也是城市集约化增长的最主要的特征指标之一。城市土地利用效率可分为宏观的结构效率和微观的边际效率两个层次。结构效率用以衡量城市或区域的土地利用优化水平，它主要由城市各类土地的配置合理程度、基础设施水平和城市建设与开发的容量控制标准来体现。边际效率用以衡量局部地段的土地利用效率，它主要取决于土地使用方式，即土地使用的用途和开发强度。

（四）增长的持续性

增长的持续性是评价城市集约增长的一个重要指标。关于持续性的概念已有很多不尽相同的解释，在不同学科范围内也以多种方式应用持续性这个概念。如达斯曼用这个词来表示基本需求的满足、自我依赖和生态持续性；在农业系统的分析中，阿尔提瑞把持续性定义为地力的可恢复性、环境的健全性、经济上的合理性和社会可接受性。应用最广泛的持续性概念是道格拉斯提出的三重定义，即环境重要性、食物充足性和社会公平性。布朗等人的思想与此类似，但提法为生态持续性、社会持续性和经济持续性。在研究城市发展时，布朗的定义与我国学者将城市系统视为经济、社会和环境的人工复合系统的三维分析框架基本一致，在此，我们将其作为评价城市集约增长的三套要素来加以考察。对城市经济增长来说，要达到持续性的目标，其充要条件就是做到社会、经济、生态系统之间的协调。因此，考察城市发展状况是否符合可持续发展的要求，必须考察城市三个系统是否达到了协调发展。这样，城市持续增长能力的度量就落在了对城市三个子系统的相互协调度的衡量上。

五、其他几种城市经济增长模式

所谓城市经济增长模式是指城市经济要素的分配、组合、投入及产出的总体特征，决定着城市生产力系统的整体效能和发展状况。对于一个城市而言，其经济增长模式的选择取决于多方面的因素，并且可以实现多种模式的整合，但为了便于理论研究，我们可以将增长模式分别作如下介绍：

（一）非均衡增长模式

一个城市如要保持其经济的持续增长，必须按照事先拟订的战略对各种不平衡关系进行调整，使经济运行状态从不均衡到均衡，以实现经济增长的目标。

（二）均衡增长模式

以投入产出关系来描述城市 GDP 的各种平衡关系，并探寻这种关系对城市经济增长的影响，从而针对所产生的影响来采取对策，促进经济的均衡增长。

（三）最优增长模式

能使未来消费水平提高幅度最大的增长率为最优增长率，取得最优增长率主要决定于现期消费和投资的互动作用，即现期消费旺盛，投资增加，未来供给增加，未来消费水平有了供给基础，未来消费进一步增长，进而达到最优增长。

（四）周期性增长模式

创新的周期性导致政府不干预的情况下利息率上升，并诱导出储蓄和新投资的形成，同时降低资本积累的负效应，不断激发新的经济增长过程。

（五）结构性增长模式

从城市产业结构的动态变化中可以看出，一定时期城市产业结构中某构成要素的变动，通过产业链会促进相关产业的发展，从而带动整个经济增长。

（六）外向性增长模式

在市场开放的前提下，城市经济和贸易活动具有较强的外向辐射能力和结构调整能力，如果这两大能力得到充分的发挥，就能推动城市经济较快增长。

（七）内生性增长模式

一个城市的发展不能长期指望以自然资源和廉价劳动力所形成的比较利益促进经济增长，而应该以人力资本和技术的内生化为基础，通过对现代工业文明和技术进步动态效益的不懈追求，来实现城市经济的增长目标。

第四节　城市经济增长政策

上述城市经济增长模型和机制理论在实践方面的一个重要价值是，为城市管理者制定发展政策提供重要的理论依据。这里要深入讨论，城市经济增长作为一个价值判断问题，其增长速度、增长方向以及增长结构应当如何确定？一项城市经济增长政策，是否已经考虑清楚它的最终目标？它们是否能够得到城市经济学理论的支持？回答这些问题，要研究城市经济增长的模式和相应的调节政策。

一、城市经济增长的目标

城市经济学家们在制定城市经济增长政策时一般追求两个目标：资源配置的帕累托最优与社会福利的公平化。

（一）资源配置的帕累托最优

经济学告诉我们，帕累托最优是用来衡量城市范围内的资源是否实现了优化配置的重要标准，大多数城市经济发展政策都是要努力让现有的城市资源配置趋向于帕累托最优的水平。帕累托最优效率是这样一种状态，当前整个经济体系中每个经济主体的社会福利在现有条件下，已经达到最佳状态，不能再做任何改善了，任何改变都会降低某些人的福利。

假设在一个只有一个城市的社会里，城市政府要对有限的城市资源作两种性质不同的分配，用于当前扩建城市的投资和用于研究城市环境保护以实现城市的可持续发展。前者是当期的生产行为，后者是长期的投资行为。现在假设城市政府每年研制的环境保护措施能够使未来每一年都能持续获得 Δx 的城市产出流。而这样做的机会成本是，如果用环保的费用去扩建城市，可以获得 ΔX 的当期产出。所以，城市的报酬率是 $\Delta x/\Delta X$，图 4—4 中的 XX 线清楚地表明了这个跨期替代的过程。

为了讨论城市的消费，我们将城市的效用函数定义为：

$$U=U(X,x) \tag{4—18}$$

式中，X 为当期产出，x 为未来的产出。在图 4—4 中，XX 线表明了城市的资源潜力。I_1、I_2、I_3 曲线从城市的生产主体看，是一组效用曲线或福利函数，根据生产者行为理论，城市必然选择 A 点来确定其生产行为，以使资源的利用达到最大效率；而从消费主体看，则是一组无差异曲线簇，根据消费者行为理论，城市将会选择 A 点来确定其消费行为，因为这个决策可以使得城市的投资报酬率（生产的边际替代率）$\Delta x/\Delta X$ 等于最高的那个无差异曲线切线（见图 4—4 中的 YY 线）的斜率，从而实现有效率的城市投资活动。

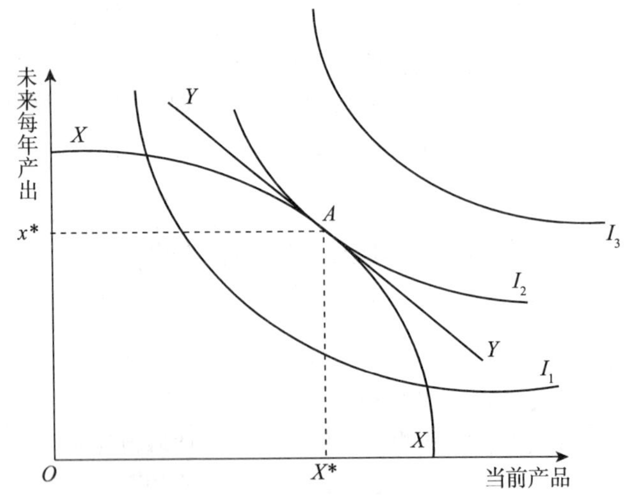

图 4—4　城市生产的帕累托最优分析

如果把这个单个城市经济拓展到整个城市体系的市场经济的情况，那么，城市现在不再是自给自足的独立经济单位，城市把自己的产品拿到市场上去出售以获得收入，并进一步用所获收入去购买其他产品，这时，城市的最优行为将遵循 $\Delta z/\Delta Z=$MRS 的原则，z 是放弃当期收入 Z 后所获得的持续性未来收入，MRS 是城市效用函数的边际替代率。对于市场中众多的生产者而言，它们都要面临同样的选择，即如何将资源或时间合理配置在投资将来或者生产当期就能被消费掉的产品。在此基础上，它们还要决定需要使用多少当期收入来消费，进而可以把多余的钱借给那些愿意牺牲当期消费并投资未来的人。所以，就需要在借贷市场上融通资金，在这个市场上，拥有良好投资机会的生产者愿意为得到投资所需的资金而支付利息。利息率越高，他们对借贷资金的需求 DD 就越小；相反，借贷资金的供给 SS 是利息率的增函数，两者相交于 B 点，从而决定了均衡的利息率水平和货币借贷量 m^*。这样，城市可以把部分收入用于投资并获得持续的回报 $\Delta z/\Delta Z$，或者把它借出去以获得利息 r^*，这意味着，$\Delta z/\Delta Z=r^*=$MRS。换句话说，城市投资的未来回报必须等于其在借贷市场所能得到的利息。在这个均衡条件下，经济中的每个人具有相同的收入边际替代率，它们在数值上等于市场利息率。可见，完全竞争市场经济使得每个人投资的未来收益和当期收入的边际替代率完全相同，所以除非某些人的福利下降，我们找不到其他方法来提高社会中另外一些人的福利，因此实现了资源配置的帕累托最优。当然，我们知道，完全竞争市场经济配置资源的结果往往会因为如下几方面条件的影响而出现低效率：垄断、公共产品、外部性和信息的不对称。所以从这个意义上说，将帕累托最优效率设立为城市经济增长的目标模式也就是要努力改善这几方面的低效率情况。

（二）社会福利的公平化

城市经济学家在强调经济增长的同时，也提出了衡量社会福利水平的各种方法，因为良好的经济增长必须实现社会的公平，才具有社会意义，增长的收益只为部分人所得，不能为全体城市居民造福，不能说实现了城市经济增长的目的。

假设城市社会由 n 个人组成，U 是每个人的效用，社会福利函数可以被定义为：

$$S=S(U_1,U_2,U_3,\cdots,U_n) \tag{4—19}$$

社会福利函数的具体表达式有多种，根据福利经济学的分析，帕累托最优只是社会福利最大化的必要条件，社会福利最大化的充分条件依托于不同社会福利的价值标准。例如庇古标准、卡尔多-希克斯的补偿检验法则标准、西托夫斯基的补偿检验标准、李特尔标准等。一种考虑权重的社会福利函数反映了对各个社会层次的人们的社会福利的不同要求，即：

$$S=b_1U_1+b_2U_2+b_3U_3+\cdots+b_nU_n \tag{4—20}$$

但是，经济学家认为，合理的社会福利函数必须依赖于那些福利最低的人的处境得到改善，例如罗尔斯（Rawls，1971）认为：

$$T(U_1,U_2,\cdots,U_k)=\min(U_1,U_2,\cdots,U_k) \tag{4—21}$$

罗尔斯设想社会中的每个成员都会对某个状态产生一致的意见。这个状态指的是社会中的每个人不需要特殊的知识就达成的共识，而社会中的理性人不会预先赞同一个将会使得其利益受损从而提升他人利益的社会福利函数。相反，他们会根据最坏情况排列的最大化来进行选择，当然这种行为主要适合于那些风险规避型的人。这里，需要注意的是，在罗尔斯主义的模型框架下，社会契约并没有要求每个人的最终福利完全相同，而是强调要在最大原理的基础上实现每个人权利和机会的等同化。米尔（Mier，1993）把罗尔斯的思想引入了对城市经济发展的研究中，同时，作为城市发展的规划者，他努力把城市发展政策的核心思想定位为"帮助那些福利最低下的人"并取得了成功。

综上所述，城市经济增长的目标既要在当前消费和未来投资的权衡中体现资源配置的效率，又要在满足最大多数人的需要上体现社会福利。这一目标的实现，无法完全依赖自由市场机制，需要城市政府的经济增长政策。

二、城市经济增长政策

城市经济增长政策是使城市经济围绕城市经济增长目标而实现城市经济增长的管理手段，它对城市经济的增长效果有重要的影响。推动城市经济增长的政策方法很多，这里从产业政策、要素投入及收益政策和公共环境政策三个方面介绍城市经济增长的推动政策。

（一）城市输出部门和地方化部门的产业政策

从前面介绍的城市基础部门模型和凯恩斯乘数增长模型中，我们了解到城市输出部门是城市经济增长的重要源泉。因此，城市发展政策的决策者应该努力寻找到那些具有发展潜力的城市输出产品的生产部门，并为这些部门的发展制定产业政策。推动城市经济增长的产业政策，其制定工作主要有如下内容：

1. 确定城市基础部门

城市基础部门的经济特征一般表现在：

- 输出产品的产值占本市总产出的很大比重；
- 较多地采用本地投入品，增长乘数高；
- 较高的边际输入倾向转化为输出产品；
- 在全国具有较高的收入弹性。

城市增长政策制定者要搜集足够的资料研究哪些产业具有这样的特征。这可以通过城市基础部门模型、乘数增长模型和投入产出模型来分析。

2. 制定扶持城市基础部门的产业政策

确定了城市基础部门，然后要研究采用哪些政策措施扶持其迅速发展，以带动城市经济的高速增长。从城市政府的角度看，要在国家总体产业政策的指导下，确定本市的产业政策重点，通过地方财政税收政策、信贷政策、资源政策及收益政策等扶持城市基础部门的发展。

3. 发展城市地方化部门的政策

地方化部门是城市经济增长的重要依托性力量，它的作用主要在于：

- 为城市基础部门提供中间产品；
- 为城市的各种生产活动提供配套产品和生产性服务；
- 为城市居民提供各种生活性、发展性和享受性的服务。

使本地的一般需求尽可能实现地方化，是现代经济发展的特点之一，因此，城市政府要努力扶持地区的本地化，可以在税收、信贷、资源和收益等政策上采取有针对性的政策措施，发展本地产业。

4. 培育产业集群

产业集群现象在城市地区往往是由城市基础部门的发展吸引它的上游和下游的生产过程，以及由于集聚经济的原因而形成的本行业规模的扩大而导致的经济现象。它是现代区域性发展的主要原因。城市经济要发展，没有一个产业集群的过程是不可能的。因此，城市政府应当根据本地条件，积极培育产业集群。其主要做法是：

● 积极促成本地主导产业的中间产品的本地化，实现其与上游产品的产业链接。主导产业不是指支柱产业，是指有较高的收入弹性、生产率上升率和产业关联的发展性产业，发展主导产业和其中间产品投入，是形成产业集聚的基本途径。

● 以优惠措施吸引城市域外与本城市基础部门类同的产业进入本市，以壮大本地基础产业规模，形成产业集群。

● 支持本地的各种技术进步和新产品的开发，以核心性产品的开发牵出系列产品群，实现创新性产业集群。这些做法需要配合以各项经济优惠政策。

（二）城市经济增长的要素投入和收益政策

城市经济增长依存于要素的投入和投入的积极性。一是要素在城市经济中的主要内容包括劳动、资本、技术进步、企业家精神等；二是要素投入的积极性与要素的报酬政策密切相关。

1. 城市劳动力投入及其报酬政策

劳动生产率一定的情况下，劳动力持续稳定的增长是城市经济增长的重要动力。而城市劳动力供给的基本来源之二是外部劳动力的流入。现在很多研究表明，更大的劳动力转移将会促使城市对劳动力需求的进一步提升，从而促使更多的劳动力流入该地区。所以这个城市的政府应制定促使劳动力合理流动和充分利用的政策。例如，防止劳动力歧视政策、同工同酬保证政策、最低工资政策等，使城市经常性地保持着吸收就业的经济增长的活力。同时，政府提供劳动力的公共培训，以便最大限度地提高劳动者的人力资本，使城市经济增长能够得到素质不断提高的劳动者。

2. 城市资本投入及其报酬政策

持续的资本投入是支撑城市经济长期增长的重要条件。根据我国的情况，城市政府一般应考虑资本利用和开发的政策，积极采取提高私人投资形成水平的政策措施。目前很多发展中国家都存在着私人资本总体投入不足的情况，并且在地方范围内的私人资本投资往往没有实现充分利用。为此，城市政府应当通过制定各项政策来引导私人资本流向那些资本利用率更高的部门。例如，政府的税收减免、投资补助及对中小企业的扶助计划都会对地方经济增长产生显著影响。这里，城市政府的地方官员需要全面理解私人投资的重要性，特别是要注意研究私人投资对当地经济长期发展的影响。

3. 充分实现中央政府和地方政府对公共品投资的政策

对公共品进行投资，是政府部门责无旁贷的决策权力和社会义务。例如政府往往大量投资于城市大型机场、高速公路和运输管道等，为了实现对现有投资存量的维护，城市政府也必须投入相当规模的资金。所以，城市政府的一个重要工作是在众多的大规模投资项目中，寻找到那些社会公益性强和回报率最高的项目。

4. 完善城市资金市场，广泛利用社会闲散资金从事城市建设

这里最主要的是疏通城市融资渠道，保证社会资金的市场流通，能够使投资人安全地获得市场收益，以便能够吸引更多的资金，并提高资金的使用效率。

（三）城市经济增长的技术进步政策

技术进步具有多样化的形式：新的改进型产品的出现、更好的生产工艺及新技术扩散到更多的生产部门等。它是促进城市经济增长的根本性机制。为此，城市政府应积极实施促进城市技术进步的经济政策：

1. 知识创新政策

很多发达国家在快速城市化过程中，城市政府往往制定大量政策来鼓励技术进步。它们对高校和研究机构的很多基础性和应用性研究提供各类资金支持，这是获得城市经济增长的重要源泉。

2. 中小企业技术进步政策

城市中小企业技术开发能力薄弱，需要城市政府的扶持。由于这些企业往往在城市经济增长中具有重要作用，为此城市政府应尽可能鼓励和帮助它们采用先进的新技术开展生产，因而需要一些政策扶持。如优惠技术贷款、提供公共实验室一般技术的公共供给等。

3. 技术开发和生产关联政策

技术的开发过程往往和本地区的重要产业发展有紧密的联系，一些美国的实证研究结果表明，高校研发中心的发展和美国 6 个部门的地方化增长呈现显著的正相关关系。因此，城市地方政府应订立一些重要的技术开发和生产关联政策支持本地区的技术开发和经济增长。

（四）城市发展创新和企业家精神政策

城市内部有活力的新兴产业发展需要富有创新精神的企业家和他们开展风险投资的行为。因此，可以把企业家精神看作是一种发现市场中的机会并借助开办企业的方式来抓住这个机会的能力。为此，城市政府应制定鼓励创业的政策，采用一些降低和分散投资风险的政策措施。

（五）城市经济增长的公共环境政策

城市经济增长的公共环境是指城市的自然环境、文化和公共品（或者统称为“社会适宜度”）供给的状态，它是决定一个城市经济增长的重要因素。随着技术的进步，生产摆脱了以往的资源、地理、气候、运输等约束条件，很多工业企业的选址都逐步摆脱了传统意义上的资源、中间投入品或市场导向的特点，转而关注企业发展的社会环境。拥有一个比较理想的“社会适宜程度”的城市可以让该地区的企业更容易雇用到有能力的劳动力。但是，到目前为止，很少有实证研究确切地估计了不同的社会适宜程度对当地经济增长的影响。从我国来看，完善城市经济增长的公共服务环境是当前城市发展的重要方面。为此，城市政府可以采取如下一些政策。

1. 城市投资环境的建设

城市投资环境包括多种内容，主要指投资的硬环境和软环境。硬环境是城市的资源、自然环境及基础设施和服务的功能状态。每一个城市都有其区位特点，城市政府应充分发

挥本地硬环境的潜力，结合本地环境状况进行基础设施建设和提供优质的基础设施服务。软环境主要指城市的市场发育水平和政府公共服务的水平，城市市场发育水平将直接影响从事商务活动的效率，特别是要素市场的水平，直接影响投资者的决策。为此，城市政府应不断地完善市场建设，保证要素市场的功能；城市政府公共服务的水平也是影响投资者决策的重要因素，为此提高政府自身建设将对城市经济增长有重要的促进作用。

2. 商业孵化环境的建设

商业孵化环境指适宜于创新发展的社会环境。目前世界各地很多城市政府都在利用各种措施来营造一种催生有能力企业家的商业孵化气氛。商业孵化氛围有多种形式。在多数情况下，一些高校通过直接兴办技术和商业开发区来促使新技术或商务活动的发展。这种方法的目的是想借助学校的研究人员的力量更快地把技术和科学发现转化为市场化的产品。现在，有关技术和商业开发区的案例研究非常之多，但对于一个成功的商业孵化基地背后究竟是由哪些因素决定的，还是当前城市经济中需要深入探讨的问题。城市政府可以在这方面的建设中不断地总结经验。

3. 城市经济增长的公共服务政策

城市经济增长需要大量的公共服务，如供水、供电、通讯等公共企业服务和办理各种手续的政府服务。这些服务过去在我国一直是由政府直接提供，随着市场机制的完善，这些功能可以逐步地过渡到民间的公共企业或以各种中介咨询的方式经营。政府则主要以法律为依据对这些活动实行监督管理，为此，要实施一些旨在提高效率促进城市经济增长的民间的公共供给政策。

关键术语

城市经济增长　　经济增长机制　　经济增长模式　　经济增长政策

思考题

1. 城市经济增长的内涵是什么?
2. 对城市基础模型的评价如何?
3. 如何从质的和量的方面去考察城市经济集约化增长?
4. 城市政府可以采取哪些政策促进城市经济增长?

主要参考文献

[1] 冯云廷主编. 城市经济学（第二版）. 大连：东北财经大学出版社，2008
[2] 高洪深. 区域经济学（第三版）. 北京：中国人民大学出版社，2010
[3] 丁健. 现代城市经济. 上海：同济大学出版社，2001

第五章

可持续发展理论与循环经济

重点问题

- 可持续发展理论
- 循环经济的内涵
- 循环经济理论与创新分析
- 各国循环经济发展状况

第一节 可持续发展理论概述

一、可持续发展历程探源

可持续发展理论的形成经历了相当长的历史过程。20 世纪 50—60 年代，人们在经济增长、城市化、人口、资源等所形成的环境压力下，对增长、发展的模式产生怀疑并展开讨论。1962 年，美国女生物学家莱切尔·卡逊（Rachel Carson）发表了一部引起很大轰动的环境科普著作《寂静的春天》，作者描绘了一幅由于农药污染所引起的可怕景象，惊呼人们将会失去“春光明媚的春天”，在世界范围内引发了人类关于发展观念上的争论。10 年后，两位著名美国学者巴巴拉·沃德（Barbara Ward）和雷内·杜博斯（Rene Dubos）合作发表的享誉很高的《只有一个地球》问世，把人类对生存与环境的认识推到一个新的境界——可持续发展的境界。同年，一个非正式国际著名学术团体罗马俱乐部发表了有名的研究报告《增长的极限》，明确提出“持续增长”和“合理的持久的均衡发展”

的概念。1987 年，以挪威首相布伦特兰为主席的联合国世界与环境发展委员会发表了一份报告《我们共同的未来》，正式提出可持续发展概念，并以此为主题对人类共同关心的环境与发展问题进行了全面论述，受到世界各国政府组织和舆论的极大重视，在 1992 年联合国环境与发展大会上可持续发展理念得到与会者共识与承认。

（一）源于生态学

随着莱切尔·卡逊的《寂静的春天》的问世，书中所提出的有关生态的观点逐渐被人们所接受。环境问题从此由一个边缘问题逐渐走向全球经济议程的中心。在这之后，随着公害问题的加剧和能源危机的出现，人们逐渐认识到把经济、社会和环境割裂开来谋求发展，只能给地球和人类社会带来毁灭性的灾难。源于这种危机感，可持续发展的思想在 80 年代逐步形成。1983 年 11 月，联合国成立了世界环境与发展委员会（WECD)。1987 年，受联合国委托，以挪威前首相布伦特兰夫人为首的 WECD 的成员们，把经过 4 年研究和充分论证的报告——《我们共同的未来》提交联合国大会，正式提出了“可持续发展”(sustainable development）的概念和模式。“可持续发展”一词在国际文件中最早出现于 1980 年由国际自然保护同盟制定的《世界自然保护大纲》，其概念最初源于生态学，指的是对于资源的一种管理战略，其后被广泛应用于经济学和社会学范畴，加入了一些新的内涵，是一个涉及经济、社会、文化、技术和自然环境的综合的动态的概念。

（二）源于《增长的极限》一篇报告的问世

地球环境的“承载能力”是否有界限？发展的道路与地球环境的“负荷极限”如何相适应？人类社会的发展应如何规划才能实现人类与自然的和谐，既保护人类，也维护地球的健康？试图回答这些问题是一个由各类专家（包括经济学家、数学家、社会活动家和其他自然科学家）组成的名为“罗马俱乐部”的组织。1972 年他们发表了题为《增长的极限》的报告。报告根据数学模型预言：在未来一个世纪中，人口和经济需求的增长将导致地球资源耗竭、生态破坏和环境污染。除非人类自觉限制人口增长和工业发展，否则这一悲剧将无法避免。这项报告发出的警告启发了后来者。从 20 世纪 80 年代开始，最早见诸于《寂静的春天》中的“可持续发展”一词，逐渐成为流行的概念。

（三）国际化共识源于世界环境发展大会

1987 年，世界环境与发展委员会在题为《我们共同的未来》的报告中，第一次阐述了“可持续发展”的概念。在可持续发展思想形成的历程中，最具国际化意义的是 1992 年 6 月在巴西里约热内卢举行的联合国环境与发展大会。在这次大会上，来自世界 178 个国家和地区的领导人通过了《21 世纪议程》、《气候变化框架公约》等一系列文件，明确把发展与环境密切联系在一起，使可持续发展走出了仅仅在理论上探索的阶段，响亮地提出了可持续发展的战略，并将之付诸全球的行动。

可持续发展的思想是人类社会发展的产物。它体现着对人类自身进步与自然环境关系的反思。这种反思反映了人类对自身以前走过的发展道路的怀疑和抛弃，也反映了人类对今后选择的发展道路和发展目标的憧憬和向往。人们逐步认识到过去的发展道路是不可持续的，或至少是持续不够的，因而是不可取的。唯一可供选择的道路是走可持续发展之路。人类的这一次反思是深刻的，反思所得的结论具有划时代的意义。这正是可持续发展的思想在全世界不同经济水平和不同文化背景的国家能够得到共识和普遍认同的根本原因。可持续发展是发展中国家和发达国家都可以争取实现的目标，广大发展中国家积极投身到可持续发展的实践中也正是可持续发展理论风靡全球的重要原因。美国、德国、英国等发达国家和中国、巴西这样的发展中国家都先后提出了自己的21世纪议程或行动纲领。尽管各国侧重点有所不同，但都不约而同地强调要在经济和社会发展的同时注重保护自然环境。正是因为这样，很多人类学家都不约而同地指出，“可持续发展”思想的形成是人类在20世纪中，对自身前途、未来命运与所赖以生存的环境之间最深刻的一次警醒。

（四）全人类开始付诸行动

当今世界，环境保护成了当代企业发展的口号。在能源领域，发达国家不约而同地将技术重点转向水能、风能、太阳能和生物能等可更新能源上；在交通运输领域，研制燃料电池车或其他清洁能源车辆已成为各大汽车商技术开发能力的标志；在农业领域，无化肥、无农药和无毒害的生态农产品已成为消费者的首选；在城市规划和建筑业中，尽量减少能源和水的消耗，同时也减少废水废弃物排放的“生态设计”和“生态房屋”已成为近年来发达国家建筑业的招牌。

（五）可持续发展取得共识后的实践分歧

在可持续发展理论的形成和发展过程中，在认知层面上发达国家与发展中国家产生了空前的一致，这也是20世纪在所有涉及发达国家与发展中国家的国际问题的讨论中所绝无仅有的。与此同时，人们也注意到，目前可持续发展的思想更多地是在发达国家中得到实践和探索。而在人类社会通往和谐发展的道路上，可持续发展概念的实施依然面对重重障碍。首先，南北不平衡是未来可持续发展的最大阻力。发达国家不仅通过两次工业革命获得了经济上的优势，而且在自然资源的占有和消费上达到了奢侈的境地。据经合组织统计，美国每年人均能源消费量达到了全球平均水平的5倍。发达国家享有工业革命的利益，却又力图回避与逃脱自身对全球环境应负的责任。这也成为全球可持续发展道路上的绊脚石。2000年，在海牙举行的20世纪最后一次《联合国气候变化框架公约》缔约方大会上就因个别发达国家的阻挠而未能达成协议，使框架公约得以贯彻的前景变得黯淡。其次，就发展中国家而言，追求自身进步与发展，提高居民生活水平的权利无可剥夺。但是，发展是否应该沿袭发达国家的“样板”？这也成为通往可持续发展之路上的困惑。典型的美国发展模式——大量占有和奢侈消费自然资源，同时大量排放污染，这是否值得广大发展中国家仿效？这不仅在发展中国家，而且在日本和欧洲等这样的发达国家和地区，也都成为思考的热点。

二、具有较大影响的几类可持续发展概念

与任何经济理论和概念的形成和发展一样，可持续发展概念形成了不同的流派，这些流派或对相关问题有所侧重，或强调可持续发展中的不同属性，从全球范围来看，比较有影响的有以下几类。

（一）着重于从自然属性定义可持续发展

较早的时候，持续性这一概念是由生态学家首先提出来的，即所谓生态持续性。它旨在说明自然资源及其开发利用程度间的平衡。1991年11月，国际生态学协会（Intecol）和国际生物科学联合会（Iubs）联合举行关于可持续发展问题的专题研讨会。该研讨会的

成果不仅发展而且深化了可持续发展概念的自然属性，将可持续发展定义为：保护和加强环境系统的生产和更新能力。从生物圈概念出发定义可持续发展，是从自然属性方面定义可持续发展的一种代表，即认为可持续发展是寻求一种最佳的生态系统以支持生态的完整性和人类愿望的实现，使人类的生存环境得以持续。

（二）从社会属性定义的可持续发展

1991 年，由世界自然保护同盟、联合国环境规划署和世界野生生物基金会共同发表了《保护地球——可持续生存战略》（Caring For the Earth：A Strategy For Sustainable Living，简称《生存战略》）。《生存战略》提出的可持续发展定义为："在生存于不超出维持生态系统涵容能力的情况下，提高人类的生活质量"，并且提出可持续生存的九条基本原则。在这九条基本原则中，既强调了人类的生产方式与生活方式要与地球承载能力保持平衡，保护地球的生命力和生物多样性，同时，又提出了人类可持续发展的价值观和 130 个行动方案，着重论述了可持续发展的最终落脚点是人类社会，即改善人类的生活质量，创造美好的生活环境。《生存战略》认为，各国可以根据自己的国情制定各不相同的发展目标，但是，只有在"发展"的内涵中包括有提高人类健康水平、改善人类生活质量和获得必需资源的途径，并创造一个保持人们平等、自由、人权的环境，"发展"只有使我们的生活在所有这些方面都得到改善，才是真正的"发展"。

（三）从经济属性定义的可持续发展

这类定义有不少表达方式。不管哪一种表达方式，都认为可持续发展的核心是经济发展。在《经济、自然资源、不足和发展》一书中，作者 Edward B. Barbier 把可持续发展定义为"在保持自然资源的质量和其所提供服务的前提下，使经济发展的净利益增加到最大限度"。还有的学者提出，可持续发展是"今天的资源使用不应减少未来的实际收入"。当然，定义中的经济发展已不是传统的以牺牲资源和环境为代价的经济发展，而是"不降低环境质量和不破坏世界自然资源基础的经济发展"。

（四）从科技属性定义的可持续发展

实施可持续发展，除了政策和管理国家之外，科技进步起着重大作用。没有科学技术的支持，人类的可持续发展便无从谈起。因此，有的学者从技术选择的角度扩展了可持续发展的定义，认为"可持续发展就是转向更清洁、更有效的技术，尽可能接近'零排放'或'密闭式'的工艺方法，尽可能减少能源和其他自然资源的消耗"。还有的学者提出，"可持续发展就是建立极少产生废料和污染物的工艺或技术系统"。他们认为，污染并不是工业活动不可避免的结果，而是技术差、效益低的表现。

（五）国际社会普遍接受的布氏定义的可持续发展

1988 年以前，可持续发展的定义或概念并未正式引入联合国的"发展业务领域"。1987 年，布伦特兰夫人主持的世界环境与发展委员会，对可持续发展给出了定义："可持续发展是指既满足当代人的需要，又不损害后代人满足需要的能力的发展"。1988 年春，在联合国开发计划署理事会全体委员会的磋商会议期间，围绕可持续发展的含义，发达国家和发展中国家展开了激烈争论，最后磋商达成一个协议，即请联合国环境理事会讨论并对"可持续发展"一词的含义，草拟出可以为大家所接受的说明。1981 年 5 月举行的第 15 届联合国环境署理事会期间，经过反复磋商，通过了《关于可持续发展的声明》。

可持续发展定义包含两个基本要素或两个关键组成部分："需要"和对需要的"限制"。满足需要，首先是要满足贫困人民的基本需要。对需要的限制主要是指对未来环境需要的能力构成危害的限制，这种能力一旦被突破，必将危及支持地球生命的自然系统即大气、水体、土壤和生物。决定两个基本要素的关键性因素是：

（1）收入再分配以保证不会为了短期生存需要而被迫耗尽自然资源；

（2）降低主要是穷人对遭受自然灾害和农产品价格暴跌等损害的脆弱性；

（3）普遍提供可持续生存的基本条件，如卫生、教育、水和新鲜空气，保护和满足社会最脆弱人群的基本需要，为全体人民，特别是为贫困人民提供发展的平等机会和选择自由。

三、可持续发展的内涵

从全球普遍认可的概念中，我们可以梳理出可持续发展有以下几个方面的丰富内涵：

（一）共同发展

地球是一个复杂的巨系统，每个国家或地区都是这个巨系统不可分割的子系统。系统的最根本特征是其整体性，每个子系统都和其他子系统相互联系并发生作用，只要一个系统发生问题，都会直接或间接影响到其他系统的紊乱，甚至会诱发系统的整体突变，这在地球生态系统中的表现最为突出。因此，可持续发展追求的是整体发展和协调发展，即共同发展。

（二）协调发展

协调发展包括经济、社会、环境三大系统的整体协调，也包括世界、国家和地区三个空间层面的协调，还包括一个国家或地区经济与人口、资源、环境、社会以及内部各个阶层的协调，持续发展源于协调发展。

（三）公平发展

世界经济的发展呈现出因水平差异而表现出来的层次性，这是发展过程中始终存在的问题。但是这种发展水平的层次性若因不公平、不平等而引发或加剧，就会因为局部而上升到整体，并最终影响到整个世界的可持续发展。可持续发展思想的公平发展包含两个纬度：一是时间纬度上的公平，当代人的发展不能以损害后代人的发展能力为代价；二是空间纬度上的公平，一个国家或地区的发展不能以损害其他国家或地区的发展能力为代价。

（四）高效发展

公平和效率是可持续发展的两个轮子。可持续发展的效率不同于经济学的效率，可持续发展的效率既包括经济意义上的效率，也包含着自然资源和环境的损益的成分。因此，可持续发展思想的高效发展是指经济、社会、资源、环境、人口等协调下的高效率发展。

（五）多维发展

人类社会的发展表现出全球化的趋势，但是不同国家与地区的发展水平是不同的，而且不同国家与地区又有着异质性的文化、体制、地理环境、国际环境等发展背景。此外，因为可持续发展又是一个综合性、全球性的概念，要考虑到不同地域实体的可接受性，因此，可持续发展本身包含了多样性、多模式的多维度选择的内涵。因此，在可持续发展这个全球性目标的约束和指导下，各国与各地区在实施可持续发展战略时，应该从国情或区情出发，走符合本国或本区实际的、多样性、多模式的可持续发展道路。

四、可持续发展的主要内容

在具体内容方面，可持续发展涉及可持续经济、可持续生态和可持续社会三方面的协调统一，要求人类在发展中讲究经济效益、关注生态和谐和追求社会公平，最终达到人的全面发展。这表明，可持续发展虽然缘起于环境保护问题，但作为一个指导人类走向 21 世纪的发展理论，它已经超越了单纯的环境保护。它将环境问题与发展问题有机地结合起来，已经成为一个有关社会经济发展的全面性战略。具体地说：

1. 经济可持续发展方面

可持续发展鼓励经济增长而不是以环境保护为名取消经济增长，因为经济发展是国家实力和社会财富的基础。但可持续发展不仅重视经济增长的数量，更追求经济发展的质量。可持续发展要求改变传统的以“高投入、高消耗、高污染”为特征的生产模式和消费模式，实施清洁生产和文明消费，以提高经济活动中的效益、节约资源和减少废物。从某种角度上，可以说集约型的经济增长方式就是可持续发展在经济方面的体现。

2. 生态可持续发展方面

可持续发展要求经济建设和社会发展要与自然承载能力相协调。发展的同时必须保护和改善地球生态环境，保证以可持续的方式使用自然资源和环境成本，使人类的发展控制在地球承载能力之内。因此，可持续发展强调了发展是有限制的，没有限制就没有发展的持续。生态可持续发展同样强调环境保护，但不同于以往将环境保护与社会发展对立的做法，可持续发展要求通过转变发展模式，从人类发展的源头、从根本上解决环境问题。

3. 社会可持续发展方面

可持续发展强调社会公平是环境保护得以实现的机制和目标。可持续发展指出世界各国的发展阶段可以不同，发展的具体目标也各不相同，但发展的本质应包括改善人类生活质量，提高人类健康水平，创造一个保障人们平等、自由、教育、人权和免受暴力的社会环境。这就是说，在人类可持续发展系统中，经济可持续是基础，生态可持续是条件，社会可持续才是目的。21 世纪人类应该共同追求的是以人为本位的自然—经济—社会复合系统的持续、稳定、健康发展。

作为一个具有强大综合性和交叉性的研究领域，可持续发展涉及众多的学科，可以有不同重点的展开。例如，生态学家着重从自然方面把握可持续发展，理解可持续发展是不超越环境系统更新能力的人类社会的发展；经济学家着重从经济方面把握可持续发展，理解可持续发展是在保持自然资源质量和其持久供应能力的前提下，使经济增长的净利益增加到最大限度；社会学家从社会角度把握可持续发展，理解可持续发展是在不超出维持生态系统涵容能力的情况下，尽可能地改善人类的生活品质；科技工作者则更多地从技术角度把握可持续发展，把可持续发展理解为是建立极少产生废料和污染物的绿色工艺或技术系统。

五、可持续发展的基本原则

可持续发展是一种新的人类生存方式。这种生存方式不但要求体现在以资源利用和环境保护为主的环境生活领域，更要求体现到作为发展源头的经济生活和社会生活中去。贯彻可持续发展战略必须遵从一些基本原则：

1. 公平性原则（fairness）

可持续发展强调发展应该追求两方面的公平：一是本代人的公平即代内平等。可持续发展要满足全体人民的基本需求和给全体人民机会以满足他们要求较好生活的愿望。当今世界的现实是一部分人富足，而占世界 1/5 的人口处于贫困状态；占全球人口 26%的发达国家耗用了占全球 80%的能源、钢铁和纸张等。这种贫富悬殊、两极分化的世界不可能实现可持续发展。因此，要给世界以公平的分配和公平的发展权，要把消除贫困作为可持续发展进程特别优先的问题来考虑。二是代际的公平即世代平等。要认识到人类赖以生存的自然资源是有限的。本代人不能因为自己的发展与需求而损害人类世世代代满足需求的条件——自然资源与环境。要给世世代代以公平利用自然资源的权利。

2. 持续性原则（sustainability）

持续性原则的核心思想是指人类的经济建设和社会发展不能超越自然资源与生态环境的承载能力。这意味着，可持续发展不仅要求人与人之间的公平，还要顾及人与自然之间的公平。资源和环境是人类生存与发展的基础，离开了资源和环境，就无从谈及人类的生存与发展。可持续发展主张建立在保护地球自然系统基础上的发展，因此发展必须有一定的限制因素。人类发展对自然资源的耗竭速率应充分顾及资源的临界性，应以不损害支持地球生命的大气、水、土壤、生物等自然系统为前提。换句话说，人类需要根据持续性原则调整自己的生活方式、确定自己的消耗标准，而不是过度生产和过度消费。发展一旦破坏了人类生存的物质基础，发展本身也就衰退了。

3. 共同性原则（common）

鉴于世界各国历史、文化和发展水平的差异，可持续发展的具体目标、政策和实施步骤不可能是唯一的。但是，可持续发展作为全球发展的总目标，所体现的公平性原则和持续性原则，则是应该共同遵从的。要实现可持续发展的总目标，就必须采取全球共同的联合行动，认识到我们的家园——地球的整体性和相互依赖性。从根本上说，贯彻可持续发展就是要促进人类之间及人类与自然之间的和谐。如果每个人都能真诚地按“共同性原则”办事，那么人类内部及人与自然之间就能保持互惠共生的关系，从而实现可持续发展。

六、可持续发展的基本理论

（一）可持续发展的基础理论

1. 经济学理论

（1）增长的极限理论。这是 D. H. Meadows 在其《增长的极限》一文中提出的有关可持续发展的理论，该理论的基本要点是：运用系统动力学的方法，将支配世界系统的物质关系、经济关系和社会关系进行综合，提出了人口不断增长、消费日益提高，而资源则不断减少、污染日益严重，制约了生产的增长；虽然科技不断进步能起到促进生产的作用，但这种作用是有一定限度的，因此生产的增长是有限的。

（2）知识经济理论。该理论认为经济发展的主要驱动力是知识和信息技术，知识经济将是未来人类的可持续发展的基础。

2. 可持续发展的生态学理论

所谓可持续发展的生态学理论是指根据生态系统的可持续性要求，人类的经济社会发展要遵循生态学三个定律：一是高效原理，即能源的高效利用和废弃物的循环再生产；二是和谐原理，即系统中各个组成部分之间的和睦共生，协同进化；三是自我调节原理，即协同的演化着眼于其内部各组织的自我调节功能的完善和持续性，而非外部的控制或结构的单纯增长。

3. 人口承载力理论

所谓人口承载力理论是指地球系统的资源与环境，由于自身自组织与自我恢复能力存在一个阈值，在特定技术水平和发展阶段下对于人口的承载能力是有限的。人口数量以及特定数量人口的社会经济活动对于地球系统的影响必须控制在这个限度之内，否则，就会影响或危及人类的持续生存与发展。这一理论被喻为 20 世纪人类最重要的三大发现之一。

4. 人地系统理论

所谓人地系统理论，是指人类社会是地球系统的一个组成部分，是生物圈的重要成员之一，是地球系统的主要子系统。它是由地球系统所产生的，同时又与地球系统的各个子系统之间存在相互联系、相互制约、相互影响的密切关系。人类社会的一切活动，包括经济活动，都受到地球系统的气候（大气圈）、水文与海洋（水圈）、土地与矿产资源（岩石圈）及生物资源（生物圈）的影响，地球系统是人类赖以生存和社会经济可持续发展的物质基础和必要条件；而人类的社会活动和经济活动，又直接或间接影响了大气圈（大气污染、温室效应、臭氧洞）、岩石圈（矿产资源枯竭、沙漠化、土壤退化）及生物圈（森林减少、物种灭绝）的状态。人地系统理论是地球系统科学理论的核心，是陆地系统科学理论的重要组成部分，是可持续发展的理论基础。

（二）可持续发展的核心理论

可持续发展的核心理论，尚处于探索和形成之中。目前已具雏形的流派大致可分为以下几种。

1. 资源永续利用理论

资源永续利用理论流派的认识论基础在于：认为人类社会能否可持续发展决定于人类社会赖以生存发展的自然资源是否可以被永远地使用下去。基于这一认识，该流派致力于探讨使自然资源得到永续利用的理论和方法。

2. 外部性理论

外部性理论流派的认识论基础在于：认为环境日益恶化和人类社会出现不可持续发展现象和趋势的根源，是人类迄今为止一直把自然（资源和环境）视为可以免费享用的“公共物品”，不承认自然资源具有经济学意义上的价值，并在经济生活中把自然的投入排除在经济核算体系之外。基于这一认识，该流派致力于从经济学的角度探讨把自然资源纳入经济核算体系的理论与方法中。

3. 财富代际公平分配理论

财富代际公平分配理论流派的认识论基础在于：认为人类社会出现不可持续发展现象和趋势的根源是，当代人过多地占有和使用了本应属于后代人的财富，特别是自然财富。基于这一认识，该流派致力于探讨财富（包括自然财富）在代与代之间能够得到公平分配的理论和方法。

4. 三种生产理论

三种生产理论流派的认识论基础在于：人类社会可持续发展的物质基础在于人类社会和自然环境组成的世界系统中物质的流动是否通畅并构成良性循环。他们把人与自然组成的世界系统的物质运动分为三大“生产”活动，即人的生产、物资生产和环境生产，致力于探讨三大生产活动之间和谐运行的理论与方法。

七、可持续发展理论对传统经济学的修正

（一）对于 GNP 的修正

当使用可持续发展概念时，人们已经认识到，传统的国民生产总值（GNP）作为宏观经济增长指标不能保证环境状况良好的增长。在 GNP 的核算中，并未将由于经济增长而带来的对环境资源的消耗和破坏造成的影响及其对生态功能、环境状况的损害考虑在内。环境影响通常没有相应的市场表现形式，但这并不意味着它们没有经济价值。因此，实际上应该将所发生的任何环境损失都进行价值评估，并从 GNP 中扣除。经济学家不断试图在计算国内生产和收入时纳入一系列的自然资源和环境因素，即考虑环境后的净国内产值（EDP）和净国内收入（ENI）。国民生产净值定义为国民生产总值减去人造资本的折旧和减去自然资本的存量。

（二）自然资源账户

另一种可行方法是建立另外一套自然资源账户，这套资源账户采用非货币单位的形式，它只是表示：在一个特定的国家里，资源究竟发生了什么样的变化。更简单的修正方法是建立一系列的环境统计报表。这些账户应该显示出环境的不同变化是如何同经济变化联系起来的。这至少可以避免以往那种认为经济好像同环境没有什么关系似的经济管理方式的错误。

（三）可持续收入

对一个国家或一个地区的可持续发展水平和可持续发展能力的衡量，还必须考虑到其全部的资本存量的大小及增加或减少，这样，可持续收入的概念便产生了。可持续收入的基本思想是由希克斯在其 1946 年的著作中提出的。这个概念的基础是：只有当全部的资本存量随时间保持不变或增长时，这种发展途径才是可持续的。可持续收入定义为不会减少总资本水平所必须保证的收入水平。对可持续收入的衡量要求对环境资本所提供的各种服务的流动进行价值评估。可持续收入数量上等于传统意义的 GNP 减去人造资本、自然资本、人力资本和社会资本等各种资本的折旧。衡量可持续收入意味着要调整国民经济核算体系。

（四）产品价格与投资评估

皮尔斯等认为，为了全面反映环境资源的价值，产品价格应当完整地反映三部分成本：一是资源开采或获取地成本；二是同资源开采、获取、使用有关的环境成本；三是由于当代人使用了这一部分资源而不可能成为后代人使用的效益损失，即用户成本。

（五）环境资源价值公式

穆拉辛格认为，为建立一个合法的决策框架，对资源进行定价是必需的。从概念或价

值评估的角度，可以将环境资源的全部经济价值划分为两大类：使用价值和非使用价值。前者进一步被划分为直接使用价值和间接使用价值以及选择价值。其中，选择价值就是指当代人为了保证后代人对资源的使用而对资源所表示的支付意愿。非使用价值又称存在价值，是指人类的发展将有可能利用的那部分资源的价值，也包括那些能满足人类精神文化和道德需求的那部分环境资源的价值，如美丽的风景、濒危物种等。

第二节　城市可持续发展的经济学分析

随着经济的发展，中国城市化进程将进一步加快。经过 30 年的改革开放，我国城市化及城市建设随着我国经济增长而得到迅猛发展。1978 年，我国只有 100 多座城市，城市人口仅占全国人口总数的 18%；今天我国已经有 600 多座城市，城市人口已达全国总人口的 43%。在城市数量和城市人口增长的同时，城市体系基本框架已经初步形成。城市经济和居民收入有了很大提高，城市的基础设施、公共服务、绿化、住房、卫生、教育和城市功能也得到了不断提高与完善。但是不可否认，城市化的快速发展在给社会带来巨大经济效益的同时，也造成了一些负面影响，而当前中国城市发展中的几个突出且影响大的不和谐因素包括：自然资源短缺、人居环境脆弱、形象工程盛行、公共安全危机、社会阶层分化、公共财政不足、公共政策失衡。这些问题的存在，反映了由计划经济转向社会主义市场经济，由传统的农业社会过渡到城市社会的过程中，城市不仅是国民经济的重要载体，也是各种政治、经济、社会矛盾集中的地方。中国今天出现的城市问题，西方发达国家经历了上百年的时间才得以基本解决，而面对全球化环境下国家间城市竞争的格局，中国必须在较短的时间内寻找出适合自己特色的城市发展模式，这对于化解当今社会的各种矛盾，建设和谐社会具有特殊而重要的意义。

为此，中央提出要加快建设资源节约型和环境友好型社会，强调转变经济增长方式，降低资源消耗，保护生态环境，把节约资源与保护环境作为我国的基本国策。国务院先后批准上海浦东新区、天津滨海新区、成都、重庆、武汉城市群、长株潭城市群为全国资源节约型和环境友好型社会（简称“两型社会”）建设综合配套改革试验区，以通过试验性地建立一批资源节约型和环境友好型城市来探索中国城市化进程的可持续发展途径。

建设资源节约型与环境友好型城市的基本要求是可持续发展，是指城市在使用资源和利用环境的过程中，能够自我调节、自我平衡，使城市在空间上表现为稳定性、协调性，在时间上表现为持续发展性。

本节将重点围绕资源节约型与环境友好型城市发展模式、评价指标体系和政策措施等核心目标，从界定资源节约型、环境友好型城市发展模式的概念、内涵和特征入手，系统分析城市化进程中经济与环境关系的现状与趋势，提出符合我国国情的资源节约型与环境友好型城市发展模式的目标、方向和路径，在城市化理论创新及实践应用中均具有积极的意义。这里首先提出有关资源节约型与环境友好型城市发展模式的经济学条件。

一、城市化进程中经济与环境的内在冲突原理

在城市化进程中，之所以凸现自然资源短缺和人居环境脆弱等问题，是因为包括自然

资源在内的环境与经济之间存在着固有的、内在的冲突关系，而非协调关系。人类的生存环境是人类进行生产和生活活动的场所，是人类生存和经济发展的物质基础。环境污染的历史大致可追溯到城市的兴起之时。在许多古文明遗址都发现了下水道，这至少说明当时的居民已经受到生活污水的困扰。1306年，英国国会发布文告，禁止英国工匠和制造商在国会开会期间用煤，并为此而处决一人，这至少说明当时伦敦的大气污染已相当严重。1661年，英国出版了一本题为《驱逐烟气》的书，是世界上最早关于大气污染的专著。

但是，普遍而严重的环境污染是从工业革命开始的，从那时至20世纪60年代公害泛滥，大致分三个阶段。第一阶段在工业革命时期，主要问题出在煤炭的大量使用和矿冶工业的重大污染。典型事件有1873年、1880年和1891年伦敦先后发生三次由于燃煤引起的烟雾事件，死亡人数估计为1 800人。1909年，格拉斯哥发生类似事件，死亡1 063人。从1893年起，日本的足尾铜矿因冶炼硫化铜排放废水废气，使大片田园荒芜，几十万人流离失所。20世纪20—40年代是环境污染史的第二阶段，即公害的发展期。在此期间，石油产量大幅度上升，使石油在燃料结构中的比重也大幅度上升。同时，煤的产量也继续稳步上升，有机化学工业得到迅速发展。第二次世界大战以后，特别在50—60年代，西方资本主义国家的经济获得迅速恢复和快速发展，与此同时，由于这种高速增长是以大量消耗中东廉价石油和第三世界国家廉价原材料为手段取得的，因此环境污染也迅速蔓延，公害事件层出不穷。这一时期可以说是公害的泛滥期，即为第三阶段。

由于大量使用DDT和六六六等农药，许多野生动物的生存受到严重威胁，还严重危及人类健康。在发展中国家，由于人口迅速增长和普遍贫困也导致了严重的生态退化。

环境本身是有价值的。由于环境的价值才形成了环境的社会成本。忽视环境价值从而忽视环境的社会成本使人类的经济活动一开始就只考虑个人成本，以个人成本作为生产成本的标准来决定生产活动，以至发展到后来，即使全社会对环境价值都有了认同，但生产者各方都已处在“囚徒困境”之中（“囚徒困境”是博弈论的范例，用以说明信息不完全条件下抛弃通过合作实现最优目标的途径的现象。两个同一案件中的囚徒被分开审判，如果他们都否认参与了这一案件，则他们会获得无罪判决。如果一人否认而另一人承认，则认罪者会被判处一年徒刑，不认罪者将被判处五年。由于担心另一人会背叛自己，两人都认了罪，即他们都放弃了最优方案而选择了次优方案），使得单独承担个人成本以外的那部分环境成本的生产者必然会在竞争中处于劣势。所以，各方都选择了置环境成本于不顾，只按自己的个人边际成本决定生产，从而使环境一再恶化。

而按照福利经济学原理，经济发展与环境的不协调是由于个人边际成本与社会边际成本不相等造成的。企业的个人边际成本没有把企业对环境造成的影响这一部分社会成本计算在内，因而个人边际成本小于社会边际成本，尽管个人边际收益等于社会边际收益，但社会边际成本大于社会边际收益，造成外部不经济，降低了社会福利，这里所指的是环境福利的降低，即环境的损害。

二、可持续发展的城市模式的经济学条件分析

建设资源节约型与环境友好型城市的基本要求是可持续发展，是指城市使用资源和利用环境的过程中，能够自我调节、自我平衡，使城市在空间上表现为稳定性、协调性，在

时间上表现为持续发展性。

可持续发展是一个内涵丰富、外延含糊、被广泛运用的时髦概念。从经济角度看，弱可持续发展指留给后代的自然资本和人造资本的总量至少不变；强可持续发展指自然资本和人造资本各自的总量都至少保持不变。

一般来讲，可持续发展的限制条件是资本总量。用货币单位表示的环境资源的总经济价值称为环境资本总量。就整个人类社会来说，资本总量＝自然资本＋人造资本。自然资本和人造资本在一定条件下有相互替代和相互补充的关系。在现实世界中，资本总量的计量有一定困难，特别是某些自然资本，由于不存在市场价格，其评价衡量尚存在一定难度。

传统的经济学模型只把经济作为一个独立的系统来研究，环境成为了一个外生变量而不在研究范围之内。在研究经济与环境的协调问题上，我们把经济与环境放在一个系统里进行研究，环境是这一体系中的内生变量。这里的环境是指包括资源和生态在内的人类生存环境。把经济与环境作为一个统一的整体，这是经济与环境协调的第一个条件。

第二个条件，我们把经济与环境体系看作是一个封闭体系。在封闭系统中没有对系统外部的投入，也没有对系统外部的产出。这一系统受两条物理学定律的约束。热力学第一定律告诉我们，在一个封闭系统中，能量和物质是不能产生或消灭的。根据这一定律，从环境进入经济的原材料和能量，或者在经济中积聚起来，或者作为废弃物回归到环境中。这样，过度消费就会引起环境财产的过度贬值或环境总量的下降。当对环境的消费超过自然界的吸收能力时，环境财产所提供的服务就会减少。

热力学第二定律告诉我们，熵在增加。熵是指不工作的能量。这一定律意味着，从一种能量向另一种能量的任何转换都不是完全有效的，能量的消费是不可逆的过程。在能量转换过程中，总有一些能量失掉了。因此，如果没有新的能量从外部投入，一个封闭系统最终会耗尽其能量。因为生命需要能量，能量耗尽，生命也就停止了。当然，就能源来说，地球并不是封闭系统，地球可从太阳得到能量。从长远来说，地球的发展受可得到的太阳能的多少的限制。

所以，在经济与环境系统中，总的社会成本就包括了生产者的个人成本和生产者对社会带来的环境成本，而相对于个人成本而言的外在成本则集中体现为环境成本。在收益方面，总的社会收益包括了生产者的个人收益和生产者为社会带来的环境收益，而相对于个人收益而言的外在收益主要体现为环境收益。可表示为：

$$Cs=Cp+Ce \tag{5—1}$$

$$Rs=Rp+Re \tag{5—2}$$

从而有：

$$MCs=MCp+MCe \tag{5—3}$$

$$MRs=MRp+MRe \tag{5—4}$$

其中，Cs 为社会成本；Cp 为生产者的个人成本；Ce 为生产者产生的外在成本，即对社会带来的环境成本；Rs 为社会收益；Rp 为生产者的个人收益；Re 为生产者产生的外在收益，即为社会带来的环境收益；MCs 为社会边际成本；MCp 为个人边际成本；MCe 为环境边际成本；MRs 为社会边际收益；MRp 为个人边际收益；MRe 为环境边际收益。

社会成本和社会收益可定义为：某个人做出一项行动，他本人不一定要承担全部费用或获得全部收益。他所承担的那部分费用叫做私人成本（Cp），他不承担的那部分则为外在成本，在这里外在成本表现为环境成本（Ce），私人成本和外在成本的总和就组成了社会成本（Cs）。在收益方面，个人所获得的那部分收益叫作私人收益（Rp），他没有获得的那部分收益则为外在收益，在这里外在收益表现为环境收益（Re），两者的总和组成了社会收益（Rs）。

在环境与经济系统中，传统的外在成本则主要体现为系统中的环境成本，环境成本则体现为环境受到损害。同样，在环境与经济系统中，传统的外在收益则主要体现为系统中的环境收益，环境收益体现为环境的改善。在这里，环境成本（Ce）不为负值，所谓负的环境成本其实是环境收益，应把这种情况表示为环境收益（Re）。同样，环境收益（Re）不为负值，所谓负的环境收益其实是环境的损害即环境成本，应把这种情况表示为环境成本（Ce）。环境的边际成本为零（$MCe=0$）表示的意义是：生产者的生产对环境没有造成损害，环境没有恶化，或环境的价值存量没有下降。

环境的边际成本大于零（$MCe>0$）表示的意义是：生产者的生产对环境带来了损害，造成了环境的恶化，使环境的价值存量下降。环境的边际收益为零（$MRe=0$）表示的意义是：生产者的生产对环境没有带来好处，没有环境收益，即环境没有得到改善，或环境的价值存量没有提高。

环境的边际收益大于零（$MRe>0$）表示的意义是：生产者的生产对环境带来了好处，环境得到了改善，或环境的价值存量有了提高。

环境的边际收益与环境的边际成本之差为零（$MRe-MCe=0$）表示的意义是：环境收益与环境成本正好相等，环境的价值存量不变。可以表现为环境状况既没有改善也没有恶化，即环境状况的稳定。

环境的边际收益大于环境的边际成本（$MRe-MCe>0$）表示的意义是：环境得到的收益抵消掉对环境造成的损害外，还有环境净收益存在。环境净收益的存在表示环境得到改善，即环境的价值存量增加。

环境的边际收益小于环境的边际成本（$MRe-MCe<0$）表示的意义是：环境得到的收益不足以抵消掉对环境造成的损害，有环境净损失的存在，环境的价值存量减少，表现为环境的恶化。此时，为改善环境质量就需要对环境进行事后的治理。

至此，本节针对性地提出了构建资源节约型和环境友好型城市经济模式的具体经济学条件，为下一步解决其发展模式奠定了充分且必要的条件基础。

第三节　循环经济内涵

知识经济与循环经济是两个不同层面的经济学概念。知识经济是相对于工业经济、农业经济而出现的一种崭新的社会经济形态；循环经济是知识经济形态的一种非常有实践意义并具有可操作性的经济表象，它是知识经济当中最重要的实践基础。因为循环经济的思想不是现在才有的，很早以前人们就有变废为宝、废物回收利用的思想和行为，但是，那是低水平、低层次的节约思想，不能构成大规模的经济行为，更不能形成人类统一的、具有共识的社会价值观念。而只有到了知识经济时代，科学技术高度发展，形成了人类的社会和谐发展意识和高度重视生态环境的价值理念，才能出现循环经济的实践与理论。因此，可以说循环经济是知识经济形态形成后的必然产物，是可持续发展最重要的经济发展模式。

循环经济，作为现代社会经济发展模式的一种必然选择，已得到全人类的广泛认同。那么，什么是循环经济？怎样认识循环经济？这对于实践循环经济具有重要意义。理论源于实践，先进的理论则可以有效地指导实践。因此，有必要从理论上对循环经济展开深入研究。循环经济溯源20世纪中期，全球经济飞速发展，物质产品高度丰富。人类一方面在享受着自己创造的高度发达的物质文明，另一方面也在开始承受由物质文明所衍生出的孽债。能源短缺，环境恶化，加之激增的人口，一切都使得人类特别是其后代人进一步的发展受到严重威胁。在这种背景下，人们开始思考社会的经济发展模式。

一、循环经济内涵

循环经济的概念，从逻辑学上讲，任何一个概念都有内涵和外延两个方面，内涵是概念的本质，决定概念是什么，使其与其他概念区别开。外延是概念的范围，决定了其包括哪些内容。研究循环经济首先需要明白循环经济是什么。

解振华认为：循环经济以可持续发展为原则，既是一种关于社会经济与资源环境协调发展的新理念，又是一种新型的、具体的发展形态和实践模式。它要求按照生态规律组织整个生产、消费和废物处理过程，将传统的经济增长方式由“资源—产品—废物排放”的开环式模式，转化为“资源—产品—再生资源”的闭环式模式，其本质是生态经济。

曲格平认为：从循环经济的基本特征来看，它是人们模仿自然生态系统，按照自然生态系统物质循环和能量流动规律建构的经济系统，并使得经济系统和谐地纳入自然生态系统的物质循环过程。

吴季松认为：循环经济就是在人、自然资源和科学技术的大系统内，在资源投入、企业生产、产品消费及其废弃的全过程中，不断提高资源利用效率，把传统的、依赖资源净消耗线性增加的发展，转变为依靠生态型资源循环来发展的经济。

关于循环经济的定义，也有学者认为：循环经济就是按照清洁生产的方式对资源及其废弃物实行综合利用的生产活动过程，是保护资源、保护地球生态环境的一种现代文明行为。

另有学者认为：循环经济是指以资源节约和循环利用为特征的经济形态，故也可称为资源循环型经济，它是以资源—产品—再生资源—产品为特征的经济发展模式，表现为低消耗、低污染、高利用率和高循环率。

还有学者认为：循环经济的核心是废旧物资回收和资源综合利用，它在出发点、范围、途径上都有别于传统经济，它强调的是提高资源的利用效率，降低经济发展的社会成本，强调的是减量化、资源化和无害化回收废弃物。

此外，还有一些有影响的学术观点。如：循环经济是“资源—产品—资源”非线性的周而复始的流动经济；循环经济本质上是一种生态经济，它要求运用生态学规律而不是机械论规律来指导人类社会的经济活动；循环经济是物质闭环型经济的简称，从物质流动的方向看，循环经济的增长模式是资源—产品—再生资源。

循环经济就是把清洁生产和废弃物的综合利用融为一体的经济，本质上是一种生态经济，它要求按照生态规律利用自然资源和环境容量，实现经济活动的生态转向。可见，学术界对于循环经济并未有一完整、统一的定义。不过，专家学者对于循环经济实践活动则有着高度的认同。如某个地区大力提高资源的利用效率，促进粗放型的经济增长方式向集约方向转变，降低了生产和生活污染物的排放量，环境质量得到显著改善；某个企业千方百计节约资源，利用“三废”物质创造再生价值，控制了污染物的排放，也获得了显著的经济效益；某个企业开发出一种新能源，实行清洁生产，既降低了生产成本，又减少了污物排放，改善了生态环境。

结合循环经济实践，从内涵上认识循环经济，王青云等认为有三点是可以肯定的：

第一，环境和资源是循环经济的核心。无论从哪个角度、哪个方面，以什么作为切入点来诠释循环经济，都不能离开环境和资源。在循环经济状态下或循环经济活动过程中，无论人们采用什么活动方式，其终极目标是在获取物质产品的同时，资源必须得到最大限度的利用，环境必须得到充分有效的保护。

第二，循环经济是一个经济活动过程，而不是一个经济要素，这是循环经济的本质。这一点也把它与知识经济、新经济等新兴名词严格地区别开了。循环经济不是单纯的经济要素，而是一个价值创造过程，是人类劳动与自然资源结合的过程，它是一种运动形式，是一种发展模式。在这种模式下，人们投入生产资料→消耗自然资源→再通过劳动创造产品→排放生产废弃物→利用废弃物进行再生产→再创造产品，这个过程循环往复。之所以要这个过程循环往复地进行下去，目的就是要使资源得到利用、利用、再利用；资源的效用得到发挥、发挥、再发挥，最终实现人类生产活动对环境的污染量减至最小。

第三，对资源的节约、环境的保护，是循环经济的主要特征。作为一种发展模式，循环经济强调的是在生产活动之初尽可能少地投入自然资源，生产活动之中尽可能少地消耗自然资源，生产活动之末尽可能少地排放生产废弃物。作为一个循环运动的系统，循环经济自始至终都贯穿着一个基本思想，那就是节约和保护，即节约自然资源，保护生态环境。循环经济的核心、本质和主要特征应是构成循环经济定义的基本元素，也是我们从理论上阐述循环经济的基本出发点。

二、循环经济——可持续发展经济

循环经济是一个经济活动过程，是一种发展模式，它是一种理念，也是一种思想。论其渊源和本质，这种思想或理念与可持续发展有着密切的联系，可谓一脉相承。1972 年 6 月，联合国在瑞典首都斯德哥尔摩召开人类环境会议，来自 113 个政府的 1 300 多名代表首次集聚在一起讨论地球的环境问题。大会通过了《联合国人类环境宣言》。宣言指出：“环境问题大多是由于发展不足造成的，在发展中政府必须致力于发展，牢记它们的优先任务，保护和改善环境”。这是联合国组织首次把环境问题与发展问题联系起来，第一次明确提出政府要在发展中解决环境问题。大会的召开表明，人类已经开始意识到：我们应当确定干些什么，才能保持地球不仅现在成为适合人类生活的场所，而且将来也适合子孙后代居住。人类环境会议的召开标志着可持续发展思想的萌生。可见，可持续发展也源于环境与资源问题。15 年后，也就是 1987 年，世界环境与发展委员会向联合国提交了一份经过 3 年多艰苦努力完成的研究报告—《我们共同的未来》，报告声称："我们需要一个新的发展途径，一个能持续人类进步的途径，我们寻求的不仅仅是在几个地方，几年内的发展，而是在整个地球遥远将来的发展。"报告还指出，人类有能力使发展持续下去，且既能保证当代人的需要，又不损害子孙后代的需求。显然，国际社会正在考虑一种新的发展思路，这种思路就是同一份报告中较明确、较具体阐述的："既满足当代人的需求，又不对后代人需求能力构成危害的发展"，这就是可持续发展。围绕环境与资源，人类产生了一种全新的发展观，这种发展观在思想、观念、途径上有了崭新的内容——可持续发展已呈雏形。到了 1992 年 6 月，联合国在巴西的里约热内卢召开了环境与发展大会，会议将可持续发展确定为大会的指导方针，通过了具有历史意义的《21 世纪议程》。议程由经济与社会可持续发展、资源保护与管理、加强主要群体的作用、实施手段四部分构成。议程明确指出：可持续发展是当前人类发展的主题，人类要把环境问题同经济、社会发展结合起来，树立环境与发展相协调的新发展观。里约热内卢会议举起了可持续发展的大旗，吹响了走可持续发展之路的动员号。这次会议和会议所通过的议程，标志着可持续发展已跨越思想、观念的理论探讨阶段，而作为一种全新的发展模式得到国际社会的广泛认同，成为人类共同发展的行动纲领和一致追求的实际目标。可持续发展已由理论走向行动，向跨世纪的绿色时代或可持续发展时代迈出了实质性的步伐——可持续发展观形成。追溯可持续发展观诞生的过程可见，循环经济与可持续发展有着共同的渊源。更透彻一点说，若从一种观念、一种理想而言，循环经济与可持续发展皆由环境与资源问题引发，二者并无本质的区别。循环经济要求经济活动减量消耗、最小排放、资源最大化利用，最终的目的也就是保护环境、实现可持续发展。这说明可持续发展观本身也就包含了循环经济的思想。从"循环经济"一词诞生的背景看，"循环经济"其实就是可持续发展观的萌芽，可持续发展观实际上是从"循环经济"及各种发展战略观中演化而来的。所以，从一种理念、一种思想来说，二者可谓同出一宗，唯一的区别也就在于外延的宽窄而已。可持续发展观包含了循环经济理念，循环经济理念则是可持续发展观的一部分。进一步分析，循环经济思想与可持续发展观在内涵上也是一致的。关于可持续发展的定义，联合国环境署第 15 届理事会发表的《关于可持续发展的声明》所作的阐述是：满足当前需要，且不削减或牺牲子孙后代满足其需要能力的发展。尽管对其含义的理解学者们也是各有己见，但对比循环经济的内涵，专家们至少有着两个认同点：

第一，可持续发展是"社会—经济—生态"三维复合的协调发展，是一种全面的社会进步和社会变革过程，在可持续发展复合系统中，经济的发展将以生态良性循环为基础，同资源环境的承载能力相适应，而不再以环境污染、生态破坏和资源的巨大浪费为代价。而循环经济最主要的特征是对环境的保护、资源的节约，它是环境保护的经济，是资源节约的经济，它强调生产过程中对资源的低投入和低消耗。任何形式的生产活动都是物化劳动和活劳动的结合，都存在对资源的消耗，尤其是第一产业和第二产业。然而，人类赖以生存的自然资源却是有限的，随着生产活动的无限延续，资源稀缺的表现必将越来越突出。特别是现代，科学技术的飞速发展，大大提高了经济的增长速率，这也使得人类对资源的消耗速度加快，即便是可再生资源，其再生率也远不及人类对它的消耗率。当今人类面临的环境现实表明，由于无节制的开采，一些稀有资源和不可再生资源面临枯竭，已经造成严重的能源、资源危机。故作为人们普遍认同的现代经济发展模式——循环经济，其突出的特征便是节约资源、保护环境，这也就是要求经济的发展“同资源环境的承载能力相适应，而不再以环境污染、生态破坏和资源的巨大浪费为代价”。

第二，可持续发展强调发展潜力的培植，单纯的发展速率和物质财富的积累将不再是其追求的唯一目标，现有发展状态下发展潜力的培植将成为发展过程的重要内容。只有这样，在维持资源存量不致减少的情况下，才有可能保证当代人与后代人拥有同样的发展机会和发展权利。而循环经济的另一重要特征是资源的永续利用。循环经济强调废弃物的减量化，废弃物的重复利用。

第四节　循环经济理论与创新分析

一、循环经济的经济学诠释

理论源于实践，先进的理论则可以有效地指导实践。因此，有必要从理论上对循环经济展开深入研究。我们认为研究循环经济的理论，首先要将循环经济作为一个经济系统来考虑，全面、系统地从不同层面进行阐述。诸大见教授对此有精辟的诠释：

1. 自然资本成为人类社会的制约因素

循环经济是对二百多年来传统发展方式的变革，它的理论前提是自然资本正在成为制约人类发展的主要因素。从亚当·斯密奠定经济原理开始，经济学就有两个基本观点：一是人类发展的资源存在着某种稀缺性；二是人类发展需要最有效地配置稀缺资源。经过18世纪以来的工业化运动，尽管人类仍然需要最有效地配置稀缺资源，但是当前人类面临的稀缺资源的类型已发生了重大的变化。

18世纪工业化运动开始的时候，世界上的稀缺资源主要是人，不稀缺的则是自然资源。因此工业化的兴起就是要以机器替代人，从而提高劳动生产率。如何充分地利用自然资源，有效地节省人的资源，成为当时的主要矛盾。但是工业化运动200年后的今天，稀缺的资源已经变了。人已不再是稀缺资源。因为1800年世界上还只有10亿人口，目前这个数字已上升为60亿。现在，稀缺的主要是自然资源，更确切地说是包括自然资源和生态能力在内的自然资本。所以，经济学的原理仍是正确的，但是配置稀缺资源的主要矛盾变了。今天，一方面如何解决过剩劳动力的就业问题已成为全球主要矛盾；另一方面日趋衰减的自然资本则成为经济发展的限制性要素。在工业革命初期的时候，地球的经济系统很小，生态系统很大，因此传统经济学可以不考虑自然资源的稀缺性，不将生态系统看作内生变量。经过200多年的发展后，地球上经济系统已经很大而自然系统趋于减小。当自然环境成为经济发展的内生变量时持续的经济增长就开始受到自然资本的约束，例如捕鱼受到水产资源的约束；木料受到森林资源的约束；城市受到土地资源的约束；交通受到能源资源的约束。原来只需要机器水平提高，捕鱼行业的产量就会提高，GDP也随之提高。

现在情况是鱼资源日趋耗竭，机器水平再高也无济于事。

2. 循环经济是对线性经济的超越

从物质流动的形式看，工业化运动以来的经济本质上是一种线性经济。在线性经济中，资源输入经济系统，变成产品，经消费后又输出，变成废弃物，导致环境问题。这一过程是单通道的，因此表现为线性。在线性经济中，经济系统越做越大，GDP 总量变大的时候，外面的生态系统则越变越小。循环经济考虑的则是如何在既定资源存量下提高经济发展的质量而不是经济增长的数量。21 世纪的主要矛盾由不断提高劳动生产率（单位劳动力带来的经济增长）变为需要大幅提高自然资源生产率（单位自然资本带来的经济发展）。在这种经济模式中经济系统追求自然环境可承受的规模，在提高人类生存价值的同时使得环境影响减小。

3. 从三维分裂的思考到三维整合的思考

评价 21 世纪经济发展的合理性，需要考虑可持续发展的三个维度，即实现经济角度、社会角度与环境角度的三维整合。可持续发展的模式，在经济上要创造更多价值，这被认为是资源的有效配置问题（价格可以作为主要的政策手段）；在环境上要减少负面影响，这被认为是生态的最佳规模问题（稳态可以作为主要政策手段）；在社会上要解决人口就业，这被认为是产品的公平分配问题（税收可以作为主要的政策手段）。

传统经济增长和传统环境保护是传统工业化运动“一个硬币”的两个方面，它们在解决经济、社会、环境的问题时是分裂的而不是整合的。就唯 GDP 是求的传统经济增长模式而言，一方面，它通过消耗和耗散自然资本来获得经济增长，导致经济与环境的矛盾；另一方面，它通过自动化水平的增加减少了人类的工作岗位，导致经济与社会的矛盾。就末端治理的传统环境保护模式而言，我们也看到了污染治理与经济增长、社会就业之间的尖锐冲突。

循环经济则是可持续发展的“三赢经济”，它把经济发展、环境保护、社会就业统一起来，要求从三维分裂的发展走向三维整合的发展。循环经济在发展的每一个方面，都意味着根本性的变革。在解决环境问题方面，它要求实现从开环的末端性治理到闭环的全过程控制的变革；在促进经济发展方面，它要求实现从数量性的物质增长到质量性的服务增长的变革；在推进社会就业方面，它要求实现就业减少性的社会到就业增加性的社会的变革。

目前我们沿袭的仍然是线性经济的发展方式。它把发展的以上三个方面分裂开来。如改革开放以来我国经济增长加快了，但环境的挑战却加重了。反过来，为解决环境问题而勒令污染企业关闭，由此又带来了下岗问题。因此反就业的环保也不可行。另外，线性经济的发展方式还导致经济与社会分裂，如不恰当地提倡高科技的发展导致了失业问题的增加。因此，中国未来的发展，需要通过循环经济实现经济增长、社会就业与自然资源的有机整合。

4. 末端治理环境保护模式的局限

从环境角度看，循环经济要求从资源开采、生产、运输、消费和再利用的全过程控制环境问题。循环经济的环保意义，首先表现在系统地认识到了基于线性经济的末端治理环境保护模式的局限，例如，(1) 传统末端治理是问题发生后的被动做法，因此不可能从根本上避免污染发生；(2) 它将随着污染物减少而成本越来越高，在相当程度上抵消了经济增长带来的收益；(3) 其形成的环保市场将产生虚假的和恶性的经济效益；(4) 企业趋向于加强而不是减弱已有的技术体系，从而牺牲了真正的技术革新；(5) 企业将满足于遵守环境法规而不是去投资开发污染少的生产方式；(6) 末端治理没有提供全面的看法，而是造成环境与发展以及环境治理内部各领域间的矛盾；(7) 阻碍发展中国家直接进入更为现代化的进程，加大了在环境治理方面对发达国家的依赖。

5. 从物质流动的全过程控制污染

循环经济在环境上的根本目标，是要求在经济流程中系统地节约资源和避免、减少废物。作为一种新的环保理念，循环经济首先要求减少经济源头的污染产生量，因此工业界在生产阶段和消费者在使用阶段就要尽量避免各种废物的排放。其次是对于源头不能削减的污染物和经过消费者使用的包装废物、旧货等要加以回收利用。

6. 不能把循环经济归结为再生利用

人们常常将物质的再生利用等同于循环经济，然而再生利用本身只是循环经济的一个环节。从循环经济的角度看，废弃物的再生利用相对于传统的末端治理虽然是重大的进步，但我们应该清醒地看到：首先，再生利用本质上仍然是事后解决问题而不是一种预防性的措施。废物再生利用虽然可以减少废弃物最终的处理量，但不一定能够减少经济过程中的物质流动速度以及物质使用规模。例如，塑料包装物被有效地回收利用并不能有效地减少塑料废弃物的产生量。相反，由于塑料回收利用给人们带来的进一步错觉，反而会加快塑料包装物的使用速度以及扩大此类物质的使用规模。其次，以目前方式进行的再生利用本身往往是一种环境非友好的处理活动。因为运用再生利用技术处理废弃物需要耗费矿物能源，需要耗费水、电及其他许多物质，并将许多新的污染排放到环境之中。再次，如果再生利用中资源的含量太低，收集的成本就会很高，只有高含量的再生利用才有利可图。事实上，经济循环中的效率与其规模关系至为密切。一般来说，物质循环范围越小，从生态经济效益上说就越合算。这就是说，清洗与重新使用一个瓶子（再使用循环原则）更为有利。因此，物质作为原料进行再循环只应作为最终的解决办法，在完成了此前的所有的循环（比如产品的重新投入使用、元部件的维修更换、技术性能的恢复和更新等）之后的最终阶段才予实施。

二、循环经济“减量化、再利用、再循环”——“3R”原则理论

循环经济的根本目的是要求在经济流程中尽可能减少资源投入，并且系统地避免和减少废物，废弃物再生利用只是减少废物最终处理量。循环经济“减量化、再利用、再循环”——“3R”原则的重要性不是并列的，它们排列是有科学顺序的。减量化——属于输入端，旨在减少进入生产和消费流程的物质量；再利用——属于过程，旨在延长产品和服务的时间；再循环——属于输出端，旨在把废弃物再次资源化以减少最终处理量。处理废物的优先顺序是：避免产生——循环利用——最终处置，即首先要在生产源头——输入端就充分考虑节省资源，提高单位生产产品对资源的利用率，预防和减少废物的产生；其次是对于源头不能削减的污染物和经过消费者使用的包装废弃物、旧货等加以回收利用，使它们回到经济循环中；只有当避免产生和回收利用都不能实现时，才允许将最终废弃物进

行环境无害化处理。环境与发展协调的最高目标是实现从末端治理到源头控制，从利用废物到减少废物的质的飞跃，要从根本上减少自然资源的消耗，从而也就减少了环境负载的污染。

从理论上讲，“减量化、再利用、再循环”可包括以下三个层次的内容：

（1）产品的绿色设计中贯穿“减量化、再利用、再循环”的理念。绿色设计包含了各种设计工作领域，凡是建立在对地球生态与人类生存环境高度关怀的认识基础上，一切有利于社会可持续发展，有利于人类乃至生物生存环境健康发展的设计，都属于绿色设计的范畴。绿色设计具体包含了产品从创意、构思、原材料与工艺的无污染、无毒害选择到制造、使用以及废弃后的回收处理、再生利用等各个环节的设计，也就是包括产品的整个生命周期的设计。要求设计师在考虑产品基本功能属性的同时，还要预先考虑防止产品及工艺对环境的负面影响。

（2）物质资源在其开发、利用的整个生命周期内贯穿“减量化、再利用、再循环”的理念，即在资源开发阶段考虑合理开发和资源的多级重复利用；在产品和生产工艺设计阶段考虑面向产品的再利用和再循环的设计思想；在生产工艺体系设计中考虑资源的多级利用、生产工艺的集成化和标准化设计思想；生产过程、产品运输及销售阶段考虑过程集成化和废物的再利用；在流通和消费阶段考虑延长产品使用寿命和实现资源的多次利用；在生命周期末端阶段考虑资源的重复利用和废物的再回收、再循环。

（3）生态环境资源的再开发利用和循环利用，即环境中可再生资源的再生产和再利用，空间、环境资源的再修复、再利用和循环利用。

对于再利用和再循环之间的界限，要认识到废弃物的再利用具有以下局限性：其一是再利用本质上仍然是事后解决问题，而不是一种预防性的措施。废弃物再利用虽然可以减少废弃物最终的处理量，但不一定能够减少经济过程中的物质流动速度以及物质使用规模。其二是以目前方式进行的再利用本身还不能保证是一种环境友好的处理活动。因为运用再利用技术处理废弃物需要耗费矿物能源、水、电及其他许多物质，并将许多新的污染物排放到环境中，造成二次污染。其三是如果再利用资源的含量太低，收集的成本就会很高，再利用就没有经济价值。

循环经济“3R”原则的排序，实际上反映了 20 世纪下半叶以来人们在环境与发展问题上思想进步的三个历程：第一阶段，认识到以环境破坏为代价追求经济增长的危害，人们的思想从排放废弃物提高到要求通过末端治理净化废弃物；第二阶段，认识到环境污染的实质是资源浪费，因此，要求进一步从净化废弃物升华到通过再利用和再循环利用废弃物；第三阶段，认识到利用废弃物仍然只是一种辅助性手段，环境与发展协调的最高目标应该是实现从利用废弃物到减少废弃物的质的飞跃。与此相应，在人类经济活动中，不同的思想认识导致形成三种不同的资源使用方式，一是线性经济与末端治理相结合的传统方式；二是仅仅让再利用和再循环原则起作用的资源恢复方式；三是包括整个“3R”原则且强调避免废弃物的低排放甚至零排放方式。

现在学术界提出了“4R”、“5R”、“6R”原则，如除“3R”外加上“再组织”、“再思考”、“再制造”、“再修复”等等，我们认为这些原则是针对某些不同层次或领域，如管理层面、意识层面或某些行业领域提出的更加具体、具有针对性的原则，具有合理性，但不能取代“3R”原则的基本性和普遍性。

三、循环经济创新分析

1. 循环经济关注物品价值带来增长

按照循环经济，经济增长并非简单地意味着生产和消费更多的产品（正是此类增长给环境造成了额外的负担），而是必须提高用于消费的商品和服务的质量和价值随着产品使用寿命的延长、耐用性的提高和产品质量的改善，虽然从件数上看会减少需求量，但不会减少需求的价值量。相反，消费者会转而购买产量越来越少的但价值越来越高、越来越昂贵的产品。企业从这类保值性的产品，比如独一无二的、奇特的或特别精美的产品中完全可以获得丰厚的经济利润。

然而，需要说明的是，物品的耐用并不排斥多样化。事实上，转产耐用的高质量产品可以使企业有时间和力量去开发真正个性化的和高雅的东西。如此一来，供给总量将会减少，但品种将更加多样化。而且，通过产品的租赁，人们可以得到更多的调剂，更能显示个性。人们可以根据需求的变化租赁或租用合适的产品，而不必长期面对买来的产品。

2. 实现从生产优先到服务优先的转变

由于循环经济在经济上的特征是优化物品的耐用性和功能性，而不是最大限度地生产、最大规模地销售以及推销寿命很短的产品。因此，可以把中心概念建立在交换价值之上的线性经济叫做生产经济，可以把中心概念建立在使用价值之上的循环经济叫做职能经济。生产者不再是推销产品而是推销服务，使用者无须购买和拥有产品，只需在一个为满足其需求而组织起来的体系中支付服务费用就可以了。因此循环经济有可能使服务质量达到最优，从而实现从生产优先社会向服务优先社会或真正意义上的后工业社会即服务社会的转变。如，施乐公司多年来一直是世界著名的复印机制造巨头之一，值得注意的是最近几年来它在美国等地已经不再生产新的产品，而是将重点转向已经在服役的复印机提供维护和保养。随着技术的不断进步，他们在维修中用一些新技术的部件来取代一些已经不再使用的部件，然而并不改变机器的其他部分。总之，在施乐公司，作为铁板一块的产品，“复印机”的概念变得模糊了，它让位于二种自不同部件的组装的运作机制，在这个机制中，每个部件的使用寿命和强度被优化了。因此，不存在严格意义上的新机器。事实上，甚至“新产品”的概念都消失了。最有意义的是，这种经营方式被证明是有利可图的。1992 年施乐公司在美国市场上节省了5 000 万美元的原材料购置、后勤服务和库存等费用。1993 年节省经费达到了 1 亿美元。

3. 走向服务优先社会的两个战略

其一，是持久使用，即通过延长产品的使用寿命来降低资源流动的速度，达到减少废料的目的。实现持久使用战略有四个基本途径：要求部件的标准化以及与其他机器的兼容性，例如，标准尺寸设计可以使计算机、电视机和其他电子装置中的电路非常容易进行更换和升级，而不必更换整个机器；通过维护保养延长产品的使用寿命；针对要求相对较低的用途使用一些已经使用过的物品（梯次使用）；向需要的部门转卖企业和个人已经不再需要的东西。其二，是集约使用，即使产品的利用达到某种规模效益，从而减少分散使用导致的资源浪费。达到集约使用的途径可以有：提倡合伙使用的共享使用，例如偶尔使用的汽车应该供多个驾驶员使用，办公室等基础设施也可以安排让偶尔需要的职员共享；对于婴儿用品等某些短暂性用品可以发展租赁业加强周转；要努力设计出多用途而不是单用途的产品，例如一种机器可以集传真、复印、扫描等功能于一身，且每一种功能的性能不低于传统的单功能机器的性能。

4. 循环经济创造大量劳动岗位

循环经济的社会意义表现为，它为人口日益增长的社会提供了更多的就业机会。由于耐用保值性产品的生产、保养、维修、服务以及再利用行业属于劳动密集型产业，因此拉封丹在《不要恐惧经济全球化》(2000) 一书中指出："只要人们从一次性原则转向耐用性原则，就能创立新的劳动岗位，取代趋于消逝的一次性产品生产中的劳动岗位。从净值看，新设的劳动岗位将多于消失的劳动岗位，并且新增劳动岗位将出现于人们生活所在地。"因此，与传统线性经济缩短经济的链条不同，循环经济是通过延长经济的链条而增加就业机会的。例如，在生产中，用能够从事多样化和灵活性的人来取代机器；在销售中，需要熟练人员给消费者提供咨询和出租服务；在使用中，用于保养和维修的劳务费用的分量会越来越大；在报废时，对产品进行拆卸再利用有很多的就业效应；在处理时，通过对废弃物的循环利用创造就业。

5. 循环经济在就业方面的特点与循环经济导致服务性社会的发展相一致，循环经济使得就业的重点从生产转向维护

概括起来，循环经济在就业方面的特点有：(1) 在产业类型上，线性经济强调制造就业(第二产业)，而循环经济扩展服务就业（第三产业以及第二产业的第三产业化）；(2) 在市场变化上，线性经济依赖市场变化，而循环经济具有稳定特点；(3) 在就业空间上，线性经济是异地的就业（联系全球化），而循环经济是在本地的就业（联系地方化）。

循环经济作为一种科学的发展观，一种全新的经济发展模式，具有自身的独立特征，对人类的经济活动进行分析提供了崭新的思维模式和方法：

- **新的系统观**。循环是指在一定系统内的运动过程，循环经济的系统是由人、自然资源和科学技术等要素构成的大系统。循环经济观要求人在考虑生产和消费时不再置身于这一大系统之外，而是将自己作为这个大系统的一部分来研究符合客观规律的经济原则，将"退田还湖"、"退耕还林"、"退牧还草"等生态系统建设作为维持大系统可持续发展的基础性工作来抓。
- **新的经济观**。在传统工业经济的各要素中，资本在循环，劳动力在循环，而唯独自然资源没有形成循环。循环经济观要求运用生态学规律，而不是仅仅沿用 19 世纪以来机械工程学的规律来指导经济活动。不仅要考虑工程承载能力，还要考虑生态承载能力。在生态系统中，经济活动超过资源承载能力的循环是恶性循环，会造成生态系统退化；只有在资源承载能力之内的良性循环，才能使生态系统平衡地发展。
- **新的价值观**。循环经济观在考虑自然时，不再像传统工业经济那样将其作为"取料场"和"垃圾场"，也不仅仅视其为可利用的资源，而是将其作为人类赖以生存的基础，是需要维持良性循环的生态系统；在考虑科学技术时，不仅考虑其对自然的开发能力，而且要充分考虑到它对生态系统的修复能力，使之成为有益于环境的技术；在考虑人自身的发展时，不仅考虑人对自然的征服能力，而且更重视人与自然和谐相处的能力，促进人的

全面发展。

● **新的生产观**。传统工业经济的生产观念是最大限度地开发利用自然资源，最大限度地创造社会财富，最大限度地获取利润。而循环经济的生产观念是要充分考虑自然生态系统的承载能力，尽可能地节约自然资源，不断提高自然资源的利用效率，循环使用资源，创造良性的社会财富。在生产过程中，循环经济观要求遵循“3R”原则：资源利用的减量化（reduce）原则，即在生产的投入端尽可能少地输入自然资源；产品的再使用（reuse）原则，即尽可能延长产品的使用周期，并在多种场合使用；废弃物的再循环（recycle）原则，即最大限度地减少废弃物排放，力争做到排放的无害化，实现资源再循环。同时，在生产中还要求尽可能地利用可循环再生的资源替代不可再生资源，如利用太阳能、风能和农家肥等，使生产合理地依托在自然生态循环之上；尽可能地利用高科技，尽可能地以知识投入来替代物质投入，以达到经济、社会与生态的和谐统一，使人类在良好的环境中生产、生活，真正全面提高人民生活质量。

● **新的消费观**。循环经济观要求走出传统工业经济“拼命生产、拼命消费”的误区，提倡物质的适度消费、层次消费，在消费的同时就考虑到废弃物的资源化，建立循环生产和消费的观念。同时，循环经济观要求通过税收和行政等手段，限制以不可再生资源为原料的一次性产品的生产与消费，如宾馆的一次性用品、餐馆的一次性餐具和豪华包装等。

第五节　各国的循环经济发展现状

一、发达国家的循环经济实践

资源是经济社会发展的基础条件。从当前世界的发展趋势看，资源供给不足将成为今后经济社会发展的长期制约因素。到20世纪90年代，随着可持续发展战略的普遍采纳，发达国家正在把发展循环经济、建立循环型社会，作为实现环境与经济协调发展的重要途径。而我国面临的资源约束矛盾日益明显，大力发展循环经济尤显重要。应该积极借鉴发达国家的成功经验，推进我国循环经济发展。

（一）德国

通过立法推动资源的回收利用。在发展循环经济方面，德国是走在世界前列的。德国废弃物处理法早在1972就制定了，当时主要是强调废弃物排放后的末端处理。1986年修订时将其改为《废弃物限制处理法》，发展方向则是从“怎样处理废弃物”的观点提高到了“怎样避免废弃物的产生”。并分别于1991年和1996年颁布《包装废弃物处理法》和《循环经济和废物管理法》，规定对废物管理的首选手段是避免产生，然后才是循环使用和最终处置，并且确立了产生废物最小化、污染者承担治理义务与官民合作三原则。法律规定，自1995年7月1日起，玻璃、马口铁、铝、纸板和塑料等包装材料的回收率全部达到80%。在德国的影响下，欧盟和北美国家相继制定鼓励二手副产品回收、绿色包装等有关法律，同时规定了包装废弃物的回收、复用或再生的具体目标。

德国政府设立了专门的监督企业废料回收和执行循环经济发展要求的机构。生产企业必须向监督机构证明其有足够的能力回收废旧产品，才会被允许进行生产和销售活动。对一些需要监督的垃圾处理，垃圾生产者、处理者以及有关监督机构要事先共同制定一个垃圾处理方案。监督机构承认这个处理方案后，会向垃圾生产者和处理者出具“垃圾清理执照”。在每次运输和处理垃圾时，会有“跟踪单”来跟踪垃圾流动的过程，以便于监督垃圾处理是否根据拟定的处理方案进行。

德国在《循环经济和废物管理法》的框架下，对垃圾进行分类处理和建立再利用公司，根据各行业的不同情况，制定促进该行业发展循环经济的法规，如《饮料包装押金规定》、《废旧汽车处理规定》、《废旧电池处理规定》、《废木料处理办法》等。从 2000 年 10 月颁布法律对旧汽水瓶收取押金。规定：在购买饮料时，每个 1.5 升容量以下的瓶装或罐装饮料要收取 0.25 欧元押金，1.5 升容量以上收取 0.5 欧元。在废旧汽车再利用方面，规定：生产厂家和进口商有义务回收废旧汽车并负担相应的费用。到 2006 年，至少要将废旧汽车总重量的 85%进行重新利用，到 2015 年则要达到 95%。另外，从 2003 年开始，禁止汽车生产商使用镉、汞、铅等重金属。社会各方面对冶金、钢铁行业的资源再利用十分重视。冶金行业生产中留下的大量矿渣，95%都得到重新利用，大部分被处理成可以替代天然石料的建筑材料，一部分被作为生产水泥的矿渣砂而利用，另一部分甚至被作为化肥使用。70%以上的粉尘和矿泥被重新利用，其中大部分通过烧结设备处理后重新进入冶金程序。2002 年，有 2 000 万吨废铁在本行业被重新利用。

德国各地都有为企业提供垃圾再利用服务的公司，向企业提供相关技术咨询和垃圾回收处理等服务。一些国有公司有义务负责区内企业的垃圾回收和再利用处理。此外，德国的私营垃圾处理公司也发展迅速。以 DKL 垃圾处理公司为例，它回收企业生产中留下的次品、废旧包装、瓶子、金属零件等各种废料，将它们进行分离、碾碎或合成等处理，使这些废品得到再利用。它还为生产企业提供技术咨询，帮助企业建立自己的垃圾处理系统。

（二）日本

日本是发达国家中对循环经济立法最全面的国家。其立法的目标是建立一个资源“循环型社会”。目前，日本已经颁布了《推进建立循环型社会基本法》、《有效利用资源促进法》、《家用电器再利用法》、《食品再利用法》、《环保食品购买法》、《建设再利用法》、《容器再利用法》等七项法律。从 2001 年 4 月开始，日本开始实施这七项法律，争取一边控制垃圾数量、实现资源再利用，一边为建立循环型社会奠定基础。这七项法律的基本精神，就是体现三个要素即资源再利用、旧产品和旧零件再循环和减少废弃物的 3R 原则。

（三）美国

美国在 1976 年制定了《固体废弃物处理法》，后又多次进行修订。20 世纪 90 年代，美国制定了相应的法规，对电池生产过程中汞的含量加以限制。美国加利福尼亚州（以下简称加州）于 1989 年通过了《综合废弃物管理法令》，要求在 2000 年以前，实现 50%废弃物能够通过源头削减和再循环的方式处理，未达到要求的城市将被处以每天 1 万美元的行政罚款。1990 年美国国会还通过了净化空气法，禁止在制冷设备的制造、使用、维修和处理过程中排放含有氟氯化碳的制冷剂，并对氟氯化碳等有害气体进行回收，循环利用。为推动资源的回收利用，1998 年美国环境保护署宣布用 5 年时间使城市垃圾回收率达到 25%，到 2005 年提高到 35%。据此，各州纷纷通过立法对本州居民提出了更严格的要求。许多州规定，新闻纸的 40%～50%必须使用由废纸制成的再生材料。威斯康星州规定，塑料容器必须使用 10%～25%的再生原料。加州规定，玻璃容器必须使用 50%～65%的再生材料，塑料垃圾袋必须使用 30%的再生材料。建立监督机制、奖惩机制和提供税收优惠政策，推动再生资源产业发展。1993 年，美国总统签署行政令，要求再生产品在所有政府机构的办公用纸中应占 20%，1999 年这一比例要提高到 30%。这一命令的实施，在两年内使再生产品在联邦政府的采购物品中增加了 35%。在联邦政府带动下，各州和地方政府也相继制定了相关政策。到 20 世纪 90 年代中期，美国的回收利用项目已达 7 500 多个，影响到近 50%的人口。

（四）葡萄牙

近年来葡萄牙政府把一些回收和处理垃圾工作较好的城市树为典范，通过建立奖惩机制促进这项工作的开展。对违反政府关于垃圾分类处理规定的部门或公司，葡萄牙国家环境总局可对其课以最高达 4.5 万欧元的罚款；对不按规定对垃圾进行分类的个人，葡萄牙政府也正在研究罚款政策，预计罚款在 25～100 欧元之间。近期葡萄牙政府将出台关于处理废旧汽车的新政策，针对近 3 年每年产生 15 万辆废旧汽车，但只有 2 万辆进入再利用系统的问题，对进口旧车加以限制，并对将旧车卖给回收公司的车主实行免税，对随意扔弃废旧汽车的车主进行罚款。

葡萄牙政府 5 年前在各个大城市建立了分类垃圾回收站。这种垃圾回收站由 3 个大型和 1 个小型垃圾桶组成。绿色、黄色和蓝色的 3 个大桶分别盛玻璃制品、铝制品和硬纸，红色小桶则盛电池。这一举措对城市垃圾的回收和处理起到了较大推动作用。在分类回收的基础上，建立各种垃圾再利用公司，使垃圾回收利用产业规模化。目前葡萄牙已有两个电池和轮胎回收再利用公司。按计划，今年除成立建筑垃圾回收再利用公司外，还将成立废油回收再利用和废旧汽车回收再利用公司。2005 年建立电器回收再利用公司，并再成立一个电池回收再利用公司。2006 年 1 月，里斯本附近 4 座城市的垃圾回收和处理公司推出一个垃圾回收、处理和再利用的完整运作体系，计划把城市垃圾的焚烧或掩埋率由 90%降到 60%，这一系统已在 2006 年全部完工。

二、我国发展循环经济的思路

循环经济是一种新型的、先进的经济形态，是集经济、技术和社会于一体的系统工程。现阶段，各方面对发展循环经济的战略意义缺乏足够的认识，需要政府、企业、科学界、公众共同努力，通过建立法规制度、推行绿色核算、开发绿色技术等措施来推动。

（1）建立循环经济的法律体系，加快制定必要的法规，对循环经济加以规范，做到有法可依，有章可循，以实现资源、环境的有效配置。如，绿色投资制度、绿色资源开发制度、绿色产业生产制度、绿色市场竞争制度、绿色消费及回收制度、绿色包装制度、绿色激励制度。

（2）建立绿色产业结构体系，改善传统产业结构，优先加强节能、低耗、无污染的高新技术产业的发展，同时加强对传统产业的技术改造。鼓励加工工业集中的地区大力发展技术密集型企业，而将高耗能企业集中到能源充足、资源丰富的地区，同时加强清洁工厂的建设。另外，从农业生产的生态化技术开发和推广入手，建立新兴的生态农业的产业结构体系。

(3) 建立绿色技术支撑体系推动资源节约技术的开发、示范和应用。集中力量支持一批重点行业、重点企业资源节约和综合利用技术改造项目。包括消除污染物的环境工程技术、进行废弃物再利用的资源化技术、生产过程无废少废、生产绿色产品的清洁生产技术。建立绿色技术体系的关键是积极采用清洁生产技术，采用无害或低害新工艺、新技术，大力降低原材料和能源的消耗，实现少投入、高产出、低污染，尽可能把对环境污染物的排放消除在生产过程之中。推行清洁生产技术要密切与产业结构调整相结合，通过清洁生产实现“增产减污”。

(4) 以绿色需求推动循环经济发展，在全社会倡导绿色生产、生活方式和文明消费。通过绿色消费教育，引导公众积极参与绿色消费运动，使循环经济的观念深入人心。在消费引导方面，各级政府应起保护环境的表率作用，通过政府的绿色采购、消费行为影响事业单位、企业和公众。

三、建设中国循环经济的战略对策

1. 坚定地选择新工业化循环经济

循环经济之所以会出现，首先是由于工业生产方式形成了资源匮乏、环境污染、生态恶化的严重危机与困境，中国作为一个后发展人口大国，工业危机局面更加严峻。事实表明，难以有充足的资源支撑中国的庞大工业经济，环境污染和生态恶化也要比其他国家严重得多，这决定了中国的发展必须摆脱传统工业化的单向生产方式而必须选择循环经济。其次，新工业化的深层生产为形成真正的循环生产、循环经济奠定了技术基础与产业基础，工业生产方式造成的危机和新工业化开拓的深层生产力必然导致人们选择建构深层循环式生产和循环经济，处在新工业革命兴起中的中国，要想克服工业危机和实现现代化发展，也必然会选择走新工业化的循环经济道路。在这里，没有别的选择，也不允许动摇，中国必须坚定地建设新工业化循环经济。

2. 确立建设循环经济的总体规划

第一，把建设新工业化循环经济纳入整个新工业化进程，作为新工业化经济体系建设的基本任务。新工业化建设有科技、产业、经济体制、政治体制、思想观念等多方面的任务，在经济体制建设中必须树立循环经济观念，走重质量、重生态、重创造、深层化、效率化、循环化、减量化的经济发展之路。第二，从中国国情出发，分阶段逐步实施循环经济战略。循环经济的实质是对自然资源（主要是化学资源）的减量化、限量化开发利用，如何建设循环经济要视国情而定。在工业化发达的国家，经济中的自然资源使用量已达到很高水平，资源总量基本上趋于稳定，对资源的循环利用基本上可以满足经济发展的需要，实行循环生产和建立循环经济也就容易得多。而处于工业化建设之中的发展中国家，由于需要进行大规模的基础设施建设，资源总量不足，可循环利用的资源也是有限的，单纯依靠循环生产满足不了经济发展的需要。目前，中国仍处在工业化建设之中，不可能完全依靠循环生产来满足经济发展对资源的需求。所以，中国还不能立即着手全面建设新工业化的循环经济。但是，这绝不是说要等到完全工业化之后再去建设循环经济，而是应该逐步实施循环经济战略：(1) 大力倡导循环经济，在一些污染严重的领域应马上着手建立循环生产体系，重点放在以循环利用来防治污染上；(2) 在一些自然资源紧缺而开发较大、社会中资源总量已较多、依靠循环利用可较好满足经济需要的领域，应坚决走循环生产的道路，重点放在以循环利用来满足经济需求上；(3) 随着新工业化科技与生产的发展以及工业化的基本实现，资源的社会总量已趋于稳定，就应毫不动摇地全面建设新工业化的循环经济；(4) 新工业化循环经济要求资源深层循环利用率达到50%以上，必须努力达到这个基本指标，并不断提高到新的水平。

3. 强化科技支撑和确立建设重点

建设新工业化循环经济要有先进的科技支撑，这包括深层微观生产技术、清洁生产技术、资源综合利用技术、资源回收和再循环技术、资源重复利用和替代技术、环境监测技术，等等。必须抓住科技创新的环节，以科技突破来推动循环经济的建设与发展。要抓好产业结构的优化升级，尤其要重视新工业产业的发展，从产业变革上大力降低化学资源的消耗和深层次资源的开发，实现少投入、高产出、无污染。例如，太阳能的开发利用属于深层化的物理能源，扩大对太阳能的使用和减少对化学能源的消耗，既可降低化学能源危机，又可减少使用化学能源形成的严重污染。还要抓住一些紧缺资源领域，加快循环生产、循环利用体制的建设。例如，淡水资源是我国经济发展中的短缺资源，目前对天然淡水的开发利用率已很大，污水废水排放量巨大，水环境污染很严重，因此，应大力实施水的循环利用战略，以循环利用的方式坚决克服水污染，并可在一定程度上缓解水资源紧缺。

4. 政府推动与市场拉动相结合

政府的推动作用主要表现为：(1) 加强宏观调控，倡导循环经济观念，推动社会经济的循环化；(2) 加大对建设循环经济的投入，尤其是科研投入，推动循环生产技术的研发与产业化；(3) 建立和完善政策法规体系，健全激励机制，改革经济核算体系，建立“循环经济核算制度”，为循环经济的发展创造良好环境。在发挥政府推动作用的同时要积极发挥市场的拉动作用。要以市场为导向，大力推进循环生产的产业化和市场化，通过提高循环生产的经济效益来拉动循环经济。例如，污水的治理与循环利用可与自来水并入一套水产业体系，把污水的循环利用产业化、市场化，既可保障水污染的治理和循环利用，又可实现节约用水。

5. 积极发挥生态产业园区的示范作用

建设生态产业园区（或生态工业园区）是研发推广循环生产技术、建设循环生产体系的成功模式，要大力建设生态产业园区，充分发挥它的示范作用，积蓄经验，推广到社会，由点到面地建设循环生产、循环经济。生态产业园区的产业内容、具体运行模式应该多样化，要积极开拓新的建设思路和实践，扎扎实实地推进循环经济建设。循环经济是新工业化建设的重要组成部分，必须从全面推进中国新工业化发展的高度加强循环经济的建设。要以循环经济的新生产方式和新经济发展方式来克服资源匮乏、环境污染、生态恶化的工业危机，并最终建立起包括循环经济在内的新工业化的完整经济体系。

关键术语

可持续发展　　可持续发展理论　　循环经济　　循环经济理论　　循环经济创新

思考题

1. 概述可持续发展理论的发展历程。
2. 城市可持续发展的经济学分析如何？
3. 什么是循环经济？我国发展循环经济的战略是什么？
4. 循环经济理论的系统思考包括哪些方面？
5. 循环经济的创新具体表现在哪些方面？

主要参考文献

[1] 杨方东. 建立可持续发展城市的经济学假设. 经济师（理论探讨），2008（2）
[2] 诸大建. 循环经济：21 世纪的新经济. 探索与争鸣，2003（9）
[3] 高洪深. 知识经济学教程（第四版）. 北京：中国人民大学出版社，2010
[4] 王青云，李金华. 关于循环经济的理论辨析. 中国软科学，2004（7）
[5] 国家发展改革委员会综合司. 发达国家发展循环经济的主要做法及启示. 中国经贸导刊，2004（17）
[6] wiki. mbalib. com/wiki/可持续发展，2011-04-25

第六章

总部经济及其对城市经济发展的影响

重点问题

- 总部经济的概念内涵与形成机理
- 总部经济的理论体系
- 城市总部经济发展能力评价指标体系与雷达模型
- 总部经济对城市经济转型的风险分析

第一节　总部经济的内涵与形成机理

一、总部经济概念与内涵的诠释

总部经济的系统研究和实施是进入 21 世纪近 10 年的事情，很多学者和专家对此作了比较深入的研究和探讨，并做了比较精辟的描述和系统的表达。总部经济理论是由北京市社会科学院总部经济研究中心主任赵弘研究员在国内首次提出的，他对于总部经济的内涵和特征、理论价值和实践意义以及经济贡献等进行了深入的研究，对于企业迁移、总部集群形成以及地区总部经济发展等进行了广泛的探讨，他对我国总部经济的研究有重要的贡献。目前，国内学术界关于总部经济的理论研究主要集中在含义研究和收益研究等方面，关于总部经济的风险研究也有涉及，但并不系统。含义研究主要是试图从不同的角度去揭示总部经济的本质和基本特征；收益研究主要从与区域经济的互动、城市品牌价值和综合影响的提升等方面分析总部经济对于地区经济发展的贡献；风险研究主要是针对一些可能产生的由于地区自身的发展条件不足、地区定位不准确以及盲目引入总部经济等对于地区经济造成的负面影响。

我们认为总部经济的概念、内涵还是应该以经济学和城市经济发展作为切入点进行研究和探讨。从经济学和区域经济发展的各个层面和不同角度对总部经济的概念与内涵进一步诠释与解读，才能避免总部经济的发展对提升城市功能和促进产业转型带来的负面影响。

1. 区域经济层面

总部经济是区域经济学研究的范畴，因此，现有概念大多从区域视角对总部经济进行界定。总部经济是指通过创造各种有利条件，吸引跨国公司和外埠大型企业集团总部入驻，形成企业总部在本区域集群布局，企业生产加工基地则通过其他各种形式安排在成本较低的周边地区或外地，从而形成合理的价值链分工的经济活动的总称。这是目前引用较多的概念之一。在这一概念中，总部经济形成和发展的主体是区域。

2. 城市经济层面

在区域经济发展过程中，作为区域中心的城市往往因为其拥有独特的信息资源、人才资源等而处于主导地位，因此，我们认为，总部经济实际上指的是作为经济区域中心的城市，通过创造各种有利条件吸引跨国公司和外埠大型企业集团的投资中心、管理中心、研发中心、采购中心、销售中心、结算中心、物流中心等，形成总部的集群布局，在优化提升本市产业结构、形成合理的价值链分工的同时，通过向周边地区、全国乃至跨国界的地区实施经济管理、决策和服务等职能来促进本地及周边地区经济的发展。这一概念明确指出了区域中心城市在总部经济发展中的主体地位。

3. 总部经济层面

总部是指企业系统中独立于生产环节但对其具有指挥和控制权力的决策机构。总部经济是一种首脑经济，总部经济的形成和发展是总部出于企业发展需要而与生产环节实行空间分离的结果。广义上，总部经济是指经济与非经济、官方与非官方、带有总部性质或总部派出性质的、各种机构和组织相对集聚所产生的社会经济活动的统称；狭义上，总部经济是一国内外带有总部或总部派出性质的各种经济组织相对集聚所产生的社会经济活动的统称。从价值形态看，总部经济是这些机构组织各种社会经济活动所产生的直接和间接的经济价值总和。

4. 微观经济层面

企业是微观经济的载体，我们试图从微观经济层面深入挖掘总部经济的概念和内涵。企业因为发展需要而将总部从运营系统中脱离出来成为一个相对独立的机构，并与其生产环节发生了空间上的分离。具体地说，企业总部向中心城市集聚，而生产环节则向外围城市迁移，这已成为一个日益普遍的现象。总部经济是指企业和城市在使双方都能获取更高经济效益的目标驱动下，形成总部和城市集聚并产生外部经济的经济现象。企业总部集聚改变了城市形态，而城市形态也影响着企业总部的发展。总部在城市集聚的内在驱动力来源于企业和城市二者对更高经济效益的追求，其结果是，企业和城市能够通过总部在城市的集聚而获得“双赢”。

二、总部经济的功能

通过总部经济为城市经济发展带来的经济效应和总部经济作为一种新的经济形态所表现出来的特征来描述总部经济的功能。

(一) 总部经济的特征

总部经济是城市经济学研究的范畴，它是城市经济发展的重大突破和战略转移，也是国际经济一体化和知识经济初露端倪的产物。“总部经济”作为一种新的经济形态，表现出若干知识经济和区域经济的特征。

第一，知识密集性。“总部经济”集中了企业价值链中知识含量最高的区段，企业的研发、营销、资本运作、战略管理等，属于知识密集性劳动。

第二，经济集约性。按照总部经济模式发展区域经济，最大限度地利用了中心城市服务业发达、智力资源密集的优势，最大限度地利用了生产基地土地、劳动力、能源等要素优势，最大限度地提高了资源的配置效率，体现集约经济的特点。

第三，产业延展性。“总部经济”形成了第二产业与第三产业之间的经济链条，不但能够实现第二产业向第三产业的延展，而且能够实现知识性服务业向一般性服务业的延展和扩散。

第四，发展辐射性。在“总部经济”模式下，可以通过“总部—加工基地”链条实现中心城市的经济发展向欠发达地区的强力辐射。

第五，合作共赢性。“总部经济”模式改变了区域之间对同一产业在企业、项目上“非此即彼”的无序争夺，避免了简单的重复，实现不同资源优势的区域之间通过价值链不同功能的再分工进行合作，实现共同发展，达到共赢结果。

(二) 总部经济的“经济效应”

总部经济不但对中心城市的经济结构、就业结构、城市发展产生深刻影响，而且对城市的空间规划、政策体系、配套服务体系建设、环境建设等方面提出新的要求。总部经济至少可以为城市经济发展带来以下“经济效应”:

(1) 税收贡献效应。包括企业税收贡献和总部高级白领个人所得税贡献，还有新增的产业链企业的税收贡献，另外，理解总部经济税收贡献，还要从传统追求企业百分之百的税收在当地上缴，转变为对于城区内中央商务区（CBD）范围内单位面积的税收产出，因为总部与基地的分离，税收分流一部分是必然的，但城区同样的面积通过建造商务写字楼可以容纳几十倍原有数量的企业，这样，就大大增加了单位面积的税收产出。

(2)“产业乘数效应”。制造业总部的集聚，带动现代服务业的发展，包括信息采集加工、企业咨询、金融保险、会计、审计、评估、法律、教育培训、会议展览、国际商务、现代物流等。

(3)“消费带动效应”。包括总部商务活动、研发活动消费和总部高级白领的个人生活消费，如住宅、交通、子女教育、健身、购物、文化设施和娱乐等。

(4)“就业乘数效应”。这是“产业乘数效应”的必然结果。总部经济首先提供高知识群体就业岗位，同时带动一般性服务业岗位增加。

（5）“社会资本效应”。也可以称为社会效应。大批国内外企业总部入驻，提高了城市的知名度、美誉度，促进城市政府提高服务质量、改善商务环境，完善城市基础设施和人居环境，推进多元文化融合与互动，各种条件更趋完善，进一步加快城市国际化进程。所以，对城市的发展和提升具有非常积极的作用。

三、总部经济的形成机理

（一）总部成为企业的一个独立部门并发挥特殊的功能

美国企业史的权威小艾尔弗雷德·钱德勒（Alfred D. Handler）第一次在理论上系统地阐释了企业总部形成与演进的过程与规律。铁路被钱德勒称为“第一个现代工商企业”。就铁路来说，如果要做到乘客及货物的安全运输并防止发生事故，车辆的调度必须由一个单独的总部进行管理。这里单独的管理机构的存在纯粹是技术上和生产力发展上的需要，与价格机制无关。而“来源于组织上和技术上的革新”则充分体现了企业组织和协作生产所能够产生的“创造”出来一种生产力。在钱德勒看来，铁路和由它构成的铁路企业是一张巨大的网。而总部就是联结这张网的中心结点，总部因此被称为企业管理的中枢和“大脑”。从《看得见的手》开始，钱德勒分析公司的组织结构与企业发展之间的关系，《战略与结构》则更为细致地探讨美国企业的战略与组织变迁，从最早的中央集权式、职能式的组织结构，到公司“总部—分部”结构。

现代大型公司内部科层结构有多种形态，差异主要表现为总部与下属经营单位之间权力的配置，从另一个角度可以看出表现为组织内部引入市场机制的程度；共同点是战略性决策和经营性决策的分离，它们分别由总部和下属经营单位承担。在现代大型公司中总部是一个相对独立的层次，它一般不直接参与下属单位的生产、经营活动，总部的职能是：战略规划和实施；交易协调和资源配置。总部职能的确立和实施是为了满足和实现企业的目标函数。

这个目标函数可表述为：

$$Y=f(X_1,X_2,\cdots,X_n)$$

其中，Y 是变量，代表“替代净效益”，即企业内部化或通过各种类型长期契约替代市场交易所节省的市场交易费用和所产生的组织协调费用之差。X_1，X_2，…，X_n是自变量，主要包括公司战略，资源配置和交易协调，组织结构模式，决策权和经营权的配置，政策、规章和程序，企业文化，人力资源，信息系统，无形资产，预算和经营计划管理，风险和危机管理等。公司总部的功能就是对这些变量的管理和控制实现“替代函数”的目标值极大化。

（二）“总部＋生产基地”空间组织模式实现了两种不同地域要素优势在一个企业内的优化配置

企业生产经营过程需要两类不同性质的资源和要素。一是战略管理、研发、中试、营销策划、资本运作等企业总部所需要的信息、高端人才、资本、技术等要素；二是企业产品生产制造过程中需要的土地、能源、材料以及一般加工工人等常规要素。在发展水平差异比较大的不同区域之间，两类资源的禀赋差异很大，取得成本差异也很大。在发达的中心城市，战略资源密集成本较低，常规资源稀缺且成本较高；在欠发达地区，常规资源密集成本低，战略资源稀缺成本高。如果企业布局在发达的中心城市，企业可以用较低的价格取得战略资源；如果企业布局在欠发达地区，情形正好相反，在欠发达地区，尽管常规资源的取得成本较低，但由于战略资源稀缺，企业要取得同样的战略资源，不得不支付较中心城市高得多的成本，甚至一些资源即使愿意付出更高的成本也难以取得。如果企业按照“总部＋生产基地”的模式进行空间布局，把总部布局在发达的中心城市，而将生产加工基地布局在欠发达地区，则企业能够以较低的成本取得中心城市的战略资源和欠发达地区的常规资源，从而实现两个不同区域优势资源在一个企业内的集中优化配置。

企业价值链空间分离虽然客观上增加了企业的组织、协调、管理成本，但是，由于企业价值链不同的空间布局有效地利用了不同地域的要素优势，使得企业的生产效率更高，通过企业“总部＋生产基地”的组织变革和现代信息技术的运用，企业增加的组织、管理、协调成本小于企业将不同价值链环节布局在不同的地理空间的成本，而这种成本与收益的差额正是决定企业将总部建立在中心城市、生产制造环节放在城市郊区或中小城市的重要原因。

（三）地价竞租机制驱使企业总部向城市中心区集聚

地价竞租机制是指地价作为企业生产经营成本的主要支出项目，对于企业区位选择决策产生重要影响的作用机制。在城市中心区，如中央商务区由于地价昂贵，一旦企业的边际成本高于企业的边际经济附加值（BYA），就会导致企业外迁，让位于经济附加值相对较高的企业。在这种作用机制下，城市的最核心地段，往往成为经济附加值最高的研发中心和商务管理总部的集聚地。区域的相对核心地段则成为经济附加值相对较高的商业区集聚地，区域的相对外围地段则成为经济附加值相对较低的低污染制造业集聚地，区域的外围地段则成为经济附加值最低的传统工业集聚地。

在这种地价竞租机制作用下，如果一个区域的中心区域土地需求大于供给，就会导致地价急剧膨胀，一方面促使区域中心外围的产业布局进行新一轮的“优胜劣汰”，产业结构优化升级；另一方面，则促使区域中心逐渐向外围区域蔓延，最后使得整个区域都成为“中心区域”——成为商务管理中心、企业研发中心以及与其配套服务的第三产业集聚地，整个区域也就演变为依靠总部经济而发展的区域。

（四）产业进步推动城市职能由生产性职能向控制性职能转变

人类历史上的产业进步可以描述为农业经济向工业经济再向知识经济的演进，在产业进步的推动下城市职能也由生产性职能向服务性、控制性职能转变。信息社会的到来，经济全球化和新国际劳动分工给城市群来了深刻变化，城市发生了结构性转型，出现了社会空间的分异。这种变化一是表现在城市内部，大型城市功能区细化，出现了以服务、商业为主要职能的功能区——CBD；二是表现在城市与城市之间，形成了城市与城市的分工，有的城市从生产型城市转变为服务型城市，城市等级产生，出现了“控制性城市”、“头脑城市”、“世界城市”等。曼纽尔·卡斯特尔（M. Castells）认为，信息化社会产生了一个新的空间结构，这个结构以相互关联的地域集聚和分散运动为特征，其中的单元是网络。中心城市的本质是对权力的空间分配，企业总部向中心城市的集聚，实质上是对信息和知识的空间控制。

（五）城市演化为总部集聚形态的生产力

城市在形成的初期即农业经济阶段是小商品生产和交换的集聚，在中期即工业经济阶段是大工业化生产的集聚和交换，在后期即知识经济阶段是总部的集聚和知识与信息的交换，城市作为一个实物生产者已经消失，而代之以知识与信息的生产、交换与消费。在后工业社会，企业生存和发展的根本是产品和服务的创新，而企业总部具有较强的外部性和知识溢出、学习效应，企业的总部集聚为产品、服务创新创造了极好的外部条件。中心城市是国家创新的主要区域，集聚在中心城市的企业总部是国家创新的微观主体。企业和城市都能通过集聚获取集聚效应，并通过企业总部集聚与城市的互动进一步放大这种集聚效应。企业总部向中心城市的集聚使得城市获得了远比通过商品生产部门的集聚高得多的经济效应，而这正是中国许多城市将发展总部经济作为新的经济增长点和提升城市竞争力的关键原因所在。

作为企业总部在城市集聚的空间表现形式的是 CBD。CBD 的高级化最突出的表现是跨国公司总部和金融机构在大都市 CBD 的集聚。CBD 是中心城市单位土地面积投入和产出最高的地区。CBD 的集聚性可以从写字楼面积存量、从业人数、区位商家数等指标反映出来。

四、总部经济的价值链分析

总部经济是一个复杂的经济系统，它是由若干个投入产出的企业构成一个相互联系、相互影响、相互制约的价值链系统，应该是一个有机的整体，但又是一个独立的实体。

企业总部和加工生产基地在空间上逐步分离，总部向中心城市集群布局，产业加工基地向成本比较低的、远离中心城市的地区集群布局，区域性的“总部—生产基地”发展模式初步形成，围绕总部经济的产业价值链与空间价值链（区域价值链）逐步发展起来，且各具特色。

企业总部在具有优良的基础设施环境与良好的商务服务业基础，人才、技术、信息、知识、资本等资源比较密集的中心城市（尤其是国际化城市）集聚，通过包括财务结算、投融资管理、市场营销、技术研发以及人力资源管理等总部经济活动带动总部产业及各类相关服务业发展，形成总部产业集群；通过企业总部与周边地区产业基地分工协作形成企业价值链，以及围绕核心产业与关联企业分工协作形成产业价值链。

（一）产业价值链

企业总部包括全球总部、地区总部、研发总部、商务总部、销售总部等向特定区域的集聚，形成了总部经济产业集群与相关产业价值链。

首先，企业总部的集聚以及企业总部的决策功能、市场管理功能、投融资功能、财务结算功能等总部功能的发挥，形成了以研发、资本运作、战略管理等为核心的全新的产业模式——总部产业，高技术服务业（软件业、计算机服务业、专业技术服务业、网络通信服务业等）、专业服务业（人才服务、法律服务、会计服务、管理与公共关系服务业等）和其他商务服务业等协调总部产业发展的总部型服务业的发展，总部产业和总部型服务业以总部基地为中心互补联动、集群发展，形成总部产业集群。

其次，企业总部通过指挥在它周边地区的工厂、办事处、子公司机构，进行资金、生产、贸易、人才和信息的集中运作与协调管理，形成了企业价值链（见图 6—1）。同时，核心企业与关联企业围绕主导产业，通过前向关联、后向关联以及旁侧关联所形成的分工协作，形成了相关产业的产业价值链（见图 6—2），涉及不同产业领域的企业总部与其生产企业以及其他关联企业相互整合，形成了各具特色的产业价值链，如 IT 产业链、汽车产业链。

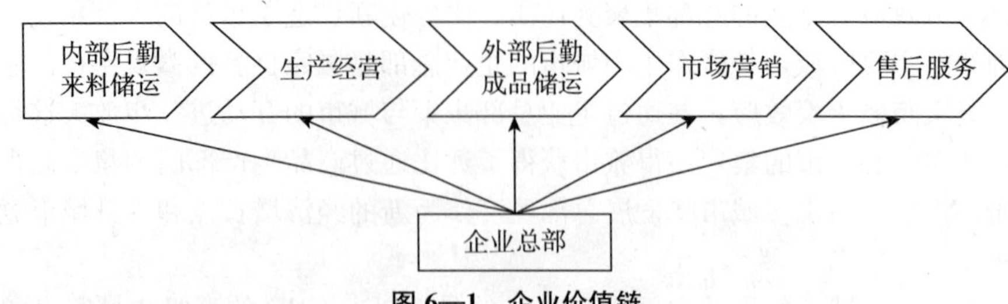

图 6—1　企业价值链

资料来源：本章的图表数据均选自《2006—2007 年：中国总部经济发展报告》和《2009—2010 年：中国总部经济发展报告》。

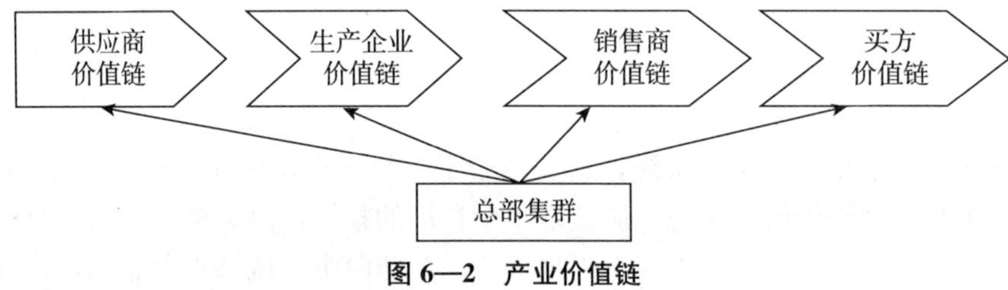

图 6—2　产业价值链

（二）空间价值链与区域发展

总部经济所体现的空间价值链主要包括企业空间价值链与产业空间价值链两个部分。从企业来看，总部经济集聚的企业总部是一个大企业、大集团内部的融资中心、结算中心、研发中心、营运中心、公关中心等，而企业的生产环节、物流环节与上述诸环节实现了在地域上的分离，形成了一个合理的空间布局，从而形成了以总部为核心、以企业价值链为纽带、辐射周边与相关区域生产基地的企业空间价值链，即企业总部与生产基地的价值链体系。从产业来看，总部经济集聚了相关产业的诸多企业总部，形成了相关产业的高端决策及综合管理与生产、原材料供应及物流环节的空间分离，建立了以产业价值链为纽带，以总部基地与周边产业基地分工协作的产业空间价值链——总部基地与产业基地的价值链体系。

总部经济的发展，对集聚企业总部的中心城市以及相关中心城市经济区域的发展，均产生了重要而深远的影响。一方面，企业总部在中心城市集聚带来了总部产业与相关服务业的发展，吸引人才、资本等高端生产要素积聚，形成强大的集聚和辐射效应，有力地推动中心城市的发展；另一方面，中心城市企业总部与周边生产基地、产业基地的企业价值链与产业价值链的形成，强化了相关产业的实力，扩展了经济发展空间，有力地带动了中心城市经济区域的发展。

第二节　总部经济的理论体系

总部经济是一个典型的复杂经济系统，从系统分析的方法入手，从不同层面和不同角度对它的理论基础进行系统分析。

一、从主流经济学和区域经济学理论出发来阐述总部经济的经济学原理

（1）总部经济是区域经济学研究的范畴，而且按新区域经济观，它不能构成一个新的区域经济学层次，它只能是城市区域经济发展的重大突破和战略转移，为目前市场机制尚未解决的某些经济学理论，例如，市场经济的外部性问题提供了崭新的经济学实践和典型的区域经济范例，也就是说，它在一定范围内较好地解决了市场经济的外部性，所以它才得以迅速地发展。

大家知道，完全竞争型市场经济的一般均衡状态是帕累托最优状态。但达到这样的帕累托最优条件之一是不考虑经济活动的外部性，即在市场以外不存在成本和收益的关联性。事实证明，情况并非如此。市场经济中的外部性使个别生产成本和社会生产成本之间产生差额，这个差额会导致社会利益的损失。市场失灵理论认为，自由市场制度一方面是资源配置的有效机制，但另一方面靠自身的力量却不能消除外部性这个缺陷。因此，要借助市场机制以外的力量予以校正和弥补。

现代大型企业实现了企业所有权和经营权的彻底分离，从而建立了现代企业制度和相应的法人治理结构。职业经理在企业内部建立了严格的组织结构制度，制定和实施企业发展战略，运用行政方式而不是市场价格机制配置企业内部资源、协调企业内部交易，形成了与市场的“看不见的手”对应的“看得见的手”。总部经济形成了市场机制以外的这种力量，在一定程度和一定范围内很好地解决了经济活动的外部性问题。

（2）企业作为一种组织形态具有替代市场实现交易和配置资源的功能，即以一个集中决策、人为设计、分层管理的纵向行政组织层次结构替代一个分散决策、自发形成、自由竞争的横向市场交换体系。这一替代可以视为交易费用的替代，即用企业内部组织协调费用替代市场交易费用。替代的动因是交易费用的降低，而替代的代价则是企业内部“代理人问题”产生的激励机制缺陷和纵向的组织层次结构引起的信息机制的缺陷。但是，在现代信息技术高速发展，网络技术和现代通讯手段十分发达的今天，总部经济可以说，基本上消除市场交易上的信息不对称问题（企业内部而不是市场），这就解决了长期困惑传统微观经济学理论的市场信息不对称问题，总部经济起码在实践上部分地解决了这一理论问题，正因为它符合经济规律，所以，总部经济在21世纪获得了更加迅速的发展。

（3）现代大型公司是一个庞大、开放的体系。其核心部分是公司的组织架构（frame work），其外围是公司经营活动扩展、延伸而形成的网络，包括特许生产厂家、供货商、批发商、零售商等。无论是组织架构还是网络都可以看作某种形态的交易机制（transaction governance）。作为一个组织架构，它通过集权的层次结构系统内化市场交易，作为一个网络，它通过各种契约把古典市场契约（classical market contract）转变成一种介于

企业与市场之间的混合模式（mixed model of firm and market）。现代大型公司建立的这两类交易机制都是为了替代市场交易以降低市场费用。而决定这一替代的条件和模式的选择是组织或组织主导的交易机制所产生的协调费用低于市场交易费用。

(4) 现代大型公司内部组织层次结构有多种形态，其差异主要表现为总部与其下属经营单位之间权力的配置，从另一个角度看也可以表现为组织内部引入市场机制的程度，其共同点是战略性决策和经营性决策的分离，它们分别由总部和下属的生产、经营单位承担。在现代大型公司中总部是一个相对独立的层次，它一般不直接参与下属单位的生产、经营活动，其主要的职能是：一是战略研究和实施；二是交易协调和资源配置。总部职能的确立和实施是为了满足和实现其目标函数。这个目标函数可以表述为：最大限度地获取“替代效益”，最大限度地降低“替代成本”，以便使“替代净效益”极大化。

(5) 替代函数模型的建立。基于上述认识，秦晓先生认为应将现代大型公司视为一个替代函数而不是新古典经济学所说的生产函数。这一替代函数的数学模型可以表述为 $Y=f(X_1, X_2, \cdots, X_t)$，下面对这一替代函数模型及相关变量做一简要介绍。$Y$ 是因变量，代表替代净效益，即企业内化或通过各种类型长期契约替代市场交易所节省的市场交易费用和所产生的组织协调费用之差。X_1，X_2，…，X_t 是自变量，它们主要包括：公司战略、资源配置和交易协调、组织结构模式、决策权和经营权的配置、政策、规章和程序、企业文化、人力资源、信息系统、无形资产、预算和经营计划管理、风险控制和危机管理等。公司总部的功能就是通过对这些变量的管理和控制实现替代函数目标值的极大化。这些变量具有两个基本的特点：其一，与替代函数的因变量具有相关性，其存在状况、变动幅度、发展趋势决定了 Y 值——企业的替代净效益；其二，是由公司总部直接控制和管理的，这也正是现代大型公司总部的功能。

生产函数的变量主要是生产要素，包括资本、土地、劳动力、技术、原料及其数量、价格和配置；而替代函数的变量则主要是一些管理和控制的要素。这反映了两组变量所满足的是两个目标函数值，即生产利润极大化和替代效益极大化。那么两者之间的关系是什么呢？首先，生产函数描述的对象是传统的企业，而替代函数描述的是现代大型企业；其次，在现代大型企业的组织结构中，其下属的生产、服务单位依然可以被视为是一个生产函数。当然，由于市场、技术、信息、人力等外部环境和内部状况的变化，对生产函数的有关变量也应重新认识并做出相应的调整。现代大型公司的总部则是一个替代函数；第三，在现代大型企业中，下属单位对生产函数的管理提供的是企业生产活动中的收益，即企业的基础收益，而总部对替代函数的管理不仅关系到下属单位的基础收益而且会产生资源配置和交易协调的效益，即替代增值收益。因而，这样的区分并不意味着总部不参与或不关注由生产函数决定的基础收益，也不意味着两个函数之间是彼此无关的。两个函数的提出主要是反映了管理层次上的区别。这里讨论的重点是公司总部的功能，下属单位对生产函数的管理被视为是某种给定的条件，在这个意义上我们可以从整体上把现代大型公司视为一个替代函数。

我们对替代函数变量相互之间的关系做进一步分析。在诸多变量中，公司战略、资源配置和交易协调是核心变量，这两个变量与目标函数值的相关性最高，影响程度也最大。因此，对它们的管理与控制也是总部的主要职能。

组织结构模式，决策权和经营权的配置，政策、规章和程序，企业文化是有关公司制度安排的四个变量，其中包括正式的、有形的制度和非正式的、无形的制度。其设置要满足和适应两个核心变量，为之提供制度的支持。

人力、信息和无形资产是企业的三个重要资源，称为战略资源，由于与其他资源相比较其具有特殊的意义，我们将之作为独立的变量。预算和经营计划管理、风险控制和危机管理是实施公司战略和资源配置、交易协调的管理手段和管理方式。

通过上述分析可以看出：这些变量分为核心和非核心两类，非核心变量包括：制度变量、资源变量、管理方式变量。非核心变量要满足核心变量，同时它们对替代函数因变量也会产生重要影响。

（6）企业在发展中对于战略资源的需求地位上升。随着企业规模化增大和市场竞争加剧，对于战略资源（信息、高级人才等）的需求越来越强烈，而且这类战略资源不能与常规资源（产品生产制造过程中需要的土地、能源、材料以及一般加工工人等）完全替代；在发展水平差异比较大的不同区域之间，两类资源的禀赋差异很大，形成的成本差异也很大。在发达的中心城市，战略资源密集，成本低；常规资源稀缺，成本高；在欠发达地区，常规资源密集，成本低；战略资源稀缺，成本高。如果按照传统的办法做，仍然将企业总部和生产加工基地布局在一起，无论企业布局在发达的中心城市，还是布局在欠发达地区，都不能实现企业资源的最优配置。如果企业布局在发达的中心城市，由于战略资源密集，企业可以用较低的价格取得战略资源，但是，由于城市的发展，使得常规资源变得稀缺，企业取得常规资源的成本提高。比如，一般来说，中心城市土地价格高，环境成本高，人工工资高，等等。如果企业布局在欠发达地区，情形正好相反。在欠发达地区，常规资源的取得其成本相对较低，但由于战略资源稀缺，企业要取得同样的战略资源，不得不支付较中心城市高得多的成本，甚至一些资源即使愿意付出再高的成本也难以取得。如果企业按照总部经济的模式进行空间布局，把总部布局在发达的中心城市，而将生产加工基地布局在欠发达地区，由此使企业能够以较低的成本价格取得中心城市的战略资源和欠发达地区的常规资源，实现两个不同区域最优资源在同一个企业的集中配置，企业由于将“总部—加工基地”在一个区域布局而被“损失”掉的那部分企业“利润”被“释放”出来，这种被释放出来的“利润”正是总部经济的“收益”所在。

二、总部经济的区位选择理论分析

（一）区位选择理论模型的基础

实际上，跨国公司理论早在 Hymer 时期就和世界城市理论紧密相连。跨国公司理论的奠基人 Hymer 认为，对于跨国公司而言，国境线只不过是自行消灭的用墨水画出来的印迹，作为跨国公司的分析单位，城市有着比国家更为重要的实际意义。跨国公司地区总部区位选择的研究应该突破以往研究的局限性，即突破跨国公司理论的范围，应该与地区总部区位选择的对象世界城市相结合（见图 6—3）。

世界城市理论认为，世界城市是全球性经济活动空间扩散的场所，跨国公司的总部集中于若干主要全球城市之中。世界城市是经济全球化和科技快速进步条件下的跨国公司价值链中的基础环节，是跨国公司实现其全球战略的平台，一方面，以世界城市为代表的巨

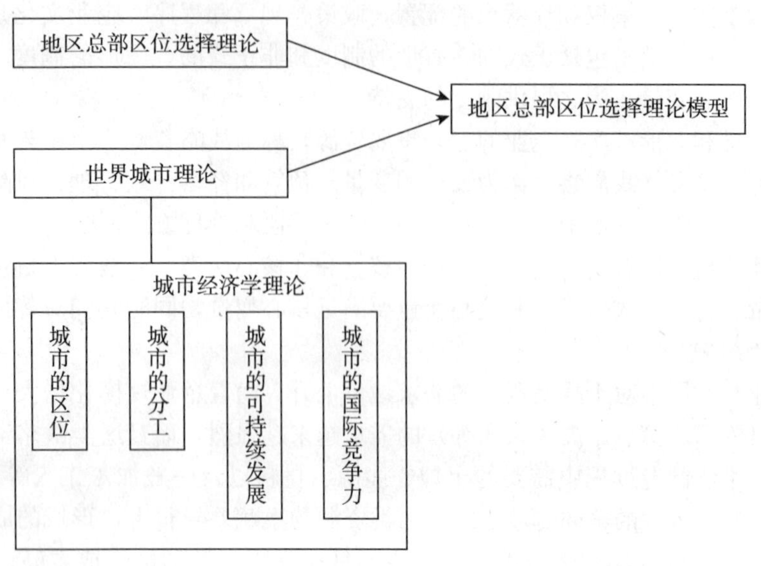

图 6—3 地区总部区位选择理论模型的研究基础

型多维空间载体，不断地参与到全球资源、市场、生存和发展空间的竞争中；另一方面，跨国公司在全球范围的世界城市中进行区位选择，设立总部或地区总部，利用世界城市在区位、分工、可持续发展、国际竞争力等方面的优势，更高效率地实现其在全球范围内的资源配置，达到在地区层次和全球层次的战略目标。

（二）区位选择理论模型中的因子分析

地区总部区位选择时最重要的是对于决定因子的挑选以及这些因子的权重分析，本节对传统的地区总部区位选择理论中的因子进行归纳，并将世界城市理论中和区位选择相关的因子进行提取，综合成为区位选择理论模型的因子。

通过对以往学者的研究成果进行总结，结合世界城市理论、城市经济学理论，区位选择理论模型采用八个因子作为研究的对象，分别是政府激励、成本控制、商业环境、地区联系、城市、RHQ（地区总部）间的协同效应、人力资源、IT 及通信设施。在地区总部区位选择因子上，认为城市作为跨国公司地区总部区位选择的对象，应该被独立出来，城市是一个多维空间，具有一定的基础设施条件，拥有区位优势，在世界经济分工中占据重要地位，具有可持续发展的能力，具有较强的国际竞争力，是跨国公司实现其战略目标的重要平台。而 RHQ 间的协同效应在现有的地区总部区位选择理论中存在，但是没有被独立出来，随着跨国公司总部或地区总部在世界城市的集聚，服务性行业在世界城市也出现了集聚现象，价值链上下游的企业地区总部之间的联系逐渐增加，跨国公司地区总部间的协同效应越来越重要，因此，地区总部协同效应应该被独立出来作为一个研究因子。

（三）区位选择的理论模型

这里将地区总部区位选择理论与世界城市理论、城市经济学相结合，提出了跨国公司地区总部的区位选择理论模型，该模型将城市作为地区总部区位选择的重要因子，首次将城市引入到总部经济的区位理论，并将 RHQ 间协同效应作为地区总部区位选择的独立因子（见图 6—4）。

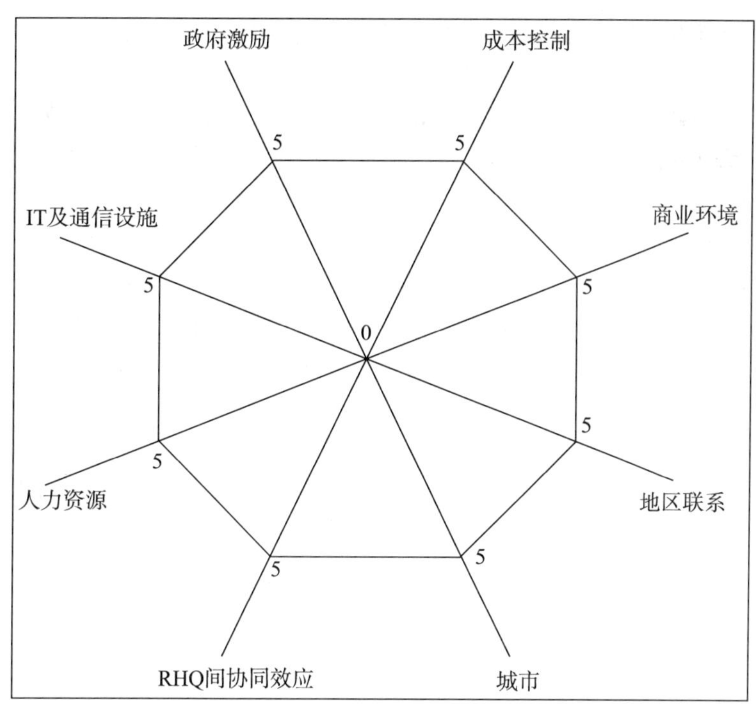

图 6—4　跨国公司地区总部的区位选择理论模型

可以用以下函数表达：

$$D_j = \sum_{i=1}^{8} F_{ji} \cdot W_i + \varepsilon_j \qquad F_{ji} \in (0,5], W_i \in (0,1], i \in \{1,2,\cdots,8\}$$

其中：

D_j 指跨国公司总部作为备选的第 j 个城市的评估值。

F_{ji} 指理论模型中，第 j 个城市的第 i 个因子的计量值，其最小值大于 0，最大值小于 5。因子个数共有 8 个，分别是政府激励、成本控制、商业环境、地区联系、城市、RHQ 间的协同效应、人力资源、IT 及通信设施。

W_i 指模型中第 i 个因子对应的权重。其最小值大于 0，最大值为 1。由于跨国公司的行业、所属国家、战略、对城市的重要性认识等因素不同，每个因子都会有所不同，所以权重也不相同。

ε_j 指对第 j 个城市评价的误差调节值。

要在此做出说明的是，这里是针对跨国公司地区总部区位选择的通用性研究，并非针对某一行业或国家的特定范围的跨国公司进行研究。

该理论模型的主要创新点在于：

● 引入城市变量。现有的大部分地区总部区位选择理论都忽略了对地区总部选择对象——城市的研究，对城市的研究被分散在其他的要素内。只有 Hymer 明确地将世界城市的研究和跨国公司总部结合起来，并以跨国公司总部的数量来评价城市在世界城市体系中的等级与地位。其他学者的研究也都涉及城市的相关内容，但是他们的研究也只是停留在对城市现状的描述，并没有将城市作为一个独立因子纳入到区位选择理论中。城市是城市经济学和地理经济学的研究对象，而世界城市理论是经济全球化后逐渐兴起的基于城市经济学和地理经济学的新理论，是将经济全球化、跨国公司、城市结合在一起的学科。本模型将世界城市理论和跨国公司理论结合起来，将城市作为一个因子引入到跨国公司地区总部区位选择理论中。

● 建立 RHQ 间的协同效应变量。在现有的跨国公司地区总部研究中，对企业集群有所研究，对地区内跨国公司的业务单元之间的协同效应也有少量的文献涉及，但是未涉及对跨国公司 RHQ 之间的协同效应的研究，现有的少量相关研究被分散在地区总部区位选择的子因子中。这里首次将跨国公司 RHQ 间的协同效应作为独立因子纳入地区总部区位选择理论。

● 建立了一个独立的评价模型。理论模型对多个变量进行综合评价，可以为跨国公司地区总部选址提供决策支持。而且，模型中的因子具有可扩展性，在实践中，每个因子均是由子变量构成的，这些子变量可以根据本国的实际情况扩充。

第三节　总部经济对城市经济发展的影响

一、城市经济转型的一般规律

城市转型是世界各大城市发展过程中面临的共同课题。随着城市化进程不断加快，传统制造业的梯度转移、老旧工厂的关闭，以及水、土地等资源短缺日益严重，中国城市也不可避免地遇到经济结构转型的问题，而且这已成为北京、上海、广州等大城市面临的一个重大战略问题。如何寻求经济增长新的动力引擎，实现城市产业升级和功能转型，是保持中国城市持续发展和繁荣的关键。总部经济作为一种新的经济模式，为大城市实现经济转型和持续发展提供了一个重要的战略选择。

世界各国城市化发展的共同规律表明，城市化率在 30%～70%之间的阶段是城市化加速发展的阶段。随着中国进入城市化加速发展阶段，中国一批城市工业规模扩张和工业产值增长的速度明显加快，对土地、水、能源等资源的需求迅速增大，在一些发展较快的大城市资源短缺现象日益严重，生产制造成本不断攀升，制造业企业开始迁出中心城市或城区，导致许多中心城市面临“制造业空心化”难题；同时，快速城市化阶段农村人口大量向城市迁移，导致城市人口规模不断膨胀，交通、就业、环境等压力日益加大，城市经济、社会的可持续发展面临严峻挑战。因此，中国许多大城市必须调整经济发展战略，推进产业结构升级，实现经济转型和可持续发展。

城市化是一个不断变化的动态过程，在城市化的不同阶段，城市经济发展面临着不同的课题，城市经济转型的重点也随之发生转移。经济学者通过研究发现，在城市化过程中，城市各种资源要素的空间流动、经济增长的周期性波动等因素对城市经济转型产生了重要影响，城市经济转型就是在这些因素的影响下，通过不断调整经济发展战略，推动产业结构高级化、产业布局合理化、经济社会协调化，促使城市经济健康发展的一个持续、复杂的过程。

（一）城市化进程的空间生命周期直接影响着城市经济发展战略的转变

在城市化过程中，人口、产业、资本等各种资源要素不断流动，在空间分布上不断发生变化，使得城市经济发展呈现明显的空间周期规律。一些学者根据发达国家大都市市区人口增长的周期变动，提出了城市化进程的空间周期理论，即由向心城市化、城郊化、逆城市化和再城市化四个连续的变质阶段构成大都市的空间生命周期。在城市空间生命周期的不同阶段，城市经济转型面临的课题不同，城市经济发展战略也具有不同的特征（见表 6—1）。

表 6—1　　不同阶段城市发展的特征及主要影响因素

城市发展	影响因素	特征
向心城市化	工业化：人口增长	城市中心区的形成和扩展，由外围的落后地区向中心移民
城郊化	技术（自动化、铁路、电话等）与经济发展；规模不经济，工业结构的改变，由工业经济向服务业经济的转变，城郊基础设施的建设	城市中心区进一步发展，出现市郊区，向城市中心移民的速度减慢，城市拥挤，市中心向城郊移民，出现分散化趋势
逆城市化	通信条件改善，工业结构继续变化	内城区衰落，新的城镇出现
再城市化（信息化）	信息技术迅猛发展，信息网络带动新信息革命	新的城市体系与格局形成

资料来源：利亚姆·班农等主编：《信息社会》，上海，译文出版社，1991。

向心城市化阶段，也就是通常说的城市化阶段。这一阶段，资金、技术和人才日益向城市集中，城镇人口迅速增多，中心城区成为城市经济发展的重心。20 世纪上半期，快速城市化是先进工业国家的发展倾向。据统计，1900 年，城镇人口超过乡村人口的国家只有英、澳、德三国，1940 年则增加到十几个，大部分为发达的工业国家。第二次世界大战后，城市化开始形成世界规模，城市成为国家的经济、文化中心，

城市郊区化阶段。20 世纪 50 年代后，由于特大城市人口激增，市区地价不断上涨，加上生活水平改善，人们追求低密度的独立住宅，汽车的广泛使用，交通网络设施的现代化，等等原因，城郊化进程加速。以住宅郊区化为先导，引发了市区各类职能部门纷纷郊区化的连锁反应。首先迁往郊区的有商业服务部门，之后外迁的是事务部门。在城市郊区化阶段，城市经济发展重心逐渐向郊区转移，新城区以及各种类型的经济开发区规划和建设成为城市经济发展战略的重要内容。

逆城市化阶段。20 世纪 70 年代以来，一些大都市区人口外迁出现了新的动向，不仅中心市区人口继续外迁，郊区人口也向外迁移，出现了人口负增长。这就是说，整个大都市区出现了人口负增长，人们迁向离城市较远的农村和小城镇，国外学者将这一过程称为逆城市化（counter-urbanization）。逆城市化首先出现在 20 世纪 60 年代的英国，美国出现逆城市化的时间稍晚，在 20 世纪 70 年代有 9 个标准大都市区的人口出现不同程度的下降，城市经济发展出现衰落的现象，而中小城镇及乡村地区经济实现快速增长。

再城市化阶段。面对经济结构老化、人口减少的现实，美国东北部一些城市在 20 世纪 80 年代积极调整产业结构，发展高科技产业和第三产业，积极开发市中心衰落区，以吸引年轻的专业人员回城居住，加上国内外移民的影响，1980—1984 年间，纽约、费城、波士顿、

芝加哥等7个城市在中心市区实现人口正增长，出现了所谓再城市化（re-urbanization）。

最近，一些学者从另一个角度来审视再城市化阶段，认为信息化社会的到来使得城市发展进入一个新的阶段，在逆城市化之后带给城市新的发展机遇，对城市经济发展产生了重大影响，因此，他们将信息时代作为转向城市第四发展阶段的开端，并将这一阶段命名为城市的信息化阶段。他们认为，尽管由于通信技术的发展，传统的区位模型中关于距离的因子取值趋近于零，但是城市特别是世界大城市依然是经济社会的中心，同时，信息成为城市获取竞争优势的战略资源，居于世界信息网络结点地位的信息富集区完全支配和控制着边缘的信息贫乏区。因此，城市要想在全球范围内获取竞争优势，必然要发展与信息收集、处理和分配高度相关的服务功能，进而通过信息流控制全球，成为全球网络中的重要结点。

（二）经济增长的周期性波动使城市经济发展具有明显的时间生命周期

经济增长的长周期波动即长波理论，是西方经济学家认识资本主义长期经济发展规律的一个重要理论，自20世纪70年代以来，这一理论已经成为当前所有西方工业化国家经济萧条的主要解释，并视为是一个影响所有工业化国家的国际现象。长波理论侧重研究一个国家或地区长达几十年甚至于上百年的经济兴衰史，并用周期发生和发展理论来解释波动成因，以及预测未来发展的长期波动趋势。

近年来，一些学者将长波理论应用到对城市发展规律的研究中，认为从西方发达国家城市发展历史来看，城市发展也具有周期性规律，而且，城市发展也具有周期性规律，而且，城市发展的周期性规律与经济长波有着密切的关系。经济学者发现，近代资本主义工业城市产生后的1800年、1850年、1900年、1950年、2000年前后的五个时期，是城市大发展的年代，这恰好与长波理论的康德拉捷夫周期相吻合（见表6—2）。

表6—2　　经济长波理论与城市发展的关系

阶段 项目	第一个长波	第二个长波	第三个长波	第四个长波	第五个长波
时间	18世纪80年代—19世纪40年代中期	19世纪40—90年代末	19世纪90年代—20世纪30年代下半期	20世纪30年代末—90年代	20世纪90年代至今
技术创新	棉纺、铁、蒸汽动力	铁路、交通运输革命、冶金技术进步	电力、汽车、化工	电子计算机、石化、航空	网络、生物工程、新能源、航天
城市产业结构	农业部门占主体，制造业比重上升，服务部门比重小	制造业比重上升，服务部门增加，农业比重下降	制造业占主要地位，服务业比重加大，农业比重很少	制造业下降，服务业为主体，新技术产业上升	新经济，文化产业上升
城市化水平	期末城市化水平6%左右，人口向城市集中，城市围绕旧城扩大	期末城市化水平13%左右，人口向大城市集中，大城市郊区化开始	期末城市化水平25%左右，产业向郊区迁移，城市分散化开始	期末城市化水平60%左右，城市中心区衰退，城市分散化普遍	世界城市化率继续提高
世界经济重心	英国伦敦是国际中心城市	美国开始起飞，伦敦中心城市向纽约分化	纽约、伦敦并驾国际中心城市	纽约、伦敦、东京国际中心城市三足鼎立	纽约、伦敦、东京国际中心城市地位受到挑战，大批国际城市崛起，中国经济起飞

资料来源：侯百镇：《城市转型：战略、周期与模式》，载《城市规划学刊》，2005（5）。

自18世纪70年代工业革命以来，蒸汽机、电力等技术的发明推动了制造业的快速发展，制造业逐渐替代了传统的手工业，城市进入工业化阶段，并用了100年左右的时间基本完成了工业化。20世纪30年代末开始，由于电子计算机技术的快速发展和应用，传统制造业比重逐渐下降，技术密集型制造业迅速发展，服务业比重逐渐上升，20世纪90年代信息网络技术的高速发展更进一步推动各类高端服务业的蓬勃发展，使城市进入新一轮经济转换，进入非工业过程。

可见，随着经济发展的周期性变化，城市的发展也呈现明显的周期性规律，构成城市发展的生命周期。城市生命周期的不同阶段都存在对应的要素作用，如果这些对应要素与阶段状态偏离较大，城市将会出现不协调的运行，城市发展缺乏后劲，同时出现大量的城市问题，城市经济开始衰退，城市发展处于受困状态。这种受困状态促使城市转变发展战略，通过应用新技术、调整产业结构、实现经济转换，使得城市逐渐走出低谷，城市经济得以复苏，并进入新一轮繁荣期。城市就是在繁荣→衰退→萧条→复苏周而复始的过程中不断进行战略转移、经济转换，从而走向新的发展阶段。

（三）城市经济转型过程中存在一些关键性的战略转型点

战略转型点是美国英特尔公司董事会前任主席 Andy Grove 在企业管理实践中提出的。他认为战略转型点出现在公司的竞争地位发生改变的过程中，它代表着公司必须对自身的经营路线进行转变以适应新的竞争环境。

一些城市经济研究者认为，城市发展过程中同样存在着一些战略转型点，有些学者称之为城市发展拐点。在城市发展拐点前后，城市发展的一些关键因素发生变化，为了适应新的变化，城市必须抓住时机，转变经济发展战略，才能推动城市向新的阶段迈进。如城市化进程中，从城市化到城郊化、从城郊化到逆城市化，以及从繁荣到衰退、从萧条到复苏等城市发展周期不同阶段的转换点都可以看作城市战略转型点。纽约、伦敦、东京等国际中心城市就是在这些关键时期，更早、更准确地把握了转型时机，主动调整发展战略，为城市在新一轮经济增长中占据领先地位做好了充分准备，从而赢得了比其他城市更快的发展，并因此确立其国际中心城市的地位。

关于如何判断战略转型点或城市发展拐点的到来，经济学者说法不一。有学者认为在城市规模增长速度上有一个重要拐点，超过这个拐点，“外溢一回波”式发展的边际成本就会急剧增加，城市就要考虑新的发展模式。根据他们的观察，这个拐点大约出现在人口平均增长率3%和经济规模增长率10%左右，并维持25年持续增长的时候，即城市人口大约在25年内翻一番，经济总量扩张10倍。也有学者从社会问题入手来研究城市发展的拐点，他们认为，社会动荡往往不是发生在经济长期停滞的地方，而是发生在经历了经济增长的地方，最可能发生社会动荡的时刻是在经济停滞增长、开始出现下滑的拐点处，在这个点前后，城市必须及时对发展战略进行调整和转换，否则就会爆发社会动荡，这一观点被称为“倒J”假设（见图6—5）。

从城市发展的漫长历史来看，在上面论述到的城市空间生命周期中，城市经历了多次经济转型，而每一次经济转型其本身又是一个逐步调整、逐步转变的复杂过程，这一过程周而复始、循环往复，推动城市经济不断迈向生命周期的下一个阶段。一些学者在总结东亚等后发国家城市发展经验的基础上，认为每一次城市经济转型过程一般都包括调适、分

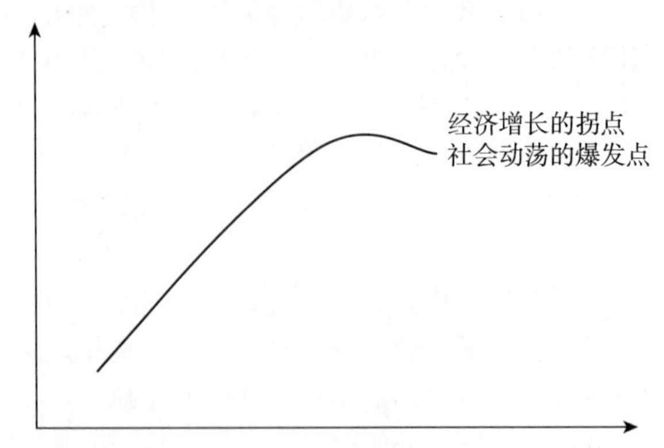

图 6—5　“倒 J”假设：经济增长的拐点、社会动荡的爆发点

解、整合、跨越四个阶段。调适是指对所处的社会经济发展阶段、竞争环境以及资源条件进行分析，确定调适框架，使城市与环境互动；分解是针对城市发展过程中的薄弱环节，可能出现的转折点进行研究、分类，通过把握转折点、拐点、机遇期、转型战略窗口来寻找化解问题的突破口；整合是从城市各类要素资源的全局出发找准当前的优先级，在垂直和水平两个维度进行优化配置，实现“条”与“块”的重组、升级；跨越则是利用后发与赶超优势，缩小发展阶段、发展空间、发展速度、发展质量与发展代价的差距，从局部突破，带动整体跨越。调适、分解、整合、跨越四个阶段构成一个完整的城市转型链（见图6—6)，不断随内外环境和条件的变化而间隙性、周期性地循环，形成城市的动态发展与演进过程。

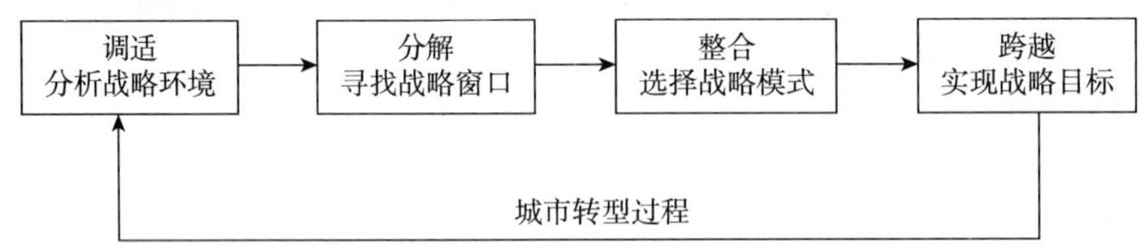

图 6—6　城市转型链图示

二、发展产业高端环节（总部经济）战略对城市经济发展的影响

产业高端环节（总部经济）战略是一些大城市在经济转型中的成功案例。它通过发展现代制造业、高技术产业、现代服务业等高附加值产业，以及跨国公司、本土企业的总部、区域总部和管理、研发、营销等价值链高端环节，并将一些传统的低端产业或价值链低端产业环节适时适度地转移到发展中国家或欠发达地区，实现城市的产业转型、功能提升，促进城市经济的持续发展。纽约、新加坡、香港、东京、巴黎等国际大都市都是发展产业高端环节、实现城市转型的典型案例。

（一）新加坡：从制造基地到总部基地

新加坡国土面积不大，人口只有 400 多万，却一直是亚洲经济发展中一颗耀眼的明珠。自 1959 年独立以来，新加坡经过 40 多年的发展，产业结构适应经济发展需要经历了三次成功转型，即从传统的转口贸易转向发展进口替代工业；从进口替代转向发展出口导向工业，打造亚洲国际金融中心；从制造业基地转向总部基地，发展资本、技术密集型高端产业。如今，新加坡已经转变为云集了绝大部分世界著名跨国公司地区总部的新兴工业国家，成为发展总部经济的全球典范。新加坡总部经济的发展经历了一个典型的从制造业基地到总部基地的发展历程。

20 世纪 70 年代，制造业成为新加坡占主导地位的经济部门，新加坡在吸引跨国公司生产加工环节的同时，也全面接受了跨国公司的资本、技术和管理模式。到 20 世纪 80 年代初，新加坡制造业发展速度趋缓，服务业开始成为城市经济的主导部门，为后来总部经济的形成和发展奠定了基础。对不同类型的总部给予针对性的优惠政策，并提供良好的环境、服务及设施。如对从事五大商品交易的国际贸易机构，营业额超过 2 亿新元或具有全球贸易网络及良好公司业绩等条件的公司每年只征收 10%的公司所得税；政府授予“区域总部”头衔的企业将享有 15%的税务优惠；获颁“国际总部”称号的企业除享有区域总部企业的优惠外，还可获得额外优惠。新加坡以金融和商务服务为重点的现代服务业的迅速发展，吸引了大量跨国公司总部入驻，制造成本的上升又迫使企业将制造环节外迁，同时，它们的总部及研发部门仍留在新加坡，最终完成向“总部经济”的转型，新加坡各历史发展阶段采取的主要措施见表 6—3。

表 6—3　　新加坡各历史发展阶段采取的主要政策措施

发展阶段	国家初创（1965—1973 年）	高速增长（1974—1985 年）	发展服务业（1986—1997 年）	总部计划（1998 年以后）
主要问题	面临生存危机，内忧外患，困难重重	劳动力短缺	劳动力成本提高，房地产过热	经历金融风暴，经济增长不稳定，国际形势变化巨大，土地和劳动力成本高昂
政策重点	强制推行中央公积金，增加国家资本积累，吸引外资，发展贸易转口和劳动密集产业	通过制定移民法解决廉价劳工的来源；限制本地劳动力成本的提高，发展有一定技术含量的加工业	大力发展服务业，特别是金融和信息资讯服务业，推动经济地区化，形成贸易和金融中心	进入转型期，探寻新的经济增长模式，紧抓知识经济机遇，向创新型转变。发展高技术产业，特别是生物制药业；发展产业高端环节；鼓励创新创业

新加坡已无可争议地成为东南亚乃至全球著名的总部集聚地之一，在经济全球化中发挥着举足轻重的作用，越来越多的跨国公司选择新加坡作为进军东南亚的起点，更多的跨国公司通过在新加坡设立地区总部实施其海外扩张战略。目前，共有约 7 000 多家跨国公司到新加坡投资，其中美国和欧洲公司最多，各约 2 000 多家。许多世界 500 强公司，如惠普、壳牌、佳能、IBM、朗讯、联邦快递等都在新加坡设立了分部。跨国公司在新加坡投资的领域主要集中在制造业、电子、电信、信息科技、化学、银行、保险、旅游、高级餐饮及建筑业等。2006 年 6 月 1 日，德国大众汽车公司、瑞典伊莱克斯电器公司、英国布莱克韦尔出版公司等 8 家国际企业在新加坡设立了区域总部，至此已经有 385 家世界级企业在新加坡设立了区域总部或国际总部。这 8 家国际企业区域总部将为新加坡带来 857 个就业机会和每年 2 亿多新元（1.57 新元兑换 1 美元）的商业开支。大量跨国公司和外国企业的进入，不仅带来了大量资金、科技、管理经验和国际人才，还吸引了众多银行的进

入，从而使新加坡逐步跨入国际市场轨道，成为魅力十足的全球企业总部之都。

（二）中国香港：发展服务业的高增值环节，助推亚洲服务中心建设

中国香港以不到全球十万分之一的面积和千分之一的人口，创造着全球第二位的人均对外贸易值和世界第一的转口贸易总值，香港经济可谓世界经济的一个奇迹。香港经济能够不断前进，主要得益于数次经济战略调整。通过经香港经济不断提高经济资源的产出效率，从转口贸易到一般轻工业，再到先进制造业，再到服务业，资本、技术的密集程度越来越高，经济活动不断转向附加值高的行业领域。

纵观香港经济发展历程，其实就是一个经济结构不断转型的过程。香港的第一次经济转型发生在20世纪50年代初。这一时期，香港从以渔农为主转向以转口贸易为主的地区。20世纪50年代初至70年代末，香港集中力量发展轻工业，并逐步使香港成为亚洲地区制造业的中心之一。这标志着香港已由转口贸易为主转变为以轻工业、制造业为主，轻工业已经成为香港经济的支柱产业。香港轻工业的大发展，带来香港新一轮的繁荣，同时也大大提高了香港在世界经济中的地位。

20世纪80年代初，香港经济开始第三次转变，这一时期，香港把握了内地改革开放的历史机遇，将产出效率相对较低的加工工业向内地和东南亚转移，为新兴产业特别是现代服务业的发展提供了空间资源、人力资源等。

第三产业尤其是现代服务业发达是国际化城市的重要标志。随着生产能力向外转移，香港日益成为一个以第三产业为主的地区性金融、服务中心。香港服务业在本地生产总值中所占的比重日益上升，而第二产业所占比重逐渐下降。

服务型经济结构推动了香港经济的新繁荣，香港金融业在20世纪80年代得到了巨大发展，成为世界外汇、黄金、股票的交易中心，也是世界各大银行主要集聚地之一，香港共有1 600余家银行及分行，全球最大的500家银行中有311家在香港设立了分支机构，是举世公认的国际金融中心。同时，经济发展逐渐突破香港本地的资源限制，对于周边区域的经济控制不断强化。

香港这种服务型经济结构已经带有总部经济的思想，即在大量外迁过程中，并没有把企业总部同时迁出，而是把企业总部（研发、营销、战略管理等职能部门）继续留在香港，以利用香港人才、资本、信息等资源优势条件，从而使香港经济发展呈现出企业总部集聚的特征。

进入20世纪90年代中后期，特别是受到亚洲金融危机的冲击，香港经济再次面临转型压力。1997年香港回归后，香港特别行政区第一届政府为香港经济结构调整、转型、升级制定了正确的方向和目标：拓展知识经济与提升传统经济相结合，进一步巩固、强化已有优势（即国际金融中心、贸易中心、运输中心等）并顺势拓展新的经济中心（即物流中心）；香港继续作为中国对外开放的主要桥梁，并发展成为以华南地区为主要依托、具亚洲国际大都会地位的“大香港”。

总部经济模式也正契合了香港新一轮经济转型的方向。目前，香港已经吸引数千家跨国公司在港设立亚太总部、地区总部。统计显示，到2005年6月，已有超过3 800家的外国企业在港设立地区总部或办事处，创下历史新高，其中以美国公司为数最多，达868家。这些总部的主要业务范围包括金融、银行业、制造业、运输、批发、零售、进出口贸易业和商用服务业等。香港的中环区便是总部集聚的主要区域，这一地区集中了大量的金融、保险、地产及商用服务行业等，已发展为成熟而标准的CBD，并逐步成为香港经济的“心脏”。

服务型经济结构的确立与香港总部经济的发展，对香港经济发展产生了重要影响，强化了服务型经济，使得香港的国际商贸、运输中心地位得以加强，促进了香港金融业的发展并将金融优势转化为经济繁荣，促进了香港国际信息中心、亚洲服务中心的建设，等等，在香港的经济转型中起到了十分重要的作用。

（三）东京：国内跨国公司总部集聚推动东京国际性城市建设

作为日本的政治、经济及文化中心，同时，伴随着第二次世界大战后经济的飞速发展，东京的产业结构经历了不断的调整和升级。日本在20世纪60年代推行《国民收入倍增计划》时就提出了建设沿太平洋工业地带的设想，20世纪初至80年代，日本在产业政策中又相继明确了控制大城市规模、改善生活质量和居住环境的指导思想，在这些政策的影响下，东京原有的一些重化工业相继迁往其他沿海地区，为东京现代都市型工业的集聚腾出了发展的空间，这些都市型工业的集聚又为批发业的发展创造了良好的条件。批发业的高度集聚，又为保险和商务服务业提供了发展的契机。东京的商务服务业产值占GDP的比重从1975年的16.1%上升到1992年的25.6%，成为第三产业中最大的一个部门。另外，在就业人数上，商务服务业的从业人数最多。1990年，东京服务业的从业人员高达231万人，几乎等于全部第二产业就业人数的总和，成为东京就业人数最多的行业。东京第三产业的比重在20世纪60年代以后就一直超过第二产业并逐年增加，到1992年，第三产业增加值占GDP的比重已高达73%。到20世纪90年代东京逐渐形成了两个非常鲜明的特点，即产业集聚性很强，第三产业十分发达，都市型经济特色十分显著。

在东京产业结构不断调整和升级的过程中，依赖本国跨国公司成长为世界级企业，实施本土企业战略，是东京实现经济转型并进入国际城市行列的重要战略之一。吸引国内大公司总部成为东京政府的首要目标之一。原先总部设在关西地区的大企业，为便于加强与政府职能部门如通产省（MITI）、财政部（MF）、经济计划署（EPA）的联系，纷纷将总部移至东京。如住友银行1958年明确提出以东京为重点的发展战略，将关西地区分行移至东京重新开张，并于1959年建成新东京住友大厦，为大阪、东京双总部做准备；伊藤忠商社1967年将东京分社升级为东京总部，实行大阪、东京双总部制。此外，四大贸易商社的公司也大部分集中在东京。

东京作为国际城市的地位得到了空前的强化。目前，东京拥有的跨国公司和银行数量都超过了纽约和伦敦，位列世界第一。东京是拥有世界（财富）500强总部数量最多的城市，据最新资料，在美国《财富》杂志新评出的2006年度世界500强企业名单中，有52家总部位于日本东京的企业入围。东京无论是在制造业、金融业，还是在电信、零售以及作为企业总部城市辅助支持行业的印刷出版、广告、运输等行业的发展都更强大、更全面，形成了银座、新宿区等经济、行政、商业、文化、信息等部门云集的商务区。

新宿区是东京的副都心，位于东京都中心区以西，距银座约6公里，是东京市内的主要繁华区之一，仅次于银座和浅草上野，其经济、行政、商业、文化、信息等部门云集。新宿区的金融保险业、不动产业、零售批发业、服务业等已为主导行业，其中金融业最为发达，集聚了160多家银行。伴随这些而来的是一些相关配套设施以及其他部门的迁入，最终形成了经济、行政、商业、文化、信息等部门云集的商务区。

新加坡、香港和东京等国际性大都市发展产业高端环节（总部经济）战略实现城市经济转型的成功经验，对于中国一些大城市探索城市经济转型具有重要的借鉴意义。中国北京、上海、广州等一些大城市在经济发展中普遍面临着土地等资源短缺空间扩展有限、传统产业结构调整与升级压力大、可持续发展难度大等问题，城市经济转型任务紧迫。同时也应看到，中国一些大城市人才、信息、技术、资本等战略资源较为丰富，具备实施产业高端环节战略的支撑条件。一方面，可以借鉴国际大都市经济转型经验，通过技术创新、产业调整，发展高技术产业、现代制造业和现代服务业等高附加值产业，逐步实现由产业低端向产业高端、由工业为主向二、三产业协同发展转变。另一方面，一些具备条件的大城市，可通过发展跨国公司地区总部、本土企业总部及研发中心、营销中心等，占据管理、决策、投资、研发等产业价值链高端环节，并带动各种服务业尤其是现代服务业快速发展，探索进一步优化调整城市产业结构，实现产业的高端、高效、高辐射，推动城市经济转型和持续繁荣的有效途径。

综上所述，国际大城市经济转型的成功模式为中国城市实现产业结构升级和功能提升提供了良好的借鉴，但也应注意到，由于城市规模、发展阶段、发展模式和发展重点的不同，城市转型的方向和模式也各不相同。中国一些处于经济转型期的大城市，只有立足城市发展实际，针对具体发展特点和问题，有选择地借鉴国际大城市转型的模式和经验，并不断加以创新，才能探索出适合中国城市发展阶段、发展特点的经济转型模式。

三、总部经济对城市经济发展的风险分析

（一）总部经济的环境风险分析

实现企业“利润最大化”是企业在进行资源配置时的最终目的，总部经济也不例外，制造企业为进一步实现其经济效益的增加而进行资源的重新选择并伴随着其空间的转移，不可避免地会使区域的环境问题日趋尖锐，加大了其所在区域的环境风险。

制造基地在拆迁建设的过程中，会直接对所在区域的自然环境造成破坏，制造基地在进行其生产活动中，会消耗当地的资源并影响该区域的生态环境；制造基地的选择是以资源成本的比较优势为前提的，这也决定了其对于当地资源的依赖性，制造基地在利用当地资源进行生产活动的同时必然对环境造成一定程度的破坏；因制造基地会带动与其相关的上下游企业向该区域的集聚，不但加大了对当地资源的消耗同时也使得环境污染问题日趋严重，对当地的生态系统和社会良性发展构成了威胁；制造基地及与其相关企业的大规模建设不但大量占有当地的资源而且造成人口的急剧增加，使得当地生活条件改变，生活的环境质量下降。

经济学认为生产和消费过程中当有人被强加了非自愿的成本或利润时，外部性就会产生。更为精确地说，外部性是一个经济机构对他人福利施加的一种未在市场交易中反映出来的影响，而环境问题是由负外部性引起的，由于外部性问题的存在，市场机制不能达到社会资源的优化配置。既然市场机制本身不能自动实现帕累托效率，就需要采取某种方法对市场机制的运行过程加以管制。在管制手段中，直接的管制手段可以理解为政府直接规

定被管制者的行为或施放负外部性的行为，采取的手段有制定标准、公布禁令、发放许可证等等。间接的管制手段是政府借助市场的力量，如征税、收费制度等等，来达到规范市场经济的目的。我国目前在环境控制过程中仍面临着巨大的挑战，环境监管体系的建设和治理等问题有待解决。

（二）总部经济的资源风险分析

总部经济所在区域一般都要求有与之相配套的区域资源，不同的总部类型对于其所在区域的资源要求也不尽相同。一个区域所拥有的资源决定了该区域能够集聚的总部经济的类型，其中便捷的交通、发达的信息交流平台以及丰富的自然和人文资源都将决定着总部经济功能的实现。

总部经济中制造基地的区域选择是总部经济实现其经济效益的关键环节，也是其实现利润最大化目的的重要步骤，其区域的选择要考虑以资源成本的比较优势为前提，选择与总部经济相对应的自然资源和劳动力资源。首先，一个区域的自然资源是不可替代的，是整个制造基地赖以存在的基础，是生产资本的重要组成部分。其次，由于自然资源使用的不可逆性，也使得总部经济在区位选择上尤为重要。同时拥有低廉丰富的劳动力资源是总部经济得以实现其效应的关键，劳动力资源与自然资源一样和劳动生产率之间存在着紧密联系，这些体现了总部基地和制造基地在资源需求取向及资源价值上的不同。

制造基地因其生产及功能实现的需要对自然资源存在一定依赖性，其区位选择是根据其产业发展所需的自然资源的成本比较优势而确定的，但因其总部经济发展的持续性，其制造基地对于资源的需求具有持续性的特点。但资源的不可再生性使得在一定阶段的供求矛盾加剧，对制造基地将产生较为深远的影响。使得制造基地在区域可利用的资源不断减少的过程中，其制造功能也逐步丧失。影响了总部经济的可持续发展，也造成当地的经济陷入困境。

因此，必须对制造基地所在区域的自然资源进行合理的、有效的开发，保持区域自然资源利用的可持续性。同时也应加大对当地稀缺资源的管理，使其能更好地满足区域发展的需要，使该区域在推进工业化的进程中保持其资源的比较优势。

（三）同质化竞争的风险分析

在特定的区域内发展总部经济能够给该区域经济发展带来一定的效益，并促进该地区社会城市化的进程，因而很多地方都将发展总部经济作为地方经济发展的主要方向，并进行盲目的项目跟进，而忽视了对发展总部经济进行透彻的研究并选择适合本地情况和特色的经济类型及发展模式。

一些地区把发展总部经济看作是本区域经济发展的新动力，大力加以提倡，政府也出台各种优惠措施鼓励本地进行总部经济的发展建设，各个地区为了能够吸引一些企业的总部落户本地，盲目地进行项目投资导致重复性建设和基础设施过度投资。一些地区依靠国家的产业扶持政策大肆进行恶性的区域竞争，造成国有资源的大量流失，破坏了当地的良好的经济秩序和区域内企业的公平竞争，加大了区域壁垒成本进而影响到该区域经济的长远发展，不利于良好市场经济环境的建立。

我国各地经济发展水平不尽相同，各地所具有的区域优势也存在差别，因而是否发展总部经济及其发展的程度也应符合当地的实际情况。一个区域发展总部经济既要有与之相应的条件，主要包括人力资源和自然资源以及与其产业相关的一定程度的基础设施，同时应具备发展产业的政策方向，即该地区的产业发展定位，只有这样才能进行有差异化的竞争，不会陷入同质化的恶性竞争。

（四）基础设施承载能力的风险分析

总部和其制造基地的转移给所迁入地区的基础设施承载能力造成巨大压力。总部经济所要求的基础设施承载能力包括两部分：一为一般性基础设施承载能力，即保障其能够进行正常的生产经营活所必需的物质基础和服务基础。如区域交通运输承载能力，能源配送能力，通讯网络承载能力，市政建设承载能力，环境保护和治理能力等等。二为特殊性基础设施承载能力，这是由制造基地的功能特征决定的，不同的行业功能对于基础设施承载能力的要求也不同，如冶金制造业要求原料和能源运输的承载能力，石化行业则要求运输管道的承载能力等等。

总部的制造基地一般都进行大规模的投资以此来获得充分的资源优势和成本优势，从而实现规模经济效应，因此制造基地的迁入都会对当地基础设施整体结构造成影响。如果制造基地对区域基础设施承载能力的需求总量超过了区域基础设施承载能力的供给总量，很可能导致区域基础设施的超负荷使用甚至无法达到其生产的需要，最终将影响到制造基地的运转效率。如超负荷的工业用电需求可能引起该区域的用电短缺，进而影响到企业生产和当地居民生活。同时如果区域所引入的制造基地对区域基础设施承载能力需求与该区域基础设施承载能力不相匹配，将导致制造基地无法实现其生产功能和经济效益的同时，也使得区域的基础设施综合利用的有效性不足而导致社会资源闲置。只有完善的基础设施作保障，才能充分发挥该区域的资源优势，吸引总部制造基地的进驻，发挥其经济效应。

（五）人才流失风险分析

人才流失意味着企业人力资本投资的丧失，这无疑给企业发展带来极大的负面影响。人才流失直接引发企业的人才危机，若不引起重视，会发生连锁反应，导致企业总部发生信誉危机、信息危机、财务危机等。具体体现在：企业是否能够持续发展的关键因素是其所拥有的人力资本，如果企业中人的才能得不到发挥，不能实现其应有的价值，那么人的积极性会逐渐消失，进而影响企业的发展。企业人才危机的表现不仅仅是人才流失，还包括由人才流失导致的人才结构不合理等一系列管理问题；企业信誉是企业在长期的经营过程中积累形成的，是企业文化的重要组成部分，企业从业人员的综合文化素质与企业稳定经营状况直接给社会公众带来整体印象和评价，员工的高流动率和大量人才流失，会给企业名誉带来损害，降低企业信誉；对于企业关键员工的流失给企业带来的损失是极为严重的，因为他们掌握着公司技术的核心部分或企业经营的机密资料，以及日积月累而成的客户关系，他们是企业重要信息的载体，他们的流动可能引起企业核心信息的流失，给企业生存形成威胁；在市场经济条件下，企业内部员工流动是正常的，但如果人才过度流动，无疑会给企业增加过多的用人成本，如新员工的招聘成本、培训成本等，从而给企业带来一定的经济负担，导致企业财务费用增加，投资收益减少。

（六）总部迁移风险分析

从企业角度来说，企业总部迁移风险是基于企业总部迁移活动基础上产生的企业风险，是和企业迁移活动密切相关的。企业总部迁移涉及面广，耗时长，工作量大，在企业迁移过程中所面临的不确定性因素较多，预测难度也较大，这就增加了企业总部迁移的风险。企业总部迁移从做出决策到具体实施，以及迁移过程中做出的调整会影响企业内外部环境，同时企业原有的管理模式、经营机制也会面临巨大的考验，企业在保证生产和服务的同时必须拿出额外的资源来进行调整，而这个过程存在的不确定性因素使企业总部的迁移过程存在较大的风险。

另一方面企业迁移会打破企业内部利益集团之间、内部和外部利益集团之间以及外部利益集团之间原有的利益平衡体系，利益受损的利益集团会通过某些途径对企业总部迁移行为施加压力，进行干预，以阻止企业迁移计划的实施。

从政府角度来说，企业总部迁移是一项巨大的工程，涉及的利益相关者较多，准备进行总部迁移的企业一般都已具有一定的规模，对当地 GDP、财政和居民收入以及相关产业都会产生很大的影响，在有些地区，这些企业甚至是当地经济的命脉，这些企业总部的外迁会使迁出地的经济总量减小，从而减缓 GDP 的增长速度；减少地方财政收入，从而影响地方基础设施建设和投资的开展；总部外迁还减少了迁出地城市的影响力，降低了城市的吸引力，从而对城市招商引资工作造成很大的负面效应；企业总部的外迁容易造成当地产业的空洞化，进而减少了当地经济发展的动力；企业总部外迁对当地的就业也会带来很大压力。这些后果会引起地方政府的密切关注和可能的干预。

（七）总部经济的泡沫风险分析

发展总部经济需要一定的客观条件，发展总部经济要科学规划，通盘考虑，避免同质化发展，杜绝不正当竞争。要防止一些城市为发展总部经济而陷入以盲目攀比为特点的“凡勃伦怪圈”。“凡勃伦怪圈”是美国经济学家凡勃伦注意到的一种消费现象，即消费者购买商品不是为了其使用价值，而是为了炫耀的心理。盲目发展总部经济必然产生新一轮投资的浪费和更大的经济泡沫。发展总部经济所受到的一个严格约束因素是城市稀缺的土地资源，而且，总部经济区一旦形成，城市地产价格往往就与其和总部经济区的距离成反比。预见到这种情况的总部企业有可能为了“抢地盘”而抢先进入总部经济区，从而在总部企业间形成一种争夺稀缺城市土地使用权的竞争。土地竞争的直接后果就是地价上涨，导致总部所在城市的房地产泡沫，最终使总部经济泡沫化。

（八）总部与城市文化之间的耦合风险

企业是在一定的环境中生存和发展，外部环境不可避免地会对企业的行为产生影响。尤其对跨国公司而言，其所面临的外部环境比在国内经营时更为复杂。因此，企业必须具备更强的环境适应能力。企业的外部环境包括政治、经济、文化和技术等方面，而文化环境现在对企业的影响越来越大，在某一文化中适合的组织战略、结构和技术在另一个文化环境中可能导致失败。城市的个性是由历史的、地理的、经济的各方面的原因决定的。不同的城市有着不同的文化与个性，企业总部在入驻城市之前要评估企业文化与总部文化的耦合程度。城市的社会文化环境直接影响着企业总部的地点选择，因为文化特征使得在新产品开发过程中具备突出能力的城市在吸引企业总部时显得更有效率。

如果企业文化与城市文化不耦合，不仅不会促进企业的发展，反而会起到抑制作用。根据交易成本理论，更大的文化差异导致更大的交易成本。在文化差异很大的城市进行投资时，管理者很难以一种有效的管理模式来处理这些差异，而且，处于不同文化背景下的当地员工在是否能够接受母公司的管理层所带来的变革上存在很大的不确定性，企业总部可能会遭受不必要的管理成本增加。

第四节 大城市总部经济发展能力的综合评价

一、城市总部经济发展能力评价指标体系与模型

随着中国城市化进程的加快，许多中心城市的中心城区制造业成本不断上升，市场的持续发展面临着经济转型的巨大压力。总部经济是对企业总部在中心城市特定区域集聚所形成的经济形态的描述及其内在规律的揭示，为中心城市产业结构升级和经济转型提供了新的思路。因此，正确认识城市发展总部经济的能力，不仅有利于城市判断其是否具备了由传统经济发展模式向总部经济发展模式转型的条件，而且有助于城市根据其发展总部经济的优劣势条件，准确定位总部经济的发展方向。

依据总部经济理论，从总部经济发展所需要的各种条件和环境出发，通过建立相应的评价指标体系，对所评价的城市进行测度，以确定城市在发展总部经济方面的总体能力水平。

1. 城市总部经济发展能力评价指标体系设计

城市总部经济发展能力评价指标体系分三个层级（见表 6—4）。具体指标是在《2009—2010 年中国总部经济发展报告》所设计的评价指标体系的基础上，根据总部经济理论和实践发展的最新研究成果，按照连续性、全面性、可操作性的原则，进行了相应的调整，具体的三个层级指标详细地列在表 6—4 中。

表 6—4　城市总部经济发展能力评价指标体系

一级指标	二级指标	编号	三级指标	指标说明
基础条件	经济实力	1	地区生产总值	区域经济发展综合实力
		2	人均地区生产总值	区域经济发展水平
		3	财政收入	政府对区域经济调控能力
		4	固定资产投资总额	经济发展的资金保障能力
		5	第三产业占 GDP 比重	经济发展的结构水平
	基础设施	6	机场飞机起降架次	区域对外交通条件
		7	公路密度	区域对外交通条件
		8	人均铺装道路面积	区域内部交通条件
		9	人均家庭生活用水量	城市生活设施水平
		10	居民人均生活用电量	城市生活设施水平
		11	居民人均生活用气量	城市生活设施水平
	社会基础	12	每 10 万人拥有中、小学教师数	城市基础教育服务水平
		13	每 10 万人拥有医生数	城市医疗水平
		14	每百万人拥有影剧院数	城市娱乐设施水平
		15	每百人公共图书馆藏书	城市文化教育服务水平
		16	人均住房使用面积	城市住房条件

续前表

一级指标	二级指标	编号	三级指标	指标说明
	人口与就业	17	非农人口比重	城市化程度
		18	城镇就业率	城市就业情况
		19	第三产业从业人员比重	城市就业结构
		20	城镇家庭人均消费性支出	城市居民消费水平
	环境质量	21	人均园林绿地面积	城市绿化水平
		22	生活污水处理率	城市水环境污染治理程度
		23	生活垃圾无害化处理率	城市固体废弃物治理程度
		24	空气质量达到及好于二级的天数	城市空气质量
商务设施	商务基本设施	25	办公楼竣工房屋面积	商务办公楼供给水平
		26	商业营业用房竣工房面积	商务基础设施条件
		27	三星及以上旅游饭店数量	商务会议等设施条件
		28	展览馆数量	商务展览等设施条件
	信息基础设施	29	固定电话用户数	信息化水平
		30	移动电话用户数	信息化水平
		31	国际互联网用户数	信息化水平
研发能力	人才资源	32	研究与试验发展人员全时当量	研发人才投入程度
		33	每万人拥有高等学校在校学生数	研发人才的可供给能力
		34	每万人拥有专业技术人员	研发人才密度
	研发投入	35	研发经费占地区生产总值比重	研发投入强度
		36	科技经费筹集总额	研发投入总量
	科技成果	37	专利申请授权数量	创新产出水平
		38	技术合同金额	技术创新活跃程度
		39	科技论文、成果数量	创新产出水平
专业服务	金融保险	40	年末金融机构贷款余额	资金投入强度
		41	年末金融机构存款余额	资金供给能力
		42	保费	保险服务能力
	专业咨询	43	商业服务业从业人员	咨询服务能力
		44	文化传媒业从业人员	文化娱乐服务能力
政府服务	服务意识	45	政策信息透明度	政府信息环境
		46	地方法规条例的健全性	政策法规环境
	服务效率	47	单位财政支出产生的 GDP	政府服务绩效
		48	投资者满意度	投资者对政府的满意程度
开放程度	区域开放	49	客运总量	区域间人员联系的活跃程度
		50	货运总量	区域间货物流通与市场的活跃程度
		51	人均邮电业务收入	区域间信息交流程度
	国际开放	52	外贸依存度	国际贸易联系紧密程度
		53	当年实际利用外资额	区域吸引国际投资能力
		54	入境旅游收入	城市的国际知名度
		55	世界 500 强在华地区总部、研发中心数量	吸引国际总部及研发中心的能力

一级指标层按照城市总部经济的内涵及其发展条件设计，主要由基础条件、商务设施、研发能力、专业服务、政府服务和开放程度 6 个指标构成。在评价指标体系中，一级指标是稳定的，长期内不会发生变化。

二级指标层主要是表现一级指标所蕴涵的细分领域。该层级指标在短期内不会发生变化，但会根据一级指标内涵的变化及发展重点进行适当调整。本节所介绍的城市总部经济发展能力评价指标体系设计过程中，对二级指标进行了一定的调整。二级指标由 2005 年的 15 个增加到 16 个，增加了基础设施、人口与就业两个指标，将原来的交通条件并入基础设施指标内，使得基础条件的二级指标更加具体。

三级指标层是衡量城市总部经济发展能力的具体指标。该层级指标将根据总部经济理论研究和发展实践进行及时调整。本节所介绍的城市总部经济发展能力评价指标体系设计过程中，根据二级指标层的变化以及数据的可获取性，对基础条件、研发能力、专业服务、开放程度这四个一级指标下设的三级指标进行了调整。三级指标数由 2005 年的 44 个增加到 2008 年的 55 个，增加了第三产业从业人员的比重、城镇就业率、生活污水处理率等 11 个指标；更换了民航航线条数等 5 个指标，使得三级指标更加全面地反映了总部经济发展所需的各种条件，而且易于获取。

2. 城市总部经济发展能力雷达模型

把上述城市总部经济发展能力评价指标体系抽象概括在一个类似雷达图的模型中，这是我国著名的总部经济专家赵弘首先提出来的，并在课题研究中获得了广泛的应用，其效果非常好。具体的雷达模型图见图 6—7。

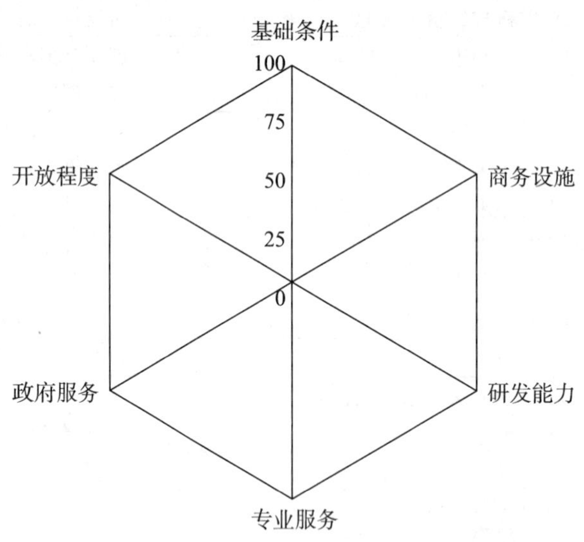

图 6—7　城市总部经济发展能力雷达模型图

二、城市总部经济发展能力前 5 名城市排名与分析评述

（一）北京总部经济发展能力排名与分析述评

北京总部经济发展能力位居全国第一，除政府服务外，其他分项指标均排在前三位

(见表 6—5)。

表 6—5　　北京总部经济发展能力得分与排名

指标	得分	排名	指标	得分	排名
综合能力	87.03	1	商务设施	98.95	2
基础条件	79.03	3	商务基本设施	98.00	2
经济实力	94.05	1	信息基础设施	99.90	2
基础设施	67.57	5	专业服务	99.99	1
社会基础	70.86	3	金融保险	99.97	2
人口与就业	91.47	1	专业咨询	100.00	1
环境质量	37.61	25	政府服务	72.11	9
研发能力	94.97	1	开放程度	90.70	1
人才资源	89.99	1	区域开放	84.83	2
研发投入	100.00	1	国际开放	95.56	2
科技成果	99.91	1			

(1) 北京发展总部经济的基础条件综合排名第三，仅次于广州、上海。北京基础条件各分项指标中，除环境质量相对较差外，经济实力、基础设施和人口与就业等条件都相对较好，均排在前 5 位。其中，经济实力保持了 2003 年的领先优势，仍居全国之首，特别是第三产业发展水平较高，第三产业占地区生产总值的比重高达 60%，居全国第一。北京的人口环境也具有一定的优势，居 35 个城市首位。城镇化水平、第三产业从业人员比重等指标均排在全国前列。北京的社会基础条件也较为优越，仅次于深圳和厦门，排在第三位，尤其是居民住房条件有了很大改善，人均住房使用面积达到了 19 平方米。受基础设施指标调整的影响，北京的基础设施排名比 2005 年度交通条件下降了 2 个名次，公路密度、供水等基础设施条件还有待改善。北京的环境质量有了一定的改善，排名第 25 位，比上一年度提高了三个名次。

(2) 北京研发能力在全国继续保持优势地位，居 35 个城市之首，具有很强的优势。

(3) 北京商务设施较为完善，仅次于上海，位居第二位。商务基本设施和信息基础设施两个分项相对均衡，均排在第二位。

(4) 北京的专业服务能力较强，居全国首位。北京的金融保险服务业已经形成了包括银行、证券、信托、保险、基金等在内的较为完善的体系。

(5) 北京的政府服务能力与其他分项指标相比，相对较差，仅排在第九位，比上一年度排名有所下降。北京法制环境较为完善，政府管理水平也相对较高，但是政府服务绩效、投资者满意度则相对较差，而且政府管理制度改革相对较为缓慢，政府服务能力低于上海、深圳等东部沿海城市。

(6) 北京开放程度排名与上一年度相同，仍居全国首位。北京的区域开放程度和国际开放程度较为均衡，均排在第二位。

总之，北京发展总部经济的条件已经基本具备，而且总部经济符合“首都经济”的发展方向和内在要求，是北京实现经济转型、建设国际性大城市的客观要求。与其他城市相比，北京在人才、技术、商务设施、开放程度等方面具有优势，但是在环境质量、政府服务等方面则需要进一步完善。因此，北京总部经济要充分发挥资源优势，同时要加强薄弱环节建设，进一步完善基础设施改善环境质量，逐步提高政府服务水平，以提高总部经济发展的综合能力。

（二）上海总部经济发展能力排名与分析述评

上海总部经济发展能力排名全国第二，各分项指标也均在前两位（见表6—6）。

表6—6　　上海总部经济发展能力得分与排名

指标	得分	排名	指标	得分	排名
综合能力	82.84	2	商务设施	99.25	1
基础条件	79.69	2	商务基本设施	98.59	1
经济实力	92.29	2	信息基础设施	99.91	1
基础设施	85.39	1	专业服务	91.05	2
社会基础	61.59	5	金融保险	99.98	1
人口与就业	71.95	3	专业咨询	82.12	2
环境质量	43.77	21	政府服务	87.71	2
研发能力	78.96	2	开放程度	82.12	2
人才资源	64.37	7	区域开放	66.33	4
研发投入	88.70	2	国际开放	97.92	1
科技成果	98.39	2			

（1）上海的基础条件较好，仅次于广州，位于第二位。上海基础条件各分项指标中，除环境质量相对较差外，经济实力、基础设施、社会基础和人口与就业等条件均相对较好，均排在前5位。

（2）上海的研发能力仅次于北京，位居全国第二位。上海的人才资源、研发投入和科技成果3个分项指标发展相对不均衡。科技成果产出水平相对较有优势，居全国第二位。

（3）上海商务设施条件继续保持优势，排名居首位。上海的商务基本设施和信息基础设施都较为发达，均排在第一位。

（4）上海的专业服务较强，居全国第二位。上海的金融业发展迅速，已经超过北京，位居首位。

（5）上海的政府服务水平也较有优势，居全国第二位。上海的法制制度较为健全，政府管理水平的服务绩效也相对较高，但是投资者对政府的满意度则还需要进一步改善。

（6）上海的开放程度较高，位于全国第二位。

总体上说，上海已经具备了发展总部经济的基本条件，并且在信息基础设施、政府服务、国际开放等方面的优势明显，但是，在环境治理、人才资源、区域开放等方面还需要进一步完善。因此，上海发展总部经济应该加强薄弱环节建设，进一步改善环境质量，增强与长三角之外的其他区域的经济联系，以提高总部经济发展的综合能力。结合上海的资源特点，上海可以重点吸引国外跨国公司特别是制造类跨国公司地区总部、营销中心、采购中心以及国内大型企业集团的全国总部。

（三）广州总部经济发展能力排名与分析述评

广州总部经济发展能力排名全国第三，各分项指标也均在前列（见表6—7）。

表6—7　广州总部经济发展能力得分与排名

指标	得分	排名	指标	得分	排名
综合能力	76.87	3	商务设施	82.06	3
基础条件	81.94	1	商务基本设施	75.64	5
经济实力	91.10	3	信息基础设施	88.47	3
基础设施	81.55	2	专业服务	74.05	3
社会基础	60.54	6	金融保险	87.87	3
人口与就业	75.71	2	专业咨询	60.23	3
环境质量	73.67	2	政府服务	74.52	7
研发能力	67.56	4	开放程度	76.71	3
人才资源	73.14	2	区域开放	87.84	1
研发投入	62.09	7	国际开放	65.58	4
科技成果	61.88	5			

（1）广州的基础条件具有较强的优势，排名居首。广州基础条件各分项指标发展相对较均衡。其中，经济实力相对较强，广州的地区生产总值为4 115.807 7亿元，位居全国第三；人均地区生产总值为56 271元，位于全国第二；而且广州是千年商都，第三产业较为发达，广州的基础设施条件较好，居全国第二位，城市内部道路、对外交通条件、供水等市政基础设施较为完善。广州的环境质量也较好，仅次于深圳，居全国第二位。

（2）广州的研发能力位居全国第四，比上一年度提高了1个名次。广州的人才资源优势明显，R&D人员、专业技术人员等指标都位居全国前列。

（3）广州的商务设施位居全国第三，仅次于北京、上海。广州的信息基础设施水平较高，排名居全国第三，是全国信息化试点城市和互联网三大交换中心之一。

（4）广州的专业服务能力较强，位居全国第三。广州的金融保险业务日臻完善，中国人民银行、光大银行、交通银行等华南区分行均设在广州，金融机构贷款余额、保费等指标均排在全国前列。

（5）与其他指标相比，广州的政府服务水平较低，位于全国第七位。广州的政府服务水平有所下降，主要是市民对城市建设和管理的满意度低，区域经济秩序和安全性相对不高。

（6）广州的开放程度较高，位居全国第三。广州的区域开放程度较高，位居全国第一。

总之，广州已经基本具备了发展总部经济的条件。且广州在基础条件、金融保险、信息基础设施、区域开放等方面具有一定的优势，但是在社会基础、研发投入、政府服务等方面还需要进一步完善。结合广州的资源特点，广州可吸引国外跨国公司特别是制造类跨国公司地区总部、采购中心以及国内大型企业集团的华南区总部。

（四）深圳总部经济发展能力排名与分析述评

深圳总部经济发展能力排名全国第四，各分项指标均列在表6—8中。

表 6—8　　深圳总部经济发展能力得分与排名

指标	得分	排名	指标	得分	排名
综合能力	71.72	4	商务设施	69.50	6
基础条件	75.96	4	商务基本设施	78.05	3
经济实力	68.95	4	信息基础设施	60.94	6
基础设施	75.26	3	专业服务	60.74	4
社会基础	98.69	1	金融保险	75.15	4
人口与就业	71.79	4	专业咨询	46.34	6
环境质量	86.83	1	政府服务	89.67	1
研发能力	68.46	3	开放程度	70.16	4
人才资源	66.93	4	区域开放	57.86	9
研发投入	70.14	4	国际开放	82.46	3
科技成果	69.84	3			

（1）深圳发展总部经济的基础条件综合排名居全国第四。深圳的基础条件各分项指标发展相对较均衡。各分项指标均排在全国前列。

（2）深圳的研发能力相对较强，位居全国第三位。深圳的人才资源、研发投入和科技成果等分项指标发展较为均衡。在人才资源方面，深圳的研发人员投入强度较高，每万人拥有的专业技术人员居全国首位但是人才资源的储备不足。

（3）深圳的商务设施也较为完善，居全国第六位。

（4）深圳专业服务能力位居全国第四，比 2008 年上升了 1 个位次。深圳的金融保险业发展迅速，深圳的专业服务业发展水平有了很大提高，会计、审计、法律、咨询、广告、企业管理等商务服务业人员充足。

（5）深圳政府服务水平居全国第一，比 2008 年上升了 4 个位次。深圳的政府服务绩效、政府政策公开透明度、投资者满意度等指标均相对较高，但是政府管理水平还有待进一步提高。

（6）深圳开放程度位居全国第四，比 2008 年提高了 4 个位次。深圳的国际开放程度较高，位居全国第三。

总之，深圳发展总部经济的条件已经基本具备，而在基础条件、金融保险、国际开放程度等方面具有较强的优势。结合深圳的城市性质，深圳可以吸引部分国外跨国公司特别是制造类跨国公司地区总部以及国内大型企业集团的华南区总部、金融企业总部。

（五）天津总部经济发展能力排名与分析述评

天津总部经济发展能力排名全国第五，各分项指标均列在表 6—9 中。

表 6—9　　天津总部经济发展能力得分与排名

指标	得分	排名	指标	得分	排名
综合能力	57.95	5	商务设施	70.90	4
基础条件	53.80	7	商务基本设施	65.53	7
经济实力	65.18	5	信息基础设施	76.27	4

续前表

指标	得分	排名	指标	得分	排名
基础设施	41.92	19	专业服务	57.53	5
社会基础	52.47	10	金融保险	61.77	6
人口与就业	47.53	17	专业咨询	53.28	4
环境质量	39.70	23	政府服务	45.75	20
研发能力	62.90	6	开放程度	60.37	6
人才资源	63.62	10	区域开放	55.48	10
研发投入	66.87	6	国际开放	65.26	5
科技成果	57.47	6			

（1）天津发展总部经济的基础条件相对较好，位居全国第七，但各分项之间存在一定的不均衡性。天津的基础设施、人口与就业、环境质量等方面相对薄弱。在基础设施方面，天津的对外交通条件较为优越，形成了海、陆、空三位一体的对外交通网络。

（2）天津的研发能力较强，位居全国第六。天津的研发投入和科技成果产出水平较高，居全国前列。天津的人才资源条件相对较差，仅排在第十位。

（3）天津的商务设施较为完善，位居全国第四，比上一年度提高了两个位次。

（4）天津的专业服务能力相对较强，排名第五。天津曾是北方最大的金融商贸中心，资金供给能力、金融保险服务能力强。专业咨询能力也很高，2004 年，会计、审计、法律、咨询、广告、企业管理等商业服务业从业人数也居于前列。

（5）天津的政府服务水平较差，在 35 个城市中排在第 20 位。政府信息公开透明度、政府服务绩效、投资者满意度等方面还有待完善。

（6）天津的开放程度也相对较高，排在第六位。天津的国际开放程度较高，位居第五。但是天津的区域开发程度则相对较低。

总之，天津市作为中国北方最大的沿海开放城市，发展总部经济的条件已经基本具备，在环渤海区域中发展总部经济的能力仅次于北京，在经济实力、商务设施、金融保险服务、国际开放等方面具有一定的优势，而且，目前天津已经集聚了一批国内外大企业总部或地区总部。此外，天津市政府也明确提出要发展总部经济，吸引更多的世界 500 强企业在津设立生产基地、研发中心和地区总部，吸引中央和外省市大型企业来津设立总部和分支机构。结合天津的城市性质，天津市发展总部经济可以重点吸引电子信息制造类跨国公司的地区总部以及国内大型电子信息企业集团全国总部、国内大型企业集团华北地区总部。

关键术语

总部经济　　概念内涵　　形成机理　　理论体系　　雷达模型　　城市经济　　风险分析

思考题

1. 如何从系统分析的观点理解总部经济的概念内涵?
2. 总部经济的形成机理和价值链分析是什么?
3. 总部经济的理论体系包括哪些内容?
4. 城市总部经济发展能力综合评价指标体系是怎样设计的?
5. 总部经济对城市经济发展的风险分析如何?

主要参考文献

[1] 赵弘. 论北京发展. 中国创业投资与高科技, 2004 (2)

[2] 秦敬云. 总部经济: 概念与现状. 上海综合经济, 2003 (11)

[3] 秦晓. 从"生产函数"到"替代函数"——关于现代大型公司总部功能研究. 改革, 2003 (1)

[4] 高洪深. 区域经济学 (第三版). 北京: 中国人民大学出版社, 2010

[5] 任保平. 区域经济理论方法与政策. 北京: 经济科学出版社, 2004

[6] 赵弘主编. 北京蓝皮书系列: 2006—2007 年中国总部经济发展报告. 北京: 社会科学文献出版社, 2006

[7] 赵弘主编. 中国总部经济蓝皮书: 2009—2010 年中国总部经济发展报告. 北京: 社会科学文献出版社, 2009

[8] 李庆华等. 总部经济的概念辨识: 二维四方主体视角的研究. 东南大学学报, 2010 (4)

[9] 宋蕊. 总部经济的理论与系统研究. 天津大学博士论文, 2009 年 9 月

第七章

创意城市与文化创意产业

重点问题

- 创意城市的经济学分析
- 文化创意产业的概念与功能特征
- 文化创意产业展示的新经济学原理
- 发达国家文化创意产业的发展模式
- 我国文化创意产业的发展战略与模式选择

第一节　创意城市及其经济学分析

一、创意城市的出现与兴起

20世纪80年代以来，伴随着伦敦、纽约等“创意城市”的兴起，世界各地的经济学家们纷纷将目光转向对“创意城市”的研究，已取得了显著的成就。大量研究表明，“创意城市”的出现不是偶然的，是建立在一定的动力机制基础之上的，具有自身发展的经济学基础。

创意城市的出现最早可以追溯到“文化经济学”的奠基人约翰·卢斯金（John Ruskin）和威廉·莫利斯（William Morris），卢斯金是英国维多利亚时期积极反对当时实用主义经济学，大力提倡注重创造性人类活动和接受力的“艺术经济学”的倡导者。在卢斯金看来，不仅是艺术品，所有有价值的商品都有功能价值和艺术价值，既能作为生活消费之用，又能增加人文感受，带来这种内在价值的是“工作”——人类自由的创意活动，而不是“劳动”——一个人强加于另一个人身上的。他指出，这个原生的内在价值只有在能发现其价值的消费者接受时才成为有效价值。莫利斯，卢斯金思想学派的继任者，批评了根据大商业化产业理论而建立的大规模生产和消费体系，认为它们只会导致劳动的隔离和“去人性化”。他继续组织协调旨在推行“人性化的劳动”（humanization of labour）和“日常生活艺术化”（art-ification）的“艺术和工艺运动”。而这正是卢斯金所提倡的通过重新引入建立工匠们的创意活动基础之上的工艺式生产。盖底斯（P. Geddes）和缪姆福特（L. Mumford）是将卢斯金和莫利斯思想应用到城市研究上的学者，尤其是缪姆福特在他的《城市文化》一书中猛烈抨击当时主导大都市研究的金融经济学，主张视人类生活和环境高于一切的“文化经济学”，强调“实现人们消费和创意活动的城市功能再造”。

此后，当代创意城市研究的代表人物，美国的城市研究学者简·雅各布斯把那些特别擅长工业创新和革新的城市称为“创意城市”（creative cities）（Jacobs，1984）。受雅各布斯的影响，当代创意城市的研究者，如兰德里（C. Landry）和布兰奇尼（F. Blanchini）等把“创造力”定义为界于智力和创新之间，是超出幻想和想象的东西，即作为艺术与文化和产业与技术之间的媒介的概念。目前，他们还继续进行着城市比较研究，非常关注创意文化在城市经济基础构建中的重要作用。他们认为，那些能充分利用艺术活动的创造力并能努力拥有普通市民的创意活动和创意文化基础设施的城市，常常孕育出专业创意的产业，并能提升行政管理能力。“创意城市最重要的问题是在经济、文化、组织和金融领域解决创意问题，一旦发生链式反应，能随时改变现存制度”（Landry & Bianchini，1995）。兰德里认为创意与文化遗产关系密切，他说：“文化遗产是我们过去所有的创意力，而创意力是保持社会不断进步的关键。”“文化是表现一个地方与众不同的资源，这种过去的资源有助于激发灵感、增加对未来的信心。”

文化遗产甚至是日常的革新，不管是重新修缮的建筑物，还是新时代对旧时代的适应，今天的经典都是对昨天的创新。创意力不仅是持续发明新的东西，也包括适当处理旧东西。理查德·弗罗里达（R. Florida）也受到了雅各布斯的影响，他提出“创意阶层的兴起”，并坚持认为新的城市经济是由创意人群的区位选择驱动的。这些人喜欢选择那些文化多样、生活便利、标新立异的地方。弗罗里达强调指出，创意力的社会结构包括：技术创新和企业家精神的新体系；生产商品和服务的更有效的新模式；有助于各式各样创意产生的更广泛的社会、文化和地理环境（R. Florida，2002）。大阪城市大学的佐佐木（Masayuki Sasaki）教授也受到兰德里和弗罗里达创意理论的影响。通过与他们二人的接触，佐佐木深受启发，并将“创意城市”定义为：“那些通过艺术家、创造者和普通市民充满活力的创意活动去培育艺术文化新趋势，并推动创新和创意产业发展的城市。它包含各种各样的创意环境和创新环境，具有从地区、基层发现解决全球环境问题（如地球变暖）的能力”。

二、“人力资本”理论与创意城市

从发展经济学家强调经济发展要素之一的“人力资本”的作用后，城市经济学者对人力资本的研究一直没有停止过。1969年，雅各布斯在新出版的《城市经济》一书中挑战了产业和资本的集聚会促进城市经济发展这一主流经济学观点，提出城市发展的原动力是地理上彼此相连的多种多样的产业共存与人力资本的集聚。在随后的几十年里，卢卡斯经济学家一直尝试着用计量经济学的方法验证雅各布斯的众多假说，并称此效果为雅各布斯效应（Lucas，2002）。再后，卡耐基梅隆大学的弗罗里达教授进一步发展了前人的观点，认为“人力资本的集中是企业选择办公地点的必要条件”。企业选择配置在某个城市的原因不仅仅在于该地区的市场和供给网络，更重要的是希望从当地受过良好教育、高质量的人力资本中获得生产力提高的收益。正因为如此，他主张地方政府与其为了吸引企业投资而实行各种减税政策，不如投入一些资金用于城市便利性的建设，从而吸引创意阶层，因此他们才是推动经济发展的决定力量。

从经济学的角度，创意也是一种资本形式——创意资本，而且它是比“人力资本”对创意城市更有意义的资本形式。经济学家很早就提出不同类型的资本：物质资本（原材料、土地）、金融资本（金融资产）、人力资本（受过教育的人）和社会资本（通力协作的人群）。与当今主流的经济学家依据人们的受教育水平来计算人力资本不同的是，那些能够建构新理念、新技术、新商业模式、新文化形式和新产业的人才才是真正的“创意资本”。

不久前，一组加拿大的经济学家在量化创意资本时，将创意资本与人力资本相分离。他们发现通过计算实际技能（与职业基础上的创意资本概念接近）而不是教育水平或学历，可以更好地解释经济发展的趋势。因为真正的学习既可以是课堂内的，也可以是课堂外的；实际的文化水平，而不是普通的教育水平，才与长期的经济繁荣成正相关关系。

三、新经济内生增长理论与创意城市

新经济内生增长理论研究的重点是，为了克服要素回报递减、实现要素回报递增，什么样的内生机制才能保证经济的持续增长。该理论有三类最具影响力的观点：一是罗默（Romer，1986）的内生增长模型，强调生产要素的外溢效应；二是卢卡斯（Lucas，1988）的人力资本理论（上面已提到）；三是垄断竞争和研发理论，如格罗斯曼和赫尔普曼（Grossman and Helpman，1991）的横向创新模型（horizontal innovation），以及阿吉恩和豪伊特（Aghion and Howitt，1992）的纵向创新模型（vertical innovation）。创意经济理论都无一例外地强调人力资本积累；知识创新、科技创新和文化创新，所以也自然建立在内生增长理论基础之上，并声称找到了经济持续增长的发动机。知识和创意代替自然资源和有形的劳动生产率成为财富创造和经济增长的主要源泉（R. Florida，2005）。Michalski 等认为，从广义的角度，创意常被视为信息化社会发展的催化剂，21 世纪明显的变革就是从一致性和服从性的大众世纪跨越到具有知识经济和社会的独特性及创造力的世纪（Michalski，Miller & Stevens，2000）。

现代城市发展到一定阶段都面临资源紧缺、环境压力加大的现实，当土地和商务成本上升，要素边际收益递减、边际成本递增时，都必须努力寻找产品附加值高、资源消耗少、环境污染小的产业类别，来代替上述落后产业。创意产业因其新经济特性正好适应这样的要求：克服要素报酬递减和要素成本递增的压力，从而成为城市产业中的“新贵”。当创意产业发展到一定阶段，城市经济、社会和人们的文化生活中到处都弥漫着创意的氛

围，创意城市的理想就自然实现了。

四、创新理论与创意城市

经济学家熊彼特（1934）很早就指出：现代经济发展的根本动力不是资本和劳动力，而是创新，而创新的关键是知识和信息的生产、传播和使用。斯坦福大学经济学家罗默也认为，人类伟大的进步都是来源于思想、新的科技创新和文化创意。然而思想不是从天上掉下来的，它们来自于人的大脑，编写软件的人、设计产品的人、开办企业的人、创作音乐和绘画的人等都通过他们的创造性活动而提高劳动生产率、改善我们的生活。

哈佛大学教授 J. S. Nye（1996）认为："也许创意经济时代最不可思议的地方在于，它不仅能够带来经济增长和繁荣，更能使人类的整体潜能得到更为充分的发挥。"在信息经济时代，资本、自然资源甚至土地不见得是财富。今天投资驱动型经济已经走到了尽头，我们需要创新驱动型经济与知识驱动型经济的领域，需要新创意、新知识来推动。罗默（1986）还指出，新创意会衍生出无穷的新产品、新市场和财富创造的新机会，所以新创意才是推动一国经济成长的原动力。阿特金森和科特（Atkinson & Court，1998）明确解释了美国新经济的本质就是以知识和创意为本质的经济。继农业经济以土地、工业经济以资本和矿藏为最重要资源之后，创意经济使技术创新和创意、知识生产和人才资源作为经济资源获得了空前的战略地位，越来越多的国家和城市开始认识到在创意经济时代，推动经济增长的主要因素不再是技术或信息，而是创新和创意。

五、产业集群理论与创意城市

产业集群一般是指"某个特定中相互关联的、在地理位置上相对集中的若干企业和机构的集合"。产业集群的崛起是产业发展适应经济全球化和竞争日益激烈的新趋势，是为了创造竞争优势而形成的一种产业空间组织形式，它具有的集体竞争优势和集聚发展的规模效益是其他组织形式难以相比的。在世界经济全球化、信息化、市场化的大背景下，产业发展呈现了集群化的特点，而且这种集群化正以"愈演愈烈"的态势发展着。《2001 年世界投资报告》指出，产业集群已经超越低成本优势，成为吸引国际资本的主导力量。

创意产业因其自身发展的特性（创新性、经济外部性和内容密集性等）更倾向于在空间上集群或集聚，使得创意产业的发展不仅仅是个人和单个企业的行为，而是需要集体的互动和企业的地理集聚。从理论上讲，创意产业集群是产业集群家族的新成员，与其他产业活动一样，城市需要为发挥创意活动的商业价值提供完善的外部条件，如专业化的教育培训和灵活的人才市场、多样化的市场需求和相关产业支持，以及频繁的信息交流。创意产业及其相关产业在城市的某些地方集聚，文化企业、非营利性机构和个体艺术等在艺术中心、文化园区或媒体中心附近集聚和互动，形成独特的集群发展环境。如美国的硅谷软件开发集群、好莱坞影视制作集群等。创意产业集群的特征是生活和工作结合、文化产品生产和消费结合，有多样化的宽松环境，有独特的本地特征，而且与世界各地紧密联系。

创意产业的集群和集聚对城市发展意义重大，毫不夸张地讲，它们是创意城市在当代全球地标上作为独特地理单位出现的必要条件。创意产业为什么经常在城市集聚？有两大原理促成这种结果。第一，节约交易费用理论。各类创意企业在某一地区经常反复进行大量的、各式各样的交易关系（涉及贸易交换和非贸易交流），为了节约交易成本，这些企业就会围绕它们的重力中心汇集在一起。在那里，单笔交易数额虽不大，但信息内容丰富（必须要进行面对面的协商），因此集群的作用很大。第二，经济外部性理论。专业性的和互补性的企业构成的网络，连同与它们相关的劳动力市场常常产生大量的正外部性——经济溢出效应。通过在地理空间上的整合，这种外部性通常在企业将它们转换成集聚经济的地方得以最好地实现。集聚经济源于各种各样的现象，其中最重要的是生产者网络、劳动力市场和创意场效应，等等。

第二节　文化创意产业概念的阐释

文化与经济一体化是当今知识经济社会最突出的特征和最重要的经济表象。在经济文化一体化和全球化的知识经济时代，人类文明不断走向现代化、知识化和智能化，知识与智力已经成为决定社会进步的主导因素，成为社会经济发展最重要的资源。在知识经济社会，作为文化经济一体化的载体文化创意产业，是知识经济的重要组成部分。

文化作为人类文明的重要结晶，在农业经济社会，甚至在工业经济社会，文化和经济一直是分离的，当然更谈不上形成产业了。为什么呢？按照马克思主义的观点，劳动资料是确定社会经济形态的根本标志，各种经济时代的区别，不在于生产什么，而在于怎样生产，用什么样的劳动资料生产。土地是农业经济的主要劳动资料，机器是工业经济时代特有的劳动资料，而电子计算机则是知识经济时代独有的劳动资料。以电子计算机为基础的信息技术、网络技术、多媒体技术和电信技术、传媒技术的迅猛发展，将使文化产品的批量生产与复制必然发生根本性的变化，即从单一生产和高成本迅速转向多样化、个性化和低成本；同时，将使文化产品与服务的传播与提供，达到迅速、准确、快捷和全方位。文化创意产业的兴起和发展是知识经济时代的经济、文化、科技融合发展在产业层面的具体表现。它以其独特的形态演变和运行方式与其他产业发生广泛而复杂的联系，极大地影响一个城市、一个国家的经济运行和社会文化发展。因此，知识经济为文化创意产业的发展提供了广阔的前景，而文化创意产业则成为知识经济社会最重要的支柱产业。

一、文化产业定义

“文化产业”最早出现在20世纪30年代德国人瓦尔特·本雅明的《机械复制时代的艺术作品》一书中。我国习惯于引用联合国教科文组织的定义：文化产业就是按照工业标准，生产、再生产、储存以及分配文化产品和服务的一系列活动。2003年9月，文化部制定下发的《关于支持和促进文化产业发展的若干意见》将文化产业界定为：“从事文化产品生产和提供文化服务的经营性行业。文化产业是与文化事业相对应的概念，两者都是社会主义文化建设的重要组成部分。文化产业是社会生产力发展的必然产物，是随着我国社会主义市场经济的逐步完善和现代生产方式的不断进步而发展兴起的新兴产业。”国家统计局2004年3月29日在下发的文件中，将“文化及相关产业”界定为：为社会公众提供文化、娱乐产品和服务的活动，以及与这些活动有关联的活动的集合。

二、创意产业定义

1986年，著名经济学家罗默撰文指出，新创意会衍生出无穷的新产品、新市场和财富创造的新机会，所以新创意才是推动一国经济成长的原动力。但作为一种国家产业政策和战略的创意产业理念的明确提出者是英国创意产业特别工作小组。1998年，该小组在《创意产业专题报告》中首次对创意产业进行了如下定义：“源于个人创造力与技能及才华、通过知识产权的生成和取用、具有创造财富并增加就业潜力的产业”。这个概念一经提出，即为许多传统的英语国家、欧洲国家（除英国）以及亚洲的英联邦国家和地区采用。但是，在实际的政策运用或政府的产业统计中，由于各个国家和地区的经济社会发展阶段以及文化背景的不同，对创意产业内涵与外延界定也存在一定的差异。我国2006年《上海创意产业发展“十一五”规划》提出：“由于世界上各个国家或地区经济发展水平不同，工业化、城市化、现代化发展进程不同，人均收入和人力资源结构不同，因此创意产业的统计口径和分类标准都有所不同。因此对创意产业的分类统计既要参考先行国家，又不能简单照搬国外的模式，要从上海的实际出发。因此，上海创意产业具体是指以创新思想、技巧和先进技术等知识和智力密集型要素为核心，通过一系列创造活动，引起生产和消费环节的价值增值，为社会创造财富和提供广泛就业机会的产业，主要包括研发设计、建筑设计、文化艺术、咨询策划和时尚消费等几大类，并涉及诸多行业。”

三、文化产业与创意产业的关系

文化产业与创意产业在覆盖的具体产业领域上存在着交叉和重复，但是文化产业与创意产业又不是同一概念。从提出的时间上看，文化产业的提出远早于创意产业；从逻辑上看，文化产业与创意产业属于不同的范畴，只是二者存在一个交集，创意产业不只局限在文化产业，也与其他产业相关联。因此，相对于文化产业，创意产业是一个后起之秀，是文化产业发展到一定阶段的产物。文化产业把文化变成商品，但创意产业不仅包括把文化变成商品这一单向过程，还在商品中融入创意的元素，并使之成为该商品的主导和标志性元素，以提高该商品的附加值，即融入创意的商品比原有商品大幅度增值。因此，创意产业是文化产业的发展的新阶段，创意产业成为文化产业的源头和原动力，也是基础与主干。文化产业在内涵上更强调文化的工业化复制和商品化推广，强调的是文化与经济的双向互融，体现的是文化的经济化和经济的文化化。而创意产业不是对文化产品的简单复制，更强调创造性，强调文化艺术创造性的推动经济的新兴理念和经济实践，注重生产领域提升产品的附加值和经济发展提升产业结构的要求。

四、文化创意产业的概念

（一）文化创意产业的起源

在我国，最先使用文化创意产业这个概念的是我国台湾，2002年他们把发展文化创意产业作为一个非常重要的概念提出来，制定了文化创意产业的发展规划和行动方案，并将其描述为“源自于创意或文化积累，透过智慧财产的形式与运用，具有创造财富与就业机会潜力，并促进整体生活提升之行业”。我国香港特区政府在2003年的施政报告中首次采用“创意产业”作为正式译名，2005 年 10 月，曾荫权在就任香港特区行政长官的第一份施政报告中，强调文化创意产业的重要性，并于 11 月成立策略发展委员会，为香港文化创意产业的长远发展定下了全面的策略。2006 年 9 月 13 日，中共中央办公厅、国务院办公厅印发了《国家“十一五”时期文化发展纲要》，“文化创意产业”这一概念首次出现在党和政府的重要文件之中。截至目前，在世界上由政府出面使用文化创意产业的，仅有我国。在我国北京、上海、深圳等城市正在建设一批创意产业基地和创意产业园区，北京的“十一五”规划中明确提出要使文化创意产业成为经济发展的支柱产业。

（二）文化创意产业的定义

1998 年，英国文化创意产业特别工作组首次对文化创意产业进行了定义，提出文化创意产业主要是“源自个人创意、技巧及才华，通过知识产权的开发和运用，具有创造财富和就业潜力的行业”。这个定义主要有三个要素：一是以“个人创意、技巧及才华”为文化创意产业的主要投入；二是“知识产权”为文化创意产业的主要产出；三是文化创意产业的产出具有“创造财富和就业潜力”的属性。根据这个定义，文化创意产业是突破传统产业分类办法的一种新型产业，是社会分工发展的具体体现。世界不同地区对文化创意产业的定义都根据自身情况有所改动，但“三个要素”基本不变。在行业分类方面虽然略有不同，但基本包括广告、建筑、艺术、古玩、工艺美术、设计、软件设计、电影、音乐制作、休闲娱乐、表演艺术、出版、广播电视等 13 类业态。文化创意产业在全球化背景下有新的表述，指的是以创意为核心，以满足人们精神文化娱乐需求为基础，以高新技术手段为支撑，以网络等新传播方式为主导的一类新兴产业。创造力、灵感等智力因素是文化创意产业的生命线和依存点，创新的不足必然会导致创意的枯竭。所以说，创新是文化创意产业的动力，创意是文化创意产业的发展所需，也是文化创意产业的核心特征和根本依存。因此，发展文化创意产业的关键就是促成创意生成。

文化创意产业的兴起和发展是当代经济、文化、科技融合发展在产业层面的具体表现。它以其独特的形态演变和运行方式与其他产业发生广泛而复杂的联系，极大地影响一个城市、一个国家的经济运行和社会文化发展。文化产业和创意产业的起点，是人的文化与创意，但是文化和创意本身不能够直接变成财富，它必须经过一个技术化和产业化的过程，成为市场上受欢迎的大量商品和服务。文化创意产业，比较原有的文化产业更加强调了市场的因素，它不是一种文化的静态的存在，而是着重强调人的智慧和文化积淀所带来的一种市场因素，或者是通过市场来转化为物质财富的因素。文化创意产业是创意产业的重要内容组成之一，它是以创意为核心，向大众提供文化、艺术、精神、心理、娱乐产品的新兴产业，也是文化产业中最具创造性和先导性的核心组成部分，是文化产业的高端，是文化产业的创新性产业。文化创意产业就其名称本身包含了文化、创意、产业三个内容，分别代表了文化创意产业既有区别又相互关联的三个阶段，三位一体，共同构成了文化创意产业的内涵。因此文化创意产业可以定义为：源于文化元素的创意和创新，经过高科技和智力的加工产生出高附加值产品，形成的具有规模化生产和市场潜力的产业。

五、文化创意产业的功能特征描述

文化创意产业是信息时代的产物，伴随着知识经济而来，是极具扩张性和开放性的产业。概括起来该产业有以下几个特点：

（1）具有知识密度高等特性。文化创意产品一般是以文化、创意理念为核心，是人的知识、智慧和灵感在特定行业的物化表现。文化创意产业与信息技术、传播技术和自动化技术等的广泛应用密切相关，呈现出高知识性、智能化的特征。

（2）具有高附加值特征。文化创意产业处于技术创新和研发等产业价值链的高端环节，是一种高附加值的产业。文化创意产品价值中，科技和文化的附加值比例明显高于普通的产品和服务。

一般而言，传统产业要求相对较大的土地空间容积率、相对密集的劳动力组合、更多的物质资源投入。而文化创意产业则注重对研发的投入，以知识、智力密集型为特点，处于价值链的高端，并且享有在生产环节中分配利润的特权。尤其是当以网络技术为基础的信息技术在该产业的引入后，潜在的价值会以几十倍、几百倍增加，而产品的单位生产成本理论上会越来越便宜，而且在利用互联网传播时可以节省各环节的时间耗费和流转费用，导致创意产品的附加值就会存在很大的增长空间。

（3）产业关联性强。文化创意产业作为一种新兴的产业，它是经济、文化、技术等相互融合的产物，具有高度的融合性、较强的渗透性和辐射力，为发展新兴产业及其关联产业提供了良好条件。文化创意产业在带动相关产业的发展、推动区域经济发展的同时，还可以辐射到社会的各个方面，全面提升人民群众的文化素质。文化创意产业已经突破单一的文化产业领域，它的核心业务创意设计能为众多行业生产提供服务，表现为对多种行业或产业的渗透和融合，这也是文化创意产业成为高成长产业的基础。另外文化创意产业的发展更多地需要涉及信息产业和文化产业的融合发展，因此对当地相关产业的能级提升有着巨大的拉动作用。

（4）产品差异性大。对每一创意产品的消费者来说，由于存在着时尚潮流、个体嗜好、传播炒作、时机选择、社会环境、文化差异、地域特色等诸多因素，因而对文化创意产品的个性需求很强，这就要求文化创意产品在风格、基调、艺术特色上具有更多的差异性。在信息技术逐步完善的条件下，这种创意产品的原创性、技巧性也变得越来越容易，因为在虚拟化、数字化的时空，人们能获取更多的信息资源，而且人的思维和想象力也易跳出传统束缚，再加上先进的图像、数据、声音处理技术，这些都在一定程度上促进了文化创意产品的差异化。

（5）创意人才素质高。发展文化创意产业，人才是第一位的。由于文化创意产业需要信息技术、文化及市场经营环境的有力支撑，因此所培养的创意人才必须要兼有文化创作、信息和经营理念。

从以上文化创意产业的特点来看，文化创意产业将智力资本、创新和信息技术之间建立起复杂而又深刻的联系。

文化创意产业是以市场为导向，以盈利为目的，所提供的文化产品或服务有确切的文化内容。换言之，文化创意产业，就是文化资本通过客观化或客观化的文化资本进入市场机制运行，一方面转化为经济价值，一方面实现文化价值，这样的一种特殊产业过程。因此，文化创意产业具有的社会功能主要体现在以下几个方面：

（1）文化功能。文化产业是文化资本的市场运营，可供交换、消费的文化资本商品或服务精神价值高于其载体的物质价值，精神存在高于物质存在，这在本质上就是文化资本的生产、流通和享有。因此，文化产业的首要功能在于其文化方面。它主要表现为通过文化资本的产业传承，实现文化的社会功能。一般说来，文化产业商品赋予大众先进性的文化资本，就会产生文化具有的积极的社会效应：其一，对社会成员同时也就是对国家、民族等群体发挥巨大的整合作用，增强民族凝聚力和强化集体合力，消解离心力量。没有文化的整合作用，就没有社会安定。其二，社会导进功能，也就是通过积累和升华社会实践成果，提供新生的、进步的文化活力，推动社会进一步的发展。没有文化的导进作用，就没有社会进步。其三，通过思想启迪，激发社会创新，激励新的探索。例如文化的传播、交流、融合，可以拓宽人们的视野和心胸，可以撞击出发明、发现的灵感，可以开创新的思维与行为路径，从而为社会变迁引发新的机遇，发掘新的动力源泉。其四，调动积极的社会因素，引擎社会成员乃至整个社会的有效行为，将其原动力和创造性付诸实践，付诸实际。

（2）经济功能。文化产业是文化性、技术性、商业性的产业，它服从或者说追寻经济利益。这种经济收益来自几个途径：一是文化商品蕴含的文化资本向经济资本转化释放的经济价值。一般说来，文化资本含量高，其经济价值就大，经济收益潜能就高。二是文化商品作为文化资本的物质载体，其本身具有的经济价值，即文化商品的经济投资确定的经济收益。在这一方面，文化产业收效原则服从一般的经济行业的利润规则。三是文化产业技术通过对文化资本原型物品的复制、加工、创新，新的产品不仅使原有文化物品价值增值，而且使得产量剧增，从而使得经济利润远远超过原有文化资本商品可带来的经济收效。文化产业技术越先进，经济收益就越大。四是市场机制的作用，它可以将稀缺性的文化资本商品的实际价值增值，通过供求规律对产品价格的调节，稀缺性越高，经济收益就越大。文化产业通过以上几种途经，获得经济收效，发挥文化产业的经济功能。

（3）政治功能。文化产业作为一种经济行业，创造经济利润，作为一种文化行业，则在张扬一种价值观念，后者就形成了文化产业在上层建筑意义上的意识形态功能。例如，马尔库塞曾经“揭示了大众传播媒介在现代社会中，在维护社会统治，在价值取向上的重要性。因为对于社会大众来说，对某种社会制度所形成的理论观点和价值观念，绝不仅仅是通过所谓高深的理论获得的，更多的是通过通俗易懂的大众传播媒介所传递的信息获取的”。一般说来，文化产业及其产品并不明显地带有意识形态倾向，也不具有意识形态的强制性，止因如此，它常常在不经意间发挥类似意识形态的作用。例如，在当今渗透于大众之间的电视文化就具有隐形的意识功能，有学者指出：“电视权威是当代的一种客观存在，它由能对影视界形成左右力量的政治家、思想家、信息专家、艺术家、企业家等社会群体构成，通过屏幕，或直接、或间接，或自觉、或不自觉地干预大众的思想倾向、政治态度、艺术情趣和生活方式”。

（4）美学艺术功能。文化产品都应具有美学艺术功能。越是符合文化逻辑的产品，美学艺术功能越突出。文化艺术作品的质是其“美的形式”，即意义、节奏和对比的总体，它能够使一部作品成为相对封闭的、自主的结构和秩序（即一定风格）的整体，从而改造了现实中占统治地位的秩序。尽管这一改造是“外表性的”，但是它赋予要表达的内容以意义和功能，这些意义和作用是不同于这些内容在传统评论中所具有的意义和功能的。

（5）文化资本的开发利用功能。文化创意产业是一种现代产业形态，它是以文化资本的运营追求经济收益的一种产业活动。因此文化产业的发展，既要具有一般产业所要求的条件和机制，又要具有作为一种特殊产业所必需的条件和机制。

文化创意产业是文化资本的经济运营，通过现代工业和商业化方式，对文化资本进行客观化，进而实现文化产品和服务的生产、传播、供应、交换。因此，文化资本的开发利用，是文化生产首要的条件。

第三节　文化创意产业展现的新经济学原理

文化创意产业是知识经济形态的一种非常有实践意义并具有可操作性的经济表象，它是知识经济当中最重要的实践基础。作为出版业和各种各样的文化艺术演出，不是现在才有的，很早以前人类就有知识传播方式和文化消遣现象，但是，那是低水平、低层次的社会文化现象，不能构成人类大规模的经济行为，更不能形成人类统一的、具有共识的使文化变成产品甚至构成产业的社会价值观念。而只有到了知识经济时代，科学技术高度发展，形成了人类社会和谐发展意识和高度重视文化积淀的价值理念，才能出现文化创意产业的实践与理论。因此，可以说文化创意产业是知识经济形态形成后的必然产物。在它的运行和实际操作过程中，表现出一系列深刻的知识经济内涵，这里将它称为文化创意产业展现的新经济原理。

一、知识和智力资源具有无穷性和可再生性

从亚当·斯密开始到萨缪尔森的经济学是适应工业经济时代的经济理论。工业经济的资源基础主要是自然资源，绝大多数具有稀缺性和不可再生性。传统西方经济学的中心理论是稀缺性资源的优化配置和组合。知识经济是不同于工业经济的崭新的经济形态，作为知识经济的支柱产业文化创意产业的资源基础主要是知识和智力资源，具有无穷性和可再生性，可以无限创造和开发。文化创意产业的资源基础推翻了传统西方经济学的立论前提，因此，现存的经济学理论已不适应知识经济发展的要求，经济现实的更新使一切经济理论也必须相应发生变化。知识经济的发展已经对现有的经济学理论提出严峻的挑战。现有的经济学理论在许多重大方面都需要修改、补充和完善。

二、边际收益递增原理

文化创意产业是源于文化元素的创意和创新，经过高科技和高度艺术化的加工，形成了具有规模化生产的潜能，然后经过现代化市场运作，形成了大规模的文化创意产业。文化创意产业具有低能耗、高效益的产业性质，被誉为是“点石成金”的产业。文化创意产业所具有的这些产业特性已经超出传统的“边际收益递减规律”所能解释的范畴。

边际收益递减规律是现代经济学理论的基石之一，是由大卫·李嘉图首先提出的，即生产要素的增加达到一定限度时，增加的价值和产量将会逐渐递减。这一定律之所以被广泛接受是由于大家普遍承认这样一个事实，那就是资源的稀缺性和不可再生性。如前所

述，边际收益递减揭示了以有形物质的投入为发展基础的农业经济时代和工业经济时代的生产规律，但是对于文化创意产业来说传统经济学的这一定律却失去了它的解释力，因为文化创意产业显示的是边际收益递增规律。美国经济学家罗默在其“新增长理论”中提出，知识或者是创新科技这种新型要素作为要素投入其他生产要素中时，对其投入应用和改进越多，这个要素所创造的价值就越大，产品的核心价值越高，则市场价格就越高。文化创意产业之所以能够带来边际收益递增，最主要的原因是因为文化创意产业的发展依赖的不再是稀缺的有形资源，而是无形的、取之不尽用之不竭的人类智慧和创造力。当知识和创造力成为产品价值增值的主要源泉时，人类便逐渐进入了边际收益递增的时代。这就是为什么如今企业拥有的具有创造力的人才越多，其财富越多，因为具有创新力的人才能不断地开发新产品和高效的管理与营销模式，成为企业财富的源泉。有价值的创意思想一旦被开发应用便可一次投入，供多种产品使用；一人创造，多人同时拥有。对于这种现象，著名的创意经济学家约翰·霍金斯将其称为“创意思想的非竞争性”。文化创意正如信息一样并不因为被多次应用，多人拥有而降低自己的价值，相反该项创意被应用的产品越多，它的价值增长越快。

因此创意经济的价值，按照约翰·霍金斯的总结应当是：创意经济（CE）等于创意产品的价值（CP）与交易次数（T）的乘积，即 $CE=CP\times T$。例如中国奥运会吉祥物福娃的创意设计具有丰富的中国文化内涵，又与奥林匹克运动会这一世界著名体育品牌相联系，便具有了产生巨大经济效益的潜力。当福娃形象被开发应用于多种产品生产中时，如体育用品、旅游纪念品、动画动漫制作、金银纪念币等，所有使用这一创意设计的产品由于拥有了福娃形象而使产品价值大大提升。在产品附加值链中福娃形象成为产品的价值核心。

文化创意产品中最具增值潜力的部分是创意思想，创意思想是来源于人类知识与智力资源的结晶。它可以用于不同的产品开发，并且在不同的产品开发中都占据核心地位，这就为文化创意提供了巨大的增值空间，使其能够一次投入，多种形式产出和获利。

三、竞争机制的变化

众所周知，价格竞争是传统产品最基本的竞争机制。但是，文化创意产业与传统的以成本决定效益的产品完全不同，可以说文化创意产品改变了传统产品竞争的基础和方式。一种文化创意思想如果不被应用于产品生产，其价值等于零；而对该创意的开发越多，技术含量越高，则其价值越高。世界银行前首席经济学家约瑟夫·斯蒂格利茨（Joseph Stigliz）就曾经指出：“在知识经济中，公司或者制定远远高于边际成本的价格，或者免费赠送自己的产品”。这一现象也正如霍金斯所总结的，在创意经济中成本与价格之间往往没有关联，价格竞争已不再扮演决定性的角色，需求成为市场的主要推动力。

计算机是知识经济的重要劳动资料，以计算机为基础的信息技术、网络技术和多媒体技术成为知识经济的重要基础设施，知识的辐射已经成为积蓄资本的重要因素。而这里所指的知识辐射对于文化产业而言，除了直接作用于生产和经营文化产品与文化服务之外，还将对文化产业的外部环境产生大量影响。例如，利用智能化手段解决产品库存带来的成本上升问题，不仅使知识成为推动文化产业迅速发展的重要力量，还成为文化产业资本积累的重要因素。在这种情况下，文化产业的发展前景将随着知识价值的攀升而与日俱增。随着知识在社会各个领域里的位置日益重要，以智力和知识为时代特点的社会必将很快到来，文化产业领域中的组织结构调整系统整合必然成为发展中的自然趋势，并将会变化。发达的市场经济不仅促使文化产业不断围绕市场变化来迅速调整其整体生产组织和结构乃至机制，从而使文化产业产生重要的规模性变化，而且会在日益多样化的产品生产和服务提供的同时，随时出现跨地区、跨国界的文化产业项目联盟和战略伙伴。这样的局面，无疑将进一步加速文化产业的整体发展，并且必将推动人类对文化产业的管理质量与经营水准向着更高的目标不断进发。信息技术与高科技化的主导地位，使知识经济时代的文化产业必须与其他产业站在大致相同的基础条件上去寻求发展。当电子信息结构已经成为知识经济的基础设施的时候，文化产业的基础设施也毫无例外地必须全方位引入这一高新科技。电脑、互联网、卫星等现代技术将成为文化产业发展的重要基础设施。这一变化无疑将大大提升文化产业的经济地位，加速文化产业的资本积累和经济规模升级，从而为这一产业的大发展奠定重要的基础。知识经济时代的市场需求必将充满个性化与多样化，而文化产业的大批量重复性生产自然在知识经济的市场竞争中变得越来越不合时宜。为此，生产手段与生产资料的迅速更新与飞跃式改变是时代对文化产业发展提出的重要挑战，而对于知识与智能迅猛发展和快速更新的现代科技时代，只有人们的创新能力和创新意识是任何机器和电脑所无法取代的，这也是一个国家和企业的生命力和竞争力永不枯竭的源泉。对于文化产业来说，知识经济时代所带来的创新能力和创新意识，将更加成为决定产业发展的重要因素而被人们高度重视和运用。知识经济时代是高科技经济的时代，知识经济时代的竞争，是科技的竞争，是人才的竞争，也是知识的竞争。在这种背景下，人与人的竞争取决于对知识的占有和使用；人们是否能够在竞争中获胜，取决于对知识的掌握程度和运用程度。可以看到，在知识经济条件下，知识型劳动者从后台走向前台，成为决定生产和管理动作的主体，人才资本或知识积累成为改变经济系统产出的显著变量。白领人员的比例越来越大，产业主体的素质越来越高，产品的知识含量越来越高。知识不仅仅是力量，更是机会；知识不仅仅是可兑现的资本，更是新财富的源泉。而且，在知识经济时代，科技发展一日千里，知识更换日新月异，知识处于“爆炸”的状态，谁不注意学习掌握新知识、新科技，谁就有被淘汰的危险。因此，在这种以知识为基础的竞争越来越激烈的时代，任何人都需要不断地学习和掌握新的文化知识，这是竞争的需要，是生存的需要。这种需要必然会极大地促进文化产业的进一步发展。

四、经济增长理论

文化创意产业是与知识经济密切相关的产业，文化创意产业是与知识经济特征相吻合的精神生产产业。文化与知识是包容与被包容的关系，因此，可以说，文化产业与知识经济天然就具有一种内在的联系。从资源的配置来说，在知识经济时代，文化要素不仅从物质资本中剥离出来，在许多领域成为具有主导作用的首要因素，并且其他要素在一定条件下还依赖于文化要素，从属于文化要素。文化要素对其他资源在配置上的主动权和选择权的控制与占有，将成为知识经济条件下文化向资本转化的经济条件与社会特征。文化产业是一种精神生产，它更多地依赖于精神的创造和消耗，而不是物质的消耗，这是与知识经济相一致的。知识经济在资源配置上以知识、智力、无形资产为第一要素。对于自然资源通过知识智力进行科学、合理、综合、集约的配置。与此同时，知识经济致力于通过智力资源开发富有的自然资源来创造新财富，逐步替代工业经济依赖的、已经短缺的自然资源。在知识经济中对智力资源——人才和知识的占有比工业经济中对稀缺自然资源——土地和石油的占有更为重要。建立在知识基础上的蕴藏于知识经济中的文化产业，克服了工业社会的种种弊端和不足，为人类建立新型的可持续发展的模式提供了可能。从生产过程特点来说，文化产业的生产者在生产过程中把更多的时间和精力用于产品的构思、策划，作品更多地凝聚了作者的知识、智慧，这与在知识经济中劳动者以脑力劳动为主，生产中起决定因素的是人的知识与智力的特征是一致的。

综上所述，知识、智力和由此而产生的文化创意产业对经济增长的贡献越来越大，越来越成为主要的增长要素，这就使得传统经济增长理论发生危机。现有的经济学只考虑四大生产要素：资本、劳动力、土地和企业家，它（他）们才能对经济增长作出贡献，经典的生产函数理论和经济增长模型也只分析资本和劳动力对经济增长的影响。为此，很多著名经济学家提出将知识、技术和信息作为内生因素建立新的经济增长理论和模型。

五、经济结构（消费结构、产业结构和分配机制）的变化

从社会消费来说，文化产品的消费者在消费过程中得到更多的是知识的获取、信息的掌握和精神的满足，这与知识经济的消费观是相同的。在知识经济条件下，信息产品已经成为最重要的消费品，人们对信息产品的消费、对信息的获取、利用信息工具进行交流沟通和娱乐更多的是满足精神和情感的需要，而不是为了满足物质的需要。从社会分配来说，以知识为基础的文化产业，改变了工业经济那种把物质财富的拥有看成是实现个体价值的资本与依据，相反，文化产业的发展在知识经济背景下，以文化创造为内涵的知识作为要素在文化产业的分配中占有重要地位。文化产业的发展使知识的创造显得更为重要，由于文化产业突出了精神生产者是以个体脑力劳动与智商能量的付出来体现其生存价值，精神生产者获得了更多的报酬，当然它也不排除投资者的利润回报，但毕竟脑力劳动者的价值得到更多的体现；而在知识经济条件下这种情况更为明显，在很多情况下拥有知识比拥有资本更为重要，知识可以入股、可以参加分配，来享受文化企业的利润回报，而且在分配中往往占主导地位。从产业结构来说，在知识经济时代，经济构成中占主要部分的“知识密集型产业”除了指高科技产业外，还包括传媒娱乐业，如以广播电视、音像制品、报刊与杂志、艺术表演、旅游娱乐业、教育、律师、服装设计等等为代表的“高文化含量”产业，可见，知识密集型产业，也就是文化产业，全面体现了文化产业的门类。在知识经济时代，文化与技术、经济和社会发展之间出现了深刻全面的互渗关系，文化成为经济效益巨大的经济资源。知识经济是“高技术”与“高文化”联姻的经济。所以，也可以把知识经济视为以文化产业为支柱的经济。

在信息技术成为知识经济的重要命脉的时代里，知识的辐射已经成为积蓄资本的重要因素。而这里所指的知识辐射对于文化产业而言，除了直接作用于生产和经营文化产品与文化服务之外，还将大量对文化产业的外部环境产生影响。例如，利用智能化手段解决产品库存带来的成本上升问题；不仅使知识成为推动文化产业迅速发展的重要力量，还成为文化产业资本积累的重要因素。在这种情况下，文化产业的发展前景将随着知识价值的攀升而与日俱增。随着知识在社会各个领域里的位置日益重要，以智力和知识为时代特点的社会必将很快到来，文化产业领域中的经济结构调整系统整合必然成为发展中的自然趋势，并将会变化。发达的市场经济不仅促使文化产业不断围绕市场变化来迅速调整其产业结构、消费结构和分配机制，从而使文化产业产生重要的规模性变化，而且会在日益多样化的产品生产和服务提供的同时，随时出现跨地区、跨国界的文化产业项目联盟和战略伙伴。这样的局面无疑将进一步加速文化产业的整体发展，并且必将推动人类对文化产业的管理质量与经营水准向着更高的目标不断进发。信息技术与高科技化的主导地位，使知识经济时代的文化产业必须与其他产业站在大致相同的基础条件上去寻求发展。当电子信息结构已经成为知识经济的基础设施的时候，文化产业的基础设施也毫无例外地必须全方位引入这一高新科技。电脑、互联网、卫星等现代技术将成为文化产业发展的重要基础设施。这一变化无疑将大大提升文化产业的经济地位，加速文化产业的资本积累和经济规模升级，从而为这一产业的大发展奠定重要的基础。知识经济时代的市场需求必将充满个性化与多样化，而文化产业的大批量重复性生产自然在知识经济的市场竞争中变得越来越不合时宜。为此，生产手段与生产资料的迅速更新与飞跃式改变是时代对文化产业发展提出的重要挑战，而对于知识与智能迅猛发展和快速更新的现代科技时代，只有人们的创新能力和创新意识是任何机器和电脑所无法取代的，这也是一个国家和企业的生命力和竞争力永不枯竭的源泉。

第四节　国际上文化创意产业的发展

一、国际上文化创意产业的兴起

文化创意产业包括书刊出版、视觉艺术（绘画与雕刻）、表演艺术（戏剧、歌剧、音乐会、舞蹈）、录音制品、电影电视，甚至时尚、玩具和游戏。在当今世界，创意产业已不再仅仅是一个理念，而是有着巨大经济效益的经济实践。全世界创意经济近年来每天创造 220 亿美元的产值，并以 5%的速度递增，在一些发达国家，增长的速度更快，美国达 14%，英国为 12%。纵观全球，发达国家的众多创意产品、营销、服务，吸引了全世界的关注，形成了一股巨大的创意经济浪潮，席卷世界。各发达国家的创意产业以各自独到的取向、领域和方式迅速发展，展现了一幅文化创意产业在全球风起云涌的发展势头。

（一）英国

受电视广告软件行业的推动，从 1997 年算起，10 年来英国创意产业规模几乎翻了一番。英国曾经是世界制造业大国，后来失去了制造业大国的地位，如何调整国内产业，获取更高的附加值，为国内劳动力找到更好的职业，是英国面临的重要任务。所以布莱尔 1997 年当选英国首相后所做的第一件事，就是成立“创意产业特别工作组”。根据英国文化媒体体育部 2001 年发表的《创意产业专题报告》，当年英国创意产业的产值约为 1 125 亿英镑，占 GDP 的 5%，已超过任何制造业对 GDP 的贡献；2001 年的出口值高达 103 亿英镑，且在 1997—2001 年间每年约有 15%的高成长率，而同期英国所有产业的出口成长率平均只有4%。2002年，英国创意产业增加值达809亿英镑。10年来英国整体经济增长70%，而创意产业增长93%，显示了英国经济从制造型向创意服务型的转变。以增加值计算，软件自2002年取代服装成为最大的创意产业。过去，创意产业是英国第二大产业（仅次于金融服务业），但已经是该国雇用就业人口的第一大产业（195万的从业人员）。2003年，英国首相战略小组指出，用就业和产出衡量，伦敦创意产业对经济发展的重要性已经超过了金融业。一年中伦敦的境内外游客在艺术文化方面的花费超过了60亿英镑。政府对创意产业采取了税收优惠等政策性扶持。创意产业成功推动了英国出口，有效地抵补了货物贸易逆差。

（二）美国

美国新经济的本质，就是以知识及创意为基础的经济，创意是知识经济的核心和动力。所以美国人发出了“资本的时代已经过去，创意的时代已经来临”的宣言。早在1992年，当微软超过通用的时候，《纽约时报》就评论说，微软的唯一工厂资产是员工的创造力。比尔·盖茨宣称“创意具有裂变效应，一盎司创意能够带来无以数计的商业利益、商业奇迹”。美国国际知识产权联盟在《美国经济中的版权产业：2004年报告》中详细叙述了包括电影、电视、家庭录像、商用软件、娱乐软件、图书、音乐和唱片在内的创意产业在经济上对美国国内生产总值、就业和贸易所做的贡献。在1997—2002年，美国核心版权产业增速是3.51%，超过同期美国GDP2.4%的年均增长率。2002年美国核心版权产业的增加值达到662亿美元，占GDP的5.98%，总体版权产业增加值为12 540亿美元，约占到美国GDP的11.97%。在就业方面，2002年核心版权产业就业有548.4万人，占美国就业总人数的4.02%。同年，全部版权产业雇用了1 147.6万人，占美国就业总人数的8.41%。

（三）日本

日本高度重视创意产业，喊出了“独创力关系到国家兴亡”的口号，索尼员工的座右铭就是“日日创新”。日本在2000年的电影与音乐创收分别列世界第二位，电子游戏软件则位居世界第一。日本素有“动漫王国”之称，是世界上最大的动漫制作和输出国，目前全球播放的动漫作品中有六成以上出自日本，在欧洲比例最高，达到八成以上。在日本各种各样的文化产业当中，在电影院、电视台播放的各类动漫节目格外引人注目，各种动漫的人物形象充斥街头，已超越了杂志和电视的范畴，渗透到日本社会的各个角落。根据日本贸易振兴会公布的数据，2003年，销往美国的日本动漫片以及相关产品的总收入为43.59亿美元，是日本出口到美国的钢铁总收入的四倍。广义的动漫产业实际上已占日本GDP的10多个百分点，已经成为超过汽车工业的赚钱产业。日本的动漫产业已经以年营业额230万亿日元成为日本第二大支柱产业。拥有430多家动漫制作公司的日本，培养了一批国际顶尖级的漫画大师和动漫导演以及大量的动画绘制者。电视和网络传媒的普及和发展，传播手段的不断完善，为日本动漫市场的发展和壮大奠定了良好的基础。快速扩张和高附加值使卡通产业成为推进资产增值的“资本孵化器”。2003年4月至2004年3月，日本的动漫市场销售额（动漫电影票房、动漫电影以及动漫电视录像带、电视专门频道等的营业收入总额）达3 739亿日元，增幅高达75.1%以上。以动画片形象制成的相关衍生产品的授权收入则更拥有2万亿日元的市场。

（四）其他国家的创意产业

韩国政府在1997年对创意产业进行扶助性介入，尤其注重向电子游戏、音乐及电子网络等新产业倾斜。2003年其影视、音乐、手机及电子游戏四个产业都有两位数的增长，出口额首次超过钢铁。韩国自称已跻身世界文化产业五大国之列。

丹麦政府选定了电影、音乐、新兴媒体的内容生产作为其文化产业发展的四个重点领域，采取各种措施促进艺术与产业的联系、融合。

在澳大利亚，1999年创意产业已占GDP的3.3%，就业人数34.5万人，占就业人口总数的3.7%。澳大利亚政府从20世纪90年代后期明确提出将文化产业与创意产业结合起来的概念。将艺术、歌剧、音乐剧、电影、电视制作、互动游戏经济及数字内容等视为文化创意产业的重要内容。

在新加坡，早在1998年就将创意产业定为21世纪的战略产业，出台了《创意新加坡》计划，又在2002年9月全面规划了创意产业的发展战略，称要树立“新亚洲创意中心”的声誉，要成为“一个文艺复兴城市”、“一个全球的文化和设计业的中心”、“一个全球的媒体中心”。

二、英国与美国的市场主导型文化创意产业发展模式

英国与美国在经过市场经济的“自由放任”、“全面干预”等阶段之后，进入了成熟的自由市场经济发展阶段。与此相适应，两国实行的是市场主导型文化创意产业发展模式。

（一）实行自由企业制度

文化企业是创意经济的主体，英、美两国文化创意产业运行的一个核心就是实行自由企业制度。企业生产什么、生产多少、如何生产，完全由其自行决策，创意产品和服务的价格也由企业根据市场的供求关系来决定。尤其在经济全球化的发展进程中，美国众多的跨国文化企业采取了全球化经营战略，从资金、技术、信息的全球自由流动中不断获得高额垄断利润，同时按照市场规则扩张海外销售市场，占据了国际竞争的有利地位，其影响力日益增大。美国的影视、图书出版业，以及音乐唱片业，已建成庞大的全球销售网络，并控制了许多国家的销售网和众多电影院、出版机构及连锁店。英美的自由企业制度还表现在政府不对文化企业的内部事务进行干预，而是为微观生产主体的正常生产经营创造外部条件，即政府对企业的管理以法律为依据，不存在行政性的直接干预。

（二）限制垄断，保护自由竞争

在英美两国文化创意产业的发展过程中，竞争和垄断是并存的，但垄断并不排除竞争。为了维护市场经济的基本原则，美国采取了一系列措施，通过反托拉斯法和保护中小企业法来限制文化产业垄断，保护竞争。这使得美国核心版权产业中尽管垄断程度比较高，但竞争依然是文化创意市场的基本特征，也是美国版权经济活力的主要来源。

（三）减少国家行政干预，加强宏观指导和公共服务

政策上最大限度地减少国家行政干预是英美市场主导型文化创意产业发展模式最突出的特点之一。之所以如此，不仅是由于两国长期以来一直保持着自由主义的传统，而且更重要的是自第二次世界大战以来新自由主义经济学派的理论指导。两国推动文化创意产业发展的宏观政策主要体现在以下方面。

(1) 实施面向全球市场的发展理念，重视宏观整体设计和产业政策指导。英国是世界上第一个在政策上推动创意产业发展的国家。英国政府在分析美国推动版权产业发展的现实经验之后，认识到文化创意与经济发展之间存在密切关系，文化应该惠及全民，而不再只是为少数人服务的精英艺术，推广创意产业是摆脱英国经济困境的有效方法。因此，英国率先提出了创意产业概念。1997 年布莱尔当选英国首相后的第一件事，就是成立了"创意产业特别工作组"并亲自任主席。他提出要"通过英国引以为豪的高度革命性、创造性和创意性来证明英国的实力"，使英国从一个多世纪以前的"世界工厂"蜕变为当今的"世界创意中心"，从而全方位地提升了英国的国家核心竞争力。在推动文化创意产业的进程中，英国致力于客观而翔实的创意产业基础研究，积极培养公民的创意生活和环境，注重数字化对创意产业的影响，并大力寻求国与国、政府与学界、政府与产业界、企业与企业之间的合作与沟通。英国政府宏观上引导文化创意产业发展的政策措施主要集中在三个方面：

第一，政府在组织管理、人才培养、资金支持、生产经营等有关方面加强机制建设，对创意文化产品，从研发、制作、销售到出口，实施全方位的系统性扶持。

第二，规划创意产业蓝图（mapping document），倡导创意产业的概念，培养公民创意生活与创意环境，发掘大众文化对经济层面的影响力。

第三，建议各地区政府与民间广泛合作，以伙伴关系解决创意产业面临的问题，对创意产业提供补救对策，如保护知识产权，促进文化产品输出，提供从业者教育和培训等。

通过版权贸易输出其文化价值观，是美国发展文化产业的基本法则。美国政府利用其在贸易自由化进程中的领先地位，采取有效的政策措施支持美国文化商品占领国际市场。应该说，美国的创意产业已经取得了向全球输出的主导权。作为文化产业大国，美国发展文化创意产业的目标明确，重点扶持电影、电视、家庭录像、商用软件、娱乐软件、图书、音乐和唱片等产业，在引导产业发展中重视建立创意市场竞争体系，强调产业链的形成和集聚效应的发挥，已经形成了一系列创意产业发展集群。如果把美国的整个经济领域分成三个部门——创意部门、制造部门和服务部门，然后再把部门工作者的工资和收入都加起来，那么创意部门（即创意产业集群）占美国就业人数的 30%，而工资收入几乎占据了美国所有工资收入的一半，将近 2 万亿美元，差不多是生产和服务部门之和。

(2) 提供强有力的资金支持，英国文化创意产业的从业者多为中小型企业，甚至是以个人工作室的方式存在。资金是中小型创意企业创办与发展的关键。在面临国内创业环境中的金融及投资问题时，英国政府协同金融界和有潜力的民间投资者为它们提供资助，逐步建立强大的创意工业财务支持系统。以奖励投资、建立风险基金、提供贷款及区域财务论坛等方式作为对文化创意产业的财务支持。如英国科学、技术及艺术基金会（National Endowments for Science，Technology and Arts，NESTA）为具有创新能力的个人从业者提供发展资金；政府的小型公司贷款保证计划（Small Firms Loan Guarantee Scheme）为苏格兰企业连续 5 年提供 2 500 万英镑作为创意种子基金。自 1997 年至今，英国整体经济增长了 70%，而创意产业增长了 93%，为全英国提供了 195 万个工作岗位，占总就业人数的 4.1%，成为该国雇用就业人口的第一大产业和产值仅次于金融服务业的第二大产业。创意产业有效抵消了英国货物贸易逆差，实现了经济从"制造型"向"创意服务型"的转变，使英国率先成为国际上创意产业的“标杆国”。2002 年，英国文化创意产业增加值达 809 亿英镑，成为英国第二大产业（仅次于金融服务业）。

美国更是重视对创意产业的基础设施建设和科技投入，科技含量高已成为美国创意产业的一大特征。以影视业为例，每一项可能对影视产业的创制与传播产生影响的科技成果，几乎都会同步运用于电影电视之中。在大众传媒领域，如印刷复制、录音录像、电子排版、网络传输、数字化、地球通讯卫星等高新技术的广泛应用，使美国创意产业具备了向全世界扩展的桥梁和手段。在图书和唱片业，利用互联网技术开发的网上售书等业务，极大地促进了其销量的增长。

（3）重视创意园区建设，创建企业孵化器。创意园区是一种介于政府、市场与企业之间的新型社会经济组织和企业发展平台，它通过提供一系列企业发展所需的管理支持和资源网络，帮助处于初创阶段或相对弱小的新创企业，使其能够独立运作并健康成长。1956 年，美国人乔曼·库首次提出了孵化器概念，并在纽约成立了第一家企业。从 1980 年到 2001 年，美国的产业园区数量从 12 个迅速发展到 900 个以上。美国创意产业园区主要有 4 种形式：政府主办的园区、私人主办的园区、学术机构主办的园区、公私合营的园区。这些园区层次分明，分工明确。一级孵化器是项目孵化器；二级孵化器是企业孵化器；三级孵化器是“大孵化”概念，即二级孵化器的企业升级孵化；四级孵化器是指跨国孵化。目前美国很多创业园区集团本身就是新创企业，它们不仅向其他新创企业提供办公场所和设施，而且还提供更加全面的管理咨询，包括企业发展和技术开发、市场营销、竞争研究分析、法律顾问、会计等。这种模式的优点在于通过创业者和风险投资的联合，将巨额资金与大量具有创意的新创企业结合，同时吸引了大批优秀的管理人才加盟。

（4）实施相对宽松的移民政策，吸纳全球各地的创意人才和高利润的创意产业，美国能够在一个多世纪里在全球范围内保持竞争力，靠的不仅仅是富饶的自然禀赋，也不仅是广阔的国内市场，更重要的是通过实施宽松的移民政策对全球创意人才、睿智思想和相关产业进行吸纳。美国政府认为，长期的经济优势在于吸引和留住人才的能力，而不是单纯的商品、服务和资本的竞争。如果说在 20 世纪 30 年代，美国吸引了一批为逃避法西斯而离开欧洲的科学、文化以及商业方面的人才，标志着移民政策开始发挥作用的话，那么 20 世纪 80—90 年代则达到了吸纳创意人才的高潮。仅 20 世纪 90 年代就有超过 1 100 万的新移民来到美国，而今天的移民人口数量已经超过了 3 000 万，占总人口数的 11%。来自全球各地的创意型人才分布在创意产业的各个领域，美国《财富》评选的 100 强公司多数是由移民者领导的，如可口可乐公司首席执行官伊斯代尔（E. Neville Isdell）出生于爱尔兰。总之，受益于对全球人才的宽松政策以及在科研技术中的巨额投资，美国打开了创意产业的时代之门。如今美国有近 4 000 万人属于创意型人才，超过劳动力总数的 30%，他们所服务的领域从科学、工程学到建筑和设计，从艺术、音乐、娱乐业到专业性很强的其他相关领域，为美国经济发展做出了巨大贡献。

三、日本与韩国的政府主导型文化创意产业发展模式

日本、韩国之所以能在比较短的时间内成为世界上文化创意产业的强国，除特殊的历

史传统和文化氛围外，两国实行政府主导型文化创意产业发展模式无疑是最主要的原因之一。日、韩政府主导型文化创意产业发展模式的特点是在政府强有力的干预和主导作用下，大力发挥市场机制配置文化资源的基础性作用，而政府干预的重要手段就是比较成功地运用宏观经济计划与产业政策。

（一）建立富有活力的文化创意市场组织结构

日、韩的创意企业结构有自己的特殊性：

第一是企业经营集团化。自20世纪50年代中期以来，随着社会财富向文化产业的逐步集中，许多大企业互相结合，组建起文化企业集团。这些企业集团分为以银行和金融组织为中心集结而成的财团型企业集团，以及以一个独立的大垄断企业为中心、通过控股或其他形式将一大批企业纳入自己的生产体系而形成的独立型企业集团。

第二是企业股权分散与法人相互持股。

第三是经理决策与工人参与制。企业的经营者在企业中居于核心地位，成为企业事实上的决策者。除了经理决策外，日本企业的职工对劳动条件、生产计划、新技术引进、公司住宅等福利措施具有与经营者进行协议、共同决策的权利。工人参与决策还表现在“自下而上”的决策程序上，这种决策程序使得几乎所有的决策事项都能看到工人的意见。

第四是活跃的中小企业与系列化生产。大企业与中小企业和平共处是日、韩企业结构的典型特征之一，创意产业内亦是如此。中小企业一般都被纳入大企业的系列化生产体系中，就是以大企业为顶点，以中坚企业为骨干，以广大中小企业为基础组成的垂直型协作方式。

第五是中介机构活跃，充当文化和市场高度融合的桥梁。在日本，文化行业协会几乎遍布每个行当，这些自律性的组织或机构都是社团法人，负责制定行业规则，维护会员的合法权益，同时进行行业统计，其作用十分突出，被看作是政府职能的延伸。

（二）比较成功的市场动力机制

市场动力机制是指社会与个人的行为目标以及为达到目标所采取的激励机制。日、韩创意产业的飞速发展得益于市场动力机制的成功解决，如日本在照顾国情因素和吸收西方文明的基础上创造出了一种物质动力与精神动力并重，奖励与惩罚、竞争与合作相结合的综合型的动力机制。在这种动力机制下，企业和劳动者的行为目标不仅是多元的，而且基本上是一致的，这就很自然地使所有者、经营者和劳动者的利益得以协调，并自觉地服从于社会目标，从而保证了企业和整个文化创意产业的长期稳定发展。与多元的行为目标相一致，所采取的激励机制也是多元的。这种多元的激励机制相对于欧美的以物质激励为核心，以惩罚与竞争为主的激励机制，比较典型的成功之处在于把物质激励与精神激励、惩罚与奖励、竞争与合作进行有机的结合，并形成了一种独特的符合日本国情与历史和文化传统的激励机制。日本企业对职工“感情投资”的程度，在世界上是独一无二的，日本企业的终身雇佣制和年功序列工资制在发达市场经济国家也是绝无仅有的，同时日本社会所极力提倡的“命运共同体”与“团队精神”都很自然地使个人之间形成了一种紧密的合作关系。

（三）比较严密的宏观经济计划

日、韩两国政府在宏观经济政策上发挥了巨大作用，从而形成了政府主导型的文化创意产业模式。两国政府宏观经济政策的主要功能是制定发展战略和经济计划，经济计划对企业起着“指导”、“引导”和“预测”的作用。

1996年，日本确定了“文化立国21世纪方案”；1998年的“文化振兴基本设想”又提出，要把文化的振兴提高到国家最重要的位置，强调对文化进行重点投资，认为对文化的投资是对未来的先行性投资；2003年又制定了“观光立国战略”。对振兴地区和地方文化，日本政府明确规定：政府应支持地区文化活动，包括重新挖掘、振兴具有地方特色的文化遗产、民间艺术、传统工艺和祭祀活动等；制定长期规划，对具有地方特色的文化艺术提供全面支持；中央政府与地方政府联手举办全国规模的文化节。

韩国政府在1990年设立了“文化产业局”，之后在此基础上又成立“文化观光部”，统领文化创意、观光事务等机构。1997年的亚洲金融风暴更是促使韩国政府意识到，创意产业是21世纪最重要的产业之一，并迅速纳入国家宏观支持计划。政府逐年增加文化经费预算，大力支持创意产业的发展，到2010年全国共建成10多个文化产业园区，10个传统文化产业园区，1～2个综合文化产业园区，形成全国文化产业链，旨在优化资源配置，发展集约经营，形成规模优势，提升研发生产能力和文化产业的整体实力。为了保障计划的落实，1999年政府出台了《文化产业振兴基本法》，并建立了“文化产业基金”，为新创文化公司提供贷款。

（四）卓有成效的产业政策调控

产业政策是日、韩政府控制文化产业有序发展的又一重要手段。在日本，产业政策的制定和实施具体由通产省负责，就其内容来讲，主要是指以促进产业发展为目的，以产业和企业为对象，由政府推行的干预产业的政策总称。日本的文化产业政策是针对产业而不是针对个别公司的，它不以某一公司作为国家重点扶持对象，而是以产业作为扶持对象。其目的一是造成竞争的环境；二是使企业能达到规模经济，使这个产业中有足够的新公司加入竞争，并以在国际竞争中取胜为发展目标。另外，日本政府还通过健全法律法规的配套措施来保证产业合理化政策目标的实现。在推动文化产业发展的过程中，最具代表性的法律是1970年颁布的《著作权法》。该法经过20多次修改，于2001年更名为《著作权管理法》并开始实施。近年来，根据文化产业发展的新形势，日本又制定了多部新的法律，如《IT基本法》、《知识产权基本法》、《文化艺术振兴基本法》等。这些法律法规具有很强的可操作性，同时，还制定更为具体的措施与之配套。而韩国政府在落实《文化产业振兴基本法》的同时，近几年来适应数字化信息时代文化产业发展的需要，也陆续对《影像振兴基本法》、《著作权法》、《电影振兴法》、《演出法》、《广播法》、《唱片录像带暨游戏制品法》等作了部分或全面修订，被删除或修改的内容达70%左右。在文化创意产业的发展过程中，具有创意力的人是最革命、最活跃的生产要素。只要战略目标明确、宏观调控有力、体制机制得当、运行主体到位，数字化时代人类的智力和想象力能达到什么程度，文化创意产业就能发展到什么程度。发展文化创意产业，一方面要加速文化创意产业向传统产业渗透，即增加传统产业的文化内涵；另一方面要加强文化创意的商品化和产业化，以市场机制来促进文化创意产业的发展，从而满足人们日益增长的文化消费需求。

第五节　我国文化创意产业的发展

一、文化创意产业的发展战略和策略

文化创意产业在我国是一个新兴的行业，目前正面临很多发展上的瓶颈，而解决诸多问题的首要步骤就是明确自身的发展战略。

1. 要完善制度，为文化创意产业的发展扫清障碍

政府健全市场机制，完善法律法规，转变政府职能，营造良好的外部环境，给企业发展空间；企业是市场主体，要不断探索管理方法，使得现代企业的理念深入社会价值观。现代企业的影响是巨大的，跨国企业在国家的经济发展中扮演着重要角色。因此，政府要扶植企业，企业要培养品牌。

2. 利用现有资源，发挥自身优势

我国是文化大国，是四大文明古国中唯一一个文化从未中断过的国家。丰厚的文化积淀决定了我们有发展文化创意产业的潜能。同时，我国人均GDP已超过1 000美元。人们消费中物质性消费的比重大大下降，文化精神类消费比重大大上升。这说明我国有发展文化创意产业的巨大市场需求和利润。同时也应知道，我国仍是发展中国家，经济不够发达，尚处于转型中，体制需要改革，市场机制亟待完善。所以决定了我们不可能处处胜出，只能集中力量发展个别具有优势的项目。凤凰卫视，一个十年前还被称为“县级电视台”，十年后被认为是“华语CNN”的传媒集团，靠什么成功？还是集中优势战略。凤凰的定位是“影响有影响力的人”，它投入巨大精力做精品节目。不求报道之全，而求对重大事件有话语权。无论是建台之初“柯受良飞越黄河的直播”、“香港回归60小时播不停”，还是后来最成就凤凰的“9·11事件36小时直播”，都是全台总动员，调用一切可以利用的资源对重大事件进行报道，使得它取得今天这样辉煌的业绩。

3. 整合全球资源

仅仅立足于自身的发掘是不够的，企业必须要面对当前经济全球一体化趋势，在全球范围内进行资源整合。文化创意产业的全球整合正如火如荼地进行着，资本向能获取最高利润的部门流动，通过收购等方式优势互补、强强联合，最大限度地取得效益。全球化并不是要求文化创意产业全盘西化，相反，全球化与本土化相结合才是中国文化创意产业的出路。因为经济的发展与繁荣必然会带来人本主义的兴盛，人们会更加自我，更加强调自我价值。调查显示，本土制作的电视节目等比国外制作的节目在本土更受欢迎。

4. 优化文化创意产业的发展基础

（1）充分依托当地的优势文化资源。国内外的发展经验告诉我们，文化资源是发展文化创意产业的重要依托。一个地区在历史、人文、教育、景观等方面的优势资源，可以为当地发展文化创意产业提供丰富的文化、人才和技术基础，进而帮助形成本地文化创意产业的竞争优势。而对于我国，经过几千年的文化发展与传承，各个地方都已经形成了独具特色的地方文化。因此，我国的各个地方政府在规划和发展本地文化创意产业的过程中，就应当充分依托本地的优势文化资源。一方面，需要充分保护、挖掘和开发本地的优势文

化资源，另一方面，需要对当地的优势文化资源进行不断整合和重点开发，形成该城市或地区文化创意产业的整体竞争优势。

（2）优化当地知识产权保护环境。文化创意产业作为一种知识密集型的产业，政府对于知识产权保护力度，对于文化创意产业的经营与发展具有非常重要的意义。只有当文化创意企业的知识产权得到有效保护的情况下，企业的投入回报才能得到保障，各个文化创意企业也才能具有不断开发和创新的动力。因此，我国政府应当采取多种措施，完善我国知识产权保护的法律体系建设，加强宣传力度，积极推进知识产权保护法律法规的贯彻落实，加大对盗版侵权等违法行为的监督和打击力度。

5.优化文化创意产业的开发手段

（1）文化创意产业的市场化引导。文化创意产业作为一个新兴的产业，在其前期的发展过程中，离不开政府的规划和扶植，但是一个产业的真正成熟，并形成自身的竞争优势离不开市场化的开发。因此，我国政府在规划和扶植文化创意产业发展的过程中，应当及时转换自身的功能和角色，将文化创意产业的发展思路由“政府经营”转向“政府服务”，注重文化创意产业的市场化引导，一方面，应当加强我国文化创意产业资源和文化创意产品的市场体系建设；另一方面，应当不断规范我国文化创意产业市场竞争环境，使我国的文化创意企业在合理有效的市场竞争中不断提高自身的经营效率和竞争优势。

（2）推动文化创意产业的集聚区建设。当前，我国的文化创意企业绝大多数是中小企业，自身技术和资源实力有限，随着行业技术更新速度加快，新技术、新产品的研发必然受到自身资源、信息、技术和市场等因素的制约，风险较大。而由政府进行规划和组织建设的文化创意产业集聚园区则是将同一类型的文化创意企业进行整合，充分发挥文化创意产业的集聚效应，提高整个文化创意产业的规模实力和经营效率。一方面，在文化创意产业集聚区内的企业能够实现优势互补，以最大限度地整合和共享资源，进而形成整体创新网络，提高产业的整体实力；另一方面，文化创意产业集聚区可以将与文化创意产业相关的企业、大学和科研院所等主体联合起来，更加有效地促进各个主体之间的技术和市场信息的交流，提高文化创意产品研发、生产和销售的效率。

（3）为文化创意产业提供资金和技术扶植。根据国内外发展文化创意产业的成功经验，文化创意产业的崛起，较之其他经济产业有更多的困难。因为文化产品有很大的外部性，以往都是作为公共产品或准公共产品来提供。现在要把文化创意作为一个产业来追求经济利润，政府需要解决该产业的外部性问题。许多国家的政府都通过直接的产业融资和技术支持来解决这个问题。具体的措施，一是可以设立直接的文化创意政府基金，对资金不足但有明显价值的创意给予资金赞助。二是要求银行或其他金融组织，向文化创意产业提供优惠贷款，或在合理范围内放宽贷款资格限制。三是政府出面组织文化创意产业的技术培训，帮助培养出优秀的产业人才。四是政府出资介入文化创意产业研究，解决产业发展初期研究和开发投入小的问题。

（4）加强文化创意产业人才的培养和引进。在对文化创意产业经营和发展具有重要意义的资源中，不仅仅包含资金和技术等物质资源，同时还包括管理人员、设计人员、市场人员等人力资源。作为一个知识密集型的产业，人才培养与引进，是促进我国文化创意产业发展的重要基础。对于我国的各个地方政府而言，一方面，应当加强与文化创意相关人才的培养，在院校中开设与文化创意相关的专业和课程，同时注重对人才的创新意识和创新精神的培养；另一方面，应当制定一系列优惠的人才引进政策，吸引更多的优秀文化创意人才。

二、文化创意产业的创新模式

产业的发展有其共性特征，这些共性特征可以通过发展模式来概括，也就是对特定时空经济发展特点的概括。产业发展模式是特定约束条件下产业的发展路径和机制的抽象概括。我国文化创意产业的发展有赖于发展模式的创新，而模式一旦形成，就可以当作经验进行借鉴和推广。当然，不同的地区有不同的历史、文化和经济环境，选择文化创意产业的发展模式要因地制宜。

1. 文化创意产业园区集聚模式

创意园区是一种介于政府、市场与企业的新型社会经济组织和企业发展平台，它通过提供一系列新创企业发展所需的管理支持和资源网络，帮助初创阶段或相对弱小的新创企业，使其能够独立运作并健康成长。纵观国内外创意产业发展的历程，建设创意产业园是促进创意经济发展的一种有效模式。文化创意产业园的建立又有两种模式，一种是市场导向模式，另一种是政府主导的模式。我国文化创意产业园区采取的是以地方政府为主导的发展模式。政府采取一定的产业和资金优惠政策，促进创意产业集聚。这些园区中中小型企业居多，相关配套设施齐全，物理空间较大。现在，这种模式在创意产业的发展过程中为大多数国家和地区所采用。实践证明，创意产业园区的建立，不仅在空间上使文化创意企业形成集聚，也为企业的发展提供了各种设施和服务平台，政府也可以有针对性地对重点产业和企业进行扶持。文化创意产业在我国正处于起步阶段，由于市场体制不够完善，各方面的基础条件薄弱，所以以地方政府为主导的发展模式就非常重要。目前，我国发展创意产业园区主要的模式有四种：其一是由政府对已经自发集聚了创意产业企业的地方进行总体规划，并提供优惠政策支持其发展成为创意产业园区；其二是由政府积极主动规划，并通过政策性的支持发展创意产业园区；其三是依托大学，发展创意产业园区；其四是依靠传统的布局，在现有产业结构的基础上建立相应的创意产业园区。

2. 人文环境积累基础上的自发模式

文化创意产业是以个体创造力和创意输出及转化为特质的，这就决定了该产业发展的真正力量是人才的集聚与优化配置。人才是新经济增长的原动力所在。产业经营实体的建设发展导向也要从强化硬件、扩大规模向完善人才格局、优化人文环境转变。目前我国经济处于大发展时期，只有上海、北京和深圳这些经济发达和社会文化丰富地区，才能吸引更多的人前往工作和居住。但在营造良好的创意产业发展人文环境方面，还需要通过持续的教育和培养来实现。

3. 科技依靠型发展模式

文化创意产业与传统文化产业在互动中渗透，高新技术特别是信息化催生的新型创意产业表现出了极强的生命力，不仅表现在它的高度成长，而且表现为对传统文化产业的高度渗透和融合。如今的电影大片、动漫产业都有赖于信息技术产业的支持。与数字技术相关的动漫、网游等产业是我国创意产业的切入点，将成为我国各城市发展创意产业的突破口。据专家介绍，动漫、网游产业被称为21世纪知识经济的核心产业，是继IT产业后又一个经济增长点。我国动漫产业有着每年总计200亿元的庞大市场，动漫产业无疑将成为未来几年中国经济的热点话题。同时，由于信息技术的广泛应用及其生产方式的转变，传统各文化部门之间的界限被逐渐打破，导致了各部门间更多的渗透和融合，并使与买卖双方密切相关的市场区域概念转变为市场空间概念。

4. 龙头企业带动发展模式

指的是一个企业的发展、知识外溢和产业链带动了一批企业在其背后一块发展。比如说中央电视台、北京电视台这样的影视龙头企业，在其背后有一大批的企业与之进行配套，带动了节目制作、广告经营、技术服务、演艺传播等相关行业的发展。据统计，北京与电视直接相关联的节目策划、后期制作等公司有1 000多家，间接相关联的公司有3 800多家。又如苏州、无锡、常州地区的许多动漫产业园区，通常是一个园区内进驻了一两家著名的大型动漫企业，其他中小企业就会慕名而来，快速跟进，逐渐形成了本体部门群、动漫产业的交叉产业链以及动漫产业的延伸行业网。

5. 品牌化经营模式

从消费者的角度看，产品的市场价值由功能价值和观念价值两个部分构成。功能价值是消费者为满足自己基本需要时愿意给商品物理属性支付的价格部分。观念价值是指人们在消费商品物理属性的同时，因商品内在的文化属性、象征意义以及个人因消费商品所带来的感受和体验等方面的差异而愿意多支付的价格部分。观念价值是商品中包含的能与一些社会群体的精神追求或文化崇尚，产生“共鸣”的无形附加物，譬如品位、意味、风尚、情趣等。品牌化是实现文化创意产品观念价值的主要途径。比如企业用同样皮料做的同样式样的两个皮包，一个钉上LV的品牌，另一个是普通的牌子，市场价格会相差十几倍。另外，品牌化经营还会帮助文化创意企业提升自身影响力，拓展经营领域，从而获得全球市场。作为全球最著名的娱乐品牌之一，美国迪士尼公司通过品牌化运作将主要业务从最早的动画制作延伸到娱乐节目制作、主题公园、玩具、图书、电子游戏和传媒网络。除了企业品牌，文化创意产业集群也是品牌化的具体形态。就中国而言，目前还没有哪个品牌成为文化创意产业的集聚地。“喜羊羊和灰太狼”刚刚形成品牌，其创造的收益是十分可观的，如果能赋予更深层次的文化内涵，就能够形成品牌化经营模式。品牌化经营是文化创意产业发展的高级阶段，不是所有的文化创意都能开展品牌经营的，成为品牌要求产品要有足够的市场和社会影响力，这对企业提出了很高的要求。

6. 品牌延伸与产业关联发展模式

当文化创意品牌发展到一定程度，就可以通过品牌授权的方式将品牌经营权出售给其他行业的企业，从而使文化创意品牌价值得以延伸。品牌授权指的是品牌拥有者利用自身品牌资产价值，允许被授权者使用该品牌生产销售某类产品或提供某种服务，并对其收取授权费。此时，文化创意企业脱离了这些延伸行业的经营，转而依靠知识产权获得品牌授权费用。比如米老鼠、芭比娃娃、哈利·波特等都是文化创意产业的成果，形成品牌后被授权给玩具、文具、服装、服饰、箱包、食品等行业厂商，大大提高了这些产业的附加值，文化创意品牌得到跨行业使用。产业关联发展指的是一种行业的发展可以带动其上下游企业及相关行业的发展。比如说动漫行业，其本身的发展需要设计服务，需要软件、网络、计算机、广播影视设施的支撑，需要休闲、娱乐这些产业的配合，还出现了图书出版、影视动画的生产。而影视动画本身又产生了影像制品的发行以及这个产品的衍生产品。总之，一个文化创意产业发展的背后是一个群体共同的发展，形成网络的联动模式。

关键术语

创意城市　文化创意产业　概念阐释　功能特征　新经济学原理

思考题

1. 创意城市的经济学分析如何？
2. 你认为文化创意产业概念怎样表述更正确？
3. 怎样理解文化创意产业展现的新经济学原理？
4. 我们如何借鉴发达国家文化创意产业的发展经验制定我国的发展战略和策略？

主要参考文献

[1] 厉无畏等. 创意城市——城市发展的新引擎. 上海：上海社会科学院出版社，2005

[2] 王琪. 创意城市的经济学分析. 消费导报（经济研究版），2008（10）

[3] 赵宝晨. 对文化产业的哲学思考. 理论学刊，2006（5）

[4] 白远. 文化创意产业价值核心的经济学与案例分析. 黑龙江对外贸易，2009（1）

[5] 陈汉欣. 中国文化创意产业的发展现状与前瞻. 经济地理，2008（5）

[6] 张振鹏，王玲. 文化创意产业在我国的定义及发展问题探讨. 科技与管理，2008（11）

[7] 张养志. 发达国家文化创意产业发展模式研究. 1994—2009 China Academic Journal Electronic Oublishing，http://www.cnki.net

第八章

辐射理论与增长极理论

重点问题

- 经济发展中的辐射概念
- 经济发展的辐射理论
- 辐射理论在经济发展中的理论意义和实践意义
- 增长极理论及其局限性

第一节 经济发展的辐射理论

一、辐射概念

辐射是一个物理学概念，是指能量高的物体和能量低的物体通过一定媒介互相传送能量的过程。在这一过程中不仅能量高的物体向能量低的物体辐射能量，而且能量低的物体也向能量高的物体反辐射能量，只不过由于后者小于前者，因此从净辐射的能量数量来看，能量低的物体的能量不断增加，最后两者达到相同水平。辐射有以下特点：(1) 辐射是一个双向的过程；不同能量的物体互相辐射；(2) 辐射的结果是随着能量的传递而逐渐拉平物体之间的能量差；(3) 一个物体的能量只要高于周围其他物体，净辐射出去的能量数量就大于自然吸收的能量数量；(4) 两个物体距离越近，能量辐射越大，换句话说，一个低能量物体距离高能量物体越近，两者的辐射越充分，前者吸收后者的净能量越多，两者达到相同能量水平的速度越快；(5) 两个物体的能量落差越大，辐射越强烈，净辐射的能量数量越大，即能量低的物体吸收的能量越多；（6）辐射的速度和程度还与辐射的媒介有关，辐射媒介越有效，辐射越充分。经济发展与现代化进程中的辐射是指经济发展水平和现代化程度相对较高的地区与经济发展水平和现代化程度相对较低的地区进行资本、人才、技术、市场信息等的流动和思想观念、思维方式、生活习惯等方面的传播。通过流动和传播，进一步提高经济资源配置的效率，以现代化的思想观念、思维方式、生活习惯取代与现代化相悖的旧的习惯势力。辐射的媒介就是交通条件、信息传播手段和人员的流动等。这里，我们把经济发展水平和现代化程度相对较高地区称为辐射源。

经济辐射的特点具体表现为：（1）经济辐射的前提条件是经济对外开放和资源自由充分流动。（2）双向辐射，缩小差距。在经济辐射中，发达国家（地区或城市）与落后国家（地区或城市）存在着互相辐射。前者向后者传递先进的科学技术、资本、管理经验、信息、思想观念、思维习惯和生活方式等；后者向前者提供自然资源、人才、市场等。由于前者向后者传递了先进的生产资源，通过接触能够缩小两者在经济发展水平上的差距。（3）辐射的速度和程度与其距离和关系有关。经济发达的国家（地区或城市）对落后国家（地区或城市）的辐射距离越近关系越好，其辐射越充分、辐射的速度越快，辐射的程度越高；反之亦然。（4）经济辐射的媒介主要是交通网、信息网、关系网等，即经济辐射是通过交通、信息和各种关系进行的。（5）经济辐射具有积极影响和消极影响两种效应。（6）经济辐射的方式主要有点辐射、线辐射和面辐射。

经济辐射是依空间和产业为途径，以资源（主要是自然资源、资本、技术、劳动等）的流动为纽带来完成的。

二、现代经济发展中的辐射理论

物理学中的辐射理论可以很好地解释现代化和经济发展中的辐射问题，因为两者之间具有很大的相似性。现代化和经济发展水平较高的城市和地区可以被看成是能量高的物体，现代化和经济发展水平相对较低的城市和地区可以被看成是能量低的物体，因此，两者之间就会存在类似于物理学中的辐射现象。

（1）区域经济的辐射理论可以很好地解释现代化和经济发展中的相互影响和扩散问题。现代化和经济发展水平较高的城市或地区（即高梯度区域）向现代化和经济发展水平较低的城市或地区（低梯度区域）扩散和辐射，两者是相互的。那么，两者之间的差距是进一步扩大还是缩小，则取决于经济运作模式；总部经济则是缩小差距的最好模式。

（2）高梯度区域向低梯度区域辐射，则辐射的范围取决于其现代化和经济发展的水平。如果在辐射中充分实现优势互补的话，不仅能促进后者的发展，而且，前者的经济发展和现代化进程也能够加快，这也是两者之间双向辐射的效应。在发展总部经济时，要充分注意辐射理论的指导作用。

（3）辐射的媒介主要是交通运输和通信等基础设施，它们直接决定着辐射的有效性。因此，发展总部经济一定要优先考虑基础设施的建设。

（4）物理学中辐射的是能量，而在现代化和经济发展中辐射的是所有影响现代化和经济发展的积极因素和消极因素，包括技术、资金、人才、自然资源、市场信息、文化、环境和法律、制度等意识形态方面的因素。

三、点辐射、线辐射和面辐射

从地图上来看，中心城市是一个点，沿海、大江大河以及沿湖和铁路干线是一条线，长江三角洲、珠江三角洲等现代化水平和经济发展水平相对较高的发达地区是一个面，这些都可以看成是现代化水平和经济发展水平相对较高的辐射源。我们可以把由这些地区参与的辐射分别称为点辐射、线辐射和面辐射。这三种辐射分别具有不同的特点。

（一）点辐射

点辐射一般以大中城市为中心向周边地区推开，如同在平静的水面上投入一块石头，产生的波浪由中心向外扩散，逐步扩散到较远的地区。从静态的角度来看，中心城市的现代化进程和经济发展水平相对较高，技术、人才、资金相对比较充分，居民思想观念、思维方式和生活习惯相对也比周边地区先进，但自然资源和劳动力很可能比较缺乏。而周边落后地区的自然资源和劳动力很可能比较充裕，但资本积累和技术进步的速度相对可能较慢。这样，如果周边地区和中心城市能够很好地实现优势互补，则可以大大加快以中心城市为核心的地区现代化和经济发展速度。

在辐射过程中资本必然向投资效率高的地区流动。辐射初期，中心城市资本的边际效率可能较高，于是，资本可能会由周边地区向中心城市流动，这可能进一步加快中心城市经济发展速度和现代化进程的速度，并使周边地区资本匮乏的现象进一步恶化，从而对这些地区经济发展速度和现代化进程产生负面影响。但这一过程不可能持久，因为随着资本向中心城市的流入，中心城市资本的边际效率会逐步下降，周边地区资本的边际效率反而会逐步提高，于是，就会出现资本从中心城市向周边地区逆流的现象，周边地区的经济发展速度和现代化进程就会加快。因此，从长远的角度来看，资本在中心城市和周边地区之间的流动不仅有利于中心城市的经济发展和现代化进程，而且也有利于周边地区的经济发展和现代化进程。有一种观点认为，由于周边地区资本相对匮乏，因此应该有效制止资本从这些地区流向中心城市。这是一种从静止的角度分析问题的思维方式，其结果导致资本效率的重大损失，不仅中心城市无法发展，而且周边地区从长期来看也很难快速发展，共同落后的结果就必然会出现。因此，在应用辐射理论研究地区经济发展水平和现代化水平的差距问题时，我们必须坚持的指导思想是：在长期内求得共同快速发展而不是在短期内求得相互平衡。

在辐射过程中，技术通常由中心城市向周边地区流动。这主要是因为中心城市技术进步的条件和环境较好，技术进步的速度较快，技术供给比较充分。周边落后地区这方面的情况相对较差。由于技术可以共享，因此，从对技术需求的层面上来看，中心城市和周边落后地区之间的技术需求没有太大的差异。当然，因为技术发挥作用的配套条件不同，技术的边际效率在中心城市可能较高，在周边落后地区可能较低。于是，技术进步后，很可能首先在中心城市得到利用，周边落后地区对技术进步的分享会有一个时滞。无论如何，技术的可共享性决定了技术进步对中心城市和周边落后地区的经济发展和现代化进程都有好处，而且技术在中心城市和周边落后地区之间的流动机制越好，流动范围越广，技术发挥的作用就越大。

在辐射过程中，人才流动比较复杂。总的来看，人才流动的要求就是人尽其才。从静态的角度来看，辐射初期，由于中心城市的发展机会和生活条件都相对较好，因此，周边落后地区的人才可能会向中心城市流动。这一方面促进了中心城市的经济发展和现代化建设进程，另一方面，周边落后地区由于人才的流失可能会出现人才严重不足的情况，从而影响这些地区经济发展和现代化进程。需要指出，人才的流动不同于资本的流动，在短时期内就可以实现回流，周边落后地区要实现人才的回流，一方面需要较长的时期，另一方面可能会付出较大的成本，即花费巨大的代价吸引中心城市的人才流入周边落后地区，这主要是由于生存的环境和面临的发展机遇对每个人而言都是十分重要的。由此可见这两方面都不利于周边落后地区的经济发展和现代化进程。但是，尽管这样，我们依然认为，应该允许人才在中心城市和周边地区充分流动。理由如下：

（1）“十年树木，百年树人”，人才是一个国家最为宝贵的财富，人才的浪费就是最大的浪费。如果周边落后地区不能给这些地区的人才提供良好的发展机会而出现人才浪费现象，如果中心城市能够给人才提供广阔的发展空间，那么，对人才从周边落后地区向中心城市的流动就应该予以肯定，因为这样的流动有利于全局的经济发展和现代化进程。

（2）中心城市发展了，周边落后地区必然受益，经济发展速度和现代化进程就会加快，在此基础上才能吸引大量的人才，进一步加快这些地区的经济发展和社会繁荣。

（3）从长期来看，中心城市的发展必然会带动周边落后地区的发展，从而为这些地区的人才创造更多的发展机会。同时，改善这些地区的生活条件和生活环境，人才外流现象才能被有效制止。而且，从根本上说，靠行政手段强行阻止人才的流动，其结果可能适得其反，不仅不能充分发挥人才在落后地区的作用，而且中心城市的人才需求也得不到满足，因此从根本上来说这种做法会损害经济建设和现代化的进程。

（4）进一步说，周边落后地区的人才回流也只是一个时间问题。从国内外发展历史来看，人才的回流是一个必然的趋势，资本的回流必然带动人才的回流，只是人才的回流表现得相对缓慢一点而已。

那么，在辐射初期，周边落后地区的人才匮乏问题如何解决呢？我们认为，可行的办法有两个：一是加快提高现有人才的素质，例如，可以大量进行职业培训、实施跨地区人才交流等；二是注重培养本地区人才，实施人才开发战略。目前，主要中心城市的人口压力相对较大，上海、北京、天津等大城市的人口已经相对过剩，如果任凭人才流动，这些城市的人口就可能会失控，造成比较严重的后果，同样不利于经济发展和现代化建设。但我们认为，中小城市的人口流动可以逐渐有条件地放开，这是人尽其才的根本保证。

思想观念、思维方式和生活习惯的辐射同样十分重要。辐射的方式可能是：中心城市先进的思想观念、思维方式和生活习惯通过一定方式向周边落后地区传播，传播的途径主要是人员的流动和电视、广播等信息媒体。同时，周边落后地区陈旧的思想观念、思维方式和生活习惯对先进地区形成一定程度的抵抗，两者在碰撞中实现新生事物的发展。这一过程很可能持续较长时间，甚至会出现反复，主要是因为旧势力有时会表现得十分顽固，新生事物的产生和发展会受到很大的阻碍。这也是思想观念、思维方式和生活习惯在中心城市和周边落后地区辐射中存在的主要问题，也是辐射的主要特点。

自然资源和劳动力的辐射通常表现出单向辐射的特点，即主要是由周边落后地区向中心城市流动。其中，劳动力的流动和人才的流动有一定的相似性，因为说到底，人才就是掌握了一定技术和知识的劳动力。但是，劳动力流动与人才流动又有一些不同，周边落后地区的劳动力流动到中心城市，首先要以所谓打工者的身份在中心城市滞留，在打工过程中，劳动者可逐渐积累一些技术、知识和管理经验，也可以积攒相当数量的资金。一定时间后，他们的选择有两个，一是继续在中心城市待下去，寻求进一步发展的机遇；二是打工者用学到的技术、知识、管理经验甚至大量资金“反哺”原来的落后地区发展自己的事业。无论哪种情况出现，对落后地区的发展都有积极意义。后一种情况自不必说，即使是打工者滞留在中心城市，也和原来的地区有着千丝万缕的联系。他们汇款给家乡的亲人，为家乡尽力引进项目和资金，把中心城市先进的思想观念、思维方式和生活习惯介绍给家乡人民等等，这些都有利于周边落后地区的经济发展和现代化进程。自然资源的流动通常由周边落后地区向中心城市流动，因为中心城市的自然资源消耗得比较快，容易出现相对不足的现象。特别是非再生性自然资源几乎在所有的中心城市表现出不足。这样，中心城市只有依靠周边落后地区提供相应的自然资源才得以发展。一个重要问题是自然资源如何定价？定价太低，将损害周边落后地区的经济发展；定价太高，会影响中心城市的快速发展。例如，中国目前第三、四类地区自然资源定价太低，主要是长期以来形成的不合理价格体系所致，从而影响了这些地区的经济发展和现代化进程，导致它们落后的程度进一步加深，这应该引起足够的重视。我们认为，应该建立适合自然资源流动的市场体系，依靠市场对自然资源进行合理的定价，以此消除自然资源定价的不合理现象，减少周边落后地区在自然资源定价方面受到的损失，促进这些地区经济的进一步发展和现代化进程的加速。为此，逐步取消国家对自然资源的定价权，强化市场在自然资源定价中的基础作用是十分必要的。

以上我们分析了点辐射的特点和过程。需要指出，点辐射的有效进行，必须依赖良好的辐射媒介，即良好的交通、信息传播手段和市场机制。这是点辐射有效进行的根本保证。交通方面，在中心城市与周边落后地区之间应该建设发达的铁路、公路网络，尽可能减少辐射过程中的交易成本，提高辐射效率。同时，在信息传播方面应该加大通信网络建设的力度，建立健全现代化的通信体系，这对中心城市和周边落后地区都有好处。例如，中国改革开放以来，山东省、山西省、广西壮族自治区、宁夏回族自治区等都在这方面取得了丰富的经验和很大的成绩。

（二）线辐射

一般以铁路干线、公路干线（尤其是高速公路）、大江大河以及大湖沿边航道和濒临沿海的大陆地带为辐射的带状源，向两翼地区或上下游地区推开。这里，我们把铁路干线、公路干线、大江大河以及大湖沿边航道和濒临沿海的陆地带称为辐射干线。和点辐射的分析一样，通常，辐射干线上的城市或地区的经济发展水平和现代化程度相对较高，辐射干线两翼的经济发展水平和现代化程度相对较低。于是，辐射干线上的城市或地区的资本、技术、人才和先进的思想观念、思维方式和生活方式就会和两翼落后地区相互传播，传播的结果可能会使两者之间实现优势互补，从而在整体上推动整个地区的经济发展和现代化进程。关于这方面的辐射特点和辐射过程，和点辐射是完全一致的，这里不再重复。关于线辐射，我们的分析重点是辐射干线上下游的城市和地区的辐射问题。

我们知道，在辐射干线上，由于历史的以及其他原因，尽管上下游城市和地区的经济发展水平和现代化进度相对于两翼而言是比较高的，但在上下游之间也表现出相应的差距，例如，处于辐射干线上的中心城市的经济发展水平和现代化进程通常比辐射干线上的其他中小城市和地区的经济发展水平和现代化进程高，这就决定了它们之间也有相应的辐射现象存在。在辐射干线上，最大的特点是上下游之间交通方便，人员流动频繁，经济交易中的交易成本比较小，经济资源周转快，信息也相对更加畅通，因此辐射的效率更高。于是，辐射干线上经济发展水平和现代化进程较高的城市或地区在向两翼辐射的同时必然更加容易向上下游之间辐射。从运输的角度来看，在铁路干线、公路干线和濒临沿海的陆地带上，自然资源的流动没有上下游方向的区别，因为上下游方向运输的成本基本相同。但在大江大河干线上，由于水流的方向问题，自然资源由上游向下游的流动成本比反方向低，因此，自然资源从富裕的城市或地区向下游输出自然资源是比较经济的，反之，则是不经济的。这里我们可以得出一个区域经济学方面的猜想：在世界各国经济发展和现代化进程的初期，大江大河下游的经济发展速度通常比上游快，因此下游地区往往先行一步，现代化程度相对较高。中国的情况证明了这一点，长江下游的城市如上海、南京、苏州、无锡等地的经济发展速度和现代化进程就比上游的城市如重庆、宜昌等地的经济发展速度和现代化进程快。

关于线辐射，还有一点需要说明。我们已经说明线辐射不同于点辐射的重要特点是，线辐射不仅包括辐射干线向两翼的辐射，而且包括辐射干线上下游之间的辐射。这样，上下游的纵向线辐射和向两翼的垂直线辐射就同时向两个方向推开，因此形成了一个有效的线辐射体系，辐射的范围和程度都比点辐射宽广。在这样一个辐射体系中，辐射的过程很可能是这样：辐射干线上的中心城市把两翼地区和上下游地区联系起来，上下游的资金、技术、人才、自然资源和思想观念、思维方式以及生活习惯等和辐射干线上的中心城市进行流动和传播，再由中心城市向两翼地区辐射和传播；或者反过来，两翼地区的资金、技术、人才、自然资源和思想观念、思维方式以及生活习惯等首先和辐射干线上的中心城市进行辐射和传播，然后再由中心城市向上下游地区辐射和传播。可见，如果辐射力足够强，那么，线辐射的结果肯定比点辐射好，影响面也更大。因此，我们在高度关注点辐射的同时，应该更加重视线辐射的作用。

濒临沿海陆地带的线辐射也具有不同的特点。沿海的陆地带是指与海洋相接触的海岸线形成的辐射线，如丹东、大连、营口、秦皇岛、天津、烟台、青岛、连云港、上海、福州、厦门、深圳、珠海、香港、澳门、北海等城市构成了中国的海岸线辐射区域。这些地区辐射的特点不同于铁路干线、公路干线、大江大河以及沿湖区域的辐射，主要在于海岸辐射线只能向一翼辐射，即向内陆地区辐射，另一翼是隔海相望的其他国家或地区。但是，这条辐射线却具有极其重要的辐射意义。其原因在于，沿这条辐射线分布的中心城市和地区可以非常方便地与其他国家和地区进行广泛的经济交易和文化交流，成为中国改革开放的前沿地带和窗口，多年来发挥了巨大的作用。在海岸辐射线上，辐射的过程很可能是：海岸辐射线上分布的中心城市首先和周边国家或地区进行相互辐射，技术、资金、人才、自然资源和思想观念、思维方式以及生活习惯进行相互流动和传播，然后中心城市再以同样的方式和内陆地区的城市和地区、沿海岸线的其他城市或地区进行流动和传播。这种中介作用和龙头优势是十分突出的。

（三）面辐射

点辐射和线辐射大大加快了辐射区域的经济发展速度和现代化进程。其结果就会形成以中心城市或辐射干线为核心的经济发展水平和现代化程度相对较高的区域。例如，中国改革开放以来逐步形成了珠江三角洲、长江三角洲、环渤海经济区等经济发展速度和现代化进程相对较快的地区。这些地区的中心城市和小城市连成一片，形成了具有较强辐射能力的辐射源，并进一步和周边落后地区进行相互辐射。由于在地图上，这些地区表现为一个面，因此，这样的辐射我们称为面辐射。例如，广东省与福建省、江西省、湖南省、海南省以及广西壮族自治区之间的辐射可以被看成是面与面、面与点、面与线之间的辐射，这样的辐射就是面辐射。

根据辐射的特点，面辐射可以分为两类，一类是摊饼式辐射，另一类是跳跃式辐射，这是我们借用移民理论的概念对辐射理论做的分类。摊饼式辐射是指经济发展水平和现代化程度相对较高的地区逐渐与周边地区进行资本、技术、人才、市场信息的交流，自然资源和思想观念、思维方式以及生活习惯的流动和传播，使后者发展速度进一步加快，并逐渐向外推移。这样的辐射导致的发展在时间上是渐进的，从空间上来看是连续的，先进地区和落后地区之间没有出现盲区。例如，广东省与周边省份的辐射首先从交界处开始，逐渐向后推移。这种辐射方式很像摊饼时的推移过程，因此得名。跳跃式辐射是各经济发展水平和现代化程度相对较高的地区跨过一些地区直接与落后地区进行资本、技术、人才、市场信息、自然资源和思想观念、思维方式以及生活习惯的流动和传播，使后者的发展速度进一步加快。这种辐射从空间上来看是跳跃式的，先进地区、落后地区之间出现一个盲区。例如，目前中国政府在积极倡导先进地区和落后地区之间的对口扶贫工作，东部发达地区和西部落后地区之间形成的辐射就是跳跃式辐射。当然，在点辐射和线辐射中也存在这样两种辐射方式，只是不如面辐射中表现得突出。

在面辐射中，摊饼式辐射通常具有更大的现实性。这是由于：（1）摊饼式辐射的辐射距离比跳跃式辐射短，资本、技术、人才、市场信息、自然资源和信息的流动成本较小，辐射效率更高。（2）由于居民之间的思想观念、思维方式和生活习惯差异较小，在推进过程中，摊饼式辐射遇到的阻力也较小，这两点决定了摊饼式辐射比跳跃式辐射具有更大的优越性，辐射的效果通常较好。

四、关于辐射问题的几点说明

辐射理论反映了经济发展和现代化进程中的普遍规律性，揭示了经济发展和现代化进程中影响因素的传导问题。点辐射、线辐射、面辐射三者具有共同的特点，（1）不管是哪一种辐射形式，都意味着经济资源和人文环境的流动和传播。辐射的结果就是地区之间逐步达到共同发展的目的。（2）不管是哪一种形式的辐射，都是双向辐射，既有先进地区向落后地区的流动和传播，也有落后地区向先进地区的流动和传播，辐射的目的就是实现地区之间优势的互补。

关于辐射问题，我们还有几点需要进一步展开讨论。

（1）严格说来，点辐射、线辐射都是一种抽象概念。因为地图上的任何点和线在现实中都表现为一个城市或地区，因此更加具有面辐射的特征。从这个意义上来说，任何的点辐射和线辐射都最终表现为面辐射。但这并不意味着提出点辐射和线辐射的概念没有任何意义。当我们站在全局的角度来分析中国不同地区的经济发展和现代化进程问题时，特别是在分析地区之间的差距和相互影响时，这样的分析就非常有用，前面的分析已经充分说明了这一点。

（2）点辐射、线辐射和面辐射并没有既定的顺序，并不是由点及线、由线及面的过程。在一个辐射体系中，三者可能同时存在。例如，中国广东省对周边地区的辐射可以看成是面辐射，但在广东省内部，广州、深圳又对周边地区和城市形成点辐射，而且广州和深圳又处在海岸辐射线上，因此又对沿海其他城市和地区形成线辐射。这些不同形式的辐射交织起来，形成一个个复杂的辐射网络，一个个辐射网络又形成整个辐射体系。因此，我们可以说，所谓点辐射、线辐射和面辐射是我们把整个辐射体系分拆以后得到的三种基本的辐射形式，它们也是构成辐射体系最基本的元素。

（3）从辐射的机制来看，点辐射是最简单的一种辐射形式；线辐射无非是由大量点辐射构成的更加复杂的辐射网络，或者说，大量的点辐射排列成一条线，就形成了线辐射；而面辐射是最复杂的一种辐射形式。在一个面辐射网络中，既有大量的点辐射，也可能有许多线辐射，这些点辐射和线辐射交织组成的辐射网络向外推开时，就形成了我们所说的面辐射。举例来说，在广东省内部，由于中心城市、小城市和其他地区之间分别存在着经济发展水平和现代化进程的差异，点辐射大量存在，广州、深圳等中心城市显然对周边落后地区形成点辐射，并与沿海岸线、公路干线、铁路干线以及江河流域形成线辐射；同时，珠江三角洲又对广东省其他落后地区形成面辐射，广东省这样一个辐射体系又和其他地区如江西省、湖南省等形成面辐射。

第二节　梯度推进理论和辐射理论的比较

关于梯度推进理论，厉以宁教授在《区域发展新思路》一书中已经做了初步分析。我们在这个分析的基础上，再对梯度推进战略及其理论依据展开讨论。

一、梯度推进理论的缺陷

梯度推进理论对中国目前的地区状况虽有一定的解释力，但存在严重的缺陷，不能作为中国制定经济发展战略和现代化建设的理论依据。进一步分析如下。

（1）按照梯度推进理论把中国划分成东部发达地区、中部欠发达地区和西部落后地区，是比较粗略的一种划分方法。我们知道，在中部和西部地区，也有许多城市和地区的经济发展水平和现代化程度比较高，例如中西部的许多中心城市就是这样。把这些地区划入欠发达地区和落后地区显然是不科学的，因为所谓的发达、欠发达或落后都是相对的概念。同时，东部沿海地区的省份也有许多地区的经济发展水平和现代化程度比较低，有些甚至到目前为止还没有解决温饱问题，例如鲁西地区、苏北地区和粤北地区的某些县就是这样，把这些地区划入发达地区显然也是不科学的。

（2）按照梯度推进理论的划分方法，从发展的角度来看，忽略了地区之间经济和文化交流的双向性。我们知道，按照梯度推进理论划分的三个地区的经济资源具有很大的互补性，而梯度推进理论的发展观只能解决东部沿海地区和与之相邻的中部地区的经济和文化交流问题，然后才是中部地区和西部地区的经济和文化交流问题。显然，这样的发展现状会导致严重的资源配置扭曲，从总体上看，不利于经济发展速度的提高和现代化进程的加快。

（3）梯度推进理论忽略了同一地区之内的经济互补性。我们知道，在东部、中部和西部的同样一个地区内，中心城市、小城市和其他地区的经济发展水平和现代化程度有很大的差异。由于先进地区和落后地区存在广泛的互补性，两者的互动关系将长期存在，这是经济发展的重要动力，必须加以利用。按照梯度推进理论，地区内部的发展问题就不可能得到很好的解决。

（4）从长期来看，如果西部落后地区等到东部发达地区带动中部欠发达地区发展后再得到推动，那么，必然延误西部落后地区和中部欠发达地区的发展，中国的地区差距将在很长时期内进一步扩大，这会对整个中国的经济发展和现代化进程产生严重的不利影响。特别是在广大的中西部地区，由于有许多地区和城市的经济发展和现代化程度相对较高，这些地区虽然比东部沿海城市相对落后，但在本地区依然处于先进地位，它们完全可以在本地区的经济发展和现代化进程中通过与周边落后地区的辐射效应起到带动地区发展的作用。因此，落后与先进只是一个相对的概念，哪怕是在一个最落后的地区，相对先进的城市或地区也能够通过辐射效应发挥带动作用。这些都被梯度推进理论忽略了。

（5）从理论上来看，梯度推进理论忽略了地区之间经济发展和现代化进程中的互动性。梯度推进理论只注重发达地区对欠发达地区和落后地区的推动作用，忽略了后者对前者在人才、自然资源、粮食等方面的支撑作用。我们知道，发达地区的发展离不开欠发达地区和落后地区在许多方面的支撑，因此，如果说中国经济发展和现代化进程是梯度推进的话，那么，这样的推进必然是双向的推动，而不是单向的推动，即不是单纯的东部发达地区对中部欠发达地区和西部落后地区的推动，后者对前者的发展同样具有推动作用。

以上分析表明，梯度推进理论不能解释中国经济发展和现代化进程的差距。

二、辐射理论的适用性

我们主张采用辐射理论来解释中国经济发展和现代化进程中的地区差距并制定相应的发展战略，主要在于辐射理论比梯度推进理论有更强的解释力，在制定发展战略中也有更大的理论价值和实践价值。这表现为以下几点。

（1）梯度推进理论只是辐射理论的一个方面。采用聚类分析法和主成分分析法，我们以反映现代化程度的综合指标为依据把国内各个地区划分为四类地区。辐射理论认为：①这四类地区之间存在着强烈的线辐射和面辐射，而且这四类地区之间的辐射是交叉的，每类地区都和其他三类地区存在着不同程度的线辐射和面辐射。四类地区之间的相邻地区或城市的辐射主要表现为摊饼式辐射，相隔地区或城市之间的辐射主要表现为跳跃式辐射，因此，四类地区之间存在着广泛的辐射效应。②每类地区内部都存在着点辐射、线辐射和面辐射。地区内部的中心城市、小城市与周边相对落后地区之间存在着点辐射或线辐射；地区内部的各个小地区之间又广泛存在着面辐射或线辐射。③不同地区的相邻城市或地区之间广泛存在着点辐射、线辐射或面辐射；相隔地区可能存在着广泛的跳跃式面辐射。上述三个方面的辐射形成了经济资源和思想观念、思维方式、生活习惯的辐射网络。显然梯度推进理论只是辐射理论的一部分，即只反映了四类地区之间的线辐射和面辐射，而把其他辐射方式产生的互动作用忽略了。

（2）根据反映经济发达程度的综合指标把国内各个地区划分为四类地区，并分别标上红、黄、蓝、白四种颜色以示区别。尽管从总体上说，内蒙古自治区属于第四类地区，应该标明白色，但在内蒙古自治区内部，呼和浩特市、包头市、鄂尔多斯市三个地区经济发展水平和现代化程度较高，应该标为红色，而巴彦淖尔盟可能被标为黄色。但在巴彦淖尔盟范围内，临河市的经济发展和现代化程度相对最高，应该表示为红色，如此等等，一直到乡镇一级地区。上述地区或城市之间产生广泛复杂的点辐射、面辐射和线辐射，形成多元化的辐射网络。每个红色地区都成为这个地区辐射网络中的结点。显然，这样一种发展思路简单地用梯度推进理论是无法解释的。

（3）在制定发展战略方面，按照辐射理论，我们可以在整个中国范围内，在每一类地区范围内，在每一个省、市、自治区范围内，在每一个行政地区内，甚至在每一个旗县范围内，分别根据红、黄、蓝、白四种颜色，即经济发展程度采取相应的分析方法。在辐射理论的指导下，通过分析研究地区辐射的特点，辐射的途径和辐射中经济资源的流向以及人文环境因素传播的方式、方法和主要传播途径，制定出切实可行的对策以推动一定范围内的经济发展和现代化进程。显然，这样的发展战略依靠梯度推进理论同样是不可能科学地制定出来的。通常，我们所说的一个地区在经济发展和现代化进程中把依靠自身力量和借助外力结合起来，就是指首先发挥地区内部通过辐射形成的互补优势，然后充分利用外部辐射形成的有利条件，达到加快经济发展速度和现代化进程的目的。同样，依靠梯度推进理论也无法形成这样的发展思路。

（4）按照辐射理论，我们可以进行跨地区研究，即把若干省、市、自治区的交界地区、若干行政地区、若干旗县的交界处形成的地域结合起来进行研究，以便制定相应的发展战略。这些地区往往是经济发展落后、现代化进程缓慢的地区，有些地区还没有解决脱贫问题。如果我们可以通过分析找到这些地区已有的或潜在的辐射源，如果我们可以找到这些地区与其他相对发达地区的辐射途径，尽管这些辐射源与交界地区的一些部分不在同一个行政区域，尽管这些辐射途径可能跨越行政区位，我们依然可以采用不同行政区域共同制定发展战略，联合采取行动，解决发展问题和脱贫问题。这样的措施往往是非常有效的。同样，这样的发展战略和思路是利用梯度推进理论所无法解释的。

（5）此外，辐射理论有助于科学合理地解决就业问题，有助于进一步研究解决中等城市和小城市的布局问题，有助于研究制定房地产业的发展战略问题，有助于进一步优化经济资源的配置，同时还有助于制定正确的扶贫战略。

当然，我们并不是说辐射理论和梯度推进理论是完全对立的。其实，如果把梯度推进理论看成是一种发展过程的描述而不是一种发展战略，那么，无论是点辐射、线辐射还是面辐射，最终都会表现为梯度推进的过程，点辐射就是以大中城市、小城市和小城镇为中心的梯度推进过程；线辐射就是以铁路干线、公路干线、大江大河以及沿湖、海岸线为起始点的梯度推进过程；摊饼式面辐射也同样是先进地区向落后地区的梯度推进过程；至于跳跃式面辐射，一旦跳跃辐射成功，在另一个地区的辐射也会表现出点辐射或面辐射的特点。

第三节　辐射理论在中国经济发展中的意义

以上我们提出并阐述了现代化与经济发展中的辐射理论的基本内容，比较分析了辐射理论的突出优势和梯度推进理论的局限性。在本节中，我们将分析辐射理论对于解决中国现代化进程中社会经济发展不平衡问题的理论意义和现实意义。

一、辐射理论的理论意义

（1）辐射理论认为，任何辐射都是双向的，既有经济发展水平和现代化程度较高的地区对相对落后地区，从而促进和推动这些地区的经济发展和现代化进程的辐射，也包括后者对前者的辐射和对前者的促进作用。只不过在辐射中流动和传播的要素是不同的，先进地区向落后地区流动的要素主要是资本、技术、人才、市场信息；落后地区向先进地区流动的要素主要是劳动力、自然资源、农产品。在这样的双向辐射中，双方可以合理分工，实现优势互补，从而在总体上提高经济的运行效率和现代化建设的速度。

（2）辐射理论更加强调市场机制在经济发展和现代化进程中的基础性作用。从根本上来看，经济发展和现代化进程必须依托市场对资源配置的基础性作用的充分发挥。作为经济发展的问题，最终将归结为经济资源配置效率的提高，以此带动经济的快速发展，进一步推动现代化进程。辐射理论的基本思想是通过点辐射、线辐射、面辐射，把巨大的辐射网络，即中心城市、小城市、小城镇和相关地区联系起来，各自发挥自身在辐射体系中的作用。在市场机制的作用下，以经济利益为最终驱动力，加快各自的经济发展和现代化进程。在这一过程中，不应该而且也不能够对各主体进行太多的干预，原因是辐射理论涉及的主体数量庞大，而且十分分散，辐射的媒介又十分复杂。于是，计划的作用将极大弱化。辐射理论认为，计划只应该在下列方面发挥作用：①进一步打破市场分割的局面，逐步建立全国一体化的市场体系，有效减少辐射过程中的交易成本，为辐射的有效进行创造条件。②依据辐射理论综合制定全国的经济发展和现代化建设的总体战略。例如，根据全国或一个地区的辐射网络的分布情况，根据中心地区辐射媒介的基本状况划分出相应的区域，采取进一步的措施，发挥地区的综合优势，从整体上加快全局的经济发展速度和现代化进程。③不断制定和完善法律法规，为各个辐射主体的经济发展和现代化进程提供高质量的环境，这是经济发展和现代化建设的必然要求和基本条件。可见，辐射理论体现了市场机制和计划调节有机结合的特点。既可以在市场机制的作用下充分发挥各个辐射同级的主观能动性，又可以在计划调节下有效协调各个辐射网络的行为，以保证在总体上实现全局利益的最大化。

（3）辐射理论高度重视事物之间的联系性和依赖性。辐射理论的最大特点就是把中国的现代化进程和经济发展放在整个中国范围内的辐射体系中加以考虑；我们认为处于同样一个国家、同样一个市场的地区在经济发展和现代化进程中存在着广泛的联系，相互间的影响也比较深刻。于是，一个城市或地区不可能在周边地区十分落后的情况下率先进入现代化行列，除非采取高度有效的行政手段把两者隔绝开来，但这是不可能的。因此，地区之间应该也必须进行协调，在共同发展的基础上步入现代化行列。辐射理论正是非常明确地强调了这一点，通过点辐射、线辐射和面辐射，把任何一个城市或地区都纳入更大的辐射体系内，和其他辐射网络形成多重相互影响的关系。这既是落后地区摆脱落后的外在条件，也是先进地区进一步发展的有利条件。

（4）辐射理论把平衡发展理论和不平衡发展理论结合起来研究解决经济发展和现代化进程中的相关问题。平衡发展理论主要指在产业发展方面，区域间或区域内部各地区间基本保持同步与平衡发展。这种观点主张在区域间或区域内平衡布局。即在区域间或区域内部对各部门同时进行投资，以便使工农业，轻重工业，第一、二、三产业及原料、加工工业等各部门基本得到协调平衡的发展。不平衡发展理论的主要观点是：区域经济在发展过程中，由于基础条件存在差异，因此经济和社会发展的动力也不同，所以出现不平衡发展的现象就是不可避免的。于是，应该在不同时期选择支配全局的重点地区、重点产业和部门进行优先发展，形成若干个增长极，其他地区可以通过增长极的扩散效应的推动而逐步发展。平衡发展理论和不平衡发展理论是西方学者提出的两种相反的发展理论，应该说，这两种发展理论都有一定的道理，但也都有相应的不足。显然，平衡发展理论不仅忽略了区域间经济发展和社会进步的起始条件方面的差距，而且忽略了由此导致的区域间经济发展和社会进步具有的不同动力。但平衡发展理论考虑到城乡经济和社会的差距对各自进一步发展的负面影响，也考虑到了对公平的严重损害会导致效率的更大损失，这是合理的方面。总的来看不平衡发展理论比较符合经济和社会发展规律，具有较强的科学性。

辐射理论可以很好地把两者结合起来。辐射理论认为，在条件不变的情况下，区域之间通过三种方式的辐射，可以优势互补、共同发展。由于辐射总是双向的，因此，只要辐射的效率能够得到保证，经济资源和非经济因素的流动和传播可以使双方同时受益，只是受益的程度、发展的速度不同而已。相反，如果两个相邻的区域之间没有良好的辐射媒介，从而两个区域处于相互隔绝的状态，则经济发展和现代化进程的差距可能进一步拉大。显然，从这个意义上来看，辐射理论和发展理论是完全一致的。与此同时，辐射理论还认为辐射体系中的辐射网络，即中心城市和先进地区在整个辐射体系中的作用是不同的，这些辐射网络就是不平衡发展理论所说的增长极。不言而喻，辐射网络对区域经济发展和现代化进程的带动作用比其他一般地区更加突出。因此，中心城市和先进地区等辐射网络的优先发展，在区域经济和现代化进程中会通过辐射产生更大的作用，因为辐射网络发展了，会进一步加强对其他地区的辐射效应，从而使整个区域得到发展。

二、辐射理论的实践意义

与此同时，辐射理论还具有重要的实践意义，主要表现在经济发展和现代化战略的制定、经济资源的流动和优化配置、市场信息的传播、思想观念等非经济因素的扩散等方面。从中国的总体上来看，制定经济发展和现代化战略的几个主要问题是：道路、交通等基础设施如何规划？南北、东西的经济优势互补通过什么样的方式实现？中心城市、小城市和小城镇的建设和规划应该注意哪些问题？如何尽快使贫困地区走出困境？就业问题怎样才能得到有效解决？所有这些问题都可以用辐射理论得到很好的解释。

就道路、交通等基础设施的规划来看，辐射理论的实践意义是明显的。我们知道，道路、交通等基础设施是地区之间辐射的媒介，媒介的优劣决定着辐射的效率从而决定着地区之间经济互动力的大小。道路、交通等基础设施建设的总体要求是：(1) 从点辐射的角度来看，以城市特别是中心城市为中心建立四通八达的道路交通网络，和其他城市或中心城市的道路交通网络连为一体，从而提高城市和周边地区的辐射效率。我们知道，城市，特别是中心城市的辐射力较强，在经济建设和现代化进程中必须充分发挥它们的作用。20世纪六七十年代，中国以特大项目为依托，在落后地区特别是山区建设了不少城市，这些城市得到了一定程度的发展，但道路交通的落后制约了这些城市的进一步发展，也使得这些城市没有很好地发挥应有的作用。因此，必须从总体上加大道路交通的建设力度。同时，今后的城市规划必须克服类似的缺陷。(2) 从线辐射的角度来看，不仅要重视铁路干线、公路干线的建设，还应该重视这些干线建成后与周边路线的配套问题。例如，京九铁路建成后，并没有一劳永逸，因为不仅沿京九铁路干线存在着巨大的纵向辐射效应，而且对其通过的地区存在着强烈的横向辐射效应，必须借助于配套的公路和铁路体系才能充分发挥京九铁路的辐射效应，带动铁路两侧较大范围的地区快速发展。(3) 从面辐射的角度来看，辐射理论要求先进地区和落后地区之间建立发达的道路交通网络。要求先进地区内部和落后地区内部分别建立发达的道路交通体系，这是有效进行面辐射的基础。其实，道路交通体系对提高辐射效率的重要作用从民间流传的谚语中也得到了证实，例如“要想富，先修路”和“一条路造就万代富”等等。

关于如何实现中国东西、南北的经济互补性问题，辐射理论同样能够给我们以启发。东西、南北的经济互补性问题是当前中国经济发展和现代化进程中的重要问题，必须认真对待。按照辐射理论，远距离的辐射只能借助于线辐射和跳跃式面辐射的方式加以解决。因此，可供选择的思路是：(1) 在政府的帮助下建立东西、南北的互助合作关系，即我们所说的对口关系。干部的异地培养和交流、技术的转让、劳动力的流动、资金的融通、市场的开拓和市场信息的传播等等，都可以通过这种互助合作关系的方式加以解决，这是跳跃式面辐射在东西、南北经济互助与合作中发挥的重要作用。(2) 充分利用现有的公路干线、航道干线和铁路干线以及航空运输等条件，加快地区间经济资源的流动，这是线辐射在东西、南北经济互助和合作中发挥的重要作用。

在城市和小城镇建设方面，辐射理论强调城市和小城镇的布局要有利于辐射的有效进行，大城市优先发展还是中等城市优先发展或小城镇优先发展是一个长期以来一直争论不休的问题。按照辐射理论，一个地区无论选择哪一种思路，都要根据本地区的实际情况，结合辐射理论制定相应的措施。例如在一个落后地区，中等城市的数量也很少，如果一些小城镇位于交通方便、人口密集的地区，重点发展这样的小城镇就是明智之举。因为小城镇对周边落后地区的辐射力可以大于较远的中等城市对这些地区的辐射力，也可以大于较远的大城市通过线辐射对这些地区的辐射力。而且，小城镇的快速发展可以使这些地区较快地建立起有效的辐射网络，从而加快经济资源和人文环境因素在这些地区的流动和传播。如果把小城镇的建设和脱贫问题联系起来考虑，辐射理论的作用就更加明显。在一些落后地区，有的居民远离小城镇，居住地区的自然环境极其恶劣，道路交通条件也很差。因此，相对先进的地区对它们的辐射无法有效进行，或者说，即使未来可以逐步改善各方面的条件，也需要花费巨大的代价和很长的时间。于是，如果把这些居民迁入小城镇或相对先进、容易受到小城镇或中等城市辐射的地区，则脱贫问题就变得容易解决。从这里也可以看出，辐射理论除了重视面辐射、线辐射和大中城市的点辐射以外，也十分重视发挥小城镇的辐射作用。当然，有的城市布局不可能改变，只能依靠完善和改善辐射媒介的方法进一步发挥它们的辐射作用。因此，在未来中国的发展中，城市和小城镇布局必须以建立有效的辐射网络为指针。

就业问题是当前中国经济发展和现代化进程中的重要问题。劳动力是人力资源的重要组成部分，如何以及在何种程度上解决就业问题，关系到经济发展和现代化建设的速度问题，也关系到社会的稳定和发展问题，因此必须认真对待。辐射理论的就业观认为，劳动力是辐射的重要内容，劳动力的流动必须按照辐射规律在市场机制的作用下有序进行。为此，我们认为，如果一个地区劳动力不能被充分利用，失业问题严重，那么，就应该允许和帮助这个地区的劳动力在更大的范围内跨地区流动，既可以跨越乡镇、旗县，也可以跨越行政地区甚至省界。例如，一个中心城市很可能处在两个省甚至几个省的交界处。那么，根据辐射理论，这个中心城市就会和周边地区包括与自身不属同省的地区产生辐射效应，劳动力的流动就成为必然，即周边地区其他省的居民就有可能向这样的中心城市流动或反向流动。辐射理论认为这样的流动对双方都有很大的好处。通过流动，劳动力得到了跨省界的优化配置，经济效益和社会效率自然得到提高。因此，各省应该为这样的流动创造条件。再比如，一条铁路干线、公路干线以及大江大河、大湖沿边贯穿几个省，劳动力富余的省的劳动力就会沿着这样的干线流动，流向那些能够实现自身价值或能够维持生存的省或地区；这就是劳动力的线辐射现象。辐射理论认为，这样的流动也应该得到鼓励和帮助。因为这同样使劳动力在沿线上得到优化配置。上述两种现象也可以被推广到同一地区的相邻行政地区、同一地区相邻的县。当然，目前的户籍制度制约了这样的流动。看来，随着经济发展和现代化进程的加快，户籍制度的确有松动甚至取消的必要。改革开放以来，通过点辐射、线辐射带来的劳动力流动已是司空见惯，通过面辐射带来的劳动力流动也非常突出。几年来一直存在的所谓自流现象就是跳跃式面辐射的产物，其经济和社会效益是非常明显的。大量劳动力的涌入使广东等沿海省份的劳动力成本普遍下降，经济竞争力明显加强，因此推动了这些地区的经济发展和社会繁荣。与此同时，四川、湖南等劳动力输出的地区不仅就业压力减轻了，市场信息渠道发展了，而且有可观的劳务收入被源源不断地汇入这些地区，特别是劳动力的流动带动了这些地区管理水平、思想观念、思维方式和生活习惯的改变。可见，辐射带来的劳动力流动和就业问题的解决对双方都有积极意义。

辐射理论还对中国各省交界处、各地区交界处的教育和医疗卫生资源的充分利用具有指导意义。在各省或各地区交界处，可能存在教育和医疗卫生相对发达的城市或地区，周边其他地区的学生和患者可以就近到这些相对发达地区学习和就诊，这样不仅可以大大降低教育和医疗卫生的成本，而且可以加强地区间的交流和合作，特别是从总体上对这些地区的教育和医疗卫生进行合理布局。我们知道，教育和医疗卫生的规模经济性相对比较突出，地区之间这方面的交流和合作必然可以产生积极的经济和社会效益。这种情况可以推广到沿铁路干线、公路干线、大江大河、沿湖以及沿海地区的教育和医疗卫生合作，其效果是相同的，只不过辐射的方式不同而已。

辐射理论对于有效克服地区之间的负面辐射具有重要的实践意义。我们知道，区域之间的辐射既有积极的正面辐射，也有消极的负面辐射。例如，落后的文化和习惯势力等非经济因素通过辐射媒介向先进地区传播，大江大河、沿湖的上游地区对下游地区的污染侵害以及沿海地区的海洋污染波及其他地区等等，都属于由线辐射带来的负面辐射。这里需要指出，落后的文化和习惯势力向其他地区的辐射，既可以通过点辐射方式也可以通过线辐射方式和面辐射方式进行扩散和传播。因此，对这样的负面辐射的控制和根除就极其困难，付出的成本和代价也较大，持续的时间也会很长。污染问题以及大江大河、沿湖上游地区造成的水土流失对下游地区的危害通常通过线辐射方式进行扩散，例如通过河流、水道、海岸线辐射到其他地区，因此，对这样的负面辐射的控制和根除相对就会容易一些。但无论哪一种负面辐射单纯依靠经济手段都是无法根除的，而必须依靠行政手段的有力配合。因为负面辐射具有极其复杂的一面，落后的文化和习惯势力是在潜移默化中辐射的，而污染问题、大江大河以及大湖沿边上游地区造成的水土流失对下游地区的危害问题又具有明显的外部性，必须配合行政手段和地区之间的协调加以解决。

辐射理论也有助于我们进一步加深在经济发展和现代化进程中的区域合作的重要性的认识。辐射理论认为，区域之间由于存在广泛的辐射，因此相互之间的影响非常重要。无论是落后地区还是先进地区得到进一步的发展，都会对对方产生积极影响。通过合作，积极加强正面辐射，有效避免负面辐射，都会在双方之间产生良性的滚动效应。相反，任何一方的停滞和落后都只能导致两败俱伤的结果。因此，区域之间的合作对双方的经济发展和现代化进程就显得十分重要。区域之间的合作主要包括：(1) 共同实施道路、交通等基础设施建设项目，降低辐射成本，提高辐射效率。(2) 共同制定相邻地区的教育、医疗卫生发展规划，发挥诸多方面的规模优势，充分利用可以共享的一切经济资源。(3) 共同制定相邻地区的脱贫计划、就业计划以及房地产开发计划，共同促进这些方面的发展。(4) 共同开展人才与技术的交流，落后地区的干部和企业家可以到先进地区挂职锻炼，先进地区的干部和企业家也可以到落后地区短期工作，在技术方面，也可以以多种方式进行技术共享。(5) 共同采取措施根除污染、水土流失等带来的不利影响，共同营造良好的发展环境。(6) 共同加强市场信息的交流和沟通，共同开发新产品和新市场，促进经济发展。只要相关区域充分认识到彼此的辐射已经形成了命运共同体，上述方面的合作就可以有效进行，产生的积极效应就会越来越显著。

第四节　增长极理论及其局限性

一、增长极概念

增长极概念最初是由法国经济学家弗朗索瓦·佩鲁提出来的，他认为，如果把发生支配效应的经济空间看作力场，那么位于这个力场中的推进性单元就可以描述为增长极。

增长极是围绕推进性的主导工业部门而组织的有活力的高度联合的一组产业，它不仅能迅速增长，而且能通过乘数效应推动其他部门的增长。因此，增长并非出现在所有地方，而是以不同强度首先出现在一些增长点或增长极上，这些增长点或增长极通过不同的渠道向外扩散，对整个经济产生不同的最终影响。

法国的另一位经济学家布代维尔认为，经济空间是经济变量在地理空间之中或之上的运用，增长极在拥有推进型产业的复合体城镇中出现。因此，他定义：增长极是指在城市配置不断扩大的工业综合体，并在影响范围内引导经济活动的进一步发展。布代维尔主张，通过“最有效地规划配置增长极并通过其推进工业的机制”，来促进区域经济的发展。

美国经济学家盖尔在研究了各种增长极观点后，指出影响发展的空间再组织过程是扩散—回流过程，如果扩散—回流过程导致的空间影响为绝对发展水平的正增长，即为扩散效应，否则是回流效应。

由此可认为，增长极理论有几个基本点作为支撑：第一，其地理空间表现为一定规模的城市；第二，必须存在推进性的主导工业部门和不断扩大的工业综合体；第三，具有扩散和回流效应。

以上学者分别在不同程度上进一步丰富和发展了这一理论。佩鲁的增长极理论（包括中心—外围理论）虽然揭示了“极”的作用，表明了“极”的重要性，但并未就其生成、演化等问题进行深入研究。

中国学者贾文毓曾对经济“造极”的重要性作了探索，但仍未清楚回答有关人类社会经济活动中增长极的源头、发展和更替问题。在地理学中，廖什的需求圆锥体模型对于人们理解其市场区位论起了重要作用。贾文毓在廖什需求圆锥体模型的基础上提出了广义需求圆锥体模型，并指出技术创新推动着广义需求圆锥体的不断“胎生”。在现实社会经济活动中，人们在探讨一个区域的增长极时不可能只谈一种产业，而一些区域增长极也常常依靠两种或两种以上产业作为其推动产业，例如北京、上海等特大城市就具有多种产业。

在打造区域增长极时，增长极的产业结构和推动型产业以及增长极的带动能力等问题，都是我们必须研究的重点问题。所以，研究人类历史上各产业的产生、发展及演替与增长极的关系就显得颇有必要，它对当前区域增长极的规划与布局，尤其是对区域增长极的产业结构调整及增长极之间的产业合理分工，具有重要的理论和现实意义，也使我们能更加清晰地认识区域增长极。人文地理学研究者张战军在需求圆锥体相关理论和佩鲁增长极理论，以及人类历史上各产业演替规律的基础上，对一定地域范围内经济增长极的产生、发展和演变过程，以及增长极的分类、性质等问题作出进一步探索，提出与之相应的“广义增长极”理论及“增长圆锥体模型”，并对广义增长极生长的特点作了相关论述。

增长极概念运用到区域研究中后，出现了语义上的混乱。为此，1969 年 D. F. 达温特建议把地理空间中的增长极称为增长中心。然而，由于在规划中常常不严密地用增长极来概指经济活动的空间集聚，要准确表达它的精确含义仍是困难的。

针对过分强调工业化造成的工业畸形集中于少数都市的问题，很多国家以增长极作为工业分散化的政策手段，企图通过建立增长极，把工业化扩散到广大农村地区并解决不发达地区问题。一些国家进行了大规模的增长中心规划的尝试，增长极战略被称为“集中的分散化”。

在实际运用增长极时存在一些问题。例如部门间或地区间增长传递的性质、国家提供的基础结构与增长极成功之间的关系、增长极与现有城市分布的关系、自发的与规划的增长极之间的区别，以及如何避免集聚不经济等。规划也有一些技术上的困难，如增长极的数量、门槛规模、内部部门结构、区位和时间的选择等。在亚洲，增长极因吸引劳动的能力有限而受到了质疑。

增长极没有自发的潜在动力，它可能吸引周围地区的劳动力和资金而造成更大的地区差异。因此，增长极对周围地区有扩散的正效应和极化的负效应。一般认为，在建立推动性工业后，以极化效应为主，由于经济集聚，相对地压抑了周围地区的发展机会，极与周围地区差异扩大，这是极化阶段。当扩散效应终于克服极化效应时，增长极的利益和能力扩散到周围地区或腹地，使地区差异减小，到达扩散阶段。极化阶段持续的时间可能相当长，例如15～25年。在此期间，贫困地区仍然贫困，政治不安定因素可能增加。20世纪80年代中国在区域发展规划中运用增长极理论着重于经济方面和发展城市中心方面。旨在改变多年来追求平衡布局所造成的人力、物资的巨大浪费的局面，发挥集聚经济效益，推动落后地区经济发展。

二、增长极理论的内容与基本点

增长极理论从物理学的“磁极”概念引申而来，认为受力场的经济空间中存在着若干个中心或极，产生类似“磁极”作用的各种离心力和向心力，每一个中心的吸引力和排斥力都产生相互交汇的一定范围的“场”。这个增长极可以是部门的，也可以是区域的。该理论的主要观点是，区域经济的发展主要依靠条件较好的少数地区和少数产业带动，应把少数区位条件好的地区和少数条件好的产业培育成经济增长极。

增长极理论是指那些通过解释地区的发展过程，说明在增长中的都市中心引起周围地区经济增长的各种假说。这些假说认为，在地理空间上经济增长不是均匀地发生，而是以不同强度呈点状分布，通过各种渠道影响区域经济。把推动性工业嵌入某地区后，将形成集聚经济，产生增长中心而推动整个区域经济的增长。推动性工业应有以下基本特点：规模较大、增长较快、与其他工业的投入—产出联系广泛而且密切、有创新的能力。

增长极对地区经济增长产生的作用是巨大的，主要表现在：

1. 区位经济

区位经济是由于从事某项经济活动的若干企业或联系紧密的某几项经济活动集中于同一区位而产生的。例如，某一专业化生产的多个生产部门集中在某一区域，可以共同培养与利用当地熟练劳动力，加强企业之间的技术交流和共同承担新产品开发的投资，可以形成较大的原材料等外购物资的市场需求和所生产产品的市场供给，从而使经济活动活跃，形成良性循环。区位经济的实质是通过地理位置的靠近而获得综合经济效益。

2. 规模经济

规模经济是由于经济活动范围的增大而获得内部的节约。如可以提高分工程度、降低管理成本、减少分摊广告费和非生产性支出的份额，使边际成本降低，从而获得劳动生产率的提高。

3. 外部经济

外部经济效果是增长极形成的重要原因，也是其重要结果。经济活动在某一区域内的集聚往往使一些厂商可以不花成本或少花成本获得某些产品和劳务，从而获得整体收益的增加。

第一，其地理空间表现为一定规模的城市；

第二，必须存在推进性的主导工业部门和不断扩大的工业综合体；

第三，具有扩散和回流效应。

增长极体系有三个层面：先导产业增长；产业综合体与增长；增长极的增长与国民经济的增长。

在此理论框架下，经济增长被认为是一个由点到面、由局部到整体依次递进、有机联系的系统。其物质载体或表现形式包括各类别城镇、产业、部门、新工业园区、经济协作区等。

增长极形成与发展过程会产生两种效应：极化效应和扩散效应。佩鲁认为，极化效应促成各种生产要素向增长极的回流和集聚；扩散效应促成各种生产要素从增长极向周围不发达地区的扩散。在发展的初级阶段，极化效应是主要的，当增长极发展到一定程度后，极化效应削弱，扩散效应加强。增长极效应是一种多种效应的复合体，如上游下游效应、集聚效应和互利效应等。

增长极理论提出以来，被许多国家用来解决不同的区域发展和规划问题，这是因为它具有其他区域经济理论所无法比拟的优点：

第一，增长极理论对社会发展过程的描述更加真实。新古典经济学学者信奉均衡说，认为空间经济要素配置可以达到帕累托最优，即使短期内出现偏离，长期内也会回到均衡位置。佩鲁则主张非对称的支配关系，认为经济一旦偏离初始均衡，就会继续沿着这个方向运动，除非有外在的反方向力量推动才会回到均衡位置。这一点非常符合地区差异存在的现实。

第二，增长极概念非常重视创新和推进型企业的重要作用，鼓励技术革新，符合社会进步的动态趋势。

第三，增长极概念形式简单明了，易于了解，对政策制定者很有吸引力。同时，增长极理论提出了一些便于操作的有效政策，使政策制定者容易接受。例如，佩鲁认为现代市场充满垄断和不完善，无法自行实现对推进型企业的理性选择和环境管理问题，因此，提出政府应对某些推进型企业进行补贴和规划。

三、增长极理论的局限性

很多国家的实践表明，增长极理论指导的区域发展政策没有引发增长极腹地的快速增长，反而扩大了它们与发达地区间的差距，尤其是城乡差距，所以 20 世纪 70 年代以来增长极理论的有效性受到怀疑，究其原因，增长极理论的主要缺陷有：

（1）增长极的极化作用。增长极主导产业和推动性工业的发展，具有相对利益，产生吸引力和向心力，使周围地区的劳动力、资金、技术等要素转移到核心地区，剥夺了周围区域的发展机会，使核心地区与周围地区的经济发展差距扩大，这是增长极对周围区域产生的负面影响。

（2）扩散阶段前的极化阶段时间过于漫长。扩散作用是极化作用的反向过程，两者作用力的大小是不等的。缪尔达尔认为市场力的作用通常是倾向扩大而不是缩小地区间的差异，在增长极的作用过程中，如果不加强国家干预，回流效应（即极化效应）总是大于扩散效应。但赫希曼认为，增长的累积性不会无限地进行下去，从长期看，地理上的涓滴效应（即扩散效应）将足以缩小区域之间的差距。1979 年布赛尔在其论文《增长极：它们死了吗》中，提出扩散效应和回流效应随时间推移而变化的观点。无论哪种观点，增长极的扩散效应不可否认，扩散阶段前的极化阶段是漫长的也毋庸置疑。然而，要度过这个漫长的时间，落后地区的人民要继续忍受贫困，政治不安定的因素可能增加。对于讲求政绩的政府官员，在短期内看不到政策的显著效果，也在一定程度上对增长极政策的实施起到阻碍。

（3）推动性产业的性质决定增长极不能带来很多的就业机会。推动性产业是同主导产业紧密配合的新兴产业，具有很强的技术创新能力，属于迅速增长的企业类型，而且具有较大的规模。推动性产业的性质决定了增长极一般以现代工业为目标，技术装备和管理方法较为先进，因此培育增长极并不可能解决很多的就业问题，而且容易形成“飞地”型的增长极。

（4）新区开发给投资带来一定难度。从投资商角度出发，增长极一般以城镇为依托。在新开发的区域，这些地方交通一般不便，生活服务设施相对较差，投资者往往不愿意为这种新区投资，而基础设施的建设需要政府的投入，如果政府不采取积极的态度，增长极政策的实施困难很大。

（5）增长极理论是一种“自上而下”的区域发展政策，它单纯依靠外力（外来资本以及本地自然资源禀赋等），可能造成脆弱的国民经济。在全球化与本地化趋势并存的世界经济中，寻求依靠内力发展地方经济的道路（endogenous regional development），以知识和技术为本的区域发展战略越来越受到很多国家政府的重视。

关键术语

辐射理论　　点辐射　　线辐射　　面辐射　　增长极理论

思考题

1. 论述经济发展中的辐射理论。
2. 你能举几个我国经济发展中线辐射的例子吗？
3. 简述梯度推进理论的缺陷。
4. 分析辐射理论对于解决中国现代化问题的意义。
5. 增长极理论的基本点和局限性是什么？

主要参考文献

[1] 厉以宁主编. 区域发展新思路——中国社会发展不平衡对现代化进程的影响与对策. 北京：经济日报出版社，2002

[2] 高洪深. 区域经济学（第三版）. 北京：中国人民大学出版社，2010

[3] baike. baidu. com/view/585558. htm. 2011 - 07 - 15

第九章

经济发展的梯度理论

重点问题

- 经济发展的梯度概念
- 经济发展的梯度转移理论
- 极化效应、扩展效应、回程效应
- 不同梯度上的经济发展战略
- 梯度理论在经济发展中的重大意义

第一节　经济发展的梯度概念及梯度转移理论

一、经济发展的梯度概念

从生产布局学诞生之日起，梯度就被广泛用来在地图上表现地区间经济发展水平的差别，以及由低水平地区向高水平地区过渡的空间变化历程。杜能的农业圈理论系统地阐明了农业经济集约化水平由中心城市向四周农牧业区逐级下降，经历多个梯度最终变成荒野的过程。韦伯利用等费线，包括等运费线、等电费线、等劳动费线以及在此基础上综合形成的等成本线来探究各种类型工厂的生产成本在地区间的变化梯度，并据此找出工厂的最优区位。在现代生产布局研究中各国普遍遇到的一个问题是地区间经济发展不平衡。为了解决这个问题，就需要绘制地区经济发展梯度图，表明在国家或地区范围内、经济发展水平由高到低的梯度变化状况。编制这类地图的最简单办法是在每个基层行政单位（例如县）中心附近，标出该县人均国民收入数，然后把数值相同的点连接成线。从这种外表与地形图近似的梯度图上可以清楚地看到，在高收入地区与低收入地区，也就是在经济高度发达地区与最落后地区之间总会存在着几个中间梯度。所不同的仅是在有的地区，经济发展水平在短距离内出现很大的升降，梯度变化急剧，形成陡峭的“山崖”；在有的地区，则变化缓慢，形成很长的“坡”。在美国的人均国民收入等值线图上，北部五大湖沿岸城市群、波士顿城市群、南部墨西哥湾沿岸城市群、西部太平洋沿岸城市群形成环绕美国的“高山峻岭”，由此向内地伸展，坡度下降，出现一个“盆地”，“盆地”则在荒凉的落基山区。

现在很多人都感觉到仅按人均国民收入来确定地区经济发展水平是不够确切的。有的地区因拥有某种重要资源而致富，如石油生产国，有的甚至靠博彩业发了财，如美国的赌城拉斯韦加斯。这些地区绝对算不上经济高度发达地区。可见，只有采用能综合反映地区国民收入水平（如生产力发展水平、科技水平）的指标，才能真正衡量出一个地区的经济发展实力，也就是它所处的梯度。联邦德国区域科学家采用多元分析法，按多项经济发展指数来区分地区经济发展水平的梯度，例如，为了把高梯度地区与中梯度地区区别开来，采用高度技术密集型产业部门产值在 GNP 中所占比重，获得高学历的人员在区域职工中所占比重，近十年获得专利项目在全国所占比重等指标。为了把中梯度地区与低梯度地区区别开来，采用区域失业率、区域中贫穷线以下的户数所占比重、初级产业部门产值在 GNP 中所占比重、每千人中外迁人数、人均住宅面积等指标，然后用多元回归法求出对应各项指数的权数，把每个区域各项指数的加权数相加起来就可求得该区域的经济发展综合水平。

二、工业生产生命循环阶段论

工业生产生命循环阶段论的首创者为美国哈佛大学的弗农等人。他们认为各工业部门，甚至各种工业产品都处在不同的生命循环阶段上。它们也和生物一样，在发展过程中必然要经历创新、发展、成熟、衰老四个阶段。例如，纺织、钢铁、造船等行业在资本主义发展的早期都曾经是欣欣向荣，充满生机的部门，在产业革命中起过先锋作用，但现在已成为衰退部门。为了判断一个产业部门所处的发展阶段和今后的发展前景，我们仍然利用英国经济地理学家埃斯塔尔所采用的方法，他根据美国 1947—1967 年 21 年间各产业部门职工人数的增长率、工业增加值的增长率与工业部门在国家产业结构中的比重的升降状况，对各个工业部门进行评分。凡得分在 7 分～10 分之间的部门均被归入兴旺部门，得分在 3.5 分～6.9 分之间的为停滞部门，得分在 3.4 分以下者为衰退部门（见表 9—1）。

表 9—1　　各工业部门评分

兴旺部门	评分	停滞部门	评分	衰退部门	评分
军火	—	印刷出版	6.0	冶金	3.2
电力设备	9.2	金属制品	5.8	石油与煤	2.4
运输设备	8.5	纸张、纸浆	5.4	食品	2.4
化工产品	8.2	石料、黏土与玻璃制品	4.4	皮革及其制品	0
橡胶与塑料制品	7.8	家具及室内装修	4.4	纺织	0.8
机床	7.6	服装	3.8	木材及其制品	0.7
一般机器制造	7.1				

大致说来，这三种部门在工业生命循环中所处的阶段如图 9—1 所示。

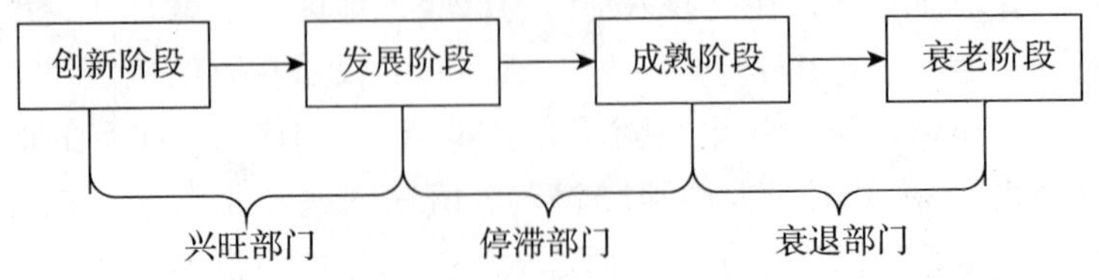

图 9—1　三种工业部门所处阶段示意图

三、经济发展的梯度转移论

区域经济学者把生命循环论引用到区域经济学中，创造了经济梯度转移论。他们的主要论点有以下几点。

第一，产业结构优劣是区域经济盛衰的主要因素。如果一个区域的主导专业化部门主要是由处在创新阶段的兴旺部门所组成，则说明它经济发展实力雄厚，在今后一个时期内仍然可以保持发展的势头，这种地区因此被列入高梯度地区。如果一个地区的主导专业化部门都是由那些处在成熟阶段后期或衰老阶段的衰退部门所组成，则这种地区属于低梯度地区。

第二，创新活动大都发源于高梯度地区，然后随着时间性的推移，生命循环阶段的变化，按顺序逐步由高梯度地区向低梯度地区转移。

第三，梯度转移主要是通过多层次城市系统扩展开来。创新在空间上的扩展主要有局部范围的与大范围的两种形式。

之所以会产生这种有序的梯度转移，是由种种影响区域经济发展与生产布局的内在因素决定的。

(一) 处在创新阶段的工业部门的布局

工业生产中出现的重要新兴部门与新产品一般都发源于地区发展梯度图上一些高峰的地区，往往是经济最发达地区的大城市。根据世界各地颁发专利证书的多少等情况判断，世界主要创新发源地有美国大西洋沿岸与五大湖城市群，美国太平洋沿岸城市群，德国莱因河谷城市群，日本太平洋沿岸城市群，英国盆地与米德兰平原城市密集区，特别是这些城市密集带中少数科技力量强、产业结构合理、经济实力强、正处在上升阶段的城市。形成这种分布样式的主要原因有以下几个。

(1) 大城市是科技信息、市场信息等种种信息汇集与传播的中心。在这里既可以最好地了解到市场的动态、消费者的心理以及他们对新产品的需求，又可以了解到世界各地科技发展的现状与趋势，了解到哪些有关科研项目已经有人在研究，并且大致进行到了什么程度，哪些尚属空白。市场信息与科技信息的结合就会给有志于发展创造的人输入种种新思想，这些新思想正是创新的源泉。

(2) 大城市集中了大量科研机构、高等院校、图书馆、资料馆，同时也是各方面人才荟萃之地，给研究与发明创造了极为有利的条件。而且在这种地方，尤其是在它们的专业方向上，已经形成一批训练有素、技术熟练的专业队伍，新产品一旦研制成功就可以很快投入批量生产。这就使它们能更早地推出新产品。

（3）大城市可以依靠集聚经济效益来推动与加速发明创造、研究与发展工作的进程，节约所需投资。大城市都在自己专业发展方向上集聚了一大批专业生产工厂与协作单位、服务企业，因而，可以为发明与创新提供巨大的集聚经济效益。在任何地区建立新行业、推出新的尖端产品都会遇到两大难题：一是新的尖端产品生产技术复杂，往往要涉及多个有关专业领域，需要得到许多有关单位协作。这在中小城市是难以办到的，而在大城市却比较容易办到。例如纽约是时装业集中的地点，这里有专门的服装设计店、剪裁缝纫厂、服饰加工厂、刺绣厂、纽扣与拉链缝纫厂、手工缝纫厂等等。由于分工细，各厂都拥有一批专业技术很高的技师、工人。因此一个厂家只要能设计出一种新颖款式，无论加工技术怎样精致、复杂，自己不能完成的加工业务都可靠协作厂去完成，从而可以很快地保质、保量地推出新产品。二是新的尖端产品所需原材料种类复杂，很难配齐，从而会延误出产成品的时间。例如服装业产品的规格、款式是变化极快的，要想适应市场的需要，就要不断地、迅速地按设计配齐各种所需要的花色品种的衣料、绒布、纽扣、拉链、服饰等，这在中小城市也是难以办到的。时装业是如此，其他行业的情况也与之类似。

（4）生产新尖端产品、发展新兴工业可能遇到的风险都较大。因此在多数情况下都是由国家或公司选择某些位于大城市中的基础好、周围协作条件比较完备的老厂试验生产，并给予一定的研究与发展经费，为它分担一部分风险。试制成功再建立新厂或在老厂中设专门车间批量生产。另外，也有少数有技术专长的人，在有了某项发明创造以后，筹集少量资金设厂生产的。他们承担风险的能力极为有限，因此多数选择在大城市设厂。因为在那里易于找到所需设备与废弃的厂房，而且只需集中力量生产出一些关键部件，其他部件都可靠集聚在大城市的专业厂协作生产。这样即便试生产失败，损失也极为有限。

（5）创新产品一般价格昂贵，销售对象主要限于技术密集型企业或高收入家庭，且即使是它们也不会经常消费这一类商品。由于产品需求频率低、价值高，其经销单位必须占有很大一片市场才能盈利，因此它们的生产只能布局在高梯度地区的大城市中，那里有伸向全国甚至全世界的强大商业系统。发源于这些地点的创新产品只要质量高、价格合理、适销对路就完全有可能通过这个批发系统很快行销全国，甚至出口到世界上许多地区。销路能否迅速打开，对创新企业来说是性命攸关的大事。

总之，处在创新阶段上的产业及其产品，在布局上主要考虑的是专利保障、技术基础与协作条件、尽可能占有更大的市场。这些正是高梯度地区，特别是其中的大城市的优势之所在。这种地区的不利条件则是地税高，生活费用高，工人工资水平也高，燃料与原料稀缺，要从远处运来，它们的产品成本也因此比较高。但对于处在创新阶段的工业产品来说，却能享有很高的垄断价格和巨大的超额利润，因此，地租、工资与原材料运费在其销售价格中所占比重不大。

（二）处在发展阶段的工业部门的布局

这一阶段在布局上被称为扩展阶段。随着一个工业部门或一种工业产品的生产由创新阶段进入发展阶段，只要产品符合国内外生产发展或生活的需要，销路就可以迅速扩大、铺开。这时，仅靠原先位于大城市中的个别工厂、车间来生产，无论怎样扩建也无法满足需要。于是首先生产出这种产品的厂家就要通过在外地组建分厂、经营合资企业或转让技术来增加产量，改变布局，一次又一次向更广大的地区扩散。这时第二梯度上一些较具备条件的城市就会把这些处在发展阶段的产品生产接收过来。这种有序转移之所以有必要与可能是因为：

1. 转移之所以必要，首先是因为随着技术的转让，同种工厂增多，竞争也将加剧。这时的工厂已经不能主要靠垄断价格来获利而不计成本。因此，在需要做出新工厂布局的决策时就不能不考虑接近市场区或原料、燃料产地以节约运费支出、接近劳动费用较低廉的地点以节约劳动费的问题，同时，还不得不考虑地租和其他生产费用的节约问题。在这些方面，第二梯度地区相比第一梯度地区拥有一定的优势。因此在转移过程中，有的处在第二梯度上的城市甚至可以凭借其在资源或劳动力等方面的优势，后来居上，取代处在最高梯度上的创新发源地，逐渐发展成为这种产品的最大生产地。这种现象是屡见不鲜的。

2. 转移之所以是有序的，处在发展阶段上的产品的生产之所以必须从第一梯度地区转移到第二梯度上某些条件较完备的地区，而不能越级转到劳动力与原料费用等更低廉的第三、第四梯度地区，是由地区接受能力的差异决定的。当创新产品进入到发展阶段以后，生产已开始定型，技术密集程度有所下降，而且随着工厂规模的扩大，一部分外部集聚经济可以转化成内部规模经济，零部件在公司范围内自给的程度可以得到提高，对外部协作的依赖程度也会相对降低，但它们在布局上对技术、协作等多种生产发展的条件要求仍相当严格。处在第二梯度上的城市拥有比较先进的科学文化、较强的科技队伍以及比较优越的信息、交通、金融与外部协作条件，完全可以把处在发展阶段的产品生产从创新发源地接收过来。这些城市所控制的市场范围虽然较小，但当创新产品进入发展阶段后，价格将会下降，需求因而可以增大，这就使得它们要求占有的市场区也会相应缩小，以致一个二级城市的市场区就可以达到甚至超过它们所需要的最小销售界限。而处在第三、第四梯度上的地区暂时还不具备这种接受能力。

（三）处在成熟阶段与衰退阶段的工业部门的布局

这一阶段在布局上称为普及阶段或标准化阶段。这时，经过长期生产，产品已由成熟阶段进入衰退阶段，生产已经完全标准化，技术比较容易掌握。它们的生产由技术密集型逐步转变成简单劳动密集型，产品完全不能享受垄断价格。而且它们在市场上的需求已接近饱和，增长极为缓慢。但在一些落后地区生产这种产品的厂家还在增多。这是因为，这些地区受到资金、技术的限制，除了发展这一类型的企业以外，很难有其他选择。结果，为争夺市场而进行的斗争异常激烈。在竞争中，发达地区、最发达地区往往并不处于优势地位。因为它们的技术优势、集聚经济优势对这些已转变成简单劳动密集型的衰退部门来说，已经没有多大意义。而工资高、地租高、原材料价格高、税负重却成为它们致命的弱点。因此，一些发展中国家、落后地区完全可以凭借地租低、工资低、原料价格低、税负轻等方面的优势，在这些领域中打败发达地区的竞争对手。鉴于此，发达地区特别愿意向落后地区转移有关技术，出让设备，扶植它们向这方面发展。这些原因促使处在成熟阶段及衰退阶段的工业部门，向处在经济发展最低梯度的地区转移。

西方区域经济学者就用这种生产的生命循环理论与区域经济发展梯度论来说明在世界和国家范围内工业布局与经济发展水平的变化与推移模式。例如，在产业革命初期，纺织、钢铁、造船等行业正处在创新阶段，它们是当时发展水平最高的英国的主要经济支柱，英国垄断了这些方面的先进技术与大部分生产能力。当这些行业进入发展阶段以后，它们的发展重点逐渐转移到西欧以及美国、日本等当时还处在第二梯度上的国家。到了20世纪60年代以后，这些行业在发达国家的增长已经终止，并开始出现下降的趋势。中国香港、新加坡、韩国、巴西等，在这些行业上正在逐步取代它们。

根据梯度转移理论，每个国家与地区都处在一定的经济发展梯度上。世界上每出现一种新行业、新产品、新技术，都会随着时间的推移，像接力赛跑那样，由处在高梯度上的地区向处在低梯度上的地区，一级一级地传递下去。威尔伯、汤普逊把这种情况形象地称为“工业区位向下层渗透”现象。

但是一个区域是处在梯度的顶端、中层，还是低层，并不是由它的地理位置，而是由它的经济发展水平，特别是创新能力来决定的。梯度变化总的来说，固然有朝着一个方向、由高向低发展的趋势，但这并不是绝对的。正像在地形图上常常能够看到的情况那样，在高山与高原之间有时夹着深谷。在低矮的丘陵与平原上有时会出现凸起的山峰。例如，美国从经济发展水平来看，大致是北高南低、东高西低。但在美国北部，紧靠着东北部沿海最发达的波士顿城市群的就是经济相当落后的阿巴拉契亚山区，由此往西又是经济高度发达的五大湖沿岸城市群与俄亥俄河沿岸城市群，再由此往西，则经济发展水平逐渐下降，直到落基山区。西太平洋沿岸的西雅图—波特兰地区，经济又比较发达。美国南部的情况更复杂，这里经济最发达的是位于西部太平洋沿岸的加利福尼亚州，而东部沿海平原却是经济困难的地区。在它以西则是经济比较发达的皮德蒙工业地带。由此再往西，在南部沿海工业带以北、加利福尼亚以东，又夹杂着一大片经济困难地区。因此，把一个地区或国家笼统划分成东中西三部分，把东部地区都放在第一阶梯上，中部地区放在第二阶梯上，西部地区则放在第三阶梯上，并企图在它们之间建立经济与技术的梯度转移关系，是不符合梯度理论的基本原则的。例如。美国的阿巴拉契亚地区，正位于最发达的波士顿城市群与比较发达的俄亥俄城市群之间，如果根据这一点就把阿巴拉契亚区放在第二梯级上，让它担负“承东启西”的使命，它是承担不了的。因为实际上，它比处在自己以西的地区还落后得多。美国自建国以来，经济的发展确实是从东向西发展的，但它是顺着一定的路线跳跃式地前进的，而不是像拉网那样一字排开，齐头向西推进的。当早期移民在西进过程中遇到阿巴拉契亚山区这样的障碍时，只是力图穿过它，以便继续前进。只有在找到条件好的地区时，才向四周发展，进行垦殖，并最终选择了芝加哥地区作为向四周发展的据点。只有这种类型的地区才能真正担负起“承东启西”的任务。西进的结果，是在大西洋与太平洋沿岸各自形成了两片发达地区，而在中间内陆腹地，却遗留下了大片比较落后的地区。

第二节　梯度发展理论的动态表象

梯度发展理论一开始曾经是一种静态定位理论。它力图把世界各国、各地区固定在特殊阶段上，以维护现存的资本主义秩序，使富国永远富庶，穷国永远贫穷。但实践粉碎了这种错误的理论。由于资本主义发展的不平衡性，一些原来站在最高发展阶梯上的国家、地区逐渐衰败下去，轮为第二流甚至第三流的国家、地区；而另一些原来处在较低发展阶段上的国家、地区，却后来居上，成为最发达的国家、地区。这些事实促使人们进一步研究造成区域发展梯度变化的原因及其变化趋势。研究的结果表明，在资本主义条件下，地区经济发展的总趋势是贫富两极分化日益加剧，在有关这方面的研究中，最有权威的是迈达尔的累积因果论。根据这种理论，在地区经济发展中有三种效应在同时起作用，这就是极化效应、扩展效应与回程效应。它们共同制约着地区生产分布的集中与分散。极化效应作用会使生产进一步向条件好的高梯度地区集中，扩展效应会促使生产向其周围的低梯度地区扩散，回程效应的作用则是会削弱低梯度地区、促进高梯度地区进一步发展。这三种力量综合作用的结果会不断扩大发达地区与不发达地区之间的差别。因为在这里起主导作用的是极化效应，而回程效应在这方面也起着推波助澜的作用。

一、极化效应促使城市群的发展梯度上升

根据迈达尔理论，任何一个区域，不管什么原因，只要它的发展达到了一定的水平，超过了起飞阶段，就会具有一种自我发展的能力，可以不断地积累有利因素，为自己的进一步发展创造条件。这时，即使原先赖以发展的优势已经消失，它仍可以向前发展。所以在资本主义市场机制自发作用的情况下，发达地区越来越富有，贫穷地区则越来越困难。造成这种两极分化的具体原因有以下几点。

（一）发达地区在经济发展上积累的优势

优势体现在：强大的科技力量，便捷的交通与通信联系，完备的基础设施与优越的协作条件，雄厚的资本，集中的消费市场。

这些有利条件的结合，使得发达地区对代表世界经济发展潮流的兴旺工业部门，如电子计算机、生物技术、高新材料等行业的布局具有吸引力。它们都是技术密集型的行业，在布局上对原料、燃料的依赖小，主要要求配置在信息灵通、技术力量强、协作条件好的地区。而这些行业的发展又能有力地推动地区经济发展。

此外，特别值得注意的是，当前世界工业布局正在发生巨大的指向性变化，一些过去是原料、燃料指向的重要传统部门转变成了消费区指向或技术密集型的部门，从而进一步突出了发达地区的优势，加剧了极化效应的作用。形成这种转变的原因如下。

第一，由于加工工业技术进步，一些原料在加工过程中可以将其中越来越大的一部分转化为成品，这就使得一些原料产地的原料逐渐转变成为地方纯原料。例如在石油工业中，早期炼油厂要排出大量废气、残渣，只有原料中一部分可转化成石油制品。因此，它在布局上有着较强的原料地指向。但近年来，由于催化裂化技术的进步，特别是由于把炼油与石化工业结合起来组成了联合企业，从而可以将原油转化成数百种产品。由于原油易于运输，而成品难以运输，炼油与石化工业在布局上形成了消费区指向地。由于这是一个巨大的工业部门，它的布局指向的改变对世界工业布局样式有很大的影响。

第二，许多原料在采用新技术进行来料加工后，可以除掉其中所含的大部分无用成分，使之接近于纯原料，从而大大降低用它来进一步加工的工业原料指数值，削弱原料地对加工工业的引力。例如，很多发达国家的铁矿经过长期开采，富矿已经接近枯竭。开采矿石的品位越来越低，美国最大的梅萨比铁矿现在开采的矿石平均品位仅为25%。这样本

来会增大原料指数，加强铁矿产地对钢铁厂的引力，但由于选矿、造球等技术的进步，便有可能将黄沙矿经过初步加工转变为含铁量达65%以上的球团矿，完全可以经由长距离的运输把它们运到消费区供发展钢铁工业之用。这就使得铁矿产地对选矿、造球以外的其他钢铁业生产过程失去了吸引力。

第三，消费区可以就地从回收利用废旧物资中得到越来越多的原料供应。例如美国炼钢业中耗用的废钢占到45%，这就大大加强了消费区对钢铁业的引力。

第四，目前在机电工业中，产品轻型化、小型化的趋势越来越明显。即用重量轻、体积小，但生产能力更大、效率更高的机器代替那些笨重的、效率低的机器，以实现原材料、能源，劳动力、工厂用地等多方面的节约。20 世纪 40 年代像一间房那样大的电子计算机现在已被微缩成只比打字机大一点的微型机，而且功能还增强了。从 1977 年到 1982 年，福特汽车公司通过改善汽车设计，以轻型优质材料代替质量较差的材料，把它生产的小汽车重量由 1 400 千克降至 1 000 千克，以省油、降低生产成本，其结果是大大减少了原材料成本在产品成本中的比重，削弱了原料地的引力。

第五，随着运输技术的改进，运费率普遍下降，但下降最快的是那些运量大、装卸方便、途中不易腐败损坏的原料、燃料的运费率。而制成品则因产品种类日益增多、交运批量小、装卸不便、途中损失大，因而使运费率下降缓慢。这就使得企业家宁愿运输原料而不愿运输成品，从而增大了消费区的引力。

第六，由于现在一些骨干厂的规模越来越大，耗用原料也越来越多，这就使得一个地点的原料往往难以满足需要。原料地分散，而消费区集中，就会加强消费区的引力。此外，很多原料是不能恢复的，因此总有枯竭之日。如果把工厂布局在原料产地，一旦当地资源枯竭，工厂的生存就成问题，而消费区的消费量则很少会自己消失，甚至还可能不断增大。

第七，企业的盛衰越来越取决于它的产品能否适销对路，这就使得企业家倾向于把工厂布局在消费区，以便与消费者建立密切联系，随时了解瞬息万变的市场信息。

由于上述原因，许多原来分散在燃料、原料产地的工业，在分布上越来越集中到那些控制着巨大市场、拥有高度技术水平的发达地区。新的技术密集型行业是这样，钢铁、水泥、石化等行业也是这样。

（二）发达地区是政治权势集中的地区

在美国北部、西部、南部经济高度发达地区形成的权势集团，它们的力量对比与权势斗争直接左右着美国的总统选举、参众两院的人选及其主要决策，从而影响着地区间研究与发展经费的分配、国防订货与国家建设项目在地区间的分配，使之有利于发达地区而不利于欠发达地区。

（三）发达地区的规模经济效应

一个地区的经济发展水平越高，就越有可能从规模经济与集聚经济中获益，从而大大增强自己的竞争能力。从现在世界总的发展形势来看，骨干企业的合理规模与区域集聚经济规模仍在向大型化的方向发展。这就使得发达地区在竞争中处于更为有利的地位，因而有必要也有可能不断扩大其集聚规模，加强生产分布的极化。

（四）乘数效应会进一步促成生产分布的极化

由于兴旺的技术密集型工业，规模大的钢铁业、石化业、建材业等日益向发达地区集中，势必要求一系列为它们服务的生产性与非生产性行业也在这些地区相应发展，如运输业、公用事业、商业、银行、保险业、环保业、零部件生产与修理行业等等，这样就会引起人口的增长。而人口的增多又要引起一系列为居民服务的行业相应发展，从而促使人口进一步增长。这种乘数效应是一轮又一轮地按乘数增大的，它能大大促成生产分布的极化。

可见，在资本主义制度下，一个地方一旦因某种原因而发展起来，就会在上述几种力的作用下，像滚雪球一样越滚越大，就有可能在那里形成高度发达的城市、城市群，甚至形成绵延千里的城市密集带。这是资本主义地区经济发展梯度变化的主流。现在美国的波士顿城市群，由波士顿向南延伸到华盛顿，占全国土地面积的1%，但人口却达到1 000余万，是美国金融业、工商业、科学文化教育事业最集中的地带。美国与加拿大的五大湖沿岸城市群，其人口与经济实力大致与波士顿城市群相当。日本的太平洋城市群拥有全国大部分的人口与全国经济及科技的精华，是世界上最大、最密集的城市群。英国由伦敦向西北经伯明翰、曼彻斯特到利兹的城市群集中了英国一半以上的人口与经济实力。欧洲从荷兰的阿姆斯特丹港与鹿特丹港向南沿莱茵河，经德国鲁尔区到斯图加特的一条城市群包括有3 000多万人口与德国、荷兰的经济精华。

从近年来发展的情况看，这几条城市群的发展势头并未减弱；虽然一些大城市中心区出现了人口下降的趋势，但由于郊区迅速扩大，卫星城镇增多，致使原有城市群内的城市密度、人口数量与经济实力均在增长。根据趋势分析，几个由城市群融合成的特大都市区将主宰资本主义世界经济。

二、扩展效应在一定程度上促进了较低梯度国家与地区的发展

在极化效应作用的同时，扩展效应也在起作用。随着城市与城市群的发展梯度上升，周围地区的经济也会在它的带动下，得到不同程度的提高。没有扩展效应的配合，极化效应是不可能进一步加强的。在扩展效应作用下，那些处在较低发展梯度上的国家与地区，可以在下述几个方面得到发展。

（一）初级行业及其产品初步加工工业

随着城市密集带越来越向新的高度发展，它们就必须从越来越大的范围内取得越来越多的农林矿产品等初级产品供应。先进地区因此必须通过对外投资、技术转让、产品收购等多种方式，促使广大不发达地区增加这些产品的生产，改善它们的供应状况。美国发达地区不但在国内比较不发达的西部山区、南部地区与阿拉斯加地区，还在加拿大、澳大利亚与拉丁美洲广大地区投资发展初级产品生产，以满足自身日益增长的需求。日本、西欧等发达国家也都是这样做的。

初级产品或是在加工过程中失重过大，或是易于腐败变质，不经初步加工，一般不宜远运。这就使得不发达地区随着初级产品生产的增长，其初步加工工业也要相应地增长。

（二）简单劳动密集型工业

前面讲到，在大城市中首创的工业部门总会由创新阶段转到衰退阶段。与此相应它们也就由技术密集型工业转为简单劳动密集型工业，它们的最优区位也就由梯度高的发达地区转到梯度低的不发达地区。在生产布局学中通常把这种简单劳动密集型工业由高工资、

高技术地区流到低工资、低技术地区的现象称为“外溢”现象。如美国新英格兰地区的纺织业就不断外溢到南部区，现在又正由美国南部区外溢到第三世界国家。

（三）污染严重的工业

在工业与人口高度密集的城市群，工业污染造成的社会损失必然更大，并且更容易激起居民群众的反对。因此在高度发达地区，环境立法一般偏严。这就迫使污染严重的工业向四周城郊，甚至更远的小城镇去寻求它们的最优区位。这又是一种“外溢”现象。

（四）军事工业

出于国防的考虑，各国都力图使自己的军事工业在布局上比较分散，避免把它们过度集中配置在发达地区。这对一些原先不发达的地区得以较迅速地发展起到了一定的作用。例如，美国阳光带的加利福尼亚、得克萨斯与佛罗里达等州的经济之所以能迅速发展、后来居上，其原动力在很大程度上就来自军事工业的发展。

（五）旅游业等第三产业的发展

随着城市密集带的发展，这些地区人口拥塞、空气污浊现象不断加剧，居民们特别向往出外旅游观光。平均收入的增多、假期的加长使得实现这种愿望成为可能。于是那些人口较少、风景秀丽，或拥有众多名胜古迹的地区的旅游业得以迅速发展。在一些经济不很发达的地区，旅游业甚至成为支撑当地经济发展的主要支柱，推动了地方旅馆业、游览业、饮食业、某些有关的礼品经营业、银行业、商业、客运业等的发展，成为扩展效应作用的又一种方式。

（六）先进城市群对落后地区的支持

扩展效应作用的另一种方式是，由于先进的城市群经济的发展，国家税收增多，因而可以拿出更多的钱来支持落后地区的发展。而且，由于城市群可以提供的就业机会增多，周围地区，包括不发达地区与农牧业区进城工作的人也会增多。他们向家乡汇回的款项，对落后地区的经济发展往往也能起一定的作用。

在不发达地区由于上述种种原因发展起来的一些企业，在布局上也要求相对集中到一些条件较好的点或交通线上，从而会扩大、兴起一批城镇。它们只要达到了一定规模，在规模经济、集聚经济、乘数效应的作用下，就会不断扩大，甚至有形成新城市群的可能。如美国南部的墨西哥海岸城市群、皮德蒙城市群、佛罗里达城市群就是在第二次世界大战以后才初具规模的，其实力虽然远比不上那些成熟的城市群，但已经具备了自我发展的能力。这些新城市、城市群的兴起，从美国全国来看，从较长远的历史时期来看，是波士顿、五大湖沿岸等大城市群向外扩展的产物，是扩展效应作用的结果。但从南部地区来看，从当前的情况来看，它们又在局部范围内产生极化效应，在壮大自身的同时也在推动周围地区发展。

三、回程效应遏制低梯度地区的发展

回程效应是在极化效应作用的同时，作为扩展效应的对立物而起作用的。当处在高梯度上的发达地区在极化效应的作用下，经济发展欣欣向荣时，它的投资环境、就业机会也会随之得到改善，竞争力日益提高，因而与那些处在低梯度上的贫穷地区相比，具有更大的优势。在这种情况下，回程效应就会在至少三个方面起着削弱低梯度地区、增强高梯度

地区的作用。这包括：其一，在资金形成上，发达地区在扩展效应作用下，向不发达地区投放的大量资本、贷款，到一定时期都要还本付息或支付利润。这时，如果不发达地区不能迅速改善投资环境，吸收与消化这一笔资金，它将被源源不断地汇回发达地区。更为严重的是，在这种情况下，不发达地区的企业与人民积蓄的资金也会因当地投资机会少、利率低，而通过种种渠道流向繁荣的发达地区。这两者都会严重损害不发达地区的资本形成，而加速发达地区的积累。其二，在移民上，不发达地区的人才倾向于流向发达地区。其三，在竞争能力对比上，发达地区在经济繁荣兴旺的过程中，可以不断扩大其产业规模，增添先进设备，改善经济发展的外部条件。开展创新，提高劳动生产率，从而进一步加强其在市场竞争中的优势地位，迫使不发达地区只能发展那些衰退部门，无法改善落后的产业结构。

可见，在国家全局的发展过程中，低梯度地区可能从中获得的发展机会的大小归根结底要取决于"扩展效应"与"回程效应"在该地区的作用力的对比。通常情况下，在那些生产发展条件较优越的不发达地区，如在一些文化教育、交通、通信等基础设施较好，或是矿产资源较丰富的地区，扩展效应的作用往往较强，回程效应则较弱。如亚洲一些新兴国家与地区的情况正是这样。反之，在那些生产发展条件较差的地区，回程效应的作用往往较强。因而，能在相当程度上遏制扩展效应的作用。

由此可见，极化效应不能离开扩展效应而单独起作用，反之亦然。但两者作用力的大小却相差悬殊。即使在发达地区高速发展的推动下，不发达地区能借以得到发展的也不过是些没有多大发展前途的部门。再加上回程效应的作用，地区间的不平衡只会进一步扩大。由此可见，在资本主义市场力的作用下，根本不存在可以自动缩小地区差别的均衡机制。缪尔达尔认为，要缩小地区差别唯一切实可行的办法是加强国家干预。

缪尔达尔理论的根本缺点在于：

第一，他对资本主义制度的社会性质没有一个正确的认识，期望通过政府干预来缩小地区间经济发展水平的差别。多年来在这种思想的影响下，为了减缓地区间存在的越来越尖锐的社会与政治矛盾，许多资本主义国家都成立了经济开发署或类似组织，致力于落后地区的开发。这样做不能说没有收到一定的效果，但时至今日也没有一个地区因政府的干预而脱贫致富。

第二，他没有看到资本主义经济发展不平衡的必然性。一些已经进入先进行列的地区，如不致力于创新，也可能从发展的高梯度上掉下来，成为经济困难地区。如美国的新英格兰地区、英国的威尔士地区等。

缪尔达尔学派的贡献则在于它揭示了资本主义发展必然会加强两极分化的规律，并且提出了一些解决问题的办法，其中有些是值得借鉴的。

第三节　不同梯度上的区域经济发展战略

一、处在高梯度上的区域经济发展战略

这些区域之所以能攀登上经济发展的高峰，主要就是因为它们占有了技术与经济上的

优势，建立了一个以技术密集型产业和商贸发达的银行、信息、科研等第三产业为主体的经济结构。但问题是，无论什么样的产业都在经历着一个由创新到衰退，由技术密集型到简单劳动密集型的自然发展过程。一个地区，不管它的产业结构过去多么优越，也会随着岁月的消逝而逐渐老化。到那时这些地区就会失去自己的优势，而工资高、原材料价格高、地租高等不利条件则会突出起来。预防结构老化的唯一行之有效的办法就是不断创新，建立新行业、新企业，创造新产品，保持技术上的领先地位。与此同时，要果断地、有计划地逐步淘汰那些已经进入成熟与衰退阶段的老产业。不吐故就无法纳新，就会被老企业无穷无尽的问题所困扰，不可能集中优势力量来发展与创建新产业部门。纽约地区的实际经验表明，它在经济发展的历程中先后淘汰了多个曾经一度在地区经济结构中领先的传统产业部门，如面粉加工、铸造、肉类加工、纺织、制革等，并不断适应世界经济发展新潮流推出新部门、新产品，才保持住了今天在全美、全世界梯度中的领先地位。有些原先高度发达的地区发现自己的产业结构老化时，就采用一系列保护、补贴政策，力图保持住这一块过去好不容易争得的地盘。实践证明，这样做是下策。其结果只会使地区丧失创新势头，技术日益老化，设备陈旧，竞争力下降。总有一天会保护不住而沦为萧条区。只有对新生事物、萌芽中的新产业才能进行保护。

日本在走向21世纪的基本战略中，就确定要有计划地缩小化纤、纺织、服装、钢铁、造船、家用电器、一般机器制造等停滞或衰退行业在国家产业结构中的比重，集中力量发展微电子、新材料、生物工程三大新兴部门。与此同时，大力发展第三产业中的信息、金融、科技等行业，以确立日本在新世纪中的金融与技术大国的地位。

目前，所有的发达国家为了保持其优势地位，普遍采用的一个重要战略，就是集中全国的精英，建立起一批新产业开发中心，把科研、开发与生产结合成整体，以加速创新的进程。在这方面行之有效的办法就是吸取美国建设硅谷的经验，由政府或资本家选择在经济发展水平高、技术力量最雄厚的城市附近围绕一些著名的大学与科研中心建立新技术创业者中心。对已经取得某项重大专利或确有发明创造能力并有志于创建新企业的人提供收费低廉的临时厂房与必要的技术服务，如电话、电传、数据终端、复印设备、会议室以及行政和会计服务等；此外，中心还为创业者安排有关市场、管理和技术等方面的咨询服务，帮助他们建立各种必要的协作关系，代替他们向银行申请贷款等等，从而给创新企业创造一个良好的生长环境。中心还规定在它们那里得到创新机会的企业，在中心停留的时间都有一定的限度，一般不得超过三年。对那些奋发图强的创业者来说，这一段时间足够让他们在生产技术和市场开拓方面取得进展，使他们完全可以脱离创业者中心，到外面建新厂、开辟新天地，并把位置让给新的创业者。如果有的创业者经过三年努力，仍然站不住脚，那也得离开中心，另谋出路。这样就会在著名大学、科研中心周围发展起一批创业者中心，在创业者中心周围又会建立起一批创新企业，形成一个强大的创新群体。闻名遐迩的硅谷就是在斯坦福工业园区的基础上发展起来的。

如果说硅谷的形成还带有很大自发性，政府的引导只是次要的，那么日本兴建筑波科学城的经验则为政府、大公司、科研机构共同协作，有意识地创建大型创新基地提供了一个范例，其声势之大是空前的。筑波城位于以东京为中心的首都圈内，在这里有著名的筑波大学，并集中了全国30%的国立科研机构，其中包括工业技术院、电子综合技术研究所等一流科研单位。围绕着这些科研单位又建立了一批高度技术密集型的创新企业。作为筑波城的坚强后盾的是大东京圈强大的科技力量与高技术产业。

日本个人财团如三井与住友集团还准备与通产省联合成立“筑波研究中心”，把“筑波”建成全国性的产业界、政府研究机构和大学三结合的高科技开发与交流据点。其目的在于集中优势力量，在世界科技竞争最激烈、最敏感的领域，率先取得突破，以保持日本在世界上的技术领先地位。英国在一些基础理论研究方面一直处于领先地位，牛津、剑桥大学一直以获得较多诺贝尔奖而闻名世界。但英国在生产技术上却越来越落后，甚至有沦为三流技术国的危险。其关键是没有把科研、开发与生产连成整体，致使科研成果难以转化成生产力，甚至流到国外，加强了外国在科技竞争中的力量，给本国经济发展造成了威胁。例如，英国在机器人理论研究的许多方面在世界上都是领先的，但却没有使其尽早进入生产阶段，致使世界机器人市场为日本等国所控制。接受这一教训，英国在一些著名的大学城周围建起了高级科技工厂区，共同形成联系密切的科学公园，以促成大学教授、科学家与私人企业家密切合作；创新、开发单位与生产企业紧密结合，促使创新企业迅速发展，使科研成果能最快地转化为生产力。剑桥科学公园在这方面做出了典范，它已被称为英国的“硅谷”。

二、处在中等梯度上的萧条区的发展战略

对原先经济很发达，但由于没能适应时代潮流、及时调整产业结构，以致陷入到危机中的新地区，唯一切实可行的发展战略是通过大力创建新部门、改造旧部门来改变地区产业结构。在这方面做得比较成功的是美国对新英格兰地区的改造。新英格兰地区在历史上曾经是美国最发达的地区，但那时赖以发家的纺织、制鞋、皮革等行业在 20 世纪 30 年代就已经开始老化，成为衰退部门。新英格兰由于没有及时淘汰这些部门，并把它的经济转向新产业部门，致使在以后很长的时期内，经济增长缓慢，失业率上升，坠入了萧条地区的行列。为了改变这种情况，美国政府充分利用这个老工业区科学文化发达、技术力量强、资金雄厚、工业基础较好的优势，采取了三管齐下的方针，逐步改变了地区产业结构。这三管齐下的方针包括：

（1）联邦政府与大公司向新英格兰地区划拨大量研究与发展经费，把本地强大的科研技术力量引向发展以导弹与空间工业为主的军工生产。在军事工业的推动下，在新英格兰发展电子、精密机器与仪表、电子计算机等新兴行业，逐渐改变了地区经济结构。

（2）帮助当地原有的纺织、制鞋、皮革等老部门中那些设备与技术条件较好的企业转向生产高档产品，重新回到生命循环中的创新阶段。因为纺织、服装、皮革等行业的高档产品同样属于技术密集型产品，可以负担高工资、高原料成本，给企业主提供较高的利润。这种改造之所以必要还因为在新英格兰，纺织、制鞋等传统工业部门已经发展到很大规模，雇用职工人数很多，与区内其他产业部门联系密切。在结构改革过程中若不注意对这些老部门进行改造、扶植，使之得到新生，它们就会被迫大量倒闭或外迁，其结果将波及区内许多直接或间接相关的企业，造成连锁反应，致使失业人数剧增，其后果将不堪设想。

（3）对那些确实没有可能通过扶植、改造推出创新产品的传统工业部门，则帮助它们关厂、转产或外迁。但对这些厂，政府必须尽可能做好善后工作。如对迁出的工人进行补助，对留下的工人进行培训使之能转入新兴部门工作，对没有接受培训条件的人则加以救济，妥善安排。

三、处在低梯度上的国家与地区的发展战略

在这种类型的国家与地区经济结构中，占主导地位的是初级产业与一些衰退部门。因为扩展效应给它们带来的是增添了一些发达地区淘汰或外溢的产业。如果顺其自然发展，则永无出头之日。低梯度地区为了缓解这种处境，就必须采取一系列策略，集中力量实现经济起飞。按照缪尔达尔的说法，一个已经坠入恶性循环的落后地区，单靠其本身力量是不可能实现经济起飞的。虽然主要得靠自己努力，但完全没有外援也不行。发达国家内部的落后地区，为了实现经济起飞，可以主要依靠国家的财政支持；而一个落后国家在其发展的早期，必须大力引进、善于运用国外资本与技术，并且要采用一系列的政策，制定周密的计划，使得在实现了经济起飞以后，能够逐步摆脱对外国的依赖。

根据梯度发展理论，一个落后地区要实现经济起飞，必须沿阶梯逐级而上，不可跨越梯度。它应该重点发展具有较大优势的初级产业、简单劳动密集型产业与资源密集型产业：积蓄力量尽快接过那些从高梯度地区淘汰、外溢出来的产业，如钢铁、纺织、食品等衰退部门。之所以必须从这里起步，是因为：

第一，这些部门的发展对发达地区来说虽然已经无利可图，甚至可能造成亏损，但不发达地区却完全可以凭借劳动力价格低廉、资源丰富、地租与税收低等方面的优势，依靠发展这些部门来替代进口，扩大出口，创造利润，为地区进一步发展积累资金。

第二，这些部门虽然在发达地区已达到成熟或衰老阶段，生产能力利用严重不足，但在一些不发达地区，却可能仍是产业结构中的薄弱环节或空白。而在地区经济发展的过程中，这些都是最基本的部门，是对国民经济与人民生活影响重大、实现地区经济起飞所不可或缺的部门。通过它们的发展，可以加速工业的集聚与城市化的过程，积累办厂与管理工厂的经验，培训人才，为地区进一步发展奠定基础。

第三，只有顺着这个方向发展才能最容易地取得发达地区的资金援助与技术转让，而这是落后地区在实现经济起飞时极为需要的。落后地区采取这种发展战略不但对自己有利，而且对发达地区同样也是有利的。

第四，在一个科学文化与经济基础都很落后的地区，若不去发展它们占有一定优势的产业部门而想一步登天，超越发展阶段，把主要力量用于发展在本地没有多大市场或在其他方面不具优势的大型电子计算机、集成电路、高级材料、光学仪器等技术密集型工业，并在这样一些竞争最激烈的领域与最发达地区展开角逐，其结果只能是以失败而告终。

但这并不是说，不发达地区永远只能处在发展梯度的最底层，保持一个衰败的产业结构。不发达地区完全可以主要依靠自己的努力，尽量争取外援，从最低的发展梯度向上攀登，进入世界先进行列。日本在第二次世界大战以后虽然不能算作不发达国家，但与其他发达国家相比只能算作中梯度国家，当时它的处境十分困难。但日本从实际情况出发，很快就摆脱了20世纪40年代后期的萧条处境，50年代靠轻纺工业打入了国际市场，60年代立即致力于改变产业结构，凭借具有优势的钢铁、造船、光学仪器、合成化工等行业在世界市场上站稳了脚跟；到了70年代，它开始在汽车与家用电器生产上处于世界领先地位；到了80年代，日本又开始全力以赴，力图在电子计算机及其软件、光导纤维、生物技术、高新材料等最尖端领域，与美国、西欧等处在发展最高梯度上的国家和地区争夺领导权。日本就这样一步一步地向世界发展梯度的最高峰攀登，大概每十年上升一个梯度。日本的例子不是唯一的。新加坡在第二次世界大战后尚处于很低的发展梯度上。在20世纪五六十年代，利用发达国家第一次结构大调整的机会，新加坡先后发展起了轻纺工业、电子产品组装工业与石化工业等欠发达国家运行的产业部门，到了60年代后期，新加坡开始由低工资国转变为中等工资国，加之自己工业所耗费的原料燃料基本上都靠输入，在这种情况下，新加坡在发展那些处于衰退阶段的简单劳动密集型产业方面就难以与劳动力价格更为低廉、资源更为丰富的马来西亚、印度尼西亚、菲律宾等东南亚邻国竞争，因而出现了简单劳动密集型产业的国际投资避开新加坡向东南亚其他欠发达国家转移的现象。新加坡这时如果仍停留在低发展梯度上裹足不前，则必然会在国际竞争中一败涂地。在1973年爆发的资本主义世界性危机中，新加坡的纺织、家具、塑料制品、家用电器组装、胶合板等行业都受到了沉重打击，企业倒闭现象极为严重。为形势所迫，新加坡只有向更高的梯度攀登才能闯开一条出路。这时，它一手重点抓石油的深加工，使石油与石化制品很快成为主要出口产品；一手抓电子产品生产，把发展重点由单纯家用电器组装转向电子元器件、小型计算机、精密仪器的生产。为了保证这一计划的顺利进行，新加坡于20世纪80年代初在国立新加坡大学附近的肯特岗建立了科学技术园区。这样，到了80年代中期，电子产品就逐渐取代石化产品成为新加坡的主要出口商品。事实证明，发展梯度虽然难以超越，但处在低发展梯度上的国家与地区却完全可以用更快的速度向顶峰攀登。今日处在梯度最高峰的国家与地区，一旦停止了发展势头，同样有可能坠落下来。

落后国家与地区能够以更快的速度向上攀登的基本条件有三个。

一是政治上的稳定。这是关键的关键。实践证明，没有一个政局稳定的国家就不能在经济发展上取得巨大成就。有些第三世界国家尽管在政治上取得了独立，但多年来政局动荡，甚至战火连绵，国家不得不把极为珍贵的少量资金、人力主要用于战争，生产停顿，外债却日益加重。在这种情况下，不但不可能从外国、外区吸引投资、人才，而且会迫使本地资金、人才外流。

二是重视科学文化发展。任何落后国家与地区要后来居上，就必须逐步建立起比较先进的产业结构。为此就需要首先建立起一支比较强大的科技力量与熟练的劳动力队伍。因此，所有志在攀登的国家与地区无不把培养人才、用好人才放到重要战略高度来考虑。实践证明，培养人才固然重要，而用好人才更为重要。有人才而不能用，就等于没有人才，就必然会导致人才外流。

三是要有一个有远见卓识、决策果断、工作效率高的政府，它能抓住国内外经济发展中每一个有利时机，制定正确的战略，调整产业结构，把国民经济搞上去。在这里效率是关键。

世界性的梯度大转移高潮是周期性发生的。第二次世界大战后一共出现过三次高潮。第一次始于20世纪60年代初；第二次始于1973年；第三次始于1987年。这是经过长期各种因素积累后产生的一个飞跃。所有新兴国家与地区都是充分利用了这些时机才得以超越梯度兴起的，为此，这些国家和地区的决策机构必须在高潮到来之前做好种种准备（包括人才与技术准备、政策与法律准备、组织机构调整、资金准备、基础设施准备），搜集信息进行预测，拟定战略，待到高潮到来时则迅速调集力量，抢在其他同等梯度国家的前面行动，向更高梯度冲刺。如果在这时当断不断，或事先毫无准备、措手不及，那就会坐失良机，延误十多年的发展。

第四节　梯度理论在经济发展中的重要意义

近年来梯度发展理论正由静态定位理论发展为动态理论。其中最有权威的是迈达尔理论，他认为，随着任何一个国家或地区的经济发展，在生产分布上必然会产生两种趋势，即生产向某些地区集中的极化趋势和生产向广大地区分散的扩展趋势；前者受极化效应支配，后者受扩展效应支配。根据这一原理，处在高梯度的地区，经济发展主要在于预防经济结构老化，行之有效的办法是不断创新，建立新行业、新企业，创造新产品，保持技术上的领先地位；处在低梯度的地区，经济发展首先应重点发展占有较大优势的初级产业、劳动密集型产业，尽快接过那些从高梯度地区淘汰或外溢出来的产业，发展地区经济，并尽量争取外援，从最低的发展梯度向上攀登，进入世界先进行列。

一、梯度理论研究的价值

经济社会发展是一个复杂的概念。一般来说，经济社会发展程度是一定社会生产力发展水平和生产关系完善程度的表现，反映了一个国家或地区变动着的经济社会实态。所谓经济社会发展，通常是指后工业化时期的社会经济、政治制度、人文环境等的发展。经济社会发展是多种因素相互影响、相互作用所产生的一种运动，它具有梯度性的特征和发展规律，研究这个特征，正确认识和把握这个规律有助于实现经济社会的全面、协调和可持续发展。

（一）研究经济社会梯度发展理论是时代的选择

研究当前我国经济社会发展的梯度性特征，首先要研究改革开放以来我国的国情和发展规律，研究当代我国发展观念的战略调整和发展模式的全面转型，更要研究不同发展阶段之间的相互关系，以考察当前经济社会整体进步和发展的必然趋势。同时，在更高的理论层面解读社会主义初级阶段向社会主义更高阶段梯度发展的必然规律。

科学发展的梯度理论认为，按照马克思主义的发展观，任何经济社会发展都有其内在客观自然的历史过程，这过程在不同的历史时期、不同的社会形态和不同的经济发展背景下，有不同的特征表现。在我国，计划经济时期，特点是过多的人为因素阻碍了社会发展内在规律的自然展现，其外在表现形式就是在低水平发展的基础上展示相对平等的社会景象。改革开放30年以来，我国经济生活发生了深刻的历史性变化，被誉为“世界经济发展的奇迹”。2011年我国经济社会从发展基础极度薄弱的情况下快速发展为世界第二大经济体。这30年来我国经济社会发展呈现出一系列新的梯度性特征，总体表现是：时间跨度短，发展步伐快。但与此同时，转轨期尚未结束，经济和社会、自然环境的协调难度非常大。第一、第二、第三产业几乎同步发展，其中农业、制造业和信息产业没有较大的时间顺次发展差距；国内市场和国际市场几乎同时打开，沿海地区和内陆地区面临同样的市场，改革和开放并举；传统观念与现代经济社会的新思想相互碰撞和融合，传统道德和新的价值取向相互冲突、磨合及调适，要求社会公平正义的呼声日益强烈；社会阶层出现显著变化，个体的外在社会生产能力发生扩延，内在心灵和精神成长逐步适应经济社会环境的快速发展。这些现象表明，一方面，经济社会发展的成果日益成为常态，整个经济社会呈现出蓬勃的发展生机；另一方面，在经济社会快速发展的各个阶段中，暴露出了许多深层次的问题，困扰着当前经济社会的持续健康发展，对加快我国改革开放的步伐形成了阻力。这些阻力不仅与整个改革开放相始终，而且表现在我国经济社会发展的各个阶段。因此，对我国经济社会发展的梯度性研究就显得尤为紧迫。

此外，对于我国经济社会发展的梯度研究，不能只是立足于对改革开放以来或某一特定时期的经济发展进行周期性研究，因为单纯的经济研究并不能完全覆盖我国经济社会发展的全部。因此，坚持在科学发展观指导下研究我国不同发展阶段的个性化特征，以及这些特征的影响来揭示我国经济社会发展的梯度性规律，是经济社会发展的需要。

（二）梯度理论的研究要符合各国经济社会发展的实际

对于经济社会发展梯度性的相关研究，历史上、国内外都有学者进行过探讨，并提出各自的理论，但他们大多是从阶段论的角度展开。如美国经济学家胡佛-费雪尔的区域经济增长阶段理论、罗斯托的经济成长阶段理论、约翰·弗里德曼的区域空间成长阶段理论、日本学者井村干男的关于工业化处于初级发展阶段的国家和地区划分理论等。我国也有学者对经济发展阶段做过一些理论上的探索，但他们对改革开放以来的分析，一是偏重于经济增长维度，二是分析的时间跨度短，有的仅到20世纪90年代为止，三是有的甚至连分析的依据和产生的结果都存在争议。总体而言，国内外学者都没能从理论上对特定国家的具体经济社会发展阶段进行考察并得出科学的结论。

出现这种情况，在国外，主要是其研究背景基于西方国家工业革命以来相当长的历史时期，经济结构呈现顺次发展和渐次进入高度化的特征，城市化依次出现分散—集聚—分散的趋势。在国内，虽然这些国外理论对我国的现代化发展进程有较大启发，但由于其研究背景与我国当前经济社会发展状况有很大不同，因此，很难照搬和模仿。首先，我国尚处于从计划经济向市场经济的转型期，无论在思想上还是体制上的转轨难度都极大；其次，我国的国情有其特殊性，人口多，底子薄，资源不丰富，几千年的封建思想文化影响深远，在这样的情形下，难以完全复制国外的发展模式和成熟经验。正如2007年7月9日诺贝尔经济学奖获得者诺斯在我国国家统计局举行的学术报告会上所说，中国是一个开创性的国家，在经济发展上没有什么模式可以模仿，其间克服了很多困难，取得了很大的成功；同时，中国经济改革的某些经验对西方经济学理论提出了挑战，它能够丰富其制度经济学的思想。虽然诺斯对我国经济社会发展的特殊性有了较深刻的洞察，但同样没有提出关于我国现代经济社会发展梯度的新见解。

科学发展梯度理论研究，关键在于从发展梯度的角度阐述科学发展观，研究科学发展的规律，研究科学发展过程中人与自然、人与社会、人与人、人与自身的问题，关注科学发展的中间过程状态，论证我国经济社会发展的合规律性与必然逻辑，追求科学发展过程的创造性和谐，为科学发展的未来阶段提供理论支持。

二、梯度理论发展与研究的意义

（一）科学发展梯度理论的理论意义

首先，科学发展梯度理论坚持发展的合规律性与合目的性的统一，对以往只注重发展结果、忽视发展过程，或只注重发展过程、忽视发展结果的发展理论都提出了挑战，主张发展过程与发展结果相统一的发展理论，是对以往发展理论的突破。

其次，科学发展梯度理论吸纳了后现代主义的合理内核，如后现代主义的全球意识、强调事物的共生关系和相互依存关系、重视对自然物理的认识传统、重视人与自然的和谐、重视人际关系与代际关系的和谐，扬弃了后现代主义的极端的相对主义、非理性主义、无政府主义和乌托邦色彩等消极理念，否定了它的宗教神学色彩和唯心主义，追求一种真正能够为全人类提供参考价值的科学发展观。

再次，科学发展梯度理论本身也是一个发展过程理论，这个理论从改革开放初期的经济、政治、文化、意识形态等各个领域的百废待兴，到改革开放中期因经济快速发展，忽略道德建设带来的社会价值取向的多元和改革成本的畸高，再到改革开放鼎盛时期的现阶段提出的“以人为本”和“全面协调可持续发展”，无不表现出肯定—否定—否定之否定的辩证发展过程。

（二）科学发展梯度理论的实践意义

首先，科学发展梯度理论的实践价值在于它从发展阶段的视阈理解“全面协调可持续发展”，这对于以理论自觉的态度去坚持和贯彻科学发展观，具有重要的意义。第一，科学发展梯度理论首次提出了在经济增长方式上的时间历程和哲学意义上的动态共生。经济增长方式的变化和发展也是个持续过程，不可能以单一突变的方式完成经济增长方式的转变，这是个规律。第二，科学发展梯度理论开拓了我国科学发展的实践新领域，率先把发展梯度理论引入从自然、社会到精神的一切领域，把发展过程与解决矛盾的实践联系在一起，在时间上相始终，在方法上循序渐进。第三，科学发展梯度理论指明了我国科学发展的实践新途径，提出了发展是发展过程和发展结果的统一，是连续性和阶段性的统一，是稳定性与变动性的统一，是前进性与曲折性的统一。

其次，科学发展梯度理论的实践内涵主要表现在三方面：一是它能有效解决我国经济实力的显著增强与人民生活水平低层次小康的矛盾。传统的“不患寡而患不均”使人们往往缺乏对发展梯度和层次的认识。科学发展梯度理论主张在经济发展的过程中要让人们同步享受到发展的成果，同时让人们认识到，发展是渐进的、有先后的，不可能所有的人同时进入小康。二是它能有效解决我国改革发展的时代要求与影响发展的体制机制障碍的矛盾。科学发展梯度理论认为，只有让全体人民深刻理解发展的梯度性，通过对体制机制的不断创新，兼顾、尊重、保护不同群体的利益，通过制度安排把不同群体利益的矛盾冲突降到最低限度，实行体制机制的渐进式完善和突变式改革的统一。单纯的渐进式完善，容易导致改革战机的贻误；而盲目追求突变式改革，则容易在未被大多数人理解的时候失去群众基础。三是它能有效解决我国社会主义民主政治不断发展与利益格局深刻变化的矛盾。在转型期，不同利益主体对分享改革发展成果的要求以及对发展成果的急切占有都明显增强，形成一些反体制力量，使统筹协调各方面利益关系的难度加大。要有效解决这些矛盾，必须分步骤、渐进式地推进社会主义民主政治，开发党的政治权威合法性的新的政治资源和力量，及时地将现代化产生的新的社会阶层、社会群体成功地吸纳到政治系统中来，达到利益的动态共生。

再次，科学发展梯度理论的实践方法主要表现在：第一，重视对发展的宏观政策的指导。宏观政策的制定、形成和执行也是一个过程，也呈现出梯度性特征。如从20世纪70年代末的“计划经济为主，市场调节为辅”的方针，到80年代末的“计划经济与市场调节相结合”的方针，再到90年代的“建立健全社会主义市场经济体制”，其中，每一个阶段都体现了党和政府求真务实的高度责任感，每一步也都体现了科学发展梯度理论对发展的宏观政策的指导。第二，重视对发展的微观过程的指导。经济发展肯定需要速度，但更需要发展速度和质量的统一。速度是优化结构的重要手段，优化结构才能保证经济发展的真正高速度。我国多年的实践经验证明，在每个微观领域，都要计算发展的成本，还要统筹协调各方面利益关系，才能维护社会和谐稳定。第三，重视对发展的具体方法的指导。主要指重视发展的静态和动态相结合的方法。静态方法包括社会实践一般思维方法和一般操作方法两种。动态方法包括决策计划方法、组织指挥方法、操作技术技巧、信息方法、沟通协调方法、监督控制方法、评价总结方法等。无论静态方法还是动态方法，都是在过程中梯度性形成的，在梯度中发展，在梯度中起作用。离开发展梯度，它们毫无意义。这是科学发展梯度理论的又一重要价值所在。

三、我国“三步走”的发展战略与梯度理论

我国改革开放已经走过了30年的历程，我国“三步走”的发展战略既相互联系，又各有特征。依据经济社会发展的梯度理论，借鉴公共政策非线性过程学说，结合我国经济社会运行状况的主要变化和矛盾，可以将我国从1978年以来的经济社会发展状况划分为三个阶段。

第一阶段：以“反贫困”为特征的经济社会发展初级阶段。

这个阶段（1978—1990年）的主要特征是“以经济建设为中心”，以“基本解决温饱问题”为战略目标，从农村到城市，经济体制改革全面展开。“让一部分人先富起来”、“反贫困”是当时的主流思想和战略方针。这个战略方针的顺利贯彻，使温饱工程基本完成，城乡人民生活得到普遍改善，极大地赢得了国际社会舆论的赞许与国内人民期望值的提升。

但由于改革初期缺乏系统有效的（政策上、制度上和法律上）调节途径和监督机制，各种非法或不合法的收入渠道，从未真正被杜绝过，在很多情况下，甚至成为某些群体致富的捷径，使得“让一部分人先富起来”的良好政策愿望并没有完全达到预期目标。

任何改革都有成本和代价。在这个阶段，改革中暴露出来的问题，一是相关制度缺位，如市场制度发育不成熟、法律制度不完善、产权制度不健全、社会保障制度建设不到位、政府管理制度改革滞后等；二是环境污染严重，如城乡的“三废”、噪声和光污染等；三是由于国门初开，意识形态逐渐趋于宽松，价值观念多元，如社会道德结构的无序、外在道德约束的弱化、内在道德修养的贫乏等问题也日益凸显。

第二阶段：以“重效益”为特征的经济社会发展跨越阶段。

这个阶段（1990—2001年）的主要特征是在“建立健全社会主义市场经济体制”的旗帜下，经济改革进入超常发展阶段，同时“效率优先、兼顾公平”被异化为“重效益、轻公平”。这个阶段的发展思路，一是思想解放，为经济发展助跑；二是加快市场化进程；三是促进重大经济结构优化。在这一阶段，从“计划”走向“市场”的历史性选择，使得我国经济得以高速发展，社会主义市场经济理论被普遍接受，全国人民生活总体上实现了由温饱向小康的跨越。邓小平的“三个有利于”成为判断改革成败的三条标准。

在这一阶段，(1) 生产力发展水平虽然还只是处在相对高点，但全社会的效益崇拜已到了非理性的边缘，表现为：利益追求的竭泽而渔、财富期望的短视浮躁、欲望导致的行为目标迷失、急功近利的短期行为、制度空洞的“合法利用”，从而导致全社会付出高昂的发展代价。(2) 产业结构调整、“三农”问题瓶颈、区域发展差距成为经济发展的三大难题。此时，战略调控的利益抉择显示出前所未有的严峻。宏观调控政策中的制度弱化与执行弹性、区间矛盾与周期忽视、行政干扰与利益平衡等，使得诸多措施不得不选择策略性的让步。(3) 随着经济飞速发展的惯性，使正在制定和完善的各种相关制度未曾出台就已落后，而各种利用制度真空侵吞国有资产、巧取豪夺公共资源、占有改革开放巨大成果的腐败行为，成为部分权力拥有者的特权。在此前提下的公共资源和社会财富的分配不公则被忽略。

随着改革开放的深入，经济转型最终带来了社会转型，此时的特点表现为人们对不健全的体制、机制、法制的零容忍，“人民主权”意识空前高涨，其外在表现便是加快经济发展、建设和谐社会成为国人的目标。

第三阶段：以“讲和谐”为特征的经济社会发展逐步完善阶段。

这个阶段（2001年迄今）最初的主要特征表现为唯GDP论，在考量各领域的发展状况时往往以单一GDP指标为依据。但很快人们就发现唯GDP无法解决经济社会发展各种深层次的矛盾，如无法有效衡量社会成本、反映社会贫富差距的社会矛盾，甚至引发道德异化、出现数据失真等问题。当人们意识到GDP的这些缺陷时，从GDP图腾走向社会多元和谐就成为全社会的理性选择。

这一阶段，由于经济、政治、社会、文化多种矛盾的缠绕，以及矛盾之间的共振性关联，使得建立健全社会福利指标成为构建和谐社会的刚性需求，如就业问题与解决途径；医疗、养老、教育等公共产品分配的社会公平与指标确立；改革时期社会贫困消除的量化与监测等。同时，由于传统的旧伦理观承载不了当代太多的使命，难以提供现代社会生活所需的更厚重的社会教化功能，因此，新伦理建设成为当务之急。毋庸置疑，在一个多元价值体系的时代，人的综合素质的提高是和谐社会发展的前提，道德教养的完善是和谐社会的理想境界，科学素养的培育是和谐社会的精神提升，法律素质的提高是和谐社会的基本保障，而社会责任的提倡是构建和谐社会的重要标志。在转型时期，新伦理建设主要涵盖三方面的内容：(1) 新经济伦理建设是和谐社会的价值取向，它要求遵循效率与公平兼顾原则、“求利”与“取义”相协调原则、集体利益与个人利益并重原则。(2) 新政治伦理建设是和谐社会的执政理念。其核心内容是“科学执政、民主执政、依法执政”。其中，科学执政是基本前提和总体目标，民主执政是本质所在，依法执政是基本途径。三者相互联系，有机结合，共同构成一个不可分割的辩证统一体系。(3) 新生态伦理建设是和谐社会的文明追求。新生态伦理观包括三条基本原则，一是坚持生态与“人态”的和谐共生；二是设定生态“必要伤害”的底线；三是倡导新生态理念的价值判断。

对我国经济社会发展三个阶段的划分，为马克思主义的社会发展阶段理论提供了实践佐证。三个发展阶段，虽然各具个性，都有诸多曲折和亟待消除的不和谐因素，但其发展都展现了梯度的规律，都富有中国特色，其共性都是对科学、民主、自由、人权等这些人类共同追求的价值观的肯定和高扬，其梯度发展的实践理念是对实践本质的思考，其梯度发展的系统理论是对发展逻辑的尊重，其梯度发展的创新理念是对世界潮流的响应。

关键术语

经济发展梯度　　梯度理论　　梯度转移理论　　极化效应　　扩展效应　　回程效应

思考题

1. 阐述工业生产生命循环阶段论。
2. 阐述区域经济梯度转移理论的主要论点。
3. 为什么说乘数效应会进一步促成生产分布的极化?
4. 处在较低发展梯度上的国家与地区，在扩展效应作用下，可以在哪些方面得到发展?
5. 梯度理论在经济发展中有哪些重大意义?

主要参考文献

[1] 周起业等. 区域经济学. 北京：中国人民大学出版社，1989

[2] 厉以宁主编. 区域发展新思路——中国社会发展不平衡对现代化进程的影响与对策. 北京：经济日报出版社，2000

[3] 高洪深. 区域经济学 (第三版). 北京：中国人民大学出版社，2010

第十章

城市群的发展与案例分析

重点问题

- 城市群的概念与功能
- 城市群的形成机制
- 长三角城市群
- 珠三角城市群
- 京津冀城市群

从全球视野的战略定位出发，经济学家们断言，21世纪国际经济竞争的基本单位不是企业，也不是国家，更不是地区，而是城市群。城市群之间的分工、合作和竞争将决定未来世界经济、政治的格局。建设一个强大的城市群，将成为赢得经济全球化新形势下激烈国际竞争的有利地位和关键所在。

第一节　城市群的概念与功能

一、城市群的概念与特征

城市群的概念最早源于1910年的美国，国外亦称都市圈（metropolitan area），后来在日本被广泛应用。在日本，“都市圈”主要是指以一日为周期，在一天的时间内可以接受中心城市某一方面功能服务的地域范围。随着这一概念被用来泛指任意时空尺度的地域后，“城市群”这个术语也被用于泛指任意时空尺度的城市影响地域。城市群尽管主要是指日常生活圈，然而围绕大城市还有更大的联系地域。其中包括劳动力（人口）流入圈、商业批发圈和物流圈、中枢管理职能圈、电信交流圈等。因此，从更为一般的意义上来讲，城市群是指城市发挥其机能时与周边地域所形成的种种密切联系所波及的空间范围，因此它是一个超越城市行政地域、景观地域、功能地域的概念。

城市群无论是在国内，还是国外都有不同的称呼，而对于空间尺度大小则因人而异，有的称为大城市群，也有将其称为大都市地域、大都市区域、大都市广域圈。我国学者对城镇密集区的研究所使用的城市群或都市带等概念主要来自对国外资料的相应翻译，因此同一概念的译文并不统一，造成了许多相同或相近概念的不同称呼，如都市区、都市带、城市群、都市群等。实际上，这些概念在具体的界定指标上可能会稍有差异，但实质都是指当城市化发展到一定阶段时，出现的一种城镇高度密集、城镇体系庞大、空间联系复杂的城镇空间组织形式，对这样的城镇空间组织本书统一使用城市群的概念。

城市群往往具有一个或多个核心城市，以及与核心城市具有密切的社会、经济联系，且带有一体化倾向的邻接城镇与地区所组成的圈层式结构。城市群绝不仅是一个地域范围的概念，它是一个具有密切职能联系的经济实体和社会实体。从本质上讲，城市群首先是一个经济区域，因为城市群形成的根本动力在于中心城市和周边地区两种异质空间在相邻条件下的相互作用，这种作用力以“流”的形式表现为各种要素和经济活动在空间上的集聚与扩散。因此，城市群可以被看作是一种经济活动的地域组织形式，在这里，各种产业和经济活动彼此集聚，并相互联系，构成了一个高度一体化和体系化的有机整体。其次，高度经济一体化的城市群不仅集聚着各种生产要素和经济活动，也集聚了大量的人口和社会活动。因此，城市群不仅是一个经济区域，也是一个社会地域。经济一体化带来的完善、发达、便捷的交通、通信网络加强了城市群内人口的流动和地区间的交流与合作。因此，城市群内各地区间的社会活动也呈现出一体化的趋势。比如，城市群内的许多社会问题（如区域生态环境的改善和治理）就需要区域主体间的通力协作才能切实解决，一致的行动同样会获得某种协同效果，实现区域内社会资源的优化和整合。而且，城市群内人们的生产、生活和文娱休闲等活动也不再局限于某一城市或地区；而更多的是在整个城市群域内完成。密切的社会联系使城市群成为一个有机联系的完整的社会实体。

总体来讲，城市群应该具备以下一些基本特征：

第一，城市群的空间形态表现出明显的圈层结构，至少有一个或多个城市化水平较高、经济发达并具有较强城市职能的中心城市，这些城市对周边城镇和地区有较强的吸引力和辐射力，是整个城市群域内的经济中心和增长极。

第二，城市群一般可分为单中心城市群和多中心大城市群（或称大都市带、都市连绵区等）。从时间尺度上看，往往是首先形成单中心城市群，进而发展成为多中心大城市群，从空间尺度上观察，小空间范围是单中心城市群，而大空间范围则是多中心大城市群。

第三，城市群内中心城市的周边地区和次一级的中心城镇也应具有相当的人口规模和人口密度。这些外部区域与中心城市之间表现为人流、物流、资金流以及信息流的交互作用，并且这种交互作用较其他区域更大、更紧密。

第四，城市群内具有相对发达并高度一体化的基础设施网络，尤其是交通网络。

第五，城市群是一个以经济联系、社会联系以及生态联系为核心形成的一体化的区域，往往不是一个完整的行政地域单元。

二、城市群的性质与功能

从经济学角度上分析，城市群具有以下的经济性质与功能：

（一）城市群的高集聚性

城市群是一个人口相对集中、基础设施齐全、交通四通八达、经济基础较好、市场消费潜力巨大，并拥有科学技术先进、商业贸易发达、金融投资大、信息传递灵敏及社会生活丰富等有利条件，从而使城市成为现代生产和消费的高集聚区域，成为商品流通的集散地和枢纽点，成为经济发展的“增长极”。许多大城市都是一些多功能的经济中心，比中小城市有较高的集聚经济效益，能够更好地实现规模经济和社会分工与协作，促进人才、资金、信息和物资的快速流动和科学技术的传播；能够以更经济的方式为社会生产提供必不可少的金融、贸易和其他配套服务，能够为其周围的中小城市及辐射区域提供多功能的服务，并提高中小城市及相应区域的经济效益。因此，以大城市为中心的城市群是一种高集聚经济。通过大力发展城市群，能够推进一个地区的社会分工和规模经济，实现更高的总体经济效益，并通过城市群的辐射而带动整个地区经济的发展，从而推动整个国家，乃至世界经济的不断发展。

（二）城市群的高能级性

现代城市群的高集聚性，使其成为一种高能级经济，具有对周围地区的强大经济吸引力和辐射力。以大城市为中心的城市群，具有商品经济高集聚特征，其优越的生产条件和生活条件，发达的交通、通讯设施，集中的金融、商业机构，充足的生产要素资源供给，巨大的消费市场等，使城市群比其他地区具有更高的经济势能，从而对周围地区产生强烈的经济吸引和经济辐射功能。首先，大城市群是一个强大的经济场，对周围地区具有强大的吸引力。其通过高集聚经济及其他优势，不断将周围地区的资金、人才、信息、能量吸引到城市经济圈内，促使城市群的技术基础、加工水平、经济实力等进一步增强，使城市群势能不断提高，从而增强了城市群的对外竞争力和吸引力，加快城市群的发展。其次，大城市群作为一个强大的经济场，其对周围地区又具有强大的辐射力。其通过向外扩散商品、转让技术、产业转换，从而一方面为中心城市的金融、贸易、信息、技术、服务等第三产业的发展腾出空间，保证中心城市及紧密层经济得以持续增长和发展；另一方面其不断向外扩散技术、产品及产业，又可以带动周围地区的经济发展，缩小外围地区与中心城市区的“经济落差”，从而促进城市群的空间拓展；再次，通过城市群吸引和经济辐射的双重功能作用，有利于合理配置圈域内的经济资源，形成合理的产业结构和空间布局，并在此基础上建立圈域性企业集团，发挥中心城市的科技优势和高经济势能，组成科研、生产、经营三位一体的企业集团，使企业从粗放经营向集约化经营发展，从个别企业向集团化企业发展，从单独、潜在的优势向综合、现实的优势发展，从而推进城市群的高效率发展。

（三）城市群的开放性

现代经济的全球化发展，导致企业、资本、技术、知识、文化和人才的全球大循环。哪里经济效率高、投资回报高，资本、信息、技术就往哪里跑；哪里收入高、生活好、环境好，人才、知识、技术就往哪里集聚，从而使经济国界将趋于消失；而城市群是一种开放型经济，其适应现代经济全球化、区域一体化的发展特征，以国际市场为背景，以中心城市的外向化为特征，通过最佳的经济发展环境、生活条件及社会环境，吸引大量的国际资本、信息、技术、人才集聚，从而推动城市群的全球化发展。

城市群的开放性首先表现为交通运输的高度发达上。纵观古今，城市的兴衰、经济的涨落无不与交通运输有着密切的关系；当代最大的世界经济圈，十之八九在沿海、沿江、沿线等交通发达的地区，因为现代经济中的人流、物流、商流都必须以交通运输条件为依托。城市群中发达的交通运输不仅保证“三流”有效地进行，而且提高了经济运行效率，从而加快经济的发展；同时，城市群吸引和辐射的经济势能，也只有通过畅通无阻，高度发达的交通运输才能有效发挥作用。

城市群的开放性还表现在信息的高速流转上。信息是人们有效从事社会生产、经济建设、商品交易和各种活动的重要依据。现代社会是一个“信息爆炸”时代，信息的高速流转已成为影响社会经济的重要因素。1993 年，美国政府率先兴建“信息高速公路”，抢占信息社会制高点的行动已引起世界各国的重视。城市群中的中心城市是经济、政治、文化、科教的中心，从而也是信息源的中心。特别是城市高度发达的科学技术、通讯工具和信息处理能力，不仅促进了信息的高速流转，而且使城市群成为现代技术创新的源泉，成为现代经济增长的驱动中心。

城市群的开放性还表现在城市群大量的对外经济、贸易、金融活动的功能上。当今世界的金融中心，主要集中在纽约、伦敦、东京、香港、新加坡等国际大城市经济圈；当今世界最大的贸易中心也主要集中在鹿特丹、伦敦、巴黎、东京、香港、新加坡等大城市经济圈。1995 年，美国权威刊物《幸福》杂志评选出的 20 世纪世界十大最佳商业城市：新加坡、旧金山、伦敦、纽约、法兰克福、香港、亚特兰大、多伦多、巴黎、东京也都主要集中在世界大城市经济圈。由此可以看出，城市群已成为一个国家、一个地区外向型经济的枢纽点，成为迈向全球经济的重要据点。

（四）城市群的自组织性

纵观世界城市群的发展，现代城市群正日益发展成为一个成熟的、自组织的社会经济有机体。其表现在：一是城市群是一个长期不断的历史演化过程，其具有适应环境变化和经济发展的需要，而处在不断地调整结构、调节功能和空间形态的变化之中，表现出强大的自我调整的生命力。二是城市群具有强大的创新能力，其为了自身的生存和发展，不断进行新陈代谢，变异创新，使新的技术、新的产品、新的产业不断产生和发展，从而也促进城市群自身不断地从孤立城市向集聚城市、世界经济圈演进。三是城市群具有自我诊断、完善的修补机制。尽管大城市发展速度带来种种的弊端，但随着城市群的发展及空间扩散，使城市群形成自我诊断、完善的修补机制。发达国家出现的“逆城市化”、“城市空心化”等现象，就是城市群自我修补机制作用的形式。四是城市群还具有不断泛化的效应，在城市群内，中心城市通过经济吸引和辐射，不断吸取周边地区的经济流，使自身不断饱和、扩张，发生核聚变，形成向外的波状扩散，从而形成更大的城市群和更高的经济势能，如此不断演化循环，使城市群逐渐形成影响世界的全球经济中心。

第二节　城市群的形成机制

一、城市群形成过程的阶段性

戈特曼认为大城市群是城市化历史进程在工业社会和后工业社会的必然表现形式。人口、资金、技术、智力以及交易等各种生产要素的高度集聚、相互交织产生巨大“化合”作用，由此引发的孵化器功能反过来对区域人口、产业、空间及城市生活方式的发展趋势产生重大影响，从而成为除了区位和历史条件之外，影响大城市群形成的重要基础条件。

一般而言，城市群的形成与演进主要经历以下四个阶段，各阶段城市规模、城市之间的联系和空间结构可以归纳如下：

1. 城市孤立发展阶段

当生产力水平较低、经济发育程度不高、城市规模较小时，城市的发展则主要处于孤立发展阶段。也就是说，这时的城市是一个相对独立、完整的社会经济系统，它对周边地区有一定的吸引和辐射，但由于城市规模、等级较小，经济势能较低，对外吸引和辐射的能力也就相对有限。

2. 单中心城市群形成阶段

随着工业化与城市化进程的加快，一些区位条件较好、经济基础和创新能力较强的城市逐步成为区域内经济发展的中心和枢纽。它们迅速吸引周边地区和城镇的资源向这里汇集，并通过高密度经济集聚所产生的高能量的经济场对周边地区进行辐射。一方面，中心城市通过强大的集聚力量吸引资金、技术、人才和劳动力等要素集聚，并以此来加快自身的发展；另一方面，也通过技术扩散、资本输出向周边空间蔓延来影响和带动周边地区的发展，从而在整个区域上形成一个以中心城市为核心的城市群域。这样，单中心的城市群就逐步形成了。

3. 多中心城市群形成阶段

单中心城市群基本形成后，中心城市和周边地区间的空间相互作用逐步增强。随着中心城市的快速发展和在空间上的迅速扩张，中心城市向周边地区的辐射和带动作用日益明显，周边地区一些位于交通轴线上区位条件较好的地区或城镇，在中心城市扩散作用力的影响下，逐步发展为区域内的次中心，这些次中心可以相对独立地发展成为一些次一级的城市群。同时，随着中心城市群域的扩展，它也会与周边地区的其他城市群域发生交叉和重叠。当上述城市群域与中心城市的城市群相互作用、融合，并最终形成一个有着一定等级体系并有机联系的城市聚落时，多中心的城市群就形成了。

4. 大城市群发展并成熟阶段

多中心城市群是一个有机联系的庞杂城市体系。在这里，大中小城市根据各自不同的城市职能与资源禀赋有机联系、互为补充，使整个区域内的社会经济高度融合为一体。大城市群内的各中心城市通过彼此的吸引与辐射，以及城市间经济流、信息流、人流和物流等的交互作用，实现了对区域内资源的有效整合和协调，并同时促进区域内各城市的整体协调发展。当大城市群内各城市间真正形成了经济和功能上的互补协同关系时，大城市群进入了某种相对均衡的发展状态，这时，大城市群内各城市在功能上互为补充，在地域上相互交叉和渗透，彼此间的良性互动成为区域经济持续繁荣的直接动因，大城市群的发展也日趋成熟。

成熟的大城市群不仅有着多中心、网络化的城市体系结构，同时也有着十分强大的经济吸引力和辐射力，它可以吸引整个区域、国家甚至全球的资本、人才、技术和信息，同时也直接主导地区、国家甚至全球的经济运作，成为世界和地区经济的中心和增长极。

二、城市群形成与演进的动力

从区域经济学的观点来看，城市群形成与演化的内在动力来源于对集聚经济效益的追求。集聚经济是指一种通过规模经济和范围经济的获得，来提高效率和降低成本的系统力量。产业的发展有赖于集聚经济，这是因为产业在空间上的集聚，可以获取一种因共享区位而相邻企业间相互提供的“免费服务”，它包括降低交易费用，实现规模经济，培训劳动力和创新及扩散等。产业对集聚经济的追求使得生产要素和经济活动不断向城市集聚，最终导致城市规模的扩大和空间范围的扩张。

当城市规模达到一定程度时，它对周边地区的辐射和影响力逐步增大，同时在城市内部，高密度集聚和空间有限性之间的矛盾所带来的各种城市问题（集聚不经济）也促使城市开始向外扩散。中心城市通过对外产品输出、技术转让和产业空间重组，将一部分生产要素和经济活动向外疏散，这种疏散保证了城市本身规模的适度和产业结构的优化。在空间上，中心城市的扩散表现为城市沿主要交通轴线圈层状蔓延，在蔓延过程中，中心城市加速了周边地区的发展，并与次一级的中心城市融合形成更大一级的城市群，因此，扩散的结果往往是在更大的空间尺度上实现集聚。集聚和扩散两种力量的互动，最终推动城市群空间形态不断演化，实现城市群域内地域空间组织的优化。

三、城市群的形成与演进机制

城市群的生成与发育实质上是城市在内外力作用下的空间成长与整合。促使城市群生成的内外部力量主要有城市经济总量的增长、区域产业结构的调整、城市功能的演变、国家宏观政策的变动、区域规划的制定等。这些经济、社会、政治、环境等多方面因素的共同作用促进了城市群的生成与发育。概括起来，城市群的生成机制主要包括以下几个方面。

1. 对规模经济的追求是城市群生成和发育的根本动力

区域发展的不平衡性使某些具有自然优势的地区首先发展成为区域的经济中心城市；各种生产要素从其他地区向这个中心集聚，形成相对完备的基础设施、相对雄厚的资本和科技力量、相对集中的消费市场等。生产和消费的集聚节约了生产成本、交易成本和劳动力成本，扩大了生产规模，导致集聚经济和规模经济的产生。但这种集聚并不能无限发展下去，当城市过度膨胀而导致交通拥挤、地价上升、环境污染等规模不经济现象出现时，区域中心就必须通过扩散来重新获取规模经济效益。此时，生产要素沿着中心城市—中小城市—乡镇和农村的梯度链逐级向外扩散。中心城市通过部分低级要素的转移为高级产业的发展提供了空间，形成新的规模经济效益。在这种集聚、扩散、再集聚、再扩散的循环反复中，城市化在更大的空间范围内推进，从而形成城市群的空间组织形式。

2. 区域协调是城市群生成和发育的前提和保证

协商、对话、制定共同行动准则，无疑是全面推进区域经济一体化进程的必备要素。在城市群的发展过程中，有必要建立由区域内城市共同参与的协商制度。以区域经济一体化为目标，兼顾国家、城市和企业利益，逐步实现在特定城市群区域内对要素市场配置、产业发展、区域城镇结构、区域性基础设施建设、环境资源开发与保护的一体化规划、建设。加强城市间协作和互补，及时处理跨地区问题，推动建立大市场，形成城市群分工体系，构造集成竞争优势。

3. 城市间相互作用是城市群生成和发育的运行条件

城市之间（城乡之间）的相互联系与作用是形成城市群的有力链条，使城市群成为一个协调有序、紧密联系的有机整体。从空间相互作用的观点来看，中心城市的成长及城市化过程，就是通过中心城市与外围中小城市或城乡之间的相互作用，使城市功能在中心城市不断提升的过程。由于对规模经济的不断追求，要素分布范围扩大，城市空间范围也不断扩大，城市对外围地区的影响得以加深。当中心城市与外围中小城市或城市与农村之间形成了经济结构的高度关联，城市群也就得以形成了。

4. 技术进步是城市群生成和发育的知识依赖

城市群的本质特征是城市及城乡之间的密切联系，而密切程度与外围地区的经济发展水平和非农化水平直接相关。在传统技术条件下，大部分非农产业都具有城市区位指向的特征，但随着科技的发展，这一产业分布格局发生了根本性的变化。首先，技术进步减少甚至部分消除了传统区位因子对产业布局的约束，改变了“城市—工业、乡村—农业”的城乡分工结构，城乡关系进入城乡非农产业共同发展的新阶段。其次，技术进步加速了城市之间及城乡之间产业结构的更新和重塑，特别是随着以信息经济、知识经济为基础的后工业社会的到来，服务业取代制造业成为中心城市的主导产业，而传统制造业则逐步从中心城市向周边城市、地区转移。由此，中心城市和外围地区的产业结构同时产生互动转换，建立起新的产业关联。再次，技术进步也带来了交通技术的改进，大大地扩展了人类活动的空间，居住郊区化、工业郊区化、服务郊区化、办公郊区化相继出现，进一步促进了城市群的一体化进程。

5. 完善的基础设施是城市群生成和发育的物质基础

城市、城乡之间的相互作用主要体现为人员、物资、资金、信息等各种“流”的作用，而“流”的传递和扩散必须借助于交通、通讯等基础设施来实现。完善的基础设施可以大大提高区域的通达性，减少相互作用过程中能量的损耗，促进城市群内城市、地区间的相互联系。

6. 正确的空间规划指引是城市群生成和发育的制度保证

空间规划作为政府的空间政策是政府宏观调控的手段之一，是保证城市群建设整体效益的有力措施。规划对城市开发的控制和引导，从宏观的层面上促进了城市空间扩张的合理化和土地使用的有效性，从而保证了城市群的良性发展、在规划中要注意借鉴运用中外先进的手法和理念，充分展现各类城市的特色和风格，努力实现个体与群体、局部与整体的和谐与统一。要注重规划的系统性，维护规划的权威性和严肃性，加强对规划实施的监督，城市和城市群建设是一个持续的过程，规划一旦制定，就必须把其纳入法制化轨道。

四、城市群内的分工与资源整合

城市群在资源整合过程中，必须着重地域内各核心城市职能分工和产业地域分工的研究。区域职能分工，指的是在城市群内各城市职能的相互关系及构成。城市群内各主要城市根据自身的基础和特色，承担不同的职能，在分工合作、优势互补的基础上，共同发挥整体集聚优势。城市群作为一定数量城市在一定区域内的聚合体，更强调各城市之间的相互联系与作用，主要表现为各城市职能的协调与互动。因此，对区域内城市职能分工的研究是城市群区域规划研究的核心问题，而良好的职能分工是一个地区获取竞争的关键。

城市群内各城市和地区间通过具有广泛的空间产业分工和职能分工，形成了特定的产业结构和空间结构。城市群的结构调整实际上是在整个城市群域内进行的资源整合过程。随着城市群发展日趋成熟，在整个区域上，各个城市和地区会根据各自不同的资源禀赋和经济基础形成一个高效的产业分工和职能分工体系。以我国长三角城市群为例，在这里，过去那种以行政区划决定地域特征和发展方式的模式面临极大挑战，以上海为中心的城市的经济功能及由此而产生的辐射力、凝聚力在配置市场资源与要素方面的功能愈加强化，进而呈现出以此为核心的打破行政区划限制，重新整合经济要素的强大势能。按照过去行政区划的思维模式，浙江宁波、嘉兴、金华、绍兴等中小城市发展的圆心应是省会城市杭州，并以省会为辐射源形成一个组成一体的、全面的经济体系，但目前看来，不但嘉兴、宁波、金华等杭州的周边城市在形成自身城市网络的基础上，纷纷在发展战略和城市定位上提出要做上海的后花园、上海的“前店后坊”，就连省会杭州也在某种程度上受到来自上海这个特大中心城市的影响，进而在发展战略上主动调适、顺应这种区域经济全方位整合的潮流大势。在这一背景下，城市竞争的内涵不再是单纯的行政权力的抗衡，而是对最有价值的生产要素的共享，只有在配置、利用生产要素方面优势互补，才能在发展中共享利益。在此，城市竞争力就是不同城市竞争者之间协调、优势互补的能力。

第三节　长三角城市群

长三角城市群，位于中国沿江沿海“T”字带，是中国最大的城市群，它由沿江城市群和杭州湾城市群构成，以上海市为中心，包含浙江的杭州、嘉兴、湖州、绍兴、宁波、舟山等六个城市，江苏的南京、扬州、常州、泰州、镇江、无锡、南通、苏州等八个城市。其辐射区涵盖了浙江金华和衢州两市。

一、长三角城市群的概况

（一）长三角城市群的形成过程

长三角城市群形成的过程，可以说是一个“递进式”的城市发展进程，城市建设由粗放式逐步转向集约式。这一转变过程大致分为4个阶段：

第一，小城镇建设阶段，即城镇化阶段。

第二，中小城市建设阶段。以县政府所在镇为基础的中小城市发展受两大趋势的推动。一是部分农村企业的高层主管、村镇干部、务工青年农民、中小企业主及个体工商业者开始进城居住。二是产业集中发展趋势加快。

第三，大城市和特大城市阶段。如前面所述，中心城市作用不可代替，由分散化走向集中化是城市化的一般规律。

第四，形成城市群。城市群的实质是由集中化走向一体化，谋求区域经济的协调和共同发展。

（二）长三角城市群的竞争力

多元化的产业发展布局使得长江三角洲城市群形成了多样化的城镇职能分工体系。

1. 先天竞争力

该城市群具有面向海洋，依托长江、内陆交通发达的区位优势，山水优美度居于所有城市群之首；城市劳动力数量同样令其他城市群难以望其项背。此外，在城市水资源供给、交通通讯等方面的优势也使该城市群成为投资热点。该城市群商品经济发达，农副产品丰富，工业基础雄厚，外向型经济发达，是中国目前（2010 年）最大的城市群之一。

2. 现实竞争力

随着外资、传统制造业和地方特色产业集群等城镇群发展机制的推进，上海的国际性城市职能日益凸显，南京和杭州以生产性服务业为代表的现代中心城市职能日益加强，苏州、无锡、常州、宁波等以先进制造业为主，南通、泰州、扬州、湖州、绍兴等以传统制造业和地方特色产品加工工业为主的制造业基地基本形成，以舟山等以旅游职能为主的城市特色鲜明。尽管如此，该城市群分工程度上还略显不足。

随着外向型经济发展，通过积极融入全球产业链，该城市群以全球制造业基地为特征的全球区域正在形成。长江三角洲城市群国际地位由此得到极大的强化。上海国际性城市的带动，使得长江三角洲城市群积极融入全球城市分工体系，全球化巨型城市网络雏形已经显现。常住人口增长与移民人口增长优势不明显，GDP 增长率逐渐放缓，但在科技水平、医疗质量、文化设施、环境治理、港口交通等方面排名位列第一，该城市群正逐渐转向内部发展环境的优化。

（三）长三角城市群的同城效应

高速公路、高速铁路、跨江跨海大桥的建成。近年来，随着长三角地区基础设施建设的日趋完善，城市群空间布局结构已基本形成，“同城效应”日渐凸显。

到 2010 年，沪宁、沪杭和杭宁三条高速公路，已形成 3 小时快速交通圈，串联起长三角区域的 3 个中心城市——上海、南京和杭州，而即将通车的沪宁、沪杭城际铁路则将使长三角城市群崛起为 1 小时都市群，“同城效应”更加明显。

此外，基础设施建设的快速推进，加速了长三角城市群一体化步伐，并且由单一的经济一体化向社会、文化、科技、生态等综合性要素的全面一体化发展。

（四）长三角城市群的未来发展

● 形成“多点并重”发展格局。

多座城市快速发展，各自具有较大的经济规模和较高的发展水平，是后长三角时代的一个基本特点。

● 形成多层次经济圈。

多层次经济圈，是长三角区别于世界其他大城市群的一个重要优势。

● 形成制造业基地和投资中心。

从统计年鉴数据分析来看，自 1997 年开始，沪苏浙制造业终于结束了占全国比重下降的趋势。2003 年，三地制造业增加值占全国的 25%，2005 年达到 31%。到 2010 年，假定人民币汇率稳定，长三角制造业占世界比重达到 2.1%。到 2020 年，则将达到 4%左右。按此推论，20 年后，沪苏浙制造业占全球比重，有可能达到 8%左右，高于目前东京圈制造业，占世界比重的 1 倍多。

● 形成更加紧密的整体。

从经济关系看，竞争将进一步促进生产要素自由流动，促使三大城市群高度无缝对接，联成更加紧密的整体。

（五）世界级城市群

世界有发达国家的六大城市群。当今公认的世界级城市群主要有美国的大纽约区、五大湖区、芝加哥区、大洛杉矶区；日本的大东京区、阪神区、名古屋区；英国的伦敦城市群；韩国的首尔区；德国的鲁尔区；法国的巴黎区等。

尽管中国的长三角城市群的发展已经取得了阶段性成果，但与世界著名城市群相比，差距仍然存在。

这些地区不仅是各国的经济增长极，其运行机制、发展形态、空间构架等都有值得长三角城市群借鉴的独到之处。世界级城市群通常有着高效的统筹协调机制，协调各方利益，确保实现共赢；有着分工明确的产业协作体系，以发挥城市间的互补性。

虽然长三角各地也形成了一些协作机制，但由于整体规划一直没有出台，各自为政、产业同构、同质竞争的问题一直存在。此外，长三角地区产业结构中，粗放型经济仍占有较大比重，各城市经济增长仍基本依赖于劳动密集型和资源密集型产业，生态环境脆弱、水体污染、土壤破坏和固体废弃物堆积等问题较为突出，在一定程度上阻碍了其挺进世界级的步伐。

二、长三角城市群与世界级城市群的差距

目前长三角在空间规模上可能已经达到了世界级城市群的要求，但是在能量、层次以及全球功能的发挥上，还有很大的欠缺。而在其中，合理的定位分工对长三角很是关键，随着经济全球化和区域一体化愈演愈烈，世界级城市群在地缘政治和经济生活中发挥着越来越大的作用，成为一国参与国际经济竞合的重要支撑。2008 年 9 月，我国出台《国务院关于进一步推进长江三角洲地区改革开放和经济社会发展的指导意见》，明确提出了要“走新型城市化道路，培育具有较强国际竞争力的世界级城市群”。如何培育世界级城市群，可从现有世界级城市群的发展轨迹得以启示。

当今被称为“世界级”城市群的，一般公认有美国大纽约区、五大湖区、芝加哥区、大洛杉矶区；日本的大东京区、阪神区、名古屋区；英国的伦敦城市群；韩国的首尔区；德国的鲁尔区；法国的巴黎区等。这些世界级的城市群都是一国的经济增长极，如美国三大城市群的 GDP 占全美国的 67%，日本三大城市群的 GDP 占全日本的 70%以上。但能

够被冠之“世界级”还不仅仅仰仗其超大的经济规模，更有在运行机制、发展形态、空间构架上的一系列独到之处：

“世界级城市群”往往有着高效的统筹协调机制。或借助于科学的区域规划，并相应立法来增强规划的权威性；或依靠各城市政府间的联合协商制度，或是民间自发形成的协调组织。如法国的巴黎城市群，1958 年制定了地区规划，1961 年建立“地区整顿委员会”，1965 年制定“巴黎地区战略规划”，重新制定了一个多中心布局的区域规划，推动法国巴黎—鲁昂—勒阿弗尔城市群逐渐发展起来。英国的伦敦城市群则在 1964 年创建“大伦敦议会”负责大伦敦区的管理与发展问题，1985 年依据《地方政府法案》由环境部承担战略规划职能，1990 年以来又先后引入了战略规划指引，以维持整个城市群战略规划的一致和协调。北美五大湖区城市群，是由芝加哥市长戴利在 2002 年牵头成立了“五湖联盟”（大湖及圣劳伦斯河计划），带动各区市长互换信息、加强合作。现“五湖联盟”已成长为一个拥有美国、加拿大两国近 50 座城市的联合组织，每年会聚一次，就产业竞争、污染治理、气候应对等重大问题协调各方利益，确保各方实现共赢。

反观长三角城市群发展，以往的最大症结就是城市间各自为政、单打独斗，甚至是“以邻为壑”。当初的洋山港规划建设就因行政区划和港口定位问题，一度困难重重；在太湖蓝藻治理上也由于行政区划的藩篱，使得沿湖各城市相互推诿、久拖未决。其实长三角也并不缺乏相应的协调组织和规划，如 1996 年国家提出“以上海为龙头带动长三角及长江流域发展”后，就相应建立了长江沿岸中心城市经济协调会、长三角城市经济协调会、长江流域发展研究院及长江开发沪港促进会等合作组织；2000 年后又增添了“协作办主任”会议，由长三角 15 城市常务副市长参加的“经济协调会”，每两年一次的“江浙沪省（市）长座谈会”等内部协调会议；2008 年国务院又下发《关于进一步推进长江三角洲地区改革开放和经济社会发展的指导意见》，而《长江三角洲地区区域规划纲要》也将于近期推出。但相比当今成熟的世界级城市群管理机制，长三角协调机制的缺陷在于受财政分灶吃饭、行政绩效考核等“先天”制度约束，各城市往往会“各打各的算盘”、貌合神离；近期推出的跨行政区域规划也主要还是指导性和方向性的，亟待相应的配套政策和举措跟进，以进一步细化和实化。

“世界级城市群”往往有着分工明确的产业协作体系。能够利用各城市产业结构的差异性和互补性，发挥分工合理、梯度均衡的产业协作力量。如美国的大纽约区城市群，当纽约确立为世界金融中心、跨国公司总部集中地、专业管理服务部门集聚地后，第二大城市波士顿自动寻求产业转变，将兴盛一时的金融业逐步降低到占经济结构的 8%，转而大力发展高科技研发、教育、商业、贸易等产业，现在以波士顿为中心，128 公路环形科技园区已是仅次于硅谷的全美微电子技术中心。此外，费城的国防、航空、电子产业执北美之牛耳；巴尔的摩的矿产业和航运业也是鼎足而立，由此实现了区域内产业分布呈多元、互补格局，增强了整个城市群的经济稳定性。再如日本大东京区城市群，港口建设上也是分工明确、各展所长，千叶为原料输入港，横滨专攻对外贸易，东京主营内贸，川崎为企业输送原材料和制成品。

而对于长三角城市群来说，“产业同构、同质竞争”是困扰已久的问题。在长三角 16 城中选择了电子信息业为产业发展重点的有 12 个城市，选择汽车业的有 11 个，选择石化的有 9 个；港口、机场等基础设施也是齐头并进，南京以下长江段上已建、在建和待建的万吨以上码头达 100 多个，无锡、南京、泰州等地已划定了 5～8 个大型物流园区。当前在产业转型方向上也往往不谋而合，比如提出创意经济后，长三角城市群内共建设了 11 个国家级动漫基地。为何相比市场竞争体系下的西方城市群，更重视计划规划、更强调政府宏观调控的我国，在城市群产业发展方面反而更容易出现“同构”现象呢？追究问题根源，正是地方政府对产业发展干涉过多，“越位”做市场本应该做的事，导致人才、资源在各地间的流动缺乏协调与合作，不能通过优胜劣汰的市场法则合理调整产业结构。政府决策对产业布局影响过大，也使得各城市政府在决策上容易“撞车”，进一步加剧了产业“同构”现象。

“世界级城市群”往往有着快捷便利的交通网络。城市群内各城市的联合发展，交通是首要问题，发达的交通和通讯网络是推动城市群快速稳定发展不可或缺的中枢神经系统。如巴黎城市群中，轨道交通构成了城市群交通的骨架。20 世纪上半叶巴黎市区开始高密度的地铁建设，60 年代开始建设郊区快速火车网线（RER）。目前巴黎城内共有 14 条地铁线路，平均每 500 米设一个地铁站，总长 212 公里，年客运量 12 亿人次。四通八达的地铁加上五条放射状的郊区快速火车网线，形成了今天的巴黎大区。而伦敦城市群采取了轨道交通和高速公路并重的模式，大伦敦区轨道交通线路总长 3 500 公里，其中郊区铁路长 2 300 公里；同时建有 9 条从伦敦出发的放射状高速公路和一条环形高速公路，形成了“一环九射”的高速公路网。德国鲁尔区是世界重要工业区，在鲁尔区建设转型期，其首要工作也是进行大规模的交通建设，目前鲁尔区拥有全欧洲最密集的交通网络，共有 600 公里的高速公路、730 公里的联邦公路和 3 300 公里的乡村公路。

当前，快速发展中的长三角城市群也正在进行规模浩大的交通基础设施建设，上海立志建设成为国际航运中心，尤其“十一五”时期具有国际影响的杭州湾跨海大桥、苏通大桥、沪崇苏大通道相继竣工，以及高速公路、轨道交通、港口等交通设施的规划建设，将形成纵横交错、通江达海的现代化快速交通网络，大大提高各城市的通达程度。但尚显不足的是，目前一些重大设施规划布局还未能从长三角一体化的高度进行统筹规划建设，也缺乏便捷高效的多形式交通换乘联运系统；铁路、公路、水路、航空和管道等各种运输方式之间的能力并不匹配，各种集疏运方式的衔接颇不顺畅，未能真正发挥区域交通网络的优势。

金融危机冲击之下，各国经济遭受重创，原本鼎盛一时的世界级城市群也开始显露颓势。而这却正是长三角城市群抓住机遇发展自身的大好时机。要主动借鉴世界级城市群的成功经验，围绕统筹协调机制、产业协作体系和交通设施网络，努力在体制机制上有所突破，规划建设上有所作为。相信在不久的将来，长三角城市群必定能顺利成为世界级城市群中的新一员，在全球经济版图上纵横捭阖。

第四节　珠三角城市群

以广州、深圳、香港为核心，包括珠海、惠州、东莞、清远、肇庆、佛山、中山、江门、澳门等城市所形成的珠三角城市群，是我国三大城市群（其他两个是长三角城市群，京津唐环渤海湾城市群）中经济最有活力、城市化率最高的地区。珠三角城市群的面积及综合实力不及长三角城市群，但它是我国乃至亚太地区最具活力的经济区之一，它以广东30%的人口，创造着全省77%的GDP。

一、形成的动因

珠三角城市群形成的原因主要有如下几点：

● 政府政策机遇。1978年实行改革开放以来，我国城镇化发展出现了新的契机，尤其是改革前沿的广东省，更是从中得到了空前的发展。改革开放先行一步的经济和政策优势，对珠三角城市群的形成和发展具有重大意义。这种经济体制的改革与对外开放格局的初步形成，极大地吸引了全国的资金、人才、技术等生产要素在这里集聚，为珠三角城市群的形成铺平道路。

● 行政区域规划优势。珠三角同属一个省管辖，在资源整合协调上明显优于长三角或京津唐地区，后二者由三省市管辖，整合协调相对较难。这一因素可以使得珠三角能够更好地在统一的规划与安排下整合各城市的资源，发挥各个城市的优势，相互分工合作，这能够使城市群进行良性循环。

● 地缘优势。珠三角区位优势十分明显：珠三角比邻港澳，且改革开放初期正逢港澳产业结构升级换代，需要依托大陆转移其成本日渐高昂的轻型产品加工制造业，于是大量资金流入珠三角城市；面临南海，与东南亚隔海相望，越过海洋能与整个世界联结在一起。

● 具备极大包容性的文化。岭南文化毫不排斥地接受来自五湖四海的投资者、企业家和各方面的人才，也填补了本土很多资源的不足。综观珠三角的发展历程，外来人员所做的贡献是巨大的，帮助珠三角形成世界级的城市群他们还将发挥更大的作用。

● 足够的资金流入。珠三角是我国著名的侨乡，港澳同胞、海外侨胞最多，与海外有天然便利的人文联系。珠三角吸引的外资中，港澳和侨资占绝大部分，这对珠三角外向型经济发展起了主导作用。

二、空间结构演变历程

按照不同的历史时期，将珠三角城市群空间结构的演变划分为四大阶段：新中国成立前由单中心向双中心转化阶段；新中国成立后到改革开放前衰退阶段；改革开放后至20世纪末由双中心向网络化转化阶段；21世纪发展的新趋势——城市主导区域形成阶段。

（一）新中国成立前珠三角城市群空间结构

在这一历史阶段，珠三角城市群空间结构演变属于港口驱动阶段。随着港口地位和功能的变化，珠三角城市群呈现出不同的空间形态。

元代以前的单个城市中心阶段。这一时期，以广州为单中心的一极化特征明显，而港口交通的便利条件是珠三角单中心格局形成的主要推动力。明初至新中国成立的区域是双中心阶段。16世纪后，澳门被葡萄牙占领后作为一个国际贸易港而崛起，改变了过去广州在珠三角单中心发展模式，而代之以广州、澳门双中心发展模式，在空间布局上呈

“T”字形结构。鸦片战争后，由于香港的崛起和澳门的衰落使原来的双中心格局发生了变化，由以穗—澳为中心转化为以穗—港为中心。这一时期，广州的城市功能发生了重大变化，逐渐向现代工商业、贸易金融中心和交通枢纽的方向转变，成为多功能综合性的经济中心。

（二）新中国成立后到改革开放前珠三角城市群空间结构

在这一历史时期，珠三角城市群空间结构演变属于政治压制阶段。新中国成立以来由于政治等方面原因，内地与港澳间的交往被人为限制以至几乎隔绝。国家开始大规模工业化建设，但处于国防前线的沿海城镇发展缓慢。新中国成立近 30 年间，珠三角城镇化水平由 1949 年的 15.72%微升到 1977 年的 16.26%，基本处于停滞状态；港澳与珠三角之间的经济联系也出现明显的边界分割；珠三角内部的城镇空间格局仍以广州为中心，但功能衰退，关系松弛。

（三）改革开放后到 20 世纪末珠三角城市群空间结构

在这一阶段，珠三角城市群空间结构演变属于外资导向型的工业化模式和城市化模式为驱动。改革开放后，深圳的崛起，使之成为与广州并肩的中心城市，以广州和深圳为双中心的城市群体成为珠三角城市群结构特征。近年来，珠海、佛山、中山、东莞等相继进入大城市之列，城市群体功能呈多样化，交流更加密切，发展为城乡一体、类型完备的多层次城镇体系，双核模式逐渐向网络化、多中心模式演化。目前已经形成东中西三大城市群体。东翼地区包括深圳、东莞和惠州三个城市，中部以广州为中心，包括佛山市（顺德、南海），西翼地区指珠江口以西、银湖以东地区，包括珠海、中山、江门。这三大城市群在空间布局上呈“人”字形结构。香港和澳门的回归，珠三角城市群将以新的组团方式出现，形成大珠三角城市群。

（四）21 世纪珠三角城市群空间结构

进入新世纪，促进珠三角经济发展和城市化的动力机制发生了巨大的变化，原来的外资导向型的工业化模式和城市化模式也因此出现了新的趋向，新的动力主要来自于城市经济的发展、国际国内联系的加强以及民间资本的壮大。如今，形成了以广州为中心的内部交通网络和以香港为中心的外部交通网络，为珠三角迅速融入全球发展奠定了基础。在新一轮政府主导的大型基础设施投资的推动下，珠三角将逐步成为城市主导区域并在全球经济活动中扮演重要角色。

综观珠三角城市群空间结构的演变，按照各个不同的历史阶段，其大致经历了单中心—双中心—多中心网络化三个阶段。目前，正在向城市主导区域阶段演化，城市主导区域是超越了多中心网络化阶段的更高阶段，它强调各个城市的协调有序发展，以及在全球经济活动中的重要地位和作用。

三、进一步发展的政策建议

为了使珠三角城市群继续保持良好的竞争力，并参与国际竞争，对其未来的发展提出建议：

加快产业发展的协调与规划，促进珠三角协调发展。为实现产业的合理发展，珠三角应加强区域内主导产业的整体统一规划。首先，应与港澳地区形成新型的“前店后厂”模式。2003 年 8 月粤港联席会议双方达成共识，广东将致力发展成为制造业基地，香港则发展物流、金融和服务业中心，这对区域产业协调发展具有重要的意义。其次，根据珠三角各城市的工业基础、资源禀赋与区位优势，统筹规划制造业的发展，使区域重点的制造业，如电子制造、家电等行业合理分工。再次，从总体上提升区域产业技术水平，形成一批有自主创新能力的高新技术支柱产业群，推进产业结构的提升。最后，适时将技术相对落后的工业按照梯度原理转移到周边城市或省区，以扩大经济腹地，形成完善的区域产业等级序列。

积极调整政府角色。珠三角虽然同属于广东省，但是各个城市都各自为政，形成诸侯纷争的局面。城市群内行政壁垒是制约城市群协同效率发挥的最大障碍。因此，政府政策的协调性和公平性显得尤为重要。政府的调节作用是积极的、有效的、连续的，主要表现在：制定发展战略目标、提供经济立法和法律体系、完善市场体系、政策规范市场行为、协调资源配置，为整个经济运行创造一个高效的、公平的和稳定的宏观环境。所以在整个城市群内各政府间要以区域全局为出发点，统一规划，共同发展。

细化城市群内各城市的职能分工，进一步促进珠三角的专业化，使城市间相互交错，融为一体，形成广泛的协作关系。香港、广州由区域中心结点职能向更为广泛的整合职能转型，而相应的职能正逐步由周边的城市承担。大珠江三角洲城市群中的香港在金融、信息、物流等优势和成熟的市场经济意识，需要与内地的腹地空间相结合。从核心城市职能分工的综合指数来看，广州应大力提升核心城市的服务和管理水平，重点发展商业、服务、文教、交通、科技等职能，建成更具国际竞争力的商贸流通中心、科技研发中心和现代服务中心。深圳重点发展商业、金融和服务等职能，向商贸、物流、金融和信息一体化的现代化区域性中心城市迈进；珠海立足于自身基础，凭借各大学科研机构进驻，发展为信息技术产业和现代商业及旅游业发达的区域性中心城市。

加强大珠三角城市群的整合力度。大珠江三角洲城市群不断调整和优化产业结构，逐渐形成了资金、人才、管理、技术、环境等优势，全面参与国际竞争的能力不断增强。从历史发展角度来看，其内部的合作已经拥有很好的根基，在原有的特殊政策优势日渐淡化的情形下，基于经济全球化和我国入世的新发展背景，它需要通过强化城市群内整合，实现城市群内核心城市之间的互补与错位共享，重构区域的整体竞争力以及创造新的竞争优势，保持经济发展的“排头兵”地位。

四、珠三角城市群的竞争力

珠三角城市群位于广东省中南部珠江下游，由香港、广州、佛山、江门、深圳、惠州、肇庆、珠海、东莞、中山、澳门等 11 个城市组成，外加清远市作为其辐射城市。它是我国沿海开放区最具活力的地区，也是我国城市化水平较高的城市群之一，在全国经济中占据重要地位，即使不将香港和澳门计算在内，该城市群仍旧吸纳了全国近 1/6 的外资。2007 年的综合竞争力排名位列第二，其中先天竞争力排名为第二、现实竞争力第一、成长竞争力第三。

1. 先天竞争力

位于华南地区的该城市群，其发展是伴随珠江三角洲的工业化进程而逐步实现的。珠三角城市群城市化水平位列第一，区域内土地开发程度高，城市耕地规模小。在劳动力构成方面，外来劳动人口优势明显，移民人口规模排名为所有城市群之最，宜人的气候条件吸引了周边省市的流动人口，其劳动数量仅次于长三角与京津唐城市群，位居第三。但其基础工业滞后，广州城市首位度的降低是该城市群面临的主要问题。然而，随着珠三角城市群延伸为粤澳港城市群，成为我国乃至亚太地区最重要的大都市城市群，其发展前景非常可观。

2. 现实竞争力

该城市群的突出特点是人均指标排名较高，其中人均GDP、人均可支配收入、人均财政收入、人均储蓄余额、人均第三产业增加值等排名均居于所有城市群之首。对外贸易规模与效益仅次于长三角城市群，体现出强劲的经济开放竞争力；非农产业比重高，位列第一；香港与深圳是组合城市，地理上香港为金融和物流中心，深圳为金融和物流次中心，东莞是制造业在华南地区最具规模的集中地。深圳、东莞为高新技术产业制造基地。因此完全可以超越城市个体概念，基本形成了城市群圈层。然而，从城市群分工程度来看，排名较一般，仅位列第11位。各城市的分工协作还有待于进一步加强。

3. 成长竞争力

目前，珠三角城市群面临着国际投资多元化、国家优惠政策分散化，及其他城市群不断发展的挑战，该城市群原有的优势在不断弱化。尽管移民数量优势明显，但城市移民人口增长得分较低，位列所有城市群的第20位。在城市环境污染治理方面得分也不够理想，排名仅为第12位。今后该城市群的发展应仍旧以香港为城市群核心，以澳门、广州为中心城市的核心圈层，并以此城市结构来带动城市群经济的新发展。城市群由原来工业、制造业为主的生产性带动，逐步走向服务性的产业带动，这种发展方向的转换将使珠三角城市群成为南方强有力的经济重心。

第五节　京津冀城市群

京津冀城市群总体结构采用“点—轴”发展模式。京津冀城市群的未来发展从“2＋8＋4”模式入手。按照国家发改委的界定，京津冀城市群包括北京市、天津市和河北省的石家庄、唐山、保定、秦皇岛、廊坊、沧州、承德、张家口八个地市及其所属的通州新城、顺义新城、滨海新区和唐山曹妃甸工业新城。京津冀城市群区域面积为18.34万平方公里，人口8 500万。

一、发展模式

京津冀城市群“点”的发展即以核心城市和次中心城市等为主要“结点”，统筹发展；“轴”的发展就是城市群内外主要交通走廊和产业带的发展。“点”的具体发展构想是采用“2＋8＋4”模式，推进城市群“结点”城市发展，即推动两个核心城市、八个次中心城市及滨海新区、通州、顺义、唐山曹妃甸等新兴城市的发展；“轴”的发展构想是以京津冀城市群各城市之间的主要交通线以及沿交通线分布的产业带和城市密集带构成的。“轴”

的发展将以中关村科技园和滨海新区等高新技术产业为依托，以快速综合交通走廊为纽带，促进通州、廊坊、滨海新区城市群主轴的发展；以滨海临港重化工产业发展带和渤海西岸五大港口为发展核心，促进秦皇岛市、唐山市、天津市、沧州市沿海地区城市发展带的快速发展。

二、主要问题

京津冀城市群发展中存在的主要问题有两方面。一是京津冀城市群经济发展整体水平有待提高。京津冀城市群的经济总量比较大，但反映区域经济发展水平的人均地区生产总值远低于长三角和珠三角；二是核心城市对区域发展的带动作用不明显。京津冀两大核心城市并存，低等级城镇数量过多，中等城市偏少。其中北京市的城市功能、技术和产业已开始向周边地区扩散；天津由于作为北方经济中心的发展和滨海新区的开发建设，在一定时期内极化作用正在增强；河北八市等次中心城市经济实力不强，与京津两市的发展水平差距显著，接受核心经济辐射能力有限，使城市群边缘地区很难分享中心城市的发展成果。

三、城市定位

京津冀城市群的发展在于定位准确，各城市应该充分利用各自的比较优势，错位发展。京津“双核”城市应定位于引领区域、全国及国际竞争的经济实力和辐射功能；8个次中心城市应按照各自的比较优势和城市群区域一体化原则，承接京津的辐射，疏解京津过于集中的城市功能；积极推动滨海新区、通州、顺义和曹妃甸等新兴城市发展。

（1）北京市。

国家首都、政治文化和国际交往中心，国家科技自主创新中心，现代服务业、文化创意产业、高科技研发业发达的国际大都市。

（2）天津市。

我国北方经济中心，北方国际航运中心，现代物流中心和世界级现代制造业基地、重化工产业基地，服务业发达，环境优美的国际港口城市。

（3）唐山市。

我国北方重化工产业基地，京津冀城市群主要重工业产品和能源供应基地，石油、铁矿石运输枢纽城市。

（4）廊坊市。

京津塘产业带上的主要结点城市，京津高科技产业生产基地，服务业发达，环境优美的旅游会展城市，疏解京津城市功能的卫星城市。

（5）保定市。

京—保—石现代制造业产业带上的重要结点城市，京津冀城市群现代制造业产业、华北腹地经济发展的领头羊，疏解北京城市功能的次中心城市。

（6）石家庄市。

华北连接中原、华南地区的交通枢纽，以医药、纺织业为主导产业的现代制造业基地，华北南部的商贸物流中心和区域经济中心。

(7) 秦皇岛市。

全国著名的滨海旅游、休闲、度假胜地，国家级能源输出港和北方地区重要的出海口岸，京津冀滨海临港产业带北端结点城市，京津冀城市群生态屏障的组成部分和未来高新技术和高档居住扩散地之一。

(8) 沧州市。

京津冀滨海临港重化工产业带南部结点城市，以石油化工、盐化工为主的重工、化工产业基地，连接冀中南、鲁西北、西北地区的能源输出港。

(9) 承德市。

世界闻名的以中国皇家园林为特色的旅游休闲城市，京津冀区域水源涵养地，京津冀绿色生态农业和清洁能源基地。

(10) 张家口市。

京津冀城市群连续东北、西北区域的交通枢纽，京津冀城市群的重要生态屏障和水源涵养地，京津冀绿色生态农业和清洁能源基地。

(11) 滨海新区。

我国北方对外开放的门户、高水平的现代制造业和研发转化基地、北方国际航运中国和国际物流中心，宜居生态型城区。

(12) 通州新城。

面向区域的综合性服务新城，北京市参与环渤海区域合作发展的重要基地，服务设施完美，文化产业发达，承接商务、会展、行政及城区人口功能的现代化新城区和综合服务中心。

(13) 顺义新城。

连接国际国内枢纽空港，服务全国、面向世界的临空产业中心和现代化制造业基地。

(14) 唐山港新城。

北方的大型能源原材料进口港口，北方重化工业基地和临港新城。

四、发展思路

(一) 构建“京廊津塘”高科技产业带

借鉴美国硅谷的经验，距离北京 60 公里的廊坊可以为北京高科技产业研发中心的发展提供大有作为的空间。京津冀区域经济合作的大手笔便是构建“京廊津塘”高科技产业带，即将亦庄—廊坊—武清—塘沽一线建成高科技产业发展重点。在“十五”时期末，廊坊已形成了农畜产品及加工、汽车摩托车配件、木材加工及家具制造、金属制品、会展旅游等重点产业，高新技术产业得到快速发展，电子信息 500 亿元以上的大项目就有华为等十多家；“十一五”期间，廊坊要谋划亿元以上的项目达 120 个，这些企业将被重点扶持，使得“京津廊塘”高科技产业带的前景一片光明。在产业布局空间方面，从北京亦庄经济技术开发区至塘沽滨海新区这一条线位于北京东南方向，有高速公路直达天津港，产业基础已初具规模，是发展高科技产业的最佳首选地带。北京的支柱产业布局正朝东南和东部方向发展，沿着京津和京唐的连线发育产业带。与廊坊、燕郊及香河开发区在空间上逐步接近、渗透、融合，进一步推动京津冀区域经济一体化的发展趋势，形成高科技产业和现代制造业的北方集聚带。通过吸收华北和其他地区电子、化工、机械等类科研院所、工科院校进入，可以将廊坊建设成全国重要的科技教育基地与科技成果转化基地，建设京廊津塘高科技产业带是京津冀经济合作的重点之一。

（二）京津“单边”竞争应转向“双核互动”

长期以来，京津两市从自身城市的利益、基础以及发展阶段出发，都曾提出过比较明确的功能及发展定位。但其功能及发展定位，从我国环渤海及北方地区视角来说，并未形成公认和共识的结论。北京与天津以及其他城市之间是畸形竞争，产业结构雷同性大于互补性，产业集群度低，缺乏合理的分工与协作。在过去的发展中，北京一方面强调作为首都政治和文化中心的城市定位，另一方面一直强调大力发展重工业，从未放弃“经济中心”。因此，多年来，北京能否放弃经济中心，天津能否重新成为北方经济中心，京津两市能否由“单边”发展转向“双核互动”是区域发展中亟待解决的问题。

（三）北京牵头建“联合区委会”

尽快牵头组建区域协调机构，成立首都圈地区（京津冀区域）合作委员会，并赋予其实权地位，整合包括财政、科技、人才、信息、自然资源等区域资源。北京市社科院研究员陈孟平提议，组建的京津冀区域协调机构，其地位将界于中央政府与京、津、冀省级政府之间，它将拥有实际的权力，能够真正立足于京津冀区域的发展，做好京津冀三方财政分配，以及基础设施、服务设施的协调工作。河北省省长郭庚茂在接受《法制晚报》记者采访时也表示了类似的意见。他表示，希望国家成立一个城市协调的机构，建立协调机制。不过，他认为，这需要一个很长的过程，因为受到了体制上的约束。

第六节　其他城市群

国家发改委 2010 年 8 月 25 日发布《促进中部地区崛起规划》实施意见。意见指出，将支持重点地区发展，包括落实武汉城市群、长株潭城市群“两型”社会综合配套改革试验区建设方案和相关规划。实施江西鄱阳湖生态经济区规划、安徽皖江城市群承接产业转移示范区规划。

国家发改委指出，要抓紧研究中原城市群发展有关问题。指导编制湖北长江经济带发展规划。研究调整完善中部地区“两个比照”政策的意见，进一步完善促进中部地区崛起的政策体系。落实促进中部地区城市群健康发展的意见，研究制定加快中部地区县域经济发展的意见。

意见还提出，加快构建沿长江经济带、沿陇海经济带、沿京广经济带和沿京九经济带，大力发展武汉城市群、中原城市群、长株潭城市群、皖江城市群、环鄱阳湖城市群、太原城市群。支持中部地区老工业基地全面振兴。

一、中原城市群

中原城市群在中国 15 个城市群竞争力排名中位居第七位，超过武汉、长株潭、合肥城市群，成为中部城市群的“龙头”。发展城市群可在更大范围内实现资源的优化配置，增强辐射带动作用，同时促进城市群内部各城市自身的发展。建设城市群已成为中国带动区域发展的一个重大宏观战略，也是推动中国城镇化进程的一条主要途径。

城市群是在城镇化过程中，在特定的城镇化水平较高的地域空间里，以区域网络化组织为纽带，由若干个密集分布的不同等级的城市及其腹地通过空间相互作用而形成的城市—区域系统。城市群的出现是生产力发展、生产要素逐步优化组合的产物，每个城市群一般以一个或两个经济比较发达、具有较强辐射带动功能的中心城市为核心，由若干个空间距离较近、经济联系密切、功能互补、等级有序的周边城市共同组成。

中原城市群以郑州为中心，以洛阳为副中心，包括开封、平顶山、新乡、焦作、许昌、漯河、济源、巩义、新密、禹州、新郑、偃师、荥阳、登封、舞钢、汝州、辉县、卫辉、沁阳、孟州、长葛等23个城市，34个县城，374个建制镇。土地面积5.87万平方公里，人口3 950万，分别占全省土地面积和总人口的35.3%和40.3%。2008年实现地区生产总值10 568亿元，位居中部地区第一位，第二、三产业增加值占GDP比重89.7%，人均地区生产总值21 470.3元，地方一般预算财政收入544.30亿元，规模以上工业增加值3 431.19亿元。在中国15个城市群中综合实力名列第七位，位列中国中西部第一位。

（一）城市体系空间布局的结构特征

城镇分布相对密集。中原城市群是我国中部地区城镇最为密集的地区，设市数量约占河南省城市总数的60%，23座城市的平均密度为3.9座/万平方公里，略低于珠江三角洲城市群（4座/万平方公里），高于长江三角洲城市群（2.9座/万平方公里）。431个城市和建制镇分布密度为7.3座/千平方公里，低于珠三角（9.8座/千平方公里），高于长三角（6.8座/千平方公里）。

城市布局呈集聚型，交通指向和圈层状特征明显。城市分布有较为明显的分形几何特征，经计算得到该区域城市空间分布的集聚维数为0.512 7（测定系数$R^2=0.979\ 1$），说明城市分布集中程度较高，城市的地域分布属集聚型。而且，交通指向性非常明显。另外，城市分布以郑州为核心向外展开，具有较为明显的圈层式空间分布特征，有利于中心城市扩散效应的发挥和各城市之间功能的分工与协调。

四条动脉为主干的初级城市网络格局。一条主轴和三条副轴构成了中原城市群城市网络的四条动脉，而那些分布于由发达的省级公路和密集的县乡级公路构成的交通网上的城镇，构成了城市网络的支脉。众多的支脉与4条动脉相互交错，构成了城市网络雏形。其间东部地区网络支脉不够发达，城市网络密度相对较小，城市群整体网络功能降低。

（二）城市体系空间布局优化的目标

中原城市群是河南省城镇化战略中“强化核心、沿轴发展、梯度推进”的关键与核心区域，只有通过优化城市空间布局、优化城市资源配置，才能提升城市功能，壮大优势产业，放大城市群整体优势。空间布局优化的目标是：通过十几年的努力，建成一批特色鲜明、适宜居住、资源节约和环境友好型城市，形成多层次、网络状的城市体系，促使中原城市群成为功能完善，可持续发展潜力大，城乡一体化发展的现代化城镇密集区；将中原城市群建成全省对外开放、承东启西、联南通北的主要平台，形成中西部地区经济发展的重要增长极，带动中原崛起，促进中部崛起；确立中原城市群在全国城市群中的重要地位，使其真正成为我国陇海—兰新地带经济重心区和重要城镇密集区。据此，城市体系空间布局应在总体上体现城市空间发展的中心集聚、轴线拓展、网络联系格局，着眼于未来，逐步形成以各级中心城市为依托，以快速交通干道、工业都市带为发展轴线，以各种生产要素流、各级交通和通讯线路为联系网络的城市体系空间布局形态。

（三）城市体系空间布局的优化方案

中原城市群的空间布局优化要有整体和局部之分，在城市群发展的不同阶段也应有所侧重。2020年前后，中原城市群要努力形成“两圈、双核、四带、一个三角”的城市空间布局和功能发挥的整体格局。

两圈。第一圈层是郑州城市群，第二圈层是以郑州城市群为中心，以洛阳、开封、新乡、焦作、许昌、平顶山、漯河、济源、巩义、禹州、新郑等城市为结点，构成的中原城市群紧密联系圈。目前，中原城市群正在形成以郑州为中心，以周围7个卫星城镇为结点构成的郑州城市群，以除郑州以外几个中心城市为结点构成的紧密联系圈，以及除中原城市群城市之外的河南省其他中心城市，包括周围邻近省份部分城市在内构成的外围辐射圈。在城市群层状空间分布基础上采取以郑州为中心的“圈层”式空间整合发展模式，应是城市体系空间布局优化的总体模式。

双核。即主核心城市郑州、副核心城市洛阳。目前，依靠郑州牵引中原城市群进而牵引全河南省，显得势单力薄，势必形成弱核牵引状态。而且，在短时期内急速扩张郑州市的规模，靠行政力量“催生”其综合实力，或者靠“大力”发展第三产业创造“商业奇迹”，都是不现实的，甚至是危险的。在这种状况下，西距郑州117公里的十三朝古都、从“一五”起即是国家重点建设的老工业基地城市洛阳，自然就理应进入空间布局优化的视线。如果以郑州为主核，以洛阳为副核，形成双核牵引的局面，中原城市群的雄起，乃至河南省在中部崛起中地位的改观，将会更有说服力。

四带。第一带为沿黄河由东向西的陇海铁路、连霍高速公路、310国道组成的复合发展轴；第二带为自北向南由京广铁路、京珠高速、107国道组成的复合发展轴；第三带是由连接新乡、焦作、济源、洛阳的铁路和公路构成的复合轴线；第四带是由连接漯河、平顶山等市的漯阜铁路和正在建设的洛阳至平顶山、漯河、周口、阜阳至上海高速公路组成的复合轴线。与此对应，分别建设郑汴洛城市工业走廊（陇海产业发展带）、新郑漯京广产业轴、新焦济南太行产业轴、洛平漯产业轴等4个产业发展轴带。这4条轴线和4个产业发展轴带相对应，构成中原城市群整合发展的4条重要的“经脉”。

一个三角。指以平顶山、许昌、漯河三市为结点，依托其产业发展形成带动城市群西南部发展的“成长三角”。中原城市群北部有郑州—开封—新乡—焦作—济源—洛阳组成的成长多边形，南部有平顶山—漯河—许昌组成的成长三角形。相比之下，南部平顶山—漯河—许昌成长三角区位条件便利，有良好的合作基础，可进一步加强三市之间的经济联系，重点搞好产业整合和基础设施整合，做到一体化发展，形成城市群南部地区的“金三角”。

（四）郑州城市群建设

大郑州的中心组团要集中精力发展现代服务业、高新技术产业，传统产业要向外围卫星城市转移、扩散。郑东新区要发展为中央商务区和“新经济”集聚区，而外围卫星城如巩义、新密、新郑、中牟及桥北新区等要以发展产业为主，共同支撑大郑州作为河南乃至中部地区产业空间组织中心的功能区。争取在不远的将来，将郑州发展成为一座集行政、商贸、交通、旅游服务于一体的现代化大都市。大郑州的范围包括郑州市区及其紧密联系的卫星城市。基本思想是发展大郑州，强化核心城市的地位、职能和经济的空间组织作用。以发展成国家区域性中心城市为目标，以建设郑东新区为契机，着力发展“三港五区”，使其城市人口逐步增加到500万，成为我国大郑州中部地区具有较大影响力的区域性中心城市。将荥阳市纳入郑州市区范围，作为城市功能区进行建设和发展；突出巩义市在大郑州发展中的地位，使其成为郑洛之间的支撑点；调整行政区划，将黄河以北的桥北新区和温县、武陟、原阳等县的部分地区纳入大郑州的发展范围，实现跨河发展，使大郑州人口规模达到1 000万左右，成为能够与武汉、西安、成都、重庆等城市相比肩和互补的特大都市。

郑州市积极向东和向北方向发展，重点建设郑东新区，加快花园口组团发展，继续搞好中心城区组团、须水组团和航空港区组团建设。城市街区、道路的建设努力体现文化特征，建筑造型突出个性。新区建设和旧城改造把生态建设放在重要地位，体现以人为本。2020年，郑州城市群人口规模将达到1 000万～1 200万人。中心市区人口超过500万人，市区面积500平方公里。在郑州城市群范围内率先消除二元结构，把郑州市建成功能完善、环境优美的现代都市。

充分发挥郑州交通、信息枢纽的区位优势，建设全国重要的现代物流中心。加快金融开放步伐，吸引中外金融机构在郑州设立分支机构，把郑州建成全国重要的金融机构集聚区和区域性金融中心。大力发展会计、税务、律师、管理咨询、工程咨询等中介服务业，把郑州建成我国中西部地区中介机构集中、竞争力强的城市。加快高等院校和科研院所建设，积极发展旅游文化产业，形成全国重要的区域性科教文化中心。

重点发展信息产品制造业、汽车制造业、生物化工和食品制造业，形成资金技术密集型和劳动密集型产业协调发展的格局，使郑州成为中原城市群现代制造业基地的核心区。郑州城市群城市体系建设。荥阳、新密、新郑三市及中牟县和上街区，与郑州距离在3 050公里之间，巩义、登封等市距离在70公里内，郑州与周边7个市（县区）以农田（都市型农业）、绿地隔离，产业互补，形成了核心—卫星城结构。进一步加快巩义、登封等卫星城市建设，荥阳、新郑等市县适时撤市（县）设区，完善郑州城市群城市体系。

二、长株潭城市群

（一）基本概况

长株潭城市群位于湖南省东北部，包括长沙、株洲、湘潭三市。面积2.8万平方公里，2006年人口1 300万，经济总量2 818亿元，分别占湖南全省的13.3%、19.2%、37.6%，是湖南省经济发展的核心增长极。长沙、株洲、湘潭三市沿湘江呈“品”字形分布，两两相距不足40公里，结构紧凑。人均水资源拥有量2 069立方米，森林覆盖率达54.7%，具备较强的环境承载能力。长株潭城市群是我国京广经济带、泛珠三角经济区、长江经济带的接合部，区位和交通条件优越。

拥有国防科技大学、中南大学、湖南大学、湖南师范大学等59所高校，90多万名专业技术人员，杂交水稻、人类干细胞、复合材料等研究项目国际领先。

三市通过资源整合和产业布局，目前已建成了3个国家级开发区，2个国家产业基地。从2005年开始，每年年初均由湖南省长株潭经济一体化办公室组织制定年度经济一体化工作目标任务，三市互动的协调机制正在建立。

2009年，长株潭三市经济继续保持强劲的发展态势，实现地区生产总值5 155.8亿元，占湖南全省39.87%；进出口、实际利用外资占全省的比重都超过60%。核心增长极的作用进一步得到显现。

1. 长沙

长沙是一座有2 000余年悠久文化历史的古城，早在春秋时期，就是楚国雄踞南方的战略要地之一。汉朝的刘邦立国之后，于公元前206年改临江为长沙，并设立汉朝的属国——长沙国，自此之后，长沙开始筑建城墙，并逐渐成为兵家必争之地。长沙因为据有险峻的地理环境，所辖地区又尽为富庶之地，经济与交通均较为发达，故历代以来名人、文士辈出，其文化艺术极为繁盛，在中国的文学史上占有极高的地位。

长沙，位于湖南省中部，湘江下游。辖长沙、望城、浏阳、宁乡4县和东、南、西、北、郊5个区，境内的主要河流有湘江与浏阳河。总面积12 500平方公里，总人口550万，其中城区面积352平方公里，人口273.72万。年平均气温为17℃上下。

主要风景游览区有岳麓山、橘子洲、天心阁、烈士公园、月亮岛，主要名胜古迹和中国革命纪念地有马王堆汉墓、岳麓书院、开福寺、陶侃寺、贾谊故居，“中共湘区委员会旧址”清水塘、湖南自修大学旧址船山学社、湖南省立第一师范学校等。

2009年长沙市全市地区生产总值（GDP）3 300亿元，同比增长14.5%。地区生产总值在全国省会城市中排名进入前五位。按常住人口计算，人均GDP突破5万元大关，达到56 620元，居中部各市之首。长沙经济总量在2012年有望进入4 000亿城市俱乐部，与南京、沈阳等城市同级别。以2000年人均GDP为基数，只要今后五年保持10%以上的年均增速，长沙市有望在2012年实现人均GDP比2000年翻两番。

2. 株洲

株洲位于湖南省东部，在东经112.6°～114°、北纬26°～28°之间，是湖南省“一点一线”区域经济带的重要城市，也是全省经济最发达的长、株、潭“金三角”一隅。

解放初期，株洲只是湘潭县辖下的一个小集镇。1951年5月，株洲设专辖县级市，1956年3月，升为省辖地级市，1983年实行市带县新体制。现辖炎陵县、茶陵县、攸县、醴陵市、株洲县五县（市）和城市天元、芦淞、荷塘、石峰四区，140个乡镇，2 225个行政村。总面积11 420平方公里，其中市区面积542平方公里。到2004年底，全市总人口370.9万人，非农业人口99.2万人，农业人口271.7万人。

株洲有着悠久的历史和光荣的革命传统。中华民族的始祖、农耕文化的创始人炎帝神农氏，就长眠在株洲境内炎陵县鹿原陂。1983年株洲市株洲县漂沙井磨山发现6 000多年前新石器早期大溪文化遗址，以及叠压在其上的4 000多年前新石器晚期龙山文化遗址。近代，1906年，孙中山先生领导同盟会的萍（乡）浏（阳）醴（陵）起义，1927年毛泽东同志领导的湘赣边界秋收起义，都曾震撼中华大地。李立三、左权、谭震林、耿飚、杨得志、宋时轮等近、现代的革命先驱和军事将领就诞生在这块热土上。株洲人民为保卫井冈山革命根据地和湘赣苏区，为了祖国的解放，前仆后继、英勇奋斗，数以万计的优秀儿女献出了生命，谱写了可歌可泣的篇章。

2009 年株洲市 GDP 为 1 022.6 亿元，常住人口 373.4 万人，人均 GDP 达到 27 474 元。全市经济总量四年连续跨越 600 亿元、700 亿元、900 亿元和 1 000 亿元四个台阶，成为全省第五个跨入经济总量过千亿元的城市。据初步预测，2010 年 GDP 增幅可达 14.2% 至 1 167 亿元。

3. 湘潭

湘潭市位于湖南中东部地区，湘江中下游，东经 111°58′～113°05′，北纬 27°20′55″～28°05′40″之间。地貌以平原、岗地、丘陵为主，土地资源具有耕地、水面和丘陵地较多较好的优势。现实有耕地 12.2 万公顷（183 万亩），占土地总面积的 24.3%，全市人均占有耕地 447 平方米（0.67 亩）。

土地质量好，利用率高，水稻土、红壤、菜园土分布较广，有利于以水稻为主的种植业和农业的开发。现辖湘潭县，湘乡市，韶山市雨湖、岳塘区两个城区。全市总面积 5 015 平方公里，人口 280 万，其中市区面积 281 平方公里，人口 65 万。

境内有韶山等全国重点风景名胜区和革命纪念地，一代伟人毛泽东和著名人物彭德怀、齐白石等为本地人。

2009 年，湘潭市实现 GDP 总量达 834 亿元，增长 13.6%，占全省 5.6%。2010 年湘潭市 GDP 速度达到 15.2%，总量达到 894 亿元。

（二）一体化特点

现在全国有很多城市群，在中部地区有武汉城市群、中原城市群、长株潭城市群，过去这些城市群有谁当龙头的问题，中部地区到目前为止可能还没有一个城市群来当龙头，应该是多元竞争的局面。在这样的形势下，长株潭城市群有自己的特色，相比较来说主要有三个方面的特色：

第一，我们是多中心的网络城市。城市群有两种类型，一种是上海、北京、纽约、伦敦、巴黎的单中心城市群，这种城市群很难避免大城市的难题，不能解决生产、生活、生态的协调，很难创造宜居环境。后来创造了由海牙等 20 多个中小城市共同构成的城市群，它叫做网络城市。构成网络城市的目的是因为它没有办法跟伦敦、巴黎、纽约竞争。如果这么多城市构成一个有机群体，构成一个城市群，它就能够跟伦敦、巴黎、纽约竞争。长株潭城市群恰恰有自己的优势，长株潭城市群、“3＋5”是多中心的网络城市，从城市效益、空间结构、宜居环境、科学发展角度来看，应该比当中心的城市更能发挥它的效益。

第二，这三个城市都是老工业基地，国家发改委已经批复，重化工业的基础是比较好的。中部地区一直没有这样的城市群。

第三，长株潭三个城市的基础比较好，联系比较紧密，三个城市在半小时车程的范围内，“3＋5”笔者估计也就一个半小时能解决，而中西部地区过去招商引资存在的最大问题就是产业配套的问题，假如我们形成了“3＋5”城市群的话，我们就能够在一个半小时构筑一个经济圈，这样就能够解决招商引资经济发展的产业支撑问题，能够大规模地集聚产业、集聚要素，这点是非常重要的。但是，武汉就不一样，武汉中心力量很强，周边力量却比较薄弱。

以上三个特点，也是长株潭城市群未来发展的优势。从这三个特点来看，长株潭城市群可以打造生产生态生活协调发展的新城市群典范，长株潭城市群应该可以成为三个典范：一是成为多中心网络化的生产、生活、生态协调发展的城市群；二是有条件打造成为全国区域科学发展典范；三是有能力打造成为全国“两型社会”建设综合配套改革试点典范。

（三）发展目标

（1）形成长株潭三市空间布局合理、功能健全、基础设施完备和共建共享、生态环境共存共生、要素市场一体化、产业发展一体化的高效率、高品质的多中心型城市群地区。

（2）形成以长株潭三市城区为增长核、以三市间的快速交通设施（高速公路、快速路、轨道交通）为纽带的核心区组团，以铁路和高速公路为发展轴向周边地区放射的城镇网络群体。

（3）发展成为经济繁荣、能提高吸纳就业能力和有良好的人居环境，污染得到综合治理、人地关系协调的体现科学发展观的示范型城市地区。

（4）发展成为在华中经济圈中具有举足轻重地位、在国内具有很强竞争力的组群式的特大型城市化地域之一。

长株潭城市群核心地区规划范围内2020年人口规模控制在700万～750万人之间。核心地区国内生产总值（GDP）规划近期2010年达到3 757亿元以上，GDP增长速度达到13%以上；到2020年增长为4 542.81亿元以上，GDP增长速度为7.8%以上，三次产业比例到近期2010年为9∶50∶41，2020年为5∶45∶50；三次产业具体指标到近期2010年第一产业为198.39亿元，第二产业为1 102.19亿元，第三产业为903.79亿元；到远期2020年第一产业为227.14亿元，第二产业为2 044.26亿元，第三产业为2 271.4亿元。人均GDP规划到近期2010年为4万元人民币以上，到2020年达到6万元人民币以上。

三、山东半岛城市群

山东半岛是一个正在崛起的城市群。搞好山东半岛城市群的建设与发展，使之成为我国最具经济活力的地区之一，是山东省委、省政府在新世纪做出的重大战略举措，对增强山东省竞争力、实现山东的跨越发展具有深远意义。随着《山东半岛城市群发展战略研究》通过省部论证，人们时有所闻却难知其详的半岛城市群战略规划图，终于有了较为详尽的版本。

过去，山东半岛地区一直被看成环渤海经济区的一个次区域，如今，把半岛城市群研究的视野纳入环黄海经济圈，这是一个重大突破。把京津唐、辽东半岛和山东半岛三大相对独立的由城市群落连接而成的经济带同归于环渤海经济区内，这是一个根植于计划经济时代和内海思维的概念，在中国经济与世界经济快速对接的时代，已显得极不合拍。在包括我国环黄海地带和韩日等国的环黄海经济区中，山东半岛城市群的重要意义在于，它是黄河经济带与环黄海经济区的日韩等发达国家经济交流的桥头堡之一，也是我国黄河中下游地区的主要出海门户。半岛城市群的崛起，不仅将带领山东进入经济发展的高速车道，还有可能成为中国的第四增长极甚至第三增长极的有力竞争者。一位业内人士勾勒出一个十分诱人的前景。在沿海六大经济圈中，山东半岛城市群的国内生产总值、地方财政收入等主要经济指标均列第四位。

（一）战略定位

为与长三角、珠三角比肩的增长极。本次规划范围包括济南、青岛、淄博、潍坊、东营、烟台、威海、日照辖区及邹平县，规划区土地面积约 7.4 万平方公里，共有 8 个地级市和计划单列市，22 个县级市，600 个建制镇。将邹平纳入规划区域，主要考虑到邹平虽然在行政上隶属滨州，但因黄河的阻隔，与同在黄河一侧的济南的经济联系更为密切。

1. 立足山东放眼世界

在全球范围内半岛城市群是以东北亚区域性国际城市青岛为龙头，带动山东半岛城市群外向型城市功能整体发展的城市密集区域，是全球城市体系和全球产品生产服务供应链的重要一环。在此区域经济合作圈内，是环黄海地区区域经济合作的制造业生产服务中心，构筑由山东半岛、韩国西南海岸地区、日本九州地区组成的跨国城市走廊，推动“中日韩黄海地区成长三角”形成。在全国范围内，是黄河流域的经济中心和龙头带动区域，与珠三角、长三角比肩的中国北方地区的增长极之一，与京津唐、辽中南地区共同构筑环渤海地区经济合作圈的领头军。

在环黄海范围内，山东半岛城市群是环黄海地区区域经济合作的先进制造业生产服务中心之一。构筑由山东半岛、韩国西南海岸地区、日本九州地区组成的三角地带跨国城市走廊，推动“中韩日黄海地区成长三角”形成。

在全国范围内，山东半岛城市群是黄河流域的经济中心和龙头带动区域，与京津冀、辽中南地区共同构筑引领中国经济发展的重要增长极。

在山东省范围内，山东半岛城市群是经济发展的核心区域和对外开放的前沿，是全面体现山东省区域综合竞争力的城市密集地带。

2. 济南、青岛联手打造区域双中心

在规划中，山东省将打造青岛、济南、烟台、淄博、潍坊、东营、日照、威海等 8 大城市区中心城市，其中，济南和青岛将联手打造区域双中心。省会济南今后将着力打造以现代服务业为主导、高新技术产业发达的综合性省会城市；青岛将致力于打造现代制造业和现代服务业发达的国际性港口城市和国际性海滨旅游城市。济南和青岛将逐步构建为强强联合的区域双中心城市。

3. 济南“两轴三翼”带动周边地区发展

按照规划，济南城市区是以济南为中心，章丘为副中心，济阳、邹平为优先发展城镇，其他城镇分别承担相应功能分工的综合性城市区。济南城市区空间结构布局为“两轴三翼”，其中“两轴”为沿胶济铁路的城市发展轴线和沿国道 220 线、省道 248 线的城市发展轴线；“三翼”是以济南市区为中心，向三个方向辐射：章丘、邹平方向，济阳、商河、滨州方向，长清、平阴方向。济南通过中心城市的辐射作用和功能扩散，强化与中小城市间，包括与其他城市区城市和省内其他地区城市间的相互联系与合作，提升邹平、济阳、平阴等中小城市的规模和城市服务能力，进一步增强章丘市的各种城市功能。同时，将济南部分城市职能向章丘、平阴、济阳等中小城市转移疏散，形成济南城市空间以及城市区的多中心结构。

（二）发展目标

山东半岛城市群是我国东部沿海重要的城市群之一，半岛宏观区位处在我国北方海岸线的中偏南段，北与辽东半岛形成环抱渤海之势，突出在黄海之中，是中国北方延伸向太平洋的前缘，是中国大陆最接近日、韩两个亚洲发达国家的地区，有 3 100 多公里的海岸线，有 11 个开放港口，具有得天独厚的对外开放条件。进入 1990 年以来，山东半岛的经济技术联系有了很大进展，铁路、公路、海运、河运、航空等各种运输设施形成了良好的基础，以青岛—济南为轴线的胶济铁路沿线分布着众多的城市，产业和人口集聚，基本形成了区域城市群所必需的发展条件和地理区位优势。

山东半岛城市群发展战略将分为三个阶段逐步实施：2003—2005 年为打实基础阶段。针对问题寻找对策、制定规划，2005 年 GDP 总量达到 9 500 亿元，人均 GDP 3 000 美元，城镇化率 55%。2005—2010 年为发展整合阶段，全面执行规划、完善各项制度，重点放在八市一体化整合。GDP 总量达到 15 000 亿元左右，人均 GDP 4 500 美元，城镇化率 60%。都市连绵区形成雏形。2010—2020 年为发展成型阶段。GDP 总量达到 30 000 亿～32 000 亿元，人均 GDP 6 000～7 000 美元，城镇化率 70%，半岛地区基本实现现代化，对全省的带动作用明显增强。

（三）空间结构

整个城市群为六级结点和三个城市联合区。规划提出半岛城市群按六个核心城市结点发展。其中前三个分别是以青岛为对外开放的龙头城市，以青岛、济南为区域双中心城市，以烟台为区域副中心，促使烟台与济南、青岛分别成为区域东、南、西部子区域的核心城市。后三个结点是：以淄博、潍坊、东营、日照、威海为城市区中心城市；以章丘、青州、寿光、高密、龙口、荣成、乳山等为城市区副中心城市；以邹平、济阳、桓台、广饶、昌乐、昌邑、安丘、胶州、胶南、诸城、平度、莱西、莱州、招远、莱阳、文登、利津、垦利、莒县等为城市区优先发展城市。在空间发展结构上以济南—淄博—潍坊—青岛、日照—青岛—威海—烟台两条空间发展轴为半岛区域城市发展主轴，以烟台—龙口—莱州—潍坊和日照—五莲—诸城—安丘—寿光—东营为区域城市发展次轴，形成区域内部密集分布的多条城市聚合带和空间紧密联系的济南—淄博—潍坊—东营、青岛—日照、烟台—威海三个联合城市区。

（四）产业架构

为三核先导六大产业集聚区。规划提出半岛城市群围绕胶济铁路沿线和沿海产业带沿线，形成“1”形架构的济南、青岛、烟台—威海“三核先导”和六大产业集聚区：即东营—淄博的石化和医药产业带、济南的电子信息产业带、青岛—日照的家电制造产业带、烟台—威海的汽车制造产业带、潍坊—即墨的纺织服装产业带、日照—青岛—威海—烟台的海洋产业带。在交通方面：公路交通向西主要通过青银、青红、日东、威乌等高速公路与经济腹地发生联系，使之成为各主要港口扩展腹地的主要通道；向北、向南主要通过京沪、京福、东营—香港、津汕、同三等高速公路与京津冀、长三角、珠三角、东北等地区进行联系，实现半岛城市群城市之间的高速公路直接连通，构建 1 小时交通圈，即从中心城市到各县（区）的单向平均行车时间为 1 小时以内。铁路方面近期通过邯（郸）济（南）线西延，把河北南部、河南北部和山西一部分纳入青岛的腹地范围，远期以干线形式向西经长治、临汾、延安、宁夏吴忠与兰新线相接，使之成为与陇海铁路平行的干线铁路；修建从兰考到菏泽的铁路，从菏泽把陇海线客、货流接入山东路网；建设黄大烟铁路及滨州—德州铁路，加强半岛与环渤海其他地区及鲁西北的联系。

1. 青岛城市区

构建圈层组团式发展结构。规划提出青岛城市区的空间策略为：以青岛为城市区中心城市，高密为城市区副中心，即墨、胶州、胶南、诸城、平度为优先发展城镇，在空间上体现为以青岛为核心的圈层组团式发展结构，其中内层为即墨、胶州、胶南构成的半环，是青岛城市空间跨越式增长的主要容纳空间；外层为诸城、高密、平度构成的半环，这里是培育大中城市的主要带状空间，也是与其他城市区发生密切空间耦合联系的前沿，依靠这些城市的迅速成长并强化与城市区内外的空间联系，形成青岛城市区及山东半岛区域更为完善的网络城市体系。

2. 济南城市区

综合性服务经济与文化中心。规划提出济南市区空间策略为：在城市内部空间结构调改的同时，应有效控制城市用地的外延式扩张，保证城市外围空间的完整性，将部分职能向章丘、邹平、平阴、济阳等中小城市转移疏散，形成济南城市空间以及城市区的多中心结构。在产业发展上，尤其要扩大第三产业尤其是咨询业、金融服务、技术产品服务、物流等生产性服务业和旅游业、社区服务、房地产业等生活性服务业规模，成为半岛区域的综合性服务经济与文化中心。

（五）竞争力

经济区域的竞争力，取决于区域核心竞争力。在山东的经济版图上，“半岛城市群”无疑是最大的“闪光点”。2002 年，这一地区以占全省 46.6%的陆地面积和 42.9%的人口，创造了占全省 2/3 左右的 GDP，人均 GDP 一直高于全省平均水平 50%左右。半岛城市群共有 30 个设市城市、651 个建制镇，分别占全省的 62.5%、51.9%，城市化水平“九五”以来一直高于全省平均水平 10 个百分点左右。在这片 7.3 万平方公里的土地上，有青岛、济南和烟台 3 个年 GDP 1 000 亿元以上的“经济巨人”，还集中了山东 14 个全国经济百强县中的 12 个，集聚着经国务院和省政府批准的 50 家经济开发区和 9 家高新技术产业开发区，以及包括海尔、海信、青岛啤酒、轻骑集团、浪潮、中国重汽、胜利油田、齐鲁石化在内的一大批“巨人”型企业。半岛 8 市旅游业总收入占全省旅游业总收入的 74.9%。众所周知，广东的发展得益于珠江三角洲的率先开放，江苏的崛起在于苏锡常的超常规发展。而珠三角、长三角都是城市密集、人口密度大的地方，其区域经济的发展对周边的带动力特别强。半岛城市群区位优势明显，发展基础好，是山东省经济发展的龙脊。推出“半岛城市群”正是源于这样的战略考虑——8 个城市形成合力联合出击，发挥整体优势。

● 优势。

经济优势明显：城市密集，外资进入集中，开发区密集，制造业集聚，自然资源和历史人文景观丰富；区位优势也明显：紧靠日韩，水陆空交通便捷，港口集中。这些优势如同一张张“通行证”，为促进半岛城市群崛起提供了绝好条件。当然，优势要转化为胜势，必须靠适当的发展战略、体制创新和产业的升级换代以及结构优化来保证。

然而，在山东区域发展的蓝图中，“半岛城市群”一词被赋予的，既不是自然地理概念，也不是行政区划概念，而是指“由济南、青岛、烟台、威海、日照、东营、潍坊和淄博8座城市组成的城市群”。在山东半岛沿海和胶济铁路沿线，这8座城市被穿成一条颇具规模的城市链，与此同时，紧附在这条城市链上的各类经济区和相当一批知名企业，形成一条蔚为壮观的制造产业带。这是山东省城镇最密集、生产力也最活跃的一个区域。这个区域的优势在很大程度上体现着山东的优势。

● 劣势。

山东面临着重大的发展机遇——成为中国经济板块中乃至东北亚地区极具影响力的经济隆起带，但在长三角和京津唐的南北“夹击”下，也存在成为经济“洼地”的可能。专家强调，如今，发展区域经济是各国、各地区避免边缘化的必要措施。面对全球制造中心东移的好机会，如果不注意区域经济一体化的发展，不为吸引外资和民营资本创造好的软环境，就必定会被边缘化，处于劣势地位。烟台大学区域发展与城市化体系研究所所长孙矩教授认为，这样的机遇对半岛区域提出了很高的要求。毕竟，人员、物资、信息、资金顺畅流动的平台还远远称不上平整；与其他城市群的中心城市相比，济南、青岛的经济实力还相对较弱，腹地也有待拓展；如何按照市场经济的运行规律，协调利益、调整标准、放宽权限、统一规则，建设良好的制度平台，变经济加法为乘法，是对地方政府的一次挑战。也许可以这样看，促进半岛城市群崛起是我省发展的试验田，它将为山东提前实现“两个率先”起到示范作用，进而推动全省乃至整个黄河中下游地区的经济发展。

四、辽宁中部城市群

（一）基本概况

辽宁中部城市群（沈阳经济区）是以沈阳为中心，通过中心城市沈阳的经济辐射和吸引，与周围经济社会活动联系紧密的地区，形成了“区域经济共同体”发展趋势。其地处东北亚的中心地带，是东北经济区和环渤海都市圈的重要组成部分。范围包括沈阳、鞍山、抚顺、本溪、营口、辽阳、铁岭等7个城市，总面积65 040平方公里，占全省的44%。经济区突飞猛进地发展，经济一体化的形态和特征日益凸现，是中国主要的重工业发展基地之一，东北地区经济发展的重要地域和辽宁省的经济核心地带，是世界上特别是东北亚地区少有的都市密集区，更是我国最重要、最具发展潜质的经济区之一。

1. 自然条件

经济区位于中国东北地区南部，毗邻渤海，地处东北亚的中心地带，位于与日本东京、韩国首尔、蒙古乌兰巴托、俄罗斯伊尔库斯克几乎等距离的辐射线上，独占这一地区的中央区位。经济区属大陆性季风气候，雨热同季、日照丰富；地势自北向南，由东向西倾斜；西部为广阔的辽河平原；辽河水系横贯其中，地区内水网密布，河渠纵横，最终汇入渤海。

2. 经济状况

2007年经济区总人口2 170.6万人，占辽宁省的50.7%；实现地区生产总值6 867.9亿元，占全省总量的63%；实际利用外资57.6亿美元，占全省的64%；财政一般预算收入453.9亿元；全社会固定资产投资4 174.2亿元，占全省的56%；消费品零售总额2 271.7亿元，占全省的57%。经济区整体上保持着较高的速度发展，呈现出较为良好的发展态势。

3. 交通设施

经济区初步形成以沈阳为中心，多种运输方式相配合，沟通全省和全国的交通运输网络框架。该区拥有东北地区最大的国际航空港、最大的铁路交通枢纽和四通八达的高等级公路网，拥有7 500万吨以上吞吐量的港口，是我国综合交通运输最发达地区之一。

4. 产业优势

一是经济区都市密集，是全国城市化程度较高的地区之一；二是重工业基础雄厚，专业分工趋于合理，是我国重要的原材料工业和装备制造业基地，是我国北方最大的石化工业基地、国家级精细化工和催化剂生产基地；三是产业互补性和关联性强，经济区重化工产业框架形成之初就是以产业关联性而打造的，具有矿山→能源→冶金→机械装备的产业发展链条；四是经济区科教发达、人才济济，拥有普通高等学校39所，占全省高校总数的57%；五是经济区资源富集，具有丰富的矿产资源、农业资源和水资源。

（二）城市概况

1. 沈阳

沈阳是辽宁省省会，东北第一大城市，中国第五大城市，全国七大中心城市之一，中国15个副省级城市之一，中国特大城市，东北地区最具实力的国际大都市。驻有沈阳军区、中国人民银行沈阳分行、民航东北地区管理局、东北电监会、沈阳铁路局、东北电网有限公司、国土资源沈阳局、沈阳陆地搜救中心等中央直属机构，以及美国、俄罗斯、朝鲜、日本、韩国、法国、英国等七国驻沈阳总领事馆和澳大利亚驻沈阳签证办事处。沈阳现辖十区一市三县，总面积12 980平方公里，市区面积3 495平方公里，建成区面积达到590平方公里。总人口约1 000万，其中市区户籍人口600万。21世纪初期以沈阳为中心的沈阳大都市圈已初具规模。

2. 抚顺

位于东经123°39′～125°28′和北纬41°41′～42°38′，中国辽宁省的东部，距省会沈阳市45公里，全市辖四区（新抚区、望花区、东洲区、顺城区）三县（清原县、新宾县、抚顺县）。全市面积675平方公里。抚顺是多民族杂散居地区，民族总数为34个，其中少数民族33个。在全市总人口中，汉族占72.51%，少数民族占27.49%。人口最多的少数民族有：满族、朝鲜族、回族、蒙古族、锡伯族。目前全市总人口227万人，其中市区人口140万人，是全国31个特大城市之一。抚顺地区呈东南高，西北低之势。东部和南部山峦起伏，森林茂密。属长白山系龙岗山脉，平均海拔为400～500米。北部山势低平，为丘陵地带，西部为浑河冲积平原，海拔为100～300米之间。抚顺地区属北温带季风性大陆气候，一年四季分明，气候宜人，雨量充沛，年平均降雨量在750～850毫米，无霜期150天左右。

3. 鞍山

辽宁省鞍山市地处辽东半岛中部，因市南郊有一对形似马鞍的山（满语思额穆阿林，意为马鞍形的山）而得名。鞍山是东北地区最大的钢铁工业城市，中国第一钢铁工业城市，有“共和国钢都”的美誉，是新中国钢铁工业的摇篮。鞍山地区总人口350余万，其中市区非农业人口129万。2008年地区生产总值（GDP）位居全国第五十二位，综合实力排名全国第三十四位。东部、北部靠辽阳县，南部与凤城市、庄河市毗邻，东南部与大石桥市接壤，西部与盘山、辽中县连接。市中心距辽宁省人民政府所在地沈阳市89公里，东距煤铁之城本溪市96公里，南距大连市308公里，西南距营口鲅鱼圈新港120公里，西距盘锦市103公里。地理坐标位于东经122°10′～123°41′，北纬40°27′～41°34′。全境南北最长175公里，东西最宽133公里。总面积为9 252.425 6平方公里，占辽宁省总面积的8.4%。其中市区624.294平方公里（铁东区21.451平方公里，铁西区28.784平方公里，立山区15.9平方公里，千山区558.159平方公里），城市建成区面积135.67平方公里，海城市2 732.083平方公里，台安县1 393.991 6平方公里，岫岩满族自治县4 502.057平方公里。长（春）大（连）铁路、沈（阳）大（连）高速公路纵贯南北；海（城）沟（帮子）铁路、海（城）岫（岩）铁路连接东西。大庆至大连的输油管道经过境内。公路成网，遍布乡镇，交通十分方便。

4. 本溪

本溪是我国著名的钢铁城市，旧名“本溪湖”，这里矿藏丰富，被誉为“地质博物馆”，以产优质焦煤、低磷铁、特种钢而著称。主要旅游景点有本溪湖、本溪水洞以及东北道教名山——九顶铁刹山等。地处辽宁省中部偏东，北距沈阳84公里，南到丹东193公里。区划：辖平山、溪湖、明山、南芬4个区和本溪、桓仁2个满族自治县。位于中国辽宁省东部，面积9 348平方公里，2011年5月人口171万。有汉、满、回、蒙古、朝鲜等民族。清光绪二年（1876）始建怀仁县。三十二年置本溪县。1939年设本溪湖市，1948年设本溪市。地势中部和东部较高，西南部较低。属温带大陆性季风气候。年降水量850毫米，年均温7℃，1月均温－13.6℃，7月均温23.6℃。沈丹、溪丹、溪辽、溪田铁路纵贯境内，沈丹、丹霍、溪辽、本桓等干线公路与市内支线公路连接，可通邻市县。矿藏资源有煤、铁、铜、铅、锌、锡、锰、钼、钴、金、银及石灰石等。是著名的煤铁之城，以优质焦煤、低磷铁、特种钢驰名全国。大型钢铁生产企业本溪钢铁公司，成立于1905年，主要产品有生铁、钢、钢材、铁矿石、机制焦炭等。工业部门还有建材、化工、机械、电力、纺织、食品加工等。农、林、牧、副、渔全面发展，有林地43.23万公顷，年产木材15万立方米。土特产有山楂、猕猴桃、冻梨、蕨菜、人参、鹿茸。名胜古迹有本溪水洞、铁刹山、五女山、高句丽都城遗址等。

5. 营口

辽宁省营口市位于辽东半岛西北部，东经122°12′北纬40°41′。西临渤海辽东湾，与锦州、葫芦岛隔海相望；北与大洼、海城为邻；东与岫岩、庄河接壤；南与瓦房店、普兰店相连。营口南接大连，西临渤海，背靠东北腹地，中国八大水系之一的大辽河从这里注入渤海。营口市距离辽宁省省会城市沈阳市179公里；南同“北方明珠”大连市接壤，距离220公里；东北与中国“钢都”鞍山市相依；东与中国最大的边境城市丹东市毗邻；北与辽河油田属地盘锦市隔河相望，区域位置十分优越。营口市地势自东南向西北倾斜，自然形成低山、丘陵、平原三种地貌类型。东西宽50.7公里，南北长111.8公里，总面积5 401.8平方公里，海岸线长96公里。营口是辽宁省管辖的地级市，是全国重点沿海开放城市。

6. 辽阳

辽宁省辽阳市位于辽东半岛城市群的中部，是一座有着2 400年历史的文化古城，也是新兴的现代石化轻纺工业基地，2004年被国家旅游局评为中国优秀旅游城市。辽阳历史上先后曾有6个地方割据政权在此建立国号，定都辽阳。唐太宗、清圣祖、李白、杜甫、白居易等一大批青史留名的帝王文士留下的吟咏辽阳的诗文达百余篇。旅游景区有辽阳汉魏壁画墓群、白塔公园、东京城、东京陵、辽阳博物馆、燕州城、清风寺、曹雪芹纪念馆、冷热地公园、华表山、通明山、铧子林场、龙峰山、龙顶山、石洞沟。

7. 铁岭

铁岭市是辽宁省14个省辖地级城市之一，位于辽宁省北部，松辽平原中段。地处东经123°27′～125°06′，北纬41°59′～43°29′之间。南与沈阳市、抚顺市毗邻，北与吉林省四平市相连，东与抚顺市清原满族自治县、吉林省辽源市接壤，西与沈阳市法库县、康平县及内蒙古自治区科尔沁左翼后旗和通辽市为邻。全市东西最长134公里、南北端宽162公里，总面积1.3万平方公里。总人口302万人（2004年）。其中，市区面积638平方公里。铁岭市有2个辖区：银州区、清河区；2个县级市：调兵山市、开原市；3个县：铁岭县、西丰县、昌图县；1个经济开发区。区（市）县下设街道办事处13个，镇51个，乡38个。市政府设在银州区。

（三）辽宁中部城市群经济区域发展总体规划

辽宁中部城市群经济区是以沈阳为中心，以鞍山、抚顺、本溪、营口、辽阳和铁岭为支撑的重点区域。区域面积、人口分别占全省44％和51％，地区生产总值、地方财政收入分别占全省63％和54％。该区域是辽宁省乃至东北地区最大和发展程度最高的经济核心区。为加快推进辽宁老工业基地全面振兴，辽宁省委、省政府作出了推进“五点一线”沿海经济带建设，发展壮大辽宁中部城市群，构筑沿海与腹地良性互动发展新格局的重大战略决策。按照省委、省政府的安排和部署，辽宁省发展改革委组织中部城市群各市和有关科研单位，经过一年的努力，编制完成了《辽宁中部城市群经济区发展总体规划纲要》。目前，辽宁省政府批准了这一规划，这标志着规划进入实施阶段。规划的编制和实施，对于加快辽宁中部城市群经济一体化进程，提高区域整体竞争力，促进辽宁老工业基地全面振兴，具有十分重要的意义。

1. 总体思路和发展目标

指导思想：全面贯彻落实党的十七大精神，高举中国特色社会主义伟大旗帜，以邓小平理论和“三个代表”重要思想为指导，深入贯彻落实科学发展观，提高区域自主创新能力，优化空间布局，提升城市功能，改善人居环境，加速人口和产业集聚，建设生态文明，增强竞争力、辐射力和区域综合承载力，推进区域经济一体化，实现经济社会与资源环境全面、协调和可持续发展。

基本原则：一是互惠共享原则。明确各城市功能定位，以产业分工协作为核心，促进产业结构的调整和空间重组，实现“双赢”、“多赢”及利益共享。二是创新优先原则。促进观念创新和制度创新，转换体制和机制，营造良好的创业与投资环境，推动区域创新体系建设，提高自主创新能力，增强区域经济的整体素质和国际竞争力。三是可持续发展原则。建设资源节约型和环境友好型社会，转变经济发展方式，强化生态建设与环境保护，发展循环经济和绿色产业，健全社会保障机制，统筹城乡发展，实现共同富裕。

发展定位：逐步将辽宁中部城市群经济区打造成世界级先进装备制造业基地，全国重要精品钢材基地、石油化工基地、农副产品生产加工基地和高新技术产业化示范区，东北亚商贸物流金融服务中心。逐步使这一地区成为经济发展方式向集约型转变的先导区、区域经济一体化发展的综合试验区、生态文明建设示范区，建设成为全国具有发展活力的新的经济增长极。

发展目标：以 2005 年为基期，地区生产总值到 2010 年年均增长 15%，到 2015 年年均增长 14%，到 2020 年年均增长 13%。地方财政一般预算收入到 2010 年年均增长 15%，到 2015 年年均增长 15%，到 2020 年年均增长 20%。实际利用外商直接投资到 2010 年年均增长 22%，到 2015 年年均增长 20%，到 2020 年年均增长 20%。城镇居民人均可支配收入到 2010 年年均实际增长 12%，到 2015 年年均实际增长 10%，到 2020 年均实际增长 10%；农村居民人均纯收入到 2010 年年均实际增长 10%，到 2015 年年均实际增长 12%，到 2020 年年均实际增长 13%。城镇化率到 2010 年达到 70%，到 2015 年达到 80%，到 2020 年达到 85%。

2. 产业结构和空间布局

按照分工有序、结构优化、整体发展的原则，完善城市功能、增强辐射能力，统筹城乡发展，优化资源配置，拓宽产业空间，发展产业集群。立足于发挥哈尔滨—大连城市绵延带中心枢纽的作用，沿哈尔滨—大连发展轴形成各具特色的产业集聚区，构筑“一核、四带、六群”的区域产业空间发展新格局。

建设沈阳特大经济核心区：充分发挥带动和辐射作用，整合发展空间，拓展城市功能，打造世界级先进装备制造业基地和技术研发与创新基地，建设区域性商贸物流和金融中心、科教文服务中心、高新技术产业中心，建成超强的区域中心城市，逐步发展成为东北亚国际性中心城市。

打造四大经济发展带：通海产业大道经济带是以沈西工业走廊为基础，共同建设一条沈阳经辽阳、鞍山至营口的通海产业大道，这条大道包括沈西工业走廊、沈阳近海经济区、沈辽工业走廊、鞍海经济带和营口沿海产业基地，与四城市的产业空间布局和主导产业发展形成良好衔接，推进辽宁腹地和沿海良性互动发展，成为带动辽宁中部城市群快速发展的经济大动脉和重要增长极，形成北起沈阳，南至营口的经济隆起带。沈铁工业经济带是以 102 国道为轴心，南起蒲河新城，北至毛家店镇。建设成为以高新技术为先导，以大型工业项目为支柱的现代化工业基地，成为铁岭承接沈阳和国内外其他地区产业转移的主要载体和工业集中区，成为区域经济的重要增长极。沈本工业经济带是北起沈阳浑南高新技术开发区，向南延伸到本溪经济技术开发区、本溪工业加工区、南芬循环经济区。在空间发展方向上，以钢铁深加工制品、现代中药、旅游业发展为突破口，打造精品板材生产基地、沈阳装备制造业的配套加工基地、现代中成药制造基地、旅游休闲服务业基地，最终实现以沈阳对接为主，向辽阳、鞍山和丹东延伸发展。沈抚产业经济带是按照沈阳“东优”和抚顺“西联”战略，实现资源共享、生态共建、发展共谋、功能共升。打造以沈抚两市共同母亲河为主轴线的沈抚产业生态环境景观带，构建沈抚两市高新技术产业集聚区，现代服务业发达区，国际化人居、休闲、生态旅游度假区。

发展六大优势产业集群：装备制造业产业集群是以沈阳装备制造业为中心，打造区域装备制造业研发集成总部，零部件加工向周边城市辐射转移。将鞍山建设成冶金成套设备生产基地，增强抚顺、本溪的装备制造业配套能力。将辽阳建设成专用设备生产基地。将营口建设成船舶生产基地。石油化工产业集群主要是以抚顺为核心，发展炼油、乙烯、催化剂及精细化工产业。建设北方重要炼化一体化基地，以辽阳为核心，开发炼油、乙烯和芳烃三大产品链，建设全国重要芳烃及化纤原料基地。沈阳重点发展精细化工和氯碱化工等产业，鞍山和本溪利用焦化副产资源，铁岭利用煤炭资源重点发展煤化工产业。钢铁工业产业集群主要是以鞍钢、本钢为核心企业，营口新鞍钢、抚顺特钢等为辅助支撑，建设钢铁产业及钢铁产品精深加工产业集群，拉长钢铁产业链。新材料产业集群是以沈阳新纳米技术为核心构建产业链，鞍山、本溪新型钢铁材料产业链，以及抚顺、辽阳、营口等新型材料集群。高新技术产业集群是重点发展集成电路装备、软件等核心产业，以及打造国家生物工程、通信电子、民用航空高技术产业基地。制药产业集群是以构建国家级新药研发为平台，参与国际中药生产经营标准制定为主攻方向，在化学制药和生物制药领域，培育创新型网络式医药产业发展集群。

大力发展现代服务业：构建"一轴、三区、六带"的物流网络体系主框架。沿沈阳—营口交通线构建辽宁中部城市群物流主轴通道；发展沈阳、鞍山、营口三个物流业集聚区；建设以沈阳为中心的装备制造业物流产业带，以沈阳南部、鞍山为核心的高新技术物流产业带，以抚顺、辽阳为重点的石油化工物流产业带，以本溪、鞍山为重点的钢铁物流产业带，以沈阳、辽阳、海城、营口为重点的轻工业物流产业带，以沈阳北部地区、铁岭、抚顺西部、辽阳、鞍山为重点的农业及农产品加工业等六大物流产业带。推进区域旅游业发展，以沈阳为中心，加速整合旅游资源，优化旅游产业结构。加强旅游服务体系建设，促进旅游产业与交通、农业等相关产业相协调。完善旅游景区基础设施建设，开辟新的国际航线，全面开通与国内省会城市、热点旅游城市的直飞航线。加快金融、信息、会展和中介服务业发展，建设沈阳区域性金融中心，培育金融市场、优化金融环境。加强信息基础设施建设，完善服务功能。大力发展中介服务业，形成一批规模化和专业化水平较高、在全国同行业中具有竞争力的中介服务机构。

3. 区域城镇建设与布局

按照《东北地区振兴规划》关于加快哈大发展轴沿线城镇建设的总体布局，将辽宁中部城市群划分为三大都市区和四条城镇发展带。

三大都市区：大沈阳都市区是以沈阳为中心，结合抚顺、本溪、铁岭城市发展空间调整的战略机遇，发挥辽宁中部城市群通海产业大道经济带、沈抚产业经济带、沈本工业经济带和沈铁工业经济带的带动作用。鞍辽都市区是结合鞍山和辽阳地缘相近、产业互补优势，拓展区域发展空间。通过建设鞍海经济带、沈辽工业走廊，实现鞍山和辽阳城区南扩、海城北靠，推进鞍辽一体化发展。营口都市区是结合辽宁省沿海经济带的开发建设，加快营口港建设，推进营口地区城市化进程，提高城镇规模，发展大营口都市区。

四条城镇发展带：铁岭—营口城镇发展带，是东北地区哈大城镇发展轴的重要组成部分，是辽宁中部城市群发展的核心轴线。沈阳—抚顺城镇发展带，是推进沈抚同城化和带动抚顺东部地区发展的主轴线。完善交通、通讯等基础设施，增强轴线的凝聚力和辐射力。沈阳—本溪城镇发展带，是沈阳辐射丹东经济发展的重要轴线。优化发展环境，促进生产要素合理配置。沈阳—阜新城镇发展带，是带动辽西地区发展的重要轴线。加强中心城镇建设，提高城镇经济规模，增强城镇服务功能。

4. 区域基础设施保障建设

加快区域交通网络建设，充分发挥各种运输方式的优势，扩大规模、优化结构、完善网络。建立功能齐全、运输便捷、内外衔接、管理科学等多方式、多层次的立体交通体系。

一是区域公路网建设。重点规划实施沈阳至康平、抚顺（南杂木）至草市（辽吉界）、丹东至海城、桓仁至永陵、丹东至通化等高速公路，使之与沈阳绕城、辽宁中部环线、沈阳至铁岭、沈阳至抚顺、沈阳至大连、沈阳至丹东、沈阳至彰武等已建和在建高速公路构成区域公路主骨架。配套建设沈西工业走廊相关道路设施。

二是区域铁路交通建设。以连接铁岭、沈阳、辽阳、鞍山、营口五市的哈大铁路客运专线建设为重点，配套实施沈阳枢纽东部环线、沈阳集装箱物流中心工程和本溪枢纽。通过建设沈西工业走廊铁路、沈丹客运专线和高新线、沈吉线、沙鲅线扩能提速改造工程，实现通道供给能力的提升和运行效率的改善。同时，以沈阳地铁为中心枢纽，推进区域城际铁路建设，向外辐射至抚顺、本溪、铁岭、辽阳、鞍山等城市，形成放射状的城际铁路交通网络。

三是区域机场建设。加快沈阳桃仙国际机场升级改造，拓展新的航空运输通道。扩建沈阳至桃仙机场高速公路、沈阳地铁南延工程、新建机场西出口道路，全面改善机场旅客集疏运条件，强化机场枢纽地位。

四是区域港口建设。营口港重点推进鲅鱼圈港区四期工程及 A 港池的建设，启动仙人岛新港区的开发，加快集装箱、铁矿石、钢铁、油品等大型化、专业化、集约化运输设施建设。

五是城市供排水设施建设。继续推进大伙房水库输水一、二期工程及相关配套设施建设。建设沈阳石佛寺水库供水工程、本溪观音阁水库输水工程。加快推进中部城市老旧供水管网改造工程、中水回用工程等。

5. 区域能源保障体系建设

遵循“节能优先，供给多元，改善结构，协调发展”的能源保障原则，统筹规划区域能源开发利用，科学有序地引导和加强能源基础设施建设，努力增强区域能源保障能力和区外能源的稳定供应能力。

一是保障区域煤炭产业发展。实施沈煤集团西马矿改扩建、抚矿集团东露天矿能源综合开发工程、铁煤集团长城窝堡煤矿新建改扩建工程建设。加快煤炭深加工和综合利用进程，发展煤炭生产加工、煤电联营、煤化工等项目，延伸煤炭产业链。

二是保障区域电力发展。重点推进铁岭电厂二期、清河电厂“以大代小”、调兵山煤矸石发电，抚顺发电厂供热分厂，沈阳金山、沈阳浑南、沈阳西部、沈阳北部，国电鞍山，本溪热电，辽阳煤矸石热电，营口华能等热电联产工程。

三是开发区域可再生能源。推进桓仁抽水蓄能电站和抚顺地区小水电工程建设。加快法库、开原、昌图、调兵山等县（市）风力发电项目建设。

四是加快域外能源输送。加快建设省际间原煤运输通道，完善东北骨干电网系统，建设蒙东呼伦贝尔到鞍山 500 千伏直流输变电、辽吉间 500 千伏输变电、引俄入辽等输电通道，增强受入域外电力能力。支持陕京二线、俄罗斯油气、中海油油气田开发、大连液化天然气等天然气输入工程建设，确保油气稳定供应。

6. 区域资源开发与利用

一是统筹开发利用土地资源。多渠道挖掘未利用土地、空闲地、废弃地、低效利用土地的潜力，盘活土地存量。实行严格的耕地保护制度，建立和实行土地资源利用效益评价制度，建立和完善土地收购储备金制度，健全土地交易市场，促进土地资源合理流转，加强土地产权与资产管理。

二是合理开发利用水资源。加强水资源统一调度，建设跨流域调水和城市水源工程，有计划地限制开采和补充地下水，缩小地下水位下降区域面积，推进污水资源化。限制发展高耗水、重污染的建设项目，加强节水技术改造，加大工业用水回收处理设施投入，扩大再生水使用范围。建立节水和用水的价格新机制，建立水资源补偿机制。

三是优化开发矿产资源。统筹开发矿产资源，重点推进抚顺、铁岭煤层气、油母页岩，鞍山、营口菱镁矿及煤系共伴生矿的综合利用。开展矿产废渣、废水、废气的综合利用，培育循环经济型矿山企业。

7. 区域环境治理与保护

一是改善区域大气环境质量。加强对电力、冶金、建材、石化等行业的污染治理力度，有计划地搬迁改造中心城区的重污染企业，建设城市周边防护林带。

二是强化区域水污染治理。以辽河污染治理为主线，以城市生活污水和工业点源治理为重点，实施环境污染共防共治。省级开发区和县（市）及重点镇城市污水处理率达到要求的目标。

三是大力发展循环经济。加强资源开采、产品制造、产品消费、资源回收和无害化处置全过程管理，建立企业内部的小循环、企业间或产业间的中循环、社会生产和消费领域的大循环三个循环层面，形成内部较为完整的产业链与资源综合利用链。

四是加大节能减排力度。落实区域内节能减排任务和责任，严格控制产生二氧化硫排放项目的市场准入条件，加强项目节能评估审查和环境影响评价制度，有效遏制高耗能、高污染行业的过快增长，淘汰钢铁、铁合金、电力、煤炭、建材等行业的落后生产能力。

8. 区域技术创新与对外开放

一是构建自主创新平台。坚持产业化、集聚化、国际化和自主创新发展方向，不断提升产业的集群创新能力。健全人才培养机制，实现人才无障碍流动。

二是全面提升对外开放水平。打破行政壁垒，建立区域共同市场。构建内外统一的市场体系，实现要素资源的开放式循环，并依据比较优势和竞争优势有机地参与国际、国内分工。

三是建立区域互动机制。深化辽宁中部城市群与“五点一线”沿海经济带的互动与合作，以沈营出海大通道为基础，形成沿海、近海与腹地优势互补、互为支撑、良性互动的全面开放新格局。加强与东北其他区域的经济合作，搞好跨区域重大基础设施建设，促进东北老工业基地全面振兴。

关键术语

城市群　　形成机制　　长三角　　珠三角　　京津冀　　辽宁中部

思考题

1. 城市群的功能与特点是什么？论述其战略意义。
2. 阐释城市群的形成机制。
3. 分别阐述长三角、珠三角、京津冀城市群的特点是什么？
4. 分别分析中原、长株潭、山东半岛、辽宁中部城市群的特点与优势。

主要参考文献

[1] 冯云廷等．城市经济学．大连：东北财经大学出版社，2008

[2] 郑恒．长三角城市群离世界级还有多远．新华网，2009-06-03

[3] http://news.sohu.com/20070312/n248652639.shtml.

[4] 青岛新闻网：http://www.qingdaonews.com/node/bandao_index.htm

[5] http://www.hudong.com./wiki

[6] baike.baidu.com/view/671657.htm.2010.12.27

[7] baike.baidu.com/view/1504277.htm.2011.5.18

[8] http://www.chinanews.com.cn/cj/cj-gncj/news/2010/05-26/2305208.shtml

[9] http://www.chinanews.com.cn/cj/cj-gncj/news/2010/05-26/2305208.shtml

[10] baike.baidu.com.cn/view/1868638.htm2010.7.10

参考文献

[1] 高洪深. 区域经济学（第三版）. 北京：中国人民大学出版社，2010

[2] 郭鸿懋. 城市经济应是一门空间经济学——中国城市经济学研究 30 年的梳理与思考. 城市（探讨与研究），2009（12）

[3] 龚唯平. 关于城市经济学研究对象的探讨. 经济前沿，2003（9）

[4] 雷仲敏. 城市经济学发展现状及未来展望. 青岛科技大学学报（社会科学版），2005（5）

[5] 周伟林等. 城市经济学：概念、流派及其理论演进. 西南民族大学学报（人文社科版），2009（12）

[6] Alan W. Evans 著，李培译. 城市经济学在 20 世纪的发展. 经济资料译丛，2006（3）

[7] 王明浩等. 城市经济学的理论与发展. 城市（探讨与研究），2003（1）

[8] 冯云廷. 城市经济学（第二版）. 大连：东北财经大学出版社，2008

[9] 陈东强. 关于城市经济学学科建设的几点看法. 城市科学，2007（6）

[10] 孟祥林等. 城市发展进程中的"逆城市化"趋势及其经济学分析. 经济经纬，2004（1）

[11] 周天永. 城市及其体系起源和演进的经济学描述. 财经问题研究，2003（7）

[12] 邬丽萍等. 基于集聚经济三维框架的城市群形成与发展战略. 经济问题探索，2010（12）

[13] 李青. 知识溢出、集群和地方市场结构：对相关研究的简要回顾. 见：白永秀主编. 区域经济论丛（五）. 北京：中国经济出版社，2007

[14] 丁健. 现代城市经济. 上海：同济大学出版社，2001

[15] 杨方东. 建立可持续发展城市的经济学假设. 经济师（理论探讨），2008（2）
[16] 诸大建. 循环经济：21 世纪的新经济. 探索与争鸣，2003（9）
[17] 高洪深. 知识经济学教程（第四版）. 北京：中国人民大学出版社，2010
[18] 王青云，李金华. 关于循环经济的理论辨析. 中国软科学，2004（7）
[19] 国家发展改革委员会综合司. 发达国家发展循环经济的主要做法及启示. 中国经贸导刊，2004（17）
[20] 赵弘. 论北京发展. 中国创业投资与高科技，2004（2）
[21] 秦敬云. 总部经济：概念与现状. 上海综合经济，2003（11）
[22] 秦晓. 从"生产函数"到"替代函数"——关于现代大型公司总部功能研究. 改革，2003（1）
[23] 任保平. 区域经济理论方法与政策. 北京：经济科学出版社，2004
[24] 赵弘主编. 北京蓝皮书系列. 2006—2007 年：中国总部经济发展报告. 北京：社会科学文献出版社，2006
[25] 赵弘主编. 中国总部经济蓝皮书. 2009—2010 年：中国总部经济发展报告. 北京：社会科学文献出版社，2009
[26] 李庆华等. 总部经济的概念辨识：二维四方主体视角的研究. 东南大学学报，2010（4）
[27] 宋蕊. 总部经济的理论与系统研究. 天津大学博士论文，2009 - 09
[28] 厉无畏等. 创意城市——城市发展的新引擎. 上海：上海社会科学院出版社，2005
[29] 王琪. 创意城市的经济学分析. 消费导报（经济研究版），2008 - 10
[30] 赵宝晨. 对文化产业的哲学思考. 理论学刊，2006（5）
[31] 白远. 文化创意产业价值核心的经济学与案例分析. 黑龙江对外贸易，2009（1）
[32] 陈汉欣. 中国文化创意产业的发展现状与前瞻. 经济地理，2008 - 09：（5）
[33] 张振鹏，王玲. 文化创意产业在我国的定义及发展问题探讨. 科技与管理，2008（11）
[34] 厉以宁主编. 区域发展新思路——中国社会发展不平衡对现代化进程的影响与对策. 北京：经济日报出版社，2002
[35] 周起业等. 区域经济学. 北京：中国人民大学出版社，1989
[36] 郑恒. 长三角城市群离世界级还有多远. 新华网，2009 - 06 - 03
[37] http://news. sohu. com/20070312/n248652639. shtml.
[38] 青岛新闻网：http://www. qingdaonews. com/node/bandao_index. htm
[39] http://www. hudong. com. /wiki
[40] baike. baidu. com/view/671657. htm. 2010. 12. 27
[41] baike. baidu. com/view/1504277. htm. 2011. 5. 18
[42] http://www. chinanews. com. cn/cj/cj-gncj/news/2010/05—26/2305208. shtml
[43] http://www. chinanews. com. cn/cj/cj-gncj/news/2010/05—26/2305208. shtml

[44] wiki. mbalib. com/wiki/可持续发展，2011 - 04 - 25

[45] 张养志. 发达国家文化创意产业发展模式研究. 1994—2009 China Academic Journal Electronic Oublishing，http://www. cnki. net

[46] http://zhidao. baidu. com/question/1368615. html

[47] baike. baidu. com/view/585558. htm. 2011 - 07 - 15

图书在版编目（CIP）数据

城市经济学/高洪深编著. —北京：中国人民大学出版社，2011.10
ISBN 978-7-300-14630-0

Ⅰ.①城… Ⅱ.①高… Ⅲ.①城市经济学 Ⅳ.①F290

中国版本图书馆 CIP 数据核字（2011）第 220039 号

21 世纪经济学系列教材
城市经济学
高洪深 编著
Chengshi Jingjixue

出版发行	中国人民大学出版社		
社　　址	北京中关村大街 31 号	**邮政编码**	100080
电　　话	010－62511242（总编室）		010－62511398（质管部）
	010－82501766（邮购部）		010－62514148（门市部）
	010－62515195（发行公司）		010－62515275（盗版举报）
网　　址	http://www.crup.com.cn		
	http://www.ttrnet.com（人大教研网）		
经　　销	新华书店		
印　　刷	北京七色印务有限公司		
规　　格	185mm×260mm 16 开本	**版　　次**	2011 年 11 月第 1 版
印　　张	17.25 插页 1	**印　　次**	2011 年 11 月第 1 次印刷
字　　数	395 000	**定　　价**	29.80 元